Schrift und Gedächtnis

Für Herrn D. [redacted]
als Dank für eine
spannende Lektüre
in früher Schriftlichkeit!
Herzl.
v. [redacted]

Aleida und Jan Assmann
Christof Hardmeier
(Hgg.)

Schrift und Gedächtnis

Beiträge zur Archäologie der literarischen Kommunikation

Wilhelm Fink Verlag München

Vorwort

Die meisten Beiträge dieses Bandes gehen zurück auf Referate, die auf zwei Tagungen des Arbeitskreises *Archäologie der literarischen Kommunikation* im Frühjahr 1979 und Herbst 1980 gehalten wurden. Neu für den Band geschrieben wurden die Beiträge von H.-G. Gadamer, H. R. Lug und J. Assmann sowie das Nachwort. Unser Dank gebührt dem Zentrum für interdisziplinäre Forschung der Universität Bielefeld, das diesen Tagungen seinen großzügigen und anregenden Rahmen zur Verfügung stellte, und sie durch seine wissenschaftlichen Assistenten Dr. L. Hölscher und Dr. M. Fohrmann effektiv betreute.

Dem Verlag F. Schöningh / W. Fink danken wir für die sorgfältige Drucklegung, die ein namhafter Druckkostenzuschuß der VG Wort in dieser Form ermöglicht hat. Unser Dank gilt vor allem Herrn Dr. R. S. Zons, dessen kompetente und engagierte Betreuung sich als ein Glücksfall erwiesen hat.

Jan und Aleida Assmann
Christof Hardmeier

Gedruckt mit Unterstützung des Förderungs- und Beihilfefonds Wissenschaft der VG Wort

ISBN 3-7705-2132-3

© 1983 Wilhelm Fink Verlag, München

Herstellung: Ferdinand Schöningh, Paderborn

Inhalt

I. Grundlagen

1. Platon — Phaidros 274c—278b 7
2. Hans-Georg Gadamer — Unterwegs zur Schrift? 10
3. Wolfgang Raible — Vom Text und seinen vielen Vätern oder: Hermeneutik als Korrelat der Schriftkultur 20
4. Konrad Ehlich — Text und sprachliches Handeln. Die Entstehung von Texten aus dem Bedürfnis nach Überlieferung 24

II. Frühformen der Schriftlichkeit

5. Wolfgang Schenkel — Wozu die Ägypter eine Schrift brauchten 45
6. Jan Assmann — Schrift, Tod und Identität. Das Grab als Vorschule der Literatur im alten Ägypten 64
7. Uvo Hölscher — Die Odyssee — Epos zwischen Märchen und Literatur 94
8. Wolfgang Rösler — Schriftkultur und Fiktionalität. Zum Funktionswandel der griechischen Literatur von Homer bis Aristoteles 109
9. Arnold Goldberg — Der verschriftete Sprechakt als rabbinische Literatur 123

III. Überlagerungen und Übergänge

10. Walter Haug — Schriftlichkeit und Reflexion. Zur Entstehung und Entwicklung eines deutschsprachigen Schrifttums im Mittelalter ... 141
11. Hans-Ulrich Gumbrecht — Schriftlichkeit in mündlicher Kultur 158
12. Aleida Assmann — Schriftliche Folklore. Zur Entstehung und Funktion eines Überlieferungstyps . 175
13. Brigitte Schlieben-Lange — Schriftlichkeit und Mündlichkeit in der französischen Revolution 194

IV. ORALITÄT IM RÜCKZUG

14. Hermann Jungraithmayr Ornamentalisierung und Dramatisierung mündlicher Rede in Afrika: Das Ideophon 213
15. Claudia Klaffke Mit jedem Greis stirbt eine Bibliothek. Alte und neue afrikanische Literatur 222
16. Georg Buddruss Neue Schriftsprachen im Norden Pakistans. Einige Beobachtungen 231
17. Hans Robert Lug Nichtschriftliche Musik 245

V. NACHWORT

Aleida und Jan Assmann Schrift und Gedächtnis 265

I. Grundlagen

Platon

Phaidros 274c—278b

Sokrates: Also: ich vernahm, in der Gegend von Naukratis in Ägypten sei einer der alten Götter des Landes beheimatet, dem auch der heilige Vogel zugehört, den sie Ibis nennen, — der Name des Gottes selbst sei Theuth. Dieser sei der erste Erfinder von Zahl und Rechnen und von Geometrie und Astronomie, ferner des Brett- und Würfelspiels und vor allem der Schrift. König von ganz Ägypten sei dazumal Thamus gewesen, — er regierte in der großen Stadt des oberen Gebietes, welche die Griechen das ägyptische Theben nennen, und den Gott: Ammon. Zu ihm kam Theuth und zeigte ihm seine Künste und erklärte es für nötig, alle Ägypter daran teilhaben zu lassen. Thamus aber fragte nach dem Nutzen einer jeden, und als jener seine Erklärungen gab, teilte er Lob oder Tadel aus, je nachdem, ob ihm eine Aussage gefiel oder mißfiel. Vielerlei soll da Thamus zu Theuth nach beiden Richtungen über jede Kunst geäußert haben, — es wäre umständlich, es nachzuerzählen. Doch als er bei der Schrift angelangt war: "Dies, o König", sagte da Theuth, "diese Kenntnis wird die Ägypter weiser machen und ihr Gedächtnis stärken; denn als Gedächtnis- und Weisheits-Elixier ist sie erfunden." Der aber erwiderte: "O meisterhafter Techniker Theuth! Der eine hat die Fähigkeit, technische Kunstfertigkeiten zu erfinden, doch ein andrer: das Urteil zu fällen, welchen Schaden oder Nutzen sie denen bringen, die sie gebrauchen sollen. Auch du, als Vater der Schrift, hast nun aus Zuneigung das Gegenteil dessen angegeben, was sie vermag. Denn sie wird Vergessenheit in den Seelen derer schaffen, die sie lernen, durch Vernachlässigung des Gedächtnisses, — aus Vertrauen auf die Schrift werden sie von außen durch fremde Gebilde, nicht von innen aus Eigenem sich erinnern lassen. Also nicht für das Gedächtnis, sondern für das Wieder-Erinnern hast du ein Elixier erfunden. Von der Weisheit aber verabreichst du den Zöglingen nur den Schein, nicht die Wahrheit; denn vielkundig geworden ohne Belehrung werden sie einsichtsreich zu sein scheinen, während sie großenteils einsichtslos sind und schwierig im Umgang, — zu Schein-Weisen geworden statt zu Weisen."
Phaidros: Ach Sokrates, — aus Ägypterland oder woher du magst, erdichtest du ohne Mühe Geschichten! (...)
Sokrates: Wer denkt, er könne seine Kunst in Geschriebenem hinterlassen, und wer es aufnimmt mit der Meinung, etwas Klares und Zuverlässiges sei aus Geschriebenem zu entnehmen, der ist von reichlicher Einfalt belastet und ist wahrhaftig des Spruchs des Ammon unkundig, wenn er geschriebene Worte zu andrem von Nutzen glaubt als dazu: den Wissenden zu erinnern, worüber geschrieben steht.

Phaidros: Sehr richtig.
Sokrates: Bedenklich, nämlich, mein Phaidros, ist darin das Schreiben und sehr verwandt der Malerei. Denn auch ihre Schöpfungen stehen da wie lebend, — doch fragst du sie etwas, herrscht würdevolles Schweigen. Genauso verhalten sich geschriebene Worte: du könntest glauben, sie sprechen wie vernünftige Wesen, — doch fragst du, lernbegierig, sie nach etwas, so melden sie immer nur eines-und-dasselbe. Und jedes Wort, das einmal geschrieben ist, treibt sich in der Welt herum, — gleichermaßen bei denen, die es verstehen, wie bei denen, die es in keiner Weise angeht, und es weiß nicht, zu wem es sprechen soll und zu wem nicht. Wird es mißhandelt oder zu Unrecht getadelt, dann bedarf es des Vaters immer als Helfers; denn selber hat es sich zu wehren oder sich zu helfen nicht die Kraft.
Phaidros: Auch dieses hast du sehr richtig gesagt.
Sokrates: Doch wie? Das andre Wort — sollen wir nicht dieses betrachten, einen leiblichen Bruder, — auf welche Weise es entsteht und wieviel besser als jenes und kraftvoller es wächst?
Phaidros: Welches meinst du? und wie, sagst du, entsteht es?
Sokrates: Es wird mit Wissen geschrieben in des Lernenden Seele, hat die Kraft, sich zu wehren, und weiß zu reden und zu schweigen, zu wem es not.
Phaidros: Von des Wissenden Wort, dem lebendigen und beseelten sprichst du, dessen Abbild man mit Fug das geschriebene nennen kann.
Sokrates: Ja, freilich. Beantworte mir jetzt dies: Wird ein vernünftiger Landmann den Samen, den er hegt und der ihm Früchte tragen soll, mit ernster Absicht zur Sommerszeit in ein Adonisgärtlein pflanzen und sich freuen, wenn er ihn in Schönheit nach acht Tagen aufschießen sieht, oder wird er, wenn er wirklich so handelt, es nur im Spiel und zum Fest tun? Und wird er nicht, wo es ihm Ernst ist, der Kunst des Landbaus sich bedienen, den Samen in den rechten Boden säen und froh sein, wenn im achten Monat seine Saat zur vollen Reife gedeiht?
Phaidros: Ja, Sokrates, auf diese Weise, wie du sagst, wird er, wenn er es ernsthaft, — auf jene, wenn er es anders meint, wohl handeln.
Sokrates: Der Mann aber, der das Wissen um das Gerechte und Schöne und Gute besitzt, — wollen wir behaupten, daß dieser weniger als der Landmann den Sinn für seine Saaten hat?
Phaidros: Keineswegs.
Sokrates: Dann wird er sie auch nicht im Ernst durch eine Rohrfeder aussäen und in schwarzem Wasser schreiben, — mit Worten, bar der Kraft, sich selbst durchs Wort zu helfen, — bar auch der Kraft, hinlänglich das Wahre zu lehren.
Phaidros: Das ist nicht wahrscheinlich.
Sokrates: Gewiß nicht. Falls er doch schreibt, so wird er, dünkt mich, die Schriftgärtlein aus Freude am Spiel aussäen und wird schreiben, um für sich selbst Erinnerungen zu bewahren, — ein Schatz, wenn er ins Greisenalter der Vergeßlichkeit gelangt, und auch für jeden, der derselben Fährte folgt, — und wird sich freuen, wenn er sie zart gedeihen sieht. Und während andre sich an anderen Spielen ergötzen, durch Trinkgelage und ihnen Verwandtes sich erquicken, da wird jener, dünkt mich, statt dessen mit diesem Spiele seine Zeit verbringen.

Phaidros: Ein wunderschönes nennst du neben nichtigem Spiele, Sokrates —, für den geschaffen, der in Worten spielen kann, indem er von der Gerechtigkeit und von dem andern all, wovon du sprichst, Geschichten erzählt.
Sokrates: Ja, mein lieber Phaidros, so ist es. Aber viel schöner noch, glaube ich, geschieht dies mit Ernst; dann wird, wer die Kunst der Dialektik zu brauchen weiß, eine verwandte Seele greifen und in sie Worte mit Wissen pflanzen und säen, die sich selbst und dem, der sie gepflanzt hat, zu helfen fähig und nicht fruchtlos sind, — Worte, die Samen tragen, woraus andre in andren Wesen wachsen und so der ersten Saat die währende Unsterblichkeit verleihen und jeden Träger bis zum höchsten Grad glückselig machen, der einem Menschen noch erreichbar ist.
Phaidros: Ja, dies ist noch viel schöner. (...)
Sokrates: Wie aber weiter über die Frage, ob es schön oder schimpflich ist, Reden zu sprechen oder zu schreiben, und in welchem Fall man es mit Recht zum Vorwurf machen kann oder nicht, hat uns da nicht das kurz vorher Gesagte klargemacht, daß —
Phaidros: Was?
Sokrates: Daß, wenn Lysias oder sonstwer je geschrieben hat oder schreiben wird, in persönlicher Angelegenheit, oder in öffentlicher als Gesetzgeber, — Verfasser eines politischen Schriftstücks in der Meinung, durch die Niederschrift große Sicherheit und Klarheit zu erreichen, — daß in diesem Fall den Schreibenden ein Vorwurf trifft, gleichviel ob ihn jemand ausspricht oder nicht. Denn wer wachend und schlafend nichts weiß von Gerecht und Ungerecht und Bös und Gut, der ist ohn' Entrinnen in Wahrheit tadelnswert, auch wenn der ganze Mob ihm Beifall spendet.
Phaidros: Gewiß.
Sokrates: Wer dagegen der Überzeugung ist, daß in einer *geschriebenen* Rede über jedweden Gegenstand notwendig vieles Spiel ist, und
daß noch nie eine Rede, in Vers oder in Prose, als ernster Beachtung würdig geschrieben oder gesprochen worden, wenns nach Rhapsodenart geschah, ohne Befragung und ohne Belehrung, nur zur Überredung,
daß vielmehr die besten nur eine Erinnerungshilfe für Wissende sind,
daß aber in den Lehrvorträgen, die um der Unterweisung willen gehalten und in Wirklichkeit in die Seele geschrieben werden, über Gerecht und Schön und Gut, — daß in ihnen allein Klarheit und Vollkommenheit und ernster Beachtung Würdiges enthalten ist,
daß er solche Reden als sein Eigen ansprechen darf, gleichsam als echte Söhne, — und zwar zunächst die Worte in ihm selbst, die er in der eignen Brust fand, sodann deren etwaige Sprossen und Brüder, die in andren Seelen andrer Menschen in geziemender Art erwuchsen (während er die übrigen unbeachtet läßt) — dieser Mann, mein Phaidros, ist offensichtlich von solcher Art, wie ich und du wünschen möchten, daß du und ich werden.
Phaidros: Allerdings! Was du sagst, ist mein Wunsch und Gebet.

(Übersetzung Edgar Salin)

Hans-Georg Gadamer

Unterwegs zur Schrift?

Seit einigen Jahrzehnten ist das Problem der Schriftlichkeit weit in den Vordergrund unserer Interessen auf dem Gebiet der Frühgeschichte der Völker und ihrer literarischen Überlieferung gerückt. Aus Gründen, die hier nicht erörtert werden können, ist sogar ein methodischer Vorrang der Schrift gegenüber der lebendigen Rede entwickelt worden, sofern die Eingrabung von Spuren, wie sie die Zeichen der Schrift vor der verhallenden Sprache voraushaben, einen Weltaspekt von eigenem Realitätsrang repräsentiert. Texte beziehen sich auf Texte: In der Nachfolge Nietzsches und Heideggers ist dieser Gesichtspunkt vor allem von Derrida entwickelt worden. Auf der anderen Seite hat umgekehrt die steigende Einsicht in das Weiterleben mündlicher Traditionen seit unseren Erfahrungen mit den serbo-kroatischen Heldengesängen unseren Blick für mündliche Traditionen und ihre Lebenskraft berichtigt und geschärft.

So wird man eingeladen, nach dem gemeinsamen Grunde zu fragen, der der Mündlichkeit der Rede und dem Schreiben zugrunde liegt. Man wird sich fragen: Ist nicht in dem Gebrauch von Worten immer schon so etwas wie ein Drang zur Fixierung enthalten? Worte haben ihre Bedeutung. Bei allen Einschränkungen, die man von älteren und neueren Gesichtspunkten aus erheben kann, bleibt doch etwas wahr an Husserls entschiedener Unterscheidung der Funktionen von Ausdruck und Bedeutung. Die ideale Einheit der Bedeutung, von der Husserl in seiner ersten logischen Untersuchung handelte und mit der er das Feld der eidetischen Reflexion über die Dimension der mathematischen Gegenstände hinaus erweiterte, schließt zwar eine künstliche Isolierung des einzelnen Wortes ein. Nicht das Wort als solches ist ja durch eine einheitliche Bedeutungsintention konstituiert, sondern die Wortwahl, und das heißt, die Rede selbst, die sich in Worten artikuliert. So erfährt die Bedeutungsvielfalt, die Worten anhaften kann, erst aus dem Zusammenhang der Rede ihre Bestimmung. Diese wiederum läßt sich nicht vollständig auf die Einheit des Satzes reduzieren, sofern Rede in den breiten Strom zwischenmenschlicher Verständigung eingebettet ist, der keine Isolierung verträgt und zu dem überdies sowohl vorsprachliche wie auch nichtpropositionale Äußerungen beitragen. Damit wird aber die eigentliche Frage in Wahrheit nur zugeschärft: Wie baut sich überhaupt die Einheit und Selbigkeit von etwas Gemeintem und Mitgeteiltem im Zeitfluß des Geschehens zu seiner Selbigkeit auf? Es ist denkwürdig, wie schon die ersten Reflexionsschritte des griechischen Denkens hier angesetzt haben. Aristoteles spricht am Ende seiner zweiten Analytik von dem Prozeß, in dem das Allgemeine in seiner bleibenden Identität zustande kommt. Wenn dies auch in einer logischen Schrift geschieht, so ist es doch gerade nicht die Logik eines Argumentations- oder Schlußzusammenhanges, die für diese Frage eine zureichende Antwort darstellt. Aufs deutlichste ist es vielmehr das rätselhafte Geheimnis der Mneme, des Gedächtnisses, worin sich Bleibendes aufbaut. Es heißt ausdrücklich: Aus der Vielheit von Begegnungen oder Wahrnehmungen, die behalten werden, erwächst die

Einheit der einen Erfahrung, und diese Erfahrung wiederum erhebt sich zu der bleibenden Einheit des Allgemeinen, auf der sich der Logos aufbaut. Er hat seine Grundlage im Meinen von etwas, im Noein, dem unmittelbaren Innesein des Gemeinten als solchen. Was man später als die Theorie der Begriffsbildung oder gar als die logische Theorie des induktiven Beweises daraus abgelesen hat, weist in Wahrheit auf das Geheimnis der Sprache und ihres Bedeutungslebens zurück. So hat Themistios in der Interpretation des aristotelischen Textes geradezu das Sprechenlernen als Illustration herangezogen, dieses allmähliche Sich-Einspielen des Verständigungsgeschehens in die Konventionen des Wortgebrauchs, die eine Sprachgemeinschaft konstituieren — und diese selbst besteht nicht in dem starren Regelsystem der Schulmeister, sondern im biegsamen Übereinkommen der miteinander Sprechenden.

Die Analogie von Wort und Begriff, die hier bei Aristoteles die Auffassung beherrscht und der der Vorrang des Urteils, des apophantischen Logos, in der sogenannten 'Hermeneutik' des Aristoteles entspricht, muß nun freilich in einen breiteren Zusammenhang eingeordnet werden. Zu diesem Zwecke möchte ich im Anschluß an einen lebendigen Sprachgebrauch nicht von der Einheit des Satzes, sondern von der Einheit der Phrase reden. Dieser allgemeine grammatische Ausdruck hat mindestens in zwei Bereichen ein dezidiertes Fortleben: einmal in der Rhetorik, wo dem Wort heute eine pejorative Färbung anhaftet. Die Phrase ist die leere Phrase, das vorgeformte Etwas einer sprachlichen Fügung, der kein wirkliches Meinen einwohnt. So reden wir von phrasenhafter Rede oder gar von Phrasendrescherei, wenn wir eine Rede als leer bezeichnen wollen. Der andere Gebrauch des Wortes hat einen durchaus positiven Klang. In der Musik sprechen wir von der Phrasierung und erkennen damit an, daß über die rein musikalische Fixierung durch Notation hinaus eine Rhythmisierung des musikalischen Vortrages statthat, die zuletzt wohl in der Rhythmik unseres Atemholens und damit unserer Lebendigkeit verwurzelt ist. Die negative wie die positive Färbung, die in dem Begriff der Phrase steckt, weist offenkundig auf eine Doppelwendigkeit des Aspektes der Sprache selber hin. Auch im rein sprachlichen Geschehen kennen wir neben der Grammatik so etwas wie die Phrasierung und die der musikalischen Phrase entsprechende Bildung relativer Einheiten. Wir nennen das dort etwa die Formel oder die Formulierung. Auch dort schließen sich relative Einheiten durch Sinn und Klang zusammen, die ihrerseits der artikulierenden und akzentuierenden Rhythmik des Vortrags oder des verstehenden Lesens vorgegeben sind. Das weist auf den entscheidenden Punkt, nämlich auf den Zusammenhang zwischen Wiederholung, die nie ganz das gleiche ist, und Konstitutierung von ein und demselben. Im Phänomen des Sprechenlernens liegt dieser Zusammenhang offen zutage: das Kind lernt gleichsam das Wort durch viele wiederholte Sprechversuche. Aber auch der Gebrauch von Formeln und Formulierungen in der Rede weist in die gleiche Richtung. Sie begegnen fast in der Weise des Rituals, das heißt in einer Bedeutungs- und Gestalteinheit, die geradezu durch ihre Wiederholbarkeit, ja durch die Unantastbarkeit ihrer Selbigkeit in der Wiederholung definiert ist. Das gilt von allem zeremoniellen Redegebrauch, im religiösen Bereich so gut wie in der Rechtssphäre, und begegnet als ein integrales Moment in dem weitausgedehnten Gebrauch der rhetorischen Kunstmittel.

Was an diesem Phänomen der Phrase und der formelhaften Wiederkehr von sprachlichen Wendungen so überaus belehrend ist, ist ihr Schweben zwischen bloßem Vollzug und echter Bedeutungshaltigkeit. Offenkundig ist die Identität solcher sprachlichen Einheiten nicht notwendig auf die Identität der Bedeutungen gegründet, die bei dem formelhaften Redegebrauch im Spiele sind. Es ist vielmehr eine Bedeutungsentleerung im Gange, wo immer ein Formelgebrauch sich einbürgert. Die Aussagekraft der Formel kann dadurch sogar gewinnen, wie wir an den Zauberformeln vom Stile des Abracadabra kennen. Ohne Zweifel hat auch die bedeutungsträchtigste Formel an einer solchen mehr magischen als rationalen Funktionsweise teil. Es gilt sicherlich für die Formeln des Gebetes, des Segens, des Fluches und dergleichen, daß ihre Vertrautheit und festgelegte Wiederkehr ihre Sagkraft nicht mindern, sondern mit ausmachen. Selbst der Rhythmus als solcher hat seit langem das Interesse der Forschung auf sich gezogen, weil er in gewissem Sinne vorgegeben ist und eingehalten sein will, und auf der anderen Seite seine Wiederkehr in die Bewegungsabläufe förmlich hineingelegt wird. Ähnliches gilt auch in allen den Fällen, wo die Strenge des Gemeinten den Variationsspielraum, der an sich im Wiederholen von Rede gegeben ist, einschränkt, so daß der Hörer auf ihrem genauen Vollzug förmlich besteht. Im sogenannten Refrain vollends kennen wir alle die vereinigende Macht, die in der Wiederholung des Vertrauten zur Wirkung gelangt.

Wir sind hier weit von aller Schriftlichkeit entfernt. Gleichwohl ist die Wahrung der Identität der Formel oder der Phrase ein tragendes Element in solchem sprachlichen Wiederholungsgeschehen, das von sich aus der Fixierung fähig ist, ja, auf sie hindrängt. Ursprünglicher als die Identität der Schriftzeichen (in welcher Art von Schrift auch immer) ist ohne Frage die Identität solcher wiederkehrender Formeln. Gerade auch im epischen Sprachgebrauch bilden sie daher ein ebenso eigentümliches Stilelement, wie wir das aus allem Schriftgebrauch kennen. Lied und epische Erzählung sind ja wirklich wie eine Art schriftlicher Aufzeichnung im Gedächtnis. So beschreibt es Plato im Philebos (39 b): Es ist die Mneme, die in unseren Seelen Logoi "schreibt". Die Rede vom Engramm, die in der modernen Psychologie und Neurophysiologie eine wohlbekannte Metapher ist, spricht diesen Zusammenhang in ähnlicher Weise aus.

Blicken wir auf diese einleitenden Erwägungen zurück, so wird verständlich, warum ein gerader Weg von der rituellen Wiederholungsgestalt zu dem führt, was wir Literatur nennen. Am Anfang aller Aufzeichnung steht wohl das sakrale oder profane rechtsgültige Dokument, eine Art Urkunde, auf die man jederzeit zurückkommen kann und die die Rechtslage klarstellt. Ähnlich dokumentarischen Charakter dürfte die Grabinschrift in allen Kulturen gehabt haben: Sie dient dem Fortleben im Gedächtnis der Lebenden. Ein erster Schritt zur Literatur liegt offenbar dort vor, wo fortlebendes Gedächtnis in kunstvoller Weise neu beschworen wird. So ist etwa schon die Anrufung der Musen, mit der die homerischen Epen anheben, und insbesondere die Dichterweihe am Anfang der hesiodischen Theogonie eine Art literarischer Kunstform, die das Ganze des Folgenden als ein einheitliches Buch oder Werk vorstellt. Freilich muß man sich bei alldem bewußt sein, daß solche Literatur, auch in ihrer späteren Erweiterung zu den verschiedenen Formen der Lyrik, zur Tragödie, zur Komödie, und daß ebenso die ersten Formen der Prosa nicht Lese-Stoff waren, sondern Vortrags-Stoff, das heißt, daß es sich hier durchweg um 'Textbücher' handelt, um schriftliche Fixierungen, die für die Reproduktion bestimmt sind und nicht für eigenes Lesen. Die Sachlage mag da sehr differenziert sein. Die epische Poesie hat einen eigenen Berufsstand des Rhapsodentums entwickelt. In manchen Formen der Lyrik dürfte es zunächst nur der Dichter selbst gewesen sein, der seine Verse vortrug. Die Chorlyrik dagegen ist schon im wörtlichen Sinne ein Textbuch, aufgrund dessen der Vortrag eingeübt wird, und das gleiche gilt für alle Formen des Theaters. Lediglich bei der frühen Prosa dürfte abermals der Autor zunächst der alleinige Sprecher gewesen sein, wenigstens bei einer ersten 'Veröffentlichung', wie man das nennen kann. Aber auch hier liegt die Wiederholung durch Wiedervorlesen nahe. Zwischen Mündlichkeit und Schriftlichkeit besteht also keine scharfe Trennung. Auf beide Weisen kann sich Überlieferung vollziehen, und in beiden Fällen ist es eine neue Mündlichkeit, in der die Überlieferung sich erst vollendet.

Immerhin sehen wir in der klassischen Zeit der griechischen Philosophie, wie sich selbst die Kunstprosa zu einer eigenen literarischen Gattung ausgebildet hat. Sogar Reden werden geschrieben und vielleicht gar nicht, um überhaupt gehalten zu werden, sondern um nur in dieser Form als Literatur vorgetragen zu werden, oder sie erfahren, wenn es wirkliche Reden waren, eine kunstvolle Ausarbeitung und werden alsdann ebenfalls als 'Literatur' immer wieder reproduziert. So sehen wir im platonischen 'Phaidros', wie der jugendliche Bewunderer des Lysias die Abschrift eines Redekunststückes des berühmten Redners bei sich führt und darauf brennt, sie dem Sokrates vorzulesen.

Mit der Erinnerung an den 'Phaidros', die sich hier einstellt, geraten wir aber in einen neuen Problembereich. Der platonische Dialog 'Phaidros' stellt sich der Selbstverständlichkeit des Übergangs von kunstvoller Rede zu kunstvoller Schrift machtvoll in den Weg. Sokrates zieht dort aus seiner dialektischen Analyse echter Rhetorik eine Konsequenz, die zu radikaler Kritik der Schriftlichkeit überhaupt zu führen scheint. Wenn, wie dort gezeigt wird, zur wahren Redekunst auch der kundige Vorblick auf den Adressaten der Rede gehört, wird die Schriftlichkeit zum Problem. Das bringt Plato zum Ausdruck durch die Geschichte von dem gott-gleichen Erfinder Theut, die Sokrates erzählt: wie er viele großartige Erfindungen gemacht habe und unter ihnen auch die Erfindung der Schrift. Als er mit diesen Erfindungen zu dem ägyptischen Großkönig kam, wurden alle seine Erfindungen kritisch geprüft, teils gelobt und teils getadelt. Schließlich habe er auch seine Erfindung der Schrift vorgelegt, und dies in dem stolzen Bewußtsein, daß gegen diese großartige Erfindung, die das Gedächtnis der Menschen stärken werde, gewiß keine Einwendungen möglich seien. Zu seiner peinlichen Überraschung erklärte der König aber nicht ohne Feierlichkeit, daß es etwas anderes sei, geistvolle Erfindungen zu machen, und etwas sehr anderes, ihren Wert für das Volk und die Kultur zu beurteilen. Was der Erfinder der Schrift als eine Stärkung des Gedächtnisses empfehle, bewirke in Wahrheit eine Schwächung desselben.

Offenbar handelt es sich hier um eine geistreiche Variante zu dem bekannten griechischen Topos von den ersten Erfindern, die Plato hier einführt. Die Geschichte wird auch ganz offensichtlich als eine sokratische Fabelei behandelt, wenn auch als eine, die etwas Wahres zur Sprache bringt, das für die ganze These von dem natürlichen Übergang von Mündlichkeit zu Schriftlichkeit geradezu ruinös scheint. Die Argumente sind bekannt. Reden, die der Schrift anvertraut sind, sind allem Mißverständnis und allem Mißbrauch hilflos ausgesetzt. Während sonst Reden, die im lebendigen Austausch geäußert werden, von dem Redenden selbst verteidigt, erläutert, ergänzt oder auch verbessert werden können, so daß Mißverständnis und Mißbrauch, wenn sie zutage treten, schnell überwunden sind, erweisen sie sich in schriftlicher Form als allem Mißbrauch und beliebigem Mißverständnis geradezu ausgesetzt. Obendrein diene in Wahrheit die Schrift nicht der Stärkung unseres inneren Besitzes an Wissen, der "Mneme" und der auf sie zurückgehenden Anamnesis, sondern dem bloßen Schein und leeren Anspruch des Wissens. Die bloß äußerliche Verbreitung von Reden diene durchaus nicht der Erkenntnis. Von da aus macht Sokrates die Anwendung auf den gegebenen Fall. Sein junger Freund solle dem Lysias ausrichten, daß er sich mit solchen Dingen, mit der Verfertigung von Reden in schriftlicher Form, nicht aufhalten solle. Sokrates macht die Unterscheidung zwischen dem, der die wahren Logoi liebt, dem Philosophen, und solchen Verfertigern von Reden, die nur die Abbilder und Scheinbilder von Logoi produzieren.

Bekanntlich hat diese Verwerfung der Schriftlichkeit und ihre positive Wendung auf die essentielle Mündlichkeit der Philosophie und der lebendigen Dialektik für das gesamte Werk Platos entscheidende Bedeutung. Sie wird durch den berühmten Exkurs im siebenten Brief bestätigt. Dort weist Plato den Anspruch des jungen Tyrannen von Syrakus zurück, der es gewagt hatte, aufgrund einer ganz unzureichenden Unterweisung durch Plato die wesentlichen Gedanken Platos in schriftlicher Form niederzulegen. Die ungeschriebene Lehre Platos ist seitdem ein ebenso offenes wie zentrales Problem des Verständnisses der platonischen Philosophie.

Wenn Sokrates davor warnt, Geschriebenes als höchsten Ernst gelten zu lassen, statt es mit spielerischer Distanz anzusehen, und wenn Plato ihm im siebenten Brief mit gleicher Entschiedenheit folgt und tatsächlich in seinem ganzen Dialogwerk das Reden im eigenen Namen vermieden hat, so liegt darin gewiß ein radikales Bekenntnis zum Dialog und zum inneren Dialog der wahrheitsuchenden Seele, den Plato 'Denken' nennt. Nur in der Nachgestaltung dialogischer Verständigung teilt Plato sein eigenes Denken dem Leser mit. Ist es aber wirklich eine Verwerfung der Erfindung der Schrift und des Gebrauchs der Schrift, die daraus folgt, oder ist es eher ein Appell an den rechten Gebrauch der Schrift, etwas, was man mit einem Ausdruck unserer Tage einen hermeneutischen Appell nennen könnte?

Prüfen wir die platonischen Aussagen auf diesen positiven Verdacht hin. Da fällt zunächst auf, daß der geniale Erfinder Theut mit der Erfindung der Schrift eine ganze Reihe anderer Erfindungen dem ägyptischen König zusammen vorgelegt hat, deren Rang und Bedeutung auch für einen Plato außer allem Zweifel stand. Es ist offenbar die Ägyptenromantik, die der Kritik des eigenen Zeitalters dient, die Plato veranlaßt, auf diesen sagenhaften Erfinder so viel zu häufen, wie die griechische Mythologie in der aischyleischen Variante auf den Erfindergott Prometheus gehäuft hat. Allerdings, die Erfindung der Schrift wird hier — anders als bei Aischylos — sehr hervorgehoben. Sie ist in den Augen ihres angeblichen Erfinders etwas Besonderes und Ausgezeichnetes. Tatsächlich spiegelt sich in solchen Geschichten über die Erfindung der Schrift in unbestimmbarer Weise die in vorhomerischer Zeit erfolgte Übernahme und Verbesserung der semitischen Buchstabenschrift durch die Griechen. Es erscheint kaum glaubhaft, daß diese Erfindung als solche von Plato im Ernst als ein zweifelhaftes Verdienst charakterisiert werden sollte. So wird auch nichts darüber berichtet, ob die kritische Zurechtweisung, die der weise ägyptische König dem Erfinder erteilt, die Zurückweisung der Erfindung bedeuten sollte — von der doch jeder Plato-Leser wußte, daß sie längst durchgedrungen war. Vielmehr ist deutlich, daß lediglich der Mißbrauch und die Verführung, die in schriftlicher Fixierung von Reden und Gedanken gelegen ist, von dem ägyptischen König zurückgewiesen wird — und zwar so, als ob er die Zersetzungserscheinungen des sophistischen Zeitalters vorausgesehen hätte —, zu denen auch die geschriebenen Kunstreden am Ende gezählt werden müssen. Der Gebrauch der Schrift als solcher dagegen wird von Sokrates in der Folge durchaus nicht verurteilt. Als ein Trost und Heilmittel gegenüber der Vergeßlichkeit des Alters und in einem weiteren Sinne als ein Erinnerungsmittel für den, der weiß — und der zu denken weiß —, wird die Schrift vielmehr anerkannt. Der Ausdruck, der hier begegnet und der in positiver Beziehung zur Vergeßlichkeit steht, ist 'hypomnesis' und 'hypomnema', das heißt 'das Erinnern' und 'das, was durch sein äußeres Dasein als Schrift erinnert' — eine dem echten inneren Besitz der Mneme und der in ihr entspringenden Anamnesis untergeordnete Funktion.

Damit wird auf den eigentlichen Bereich des 'Inneren', auf das Phänomen der Mneme gewiesen: das Behalten und Festhalten, das den inneren Besitz des menschlichen Geistes aufbaut und ihn vor dem Vergessen bewahrt. Mnemosyne, die Göttin des Gedächtnisses und die Beschützerin gegenüber dem Vergessen, hat in der Tat als Mutter aller Musen eine ausgezeichnete Stellung. Sie gehört bei Hesiod der ältesten Göttergeneration an, als Tochter von Himmel und Erde, und sie hatte an vielen Orten ihren Kult. Wir begegnen ihr als der göttlichen Größe, die insbesondere dem Gedächtnis vorsteht, das selbst noch den Tod überwindet. In den orphischen Mysterien ist sie es, die angerufen wird und deren Anrufung dem Verstorbenen wie ein Totenpaß ins Grab gelegt wird. Ihre Quelle sprudelt nicht entlang der weißen Zypresse, dem Totenbaum des Vergessens, sondern verheißt durch ihren stärkenden Trank der durstenden Seele, daß sie dem Vergessen entgeht und bei sich bleibt.

Hier wird die Zeitlichkeit und Entgänglichkeit, die dem endlichen Wesen des Menschen sein Gepräge gibt, zum Thema. Wir sind mit einem Schlage im Zentrum des platonischen Denkens, bei seiner Aufdeckung des geheimen Tiefsinns, der in dem geläufigen Ausdruck 'Philosophia' und seinen Ableitungen steckt: daß damit nicht so sehr Weisheit und Wissen und das Wissen um des Wissens willen gemeint ist als vielmehr das nie vollendbare Verlangen nach Wissen und das unermüdliche Suchen nach der Wahrheit. Οὐδείς τῶν θεῶν φιλοσοφεῖ. Mag sein, daß diese neue Nuance, die Plato in seinem Mythos vom Eros im Gastmahl einführt, in den neueren Zeiten der unvollendbaren Erfahrungswissenschaften eine gewisse Überresonanz erfahren hat und daß einem Lessings berühmtes Wort, daß er die Suche nach der Wahrheit dem Besitz der Wahrheit vorziehen würde, wenn ihm die Wahl gelassen wäre, gar zu sehr im Sinn ist. In Wahrheit ist es jedoch weder ein gelegentlicher Einfall Platos noch gar eine Antizipation des modernen Fortschrittsgedankens oder Aufklärungspathos, was hier gemeint ist. Es handelt sich um eine fundamentale Einsicht in die Zeitlichkeit und Endlichkeit, die der Menschen Teil ist und die sie trotz aller Teilhabe an der Unsterblichkeit, die ihnen durch Ruhm und Gedächtnis zukommen mag, unaufhebbar vom Göttlichen scheidet. Man erinnert sich der Stelle im Symposion, in der Diotima den staunenden Sokrates in der Kunst des Liebens unterweist. Sie geht von der dämonischen Macht des Eros aus, die die Tiere umtreibt, und macht eine spezifische Anwendung auf den Menschen und seine Auszeichnung, die wir 'Geist' nennen. Wie dort die Natur mit unwiderstehlicher Triebgewalt die Tiere dazu nötigt, die Erhaltung der Art zu betreiben und auf diese Weise — vielleicht sogar unter Opferung des eigenen Lebens — an der Unsterblichkeit teilzuhaben, die nicht dem einzelnen Exemplar, sondern allein der Art zukommt, so hat das menschliche Leben nicht nur diese Teilhabe, sondern ihm ist eine zwar vergleichbare, aber ausgezeichnete Teilhabe an der Unsterblichkeit gegeben. Wie sich der einzelne Mensch in seinem leiblichen Bestande beständig erneuert — eine Erkenntnis der damaligen Naturwissenschaft, die auch im 'Phaidon' ihre Rolle spielt — gilt es auch für alle seine seelisch-geistigen Regungen, daß sie sich beständig erneuern müssen. Das ist das dem menschlichen Geiste auferlegte Gesetz seiner Zeitlichkeit. Zwischen Vergessen und Versinken auf der einen Seite und Festhalten und Behalten, Wiederholen, Zurückholen, Erinnern und Erneuern auf der anderen Seite bewegt sich, was sein Eigen ist. Nichts ist fester Besitz im menschlichen Geiste, alles bedarf der unermüdlichen Überwindung des Vergessens und des Wiederaufbaus eines Bleibenden in der Zeit.

Gewiß darf man diese Lehre, soweit sie hier herangezogen wird, nicht als Platos letztes Wort nehmen — es ist auch Diotimas letztes Wort nicht, sondern führt sich als eine Erklärung im Stile der Allerweisesten ein, der vielleicht allzu weisen Männer, die alle Kulturleistungen der Menschheit auf Ehrgeiz und das Verlangen nach unsterblichem Ruhm zurückführen. Aber man kann dennoch die Anwendung dieser Lehrstunde auf unser Problem machen. Die Vermeintlichkeit eines dauernden Besitzes, die als Versuchung mit aller Schriftlichkeit verknüpft ist, wird von dieser tiefen Einsicht betroffen. Dabei hat die kühne Analogie zwischen der Reproduktion der Species im animalischen Leben und der Reproduktion des Wissens im einzelnen Menschen ein besonderes Gewicht. Wie es dort ausdrücklich immer ein neues Wesen ist, das die Erhaltung der Art weiterträgt, so ist es offenbar beim menschlichen Wissen auch, daß es jeweils neue Aktualität gewinnen muß, wenn es überhaupt dasein soll. Das ist die kühne Ausspinnung der Analogie von Leben und Geist durch Diotima. Tote Wiederholung, das heißt Wiederholung, in der die Differenz der Zeit und des Neuen getilgt wäre und die ein Dasein hätte wie die gefrorene Selbigkeit von Schrift, würde die Bedingung geistiger Dauer nicht erfüllen, noch auch das Verlangen nach Dauer. Sie wäre ein Schein, ein Abbild, eine Einbildung von Wissen wie jene deklamierten Reden, die keine Reden mehr sind. So wehrt sich Plato im Munde der delphischen Priesterin gegen die Verfallenstendenz, die in dem Wahn eines dogmatischen Besitzes von Wissen ihren Ausdruck hat. Gewiß wäre es verfehlt, das Bewußtsein der Geschichtlichkeit auf Plato zurückzudatieren, das im 18. und 19. Jahrhundert, am Ende des Zeitalters der Metaphysik, erwachte und dem modernen Philosophieren unausweichlich im Wege liegt. Platos Stellung zur Geschichte stellt ein eigenes Problem dar, das gewiß insofern dem modernen Denken extrem entgegengesetzt ist, als da, was wir Geschichte nennen, für ihn weit weniger einen geschichtlichen Prozeß meint, der auf eine Vollendung hin gerichtet ist, als ein Verfallsgeschehen, das von einem in sich vollendeten, heilen Anfang her als Verfall erscheint. Geschichte ist Verfallsgeschichte und Wissen ist Bewahren vor dem Verfall. Damit wird die positive Entsprechung zur Verfallstendenz allen endlichen Seins, die Bewahrung und Erhaltung und Erneuerung, indirekt ausgezeichnet.

Nun muß man sich fragen: Ist nicht die Anwendung dieser Einsichten auf die Bedenklichkeit aller schriftlichen Fixierung allzu radikal? Hat Plato hier nicht eine allzu einseitige Partie geliefert, wenn er sich gegen den Verfall in den Dogmatismus der Schriftlichkeit so total absichert, daß er alle Textualität überhaupt verdammt? Geht das nicht zu weit? Gibt es nicht wahrhafte Texte, die gerade als solche die Idee des Textes und des Anspruchs von 'Literatur' erst erfüllen, die in ihrer vollen Selbigkeit und ihrer unerreichbaren Unveränderlichkeit wahrhafte Texte sind? Nennen wir nicht alle dichterischen Texte in diesem eminenten Sinne Text? Man muß sich fragen, ob Plato hier seine eigene Sache allzu einseitig verficht, wenn er gegen den sophistischen Stil, den Logos für eigenes Paradieren zu mißbrauchen, die lebendige Fortpflanzung, das Säen der Logoi in Seelen setzt. Das hat wahrlich eigene, tiefe Überzeugungskraft, und man wird im Grunde akzeptieren müssen, daß das Fortleben des philosophischen Gedankens nicht in den überlieferten Berichten über die Lehren von Philosophen bestehen kann, wie sie seit Theophrast im griechischen Bildungsleben gepflegt wurden oder wie sie sich heute, in dem philosophischen Alexandrinismus des Zeitalters der positiven Wissenschaften und des Historismus breitmachen. Es hat Sinn zu sagen, daß die Philosophie nicht in Texten ihre Dauer hat, sondern daß Texte nur Erinnerungsmittel sein können, das heißt: für Wissende (εἰδόσιν ὑπόμνησις).

Aber gibt es nicht Texte, die gerade in der Unantastbarkeit des Buchstaben ihre eigene Auszeichnung besitzen, religiöse, rechtliche und eben dichterische Texte? Man möchte doch meinen, daß sich in solchen Texten der wahre Sinn von Schriftlichkeit geradezu erfüllt, nämlich Kodifizierung von Gültigem, Bewahrung des Gültigen vor dem Mißbrauch, der Anpassung, der Verzerrung oder gar der Ableugnung zu sein. Jedenfalls muß man zugeben, daß solche Texte gerade in ihrer wörtlichen und buchstabengetreuen Wiederholung ihre eigentliche und einzige Präsenz haben. Da geht es nicht um eine Einheit des Sinnes und der Sinn-Intention allein, die in den verschiedensten Formulierungen, ja sogar in verschiedenen Sprachen ihre Darstellung finden kann und z. B. bei internationalen Rechtsverträgen finden muß, sondern um die Einmaligkeit des sprachlich gefügten Gebildes. Es muß nicht nur auf den Buchstaben genau, sondern auf die Einheit von Klang und Sinn genau bewahrt und befolgt sein. Dies klingende Ganze des Sinnes mag in noch so unvollkommenen und vielfältigen Annäherungen vollzogen werden — es ist wie ein unveränderlicher Maßstab gesetzt, an dem sich jeder reproduktive Vollzug mißt. Das ist das wahrhafte Geheimnis, das der Kunst spezifisch ist und dem weder im Wahrheitsbereich der Wissenschaft noch in dem der Philosophie etwas Analoges entspricht. Damit hängt zusammen, daß Werke der Kunst auf sehr unterschiedlichem Niveau des Ausdrucks voll verstanden werden können — ohne daß die Wahrheit der künstlerischen Aussage dadurch der Relativierung verfiele und Falschverstehen seinen genauen kritischen Sinn verlöre. Die wachsende Vertrautheit mit einem Werke der Kunst schöpft es nicht nur nicht aus, sie läßt es — als dasselbe — immer reicher werden und immer eindringlicher zu uns sprechen. Mir scheint es der Aspekt des Rituals zu sein, der sich hier mit dem Vollzug sinnlich-geistigen Bedeutens unauflöslich verschmilzt.

Heißt das nun, daß Diotima unrecht hat, wenn sie stets nur im Erneuern ein Bleibendes erkennt, und daß der platonische Sokrates unrecht hat, wenn er in der schriftlichen Fixierung nur eine sekundäre Tätigkeit sieht und das Schriftliche als eine Art Spiel von dem wahren Ernst des Sagens des Wahren abscheidet? Es könnte so klingen, als hätte Plato hier sein altes Vorurteil gegen die Dichtkunst, die er aus der idealen Stadt als bloße Nachahmung von Nachahmungen weitgehend verbannt, seiner delphischen Priesterin in den Mund gelegt. Nein, er tat es nicht. Diotima nennt die Werke der Dichter, Homers und Hesiods und der anderen, und ebenso wird Lykurg, der Schöpfer des spartanischen Gemeinwesens, und Solon, der Schöpfer der Gesetze Athens, mit Auszeichnung genannt: das seien die wahren Kinder, was diese Männer hinterließen, (und nicht so sehr ihre leiblichen). Durch sie erringen sie Ruhm und Unsterblichkeit. Wir werden bereitwillig Heraklits Sentenzen und Platos Dialoge diesen Vollendungen gültiger Logoi zugesellen — samt allen sonstigen Dokumentationen des Philosophierens, die mehr 'Werke' als 'Wege' sind und die Anstrengung des Begriffs, wie alle Werke der Kunst es tun, übertreffen, indem sie uns immer wieder neu fordern. Hier schließen sich die Dinge zusammen, die Kritik der Schriftlichkeit in ihrer besonderen Wendung auf die literarischen Redekunststücke eines Lysias, aber ebenso in unverkennbarer Anwendung auf das eigene Werk Platos. Seine Zurückweisung schriftlicher Fixierung des philosophierenden Gedankens auf der einen Seite — und auf der anderen Seite Diotimas Einholung aller Werke der weisen Männer, Dichter und Staatsmänner in den großen Wettkampf mit der Zeitlichkeit und in den Drang zur Unsterblichkeit. Auch solche 'Werke' stehen nicht in toter Selbigkeit im Raume und lassen das Zeitgeschehen an sich vorüberrauschen. Plato hat zwar keine ausdrücklichen Hinweise auf diesen Punkt gegeben. Aber wenn Lykurgs 'Kinder', seine Gesetze Lakedämons, als Retter ganz Griechenlands gefeiert werden, oder Solons Gesetze als sein attisches Vermächtnis, und wenn Homer und Hesiod als die Lehrmeister von ganz Griechenland figurieren, so ist der Sache nach auf den ganzen weiten Bereich der beständig sich erneuernden Aneignung dieser Hinterlassenschaft hingedeutet. Auch diese 'Kinder' sind ins Leben entlassen und leben, ob schriftlich fixiert oder nicht, in der Mneme fort. Sie haben ihr Dasein nicht im Festhalten toter Buchstaben, sondern in beständig neuer Anwendung und Aneignung, als dieselben und als immer andere neue.

Man sollte beachten: Diese 'hermeneutische' Einsicht traut Diotima dem Sokrates ohne Zögern zu — ihm, der als der beständige Dialogiker und Widerleger allen Scheinwissens selber ein nicht-geprüftes Leben, einen οὐκ ἐξέταστος βίος, kein lebenswertes Leben fand. Sie selbst jedoch öffnet den Ausblick auf den durch alle Logoi führenden Liebesweg, der zu der höchsten Einsicht hinführt, den Weg des Dialektikers, der ihn noch über sich selbst hinausführen soll.

Wenn Diotima so fortfährt, ist sie indessen nicht mehr sicher, daß Sokrates ihr wird folgen können. Der Liebesweg, den sie beschreibt, führt durch alle Logoi in allen Gestalten, die einer durchlaufen soll, und er soll überall Logoi zeugen — bis er zu der Höhe einer letzten Einsicht in das Schöne selbst gelangt, und in dieser letzten Schau, dieser Liebeserfüllung, die nur Schauen und Zusammensein (θεᾶσθαι μόνον καὶ συνεῖναι) ist, erkennt Diotima ihrerseits das wahrhaft lebenswerte Leben. Wir haben uns zu fragen, was dem Sokrates und was uns damit gesagt wird. Schwerlich will sich Plato damit von dem Leben der Selbstprüfung (βίος ἐξεταστός) abheben, das Sokrates als das seine ansieht, und will sich gewiß nicht selber ein Leben erfüllter Schau zusprechen. Sagt er es nicht vielmehr auch sich selbst — und uns, die wir auf diesem Wege alle kaum folgen können? Und doch wissen wir, daß in allem ruhelosen Auf und Ab von Präsenz und Wachheit, Vergessen und Schlaf, das unser zeitlich-endliches Sein durchwaltet, das Gespräch der Seele mit sich selber fortgeht und sich beständig erneuert, so daß am Ende einiges Haltbare ist, Mneme und Anamnesis: Im Gespräch über den Eros ist es das Schöne selbst, im Gespräch über die ideale Stadt ist es das Gute selbst, auf das wir hinausblicken, und dieses Höchste und Eine ist nicht nur allem Zeitverfallenen, Vergehenden und Vergänglichen entrückt und jenseitig — es hat in allem, was schön ist, in allem, was gut ist, sein Dasein, wie die Tierart es allein in allen ihren Exemplaren hat. Wir lernen hier: auch vom Wort, vom Logos, gilt, daß es nur ist, wenn es sich ständig erneuert, ja, auch von dem toten Buchstaben des Geschriebenen gilt es, wenn er nur in der 'Seele' erneuert zum Dasein gelangt. Mnemosyne ist die Mutter aller Musen.

Wolfgang Raible

Vom Text und seinen vielen Vätern
oder: Hermeneutik als Korrelat der Schriftkultur

I

Es ist nicht unbekannt, daß Platon viel von der mündlichen Kommunikation hielt, so gut wie gar nichts dagegen von der schriftlichen. Eine der in dieser Hinsicht aufschlußreichsten Stellen steht im *Phaidros*. Texte, so heißt es da, schienen ganz vernünftig daherzureden; wenn man aber, um das Gelesene zu begreifen, Fragen an sie stellte, sagten sie einem immer nur dasselbe. Was man einmal geschrieben habe, das treibe sich im übrigen allenthalben herum, sowohl bei denen, die etwas davon verstünden, als auch bei denen, für die es nicht gedacht sei, und der Text wisse nicht, zu wem er reden solle und zu wem nicht. Tue man ihm etwas zuleid oder schmähe man ihn zu Unrecht, so brauche der geschriebene Text stets die Hilfe des Vaters. Denn er selbst sei weder in der Lage, sich zu verteidigen, noch sich selbst zu helfen (275d).

Aufschlußreich ist dieser Passus nun unter anderem deshalb, weil er ganz anschaulich eines verdeutlicht: Jede Schriftkultur hat ihr Korrelat in der Zunft der Textausleger oder — um in Platons Bild zu bleiben — in der Zunft derer, die in die Rolle des abwesenden oder verblichenen Text-Vaters schlüpfen und so zum Pflege- oder Stiefvater werden. Die Zunft hat verschiedene schöne Namen (die meist zugleich Programm sind): Am häufigsten etikettieren sich ihre Mitglieder als logophil, d. h. als Textfreunde oder Philologen; sie nennen sich aber auch Exegeten, Schriftgelehrte, Interpreten, Dolmetscher oder Hermeneuten, mitunter sogar Texttheoretiker. (Stiefväter nennen sie sich, wen wundert es, dagegen eher selten.)

II

Darüber, wie man sich als guter Stiefvater zu verhalten hat, ist sich die Zunft natürlich uneins, und dies nicht erst seit gestern. Die Alt- und Großmeister der Innung, die "Archi-Metryiologen" also, verkünden daher in dickleibigen Werken unter schönen Titeln (wie *Die Kunst, Bücher zu lesen* (Bergk), *Enzyklopädie und Methodenlehre der philologischen Wissenschaft* (Boeckh), *Allgemeine Auslegungslehre als Methodik der Geisteswissenschaften* (Betti), *Wahrheit und Methode*, *Le degré zéro de l'écriture*) jeweils unterschiedliche Ehren-Kodices für den rechten Umgang mit den Stieftexten. Es gibt da wohl eine Skala mit zwei Extremen. Die reine Lehre des einen Extrems besagt, der Stiefvater müsse — aus Pietät gegenüber dem Verblichenen und seinem Kinde — alles tun, um sich in die Rolle des echten Vaters zu versetzen. Die reine Lehre des anderen Extrems gibt — Pietät hin, Pietät her — den Stiefvätern dagegen *plein pouvoir*: Für sie ist der Stieftext dann gewissermaßen ein Spiegel, in dem nicht so sehr das Antlitz des Vaters, sondern viel eher ein Antlitz sichtbar wird, das dem des Stiefvaters oft zum Verwechseln ähnlich sieht. Lichtenberg, von dem das Bild vom Buch als Spiegel stammen dürfte, hat, pointiert wie stets (in den "Pfennigswahrheiten"), auch die mit dieser Lehre verbundenen Risiken formuliert: "Ein Buch ist ein Spiegel; wenn ein Affe hineinguckt, so kann freilich kein Apostel heraussehen."

Daß die Vertreter der extremen Positionen nichts füreinander übrig haben, dürfte klar sein: Für diejenigen, denen das Buch Spiegel ist, sind die Anhänger der *pietas* natürlich bedauernswerte, naive Positivisten; für die Fraktion der "Pietisten" sind dagegen die sich Spiegelnden radikale Subjektivisten, rücksichtslose, egoistische Selbstverwirklicher also, die notfalls souverän über die philologische Kleinarbeit an den Daten des Textes hinweggehen. Zwischen den beiden Extremen — also dem der prinzipiellen Eindeutigkeit eines Textes im Sinne seines Vaters und demjenigen der prinzipiellen totalen Offenheit eines Textes — gibt es, wie stets, eine gleitende Skala mit Übergangspositionen von zum Teil ingeniöser Natur.

III

Die raffinierteste stammt zweifelsohne von jenen Vätern, die unter dem Namen 'Kirchenväter' bekannt sind. Ihnen gelingt durch drei Kunstgriffe sogar so etwas wie die Integration beider Extreme. Erstens verkennen sie nicht, daß ein Text in vielfacher, ja in unendlich vieler Hinsicht intrepretiert werden kann. Demgemäß sprechen sie, wie etwa Augustin oder Gregor der Große, von den *multae intelligentiae* oder *innumeri intellectus* namentlich dunklerer Texte. Von diesen *innumeri intellectus* werden freilich weder alle akzeptiert (wie dies prinzipiell die radikaleren Vertreter der These vom Text als Spiegel tun müßten), noch wird nur eine einzige dieser Lesarten als die adäquate angesehen, so wie dies die radikaleren "Pietisten" mit der Lesart tun dürften, die sie als die vom Text-Vater intendierte unterstellen. Die Kirchenväter gehen vielmehr, zweiter Kunstgriff, von einem nie abgeschlossenen Prozeß der Interpretation aus — ein Prozeß, bei dem speziell den Häretikern eine entscheidende, produktive Rolle zukommt: "Oportet haereses esse" lautet eine diesbezügliche These Augustins. Die Auseinandersetzung mit häretischer Auslegung reißt die kirchlichen Exegeten aus dem Schlaf und zwingt sie zu immer neuem und genauerem Durchdenken der Texte: Die Kirchenväter waren viel zu gute Dialektiker, als daß sie nicht gewußt hätten, daß das Richtige das Falsche voraussetzt, und umgekehrt.

Der dritte und grundlegendste Kunstgriff der Kirchenväter ist schließlich die Lehre vom *mehrfachen* (zunächst drei-, dann vierfachen) Schriftsinn. Ihr Begründer Origenes unterschied neben dem Wortsinn einen moralischen Sinn (Welche Handlungs- und Verhaltenskonsequenzen hat der Text für den Leser?) sowie einen allegorischen (bei Origenes im Sinne des späteren anagogischen Sinnes: d. h. welche Heilskonsequenzen beinhaltet der Text?). Grundlegend ist dieser Kunstgriff deshalb, weil er zwar eine Pluralität von (nie abgeschlossenen) Interpretationen (Interpretations-Tripeln oder Quadrupeln) gestattet; diese Interpretationen sind aber schon deshalb nicht völlig willkürlich, weil hohe Anforderungen an sie gestellt werden: Die vier Schriftsinne sind nämlich nicht unabhängig voneinander, sie müssen aufeinander bezogen oder, wie man heute sagen würde, isomorph sein. Eine "pietistische" Haltung allein, eine "pia voluntas" der Interpreten ist, wie Hieronymus in seinem Jesaja-Kommentar vermerkt, noch lange kein Garant für die Richtigkeit einer Exegese: Der moralische Sinn muß auf den Wortsinn und auf den allegorischen Sinn bezogen sein, der Kontext muß beachtet werden, es dürfen nicht Bezüge zwischen allzu Disparatem hergestellt werden. "Nicht daß wir die Interpretation im übertragenen Sinne verdammten — aber die übertragene Interpretation muß mit dem Wortsinn kongruent sein. Einige wissen dies nicht und irren so voller Wahnwitz (lymphatico errore) in der Heiligen Schrift einher." Gefordert ist also gerade auch die saubere philologische Kleinarbeit.

IV

Die Raffinesse dieser patristischen Konzeption wird nun richtig offenbar, wenn man ihre Konsequenzen für die Text-Vaterschaft durchdenkt: Auch wenn der Text nur einen einzigen Vater im Sinne von 'auctor' haben mag: Diesem Vater haben andere die Hand beim Schreiben geführt; es gab da nicht nur einen, der an den Wortsinn gedacht hat; es gab noch einen, der den allegorischen, einen, der den moralischen und einen, der den anagogischen Sinn im Auge hatte. Aus christlicher Perspektive bot es sich hier an, diese verschiedenen 'Väter' in der einen großen Vatergestalt zu integrieren. Gott offenbart sich in seinen Propheten, die Apostel sind für Dante "scribae Christi".

Die späteren Nachfolger der Kirchenväter, ihrerseits in der Regel ganz anderen Kirchen und Kapellen verpflichtet, haben ihre (ihnen übrigens meist unbekannten) Vorläufer eigentlich nur dadurch übertroffen, daß sie noch eine beträchtliche Zahl weiterer Über- und Unter-Väter angesetzt haben, die in einem Text-Vater wirksam sind oder wirksam werden (und ihn so, im eigentlichen Sinne des Wortes, ent-mündigen) können: 'Das Unbewußte' oder 'das kollektive Unbewußte'; 'Die Gesellschaft', 'die Klassenzugehörigkeit', 'die literarische Tradition', 'die Gattung', 'die Poetik' — Text-Väter übrigens, deren Vaterschaft bisweilen weit weniger plausibel oder gar dingfest zu machen ist, als dies im relativ strengen Modell des vierfachen Schriftsinnes (im Verstande von Hieronymus) möglich war.

V

Eine notwendige Ergänzung jeder Schriftkultur ist somit die Exegese. Zum Gesetzgeber wie zum Poeten gesellt sich die Vielzahl der Hermeneuten, die den Text sogar besser verstehen dürfen als sein eigener Autor. Platon war, um auf das Eingangszitat zurückzukommen, gegen die Schriftkultur, weil der Text, einmal der schützenden Hand des Vaters entglitten, hilflos wird. Man kann dies freilich auch positiv sehen. Gewiß, der geschriebene Text kann sich nicht selbst helfen, wie Platon sagte, er kann sich nicht selbst auslegen. Er benötigt die Hilfe des Vaters — oder eben die des Exegeten. Gewiß sind weiterhin die Exegeten keine Väter, sondern nur Stiefväter — aber: sie sind nicht nur *Stief*väter, sie sind auch Stief*väter*; sie sorgen also, indem sie das Text-Kind des Vaters zu ihrem Mündel machen und damit selbst in die Rolle des Vaters schlüpfen, für das Nachleben von Vater und Kind. Und da die Sorge um das eigene Nachleben eine menschliche Konstante ist, dürfte auch Platon selbst letztlich von der stattlichen Reihe von selbsternannten Vätern profitiert haben, die sich seine Texte zum Mündel genommen haben. Daß die Mündel dabei mitunter gekränkt oder gar mißhandelt (oft aber auch zum Monument erhoben und prächtig ausstaffiert) werden — diesen Preis für das eigene Nachleben muß der Vater geschriebener Kinder allemal in Kauf nehmen.*

Anmerkung:

* Vgl. zum spiegelbildlichen Verhältnis von Autor und Leser und zu weiteren Quellen dieser Konzeption W. R., "Vom Autor als Kopist zum Leser als Autor. Literaturtheorie in der literarischen Praxis", in: *Poetica* 5 (1972), S. 133—151. — Zu den radikalsten Vertretern der totalen Offenheit von Texten zählt derzeit J. Derrida und eine Gruppe von Autoren um die Zeitschrift *Tel Quel*. — Zur Information über die Lehre vom vierfachen Schriftsinn: Henri de Lubac, S.J., *Exégèse médiévale. Les quatre sens de l'Ecriture*, Paris, 2 Bde., 1959 und 1961. — Zur Rolle von literarischer Tradition und Gattung als 'Vätern' W. R., "Was sind Gattungen? Eine Antwort aus semiotischer und textlinguistischer Sicht", in: *Poetica* 12 (1980) [1982], S. 320—349. — Zu jener hermeneutischen Tradition, nach der der Exeget den Text besser verstehen kann als der eigentliche Vater vgl. beispielsweise Montaigne, *Essais* I, Kap. 24 (S. 135 der Garnier-Ausgabe): "Un suffisant lecteur descouvre souvant ès ecrits d'autruy des perfections autres que celles que l'autheur y a mises et apperceües, et y preste des sens et des visages plus riches." — Sucht man anstelle des platonischen Bildes vom Vater und seinem Text-Kind nach anderen bildkräftigen Vergleichen, so wird man beispielsweise bei Francis Ponge fündig: Für Ponge ist der Dichter ein Mollusk, der nach seinem Ableben ein Kunstwerk in Form eines äußeren Skeletts hinterläßt — ein Kunstwerk, das seinen Schöpfer überdauert und dann beispielsweise von einem Einsiedlerkrebs wieder belebt wird; ein anderes Bild Ponges ist die Auster — hier wird das Kunstwerk, das der Dichter absondert, zur Perle, mit der man sich schmücken kann; wodurch wiederum das Nachleben des Autors gesichert ist. Traditioneller ist das Bild vom Dichter als Baum. Hier wird das Gedicht zur Frucht, etwa zur Aprikose: das Fruchtfleisch ist dabei nur Verpackung der eigentlichen Botschaft, des Kerns, der das Nachleben garantiert. Vgl. W. R., *Moderne Lyrik in Frankreich. Darstellung und Interpretation*, Stuttgart 1972, S. 150—155 und 70—73.

Konrad Ehlich

Text und sprachliches Handeln.
Die Entstehung von Texten aus dem Bedürfnis nach Überlieferung*

1. Der Ausdruck Text in seiner linguistischen Verwendung

Der Terminus 'Text' gehört zu denjenigen Fachausdrücken sprachbezogener Wissenschaften, die, wie sie aus der Alltagssprache kommen, in der Alltagssprache weiterverwendet werden. Dies ist etwas Bemerkenswertes: denn es zeigt, wie wichtig für unsere gesellschaftliche Wirklichkeit Texte sind. Dies ist aber auch etwas für die Wissenschaft Gefährliches: denn die Einbeziehung eines Terminus in die alltägliche Sprache geht selten ohne semantische Vagheiten ab, die innerhalb der Fachterminologie gerade vermieden werden sollen.

Doch betrachtet man den Gebrauch des Terminus 'Text' in wissenschaftlicher Sprache, so sieht man schnell, daß er auch hier mit einer geradezu alltagssprachlichen Geläufigkeit verwendet wird und daß ihm die terminologische Präzision weitgehend mangelt, die das Resultat einer exakten, geschärften und um die Konkretionen der Sache bemühten Analyse ist.[1]

Ich möchte einige solche wissenschaftsinterne Verwendungen des Ausdrucks 'Text' aufnehmen, um zunächst die Schwierigkeiten mit dem Ausdruck zu erläutern.

(1) Eine erste, nahezu selbstverständliche Gebrauchsweise von 'Text' verbindet 'Text' und Literatur. Literatur setzt sich aus Texten zusammen. Texte sind der Gegenstand des Literaturwissenschaftlers, Objekt seiner Analyse und kritische Instanz seiner Interpretation. Literatur ist in diesem Verständnis im allgemeinen schriftliche, eben literale Literatur. Texte sind eo ipso schriftlich. Sie sind das Datum des Literaturwissenschaftlers. Dieses Verständnis des Textes empfiehlt sich unter anderem deshalb, weil es den Anschluß der Literaturwissenschaft an herrschende Wissenschaftsparadigmen zu ermöglichen scheint. Ja, gerade wenn Literaturwissenschaft exakter im Sinne dieser Methodenparadigmen sein soll, bedarf sie einer solchen, festen Grundlage, bedarf sie vorgängig konstituierter Objektbereiche. Texte bieten sie.

(2a) Neben der überkommenen Verwendung in der Literaturwissenschaft hat 'Text' in den letzten Jahrzehnten eine erstaunliche Karriere in der Linguistik gemacht. Aus der Geschichte dieser Entwicklung, die noch zu schreiben ist (wichtige Teilausschnitte sind zu finden in Gülich & Raible 1977, Thümmel 1978 und besonders in de Beaugrande & Dressler 1981), hebe ich zwei, im übrigen eng miteinander verbundene Aspekte heraus. Die neueren Syntax-Untersuchungen — besonders ihre bedeutsamste Entwicklung, die generative TG — beschränken sich weithin auf ein einziges Untersuchungsobjekt, den *Satz*. Die wissenschaftliche Beschäftigung mit Sprache stieß darauf, daß sprachliche Einheiten jenseits des Satzes und seiner Teile vorhanden sind. (Bereits Harris 1952 hatte übrigens eine Untersuchung über die Satzgrenze hinaus in einer seiner letzten Arbeiten angestrebt — nur daß er die trans-sententiellen Einheiten nicht 'Text', sondern 'discourse' nannte.) Solche Objekte wurden mit dem Ausdruck

'Text' bezeichnet. Eine eigene Disziplin innerhalb der Sprachwissenschaft nahm sich ihrer an, die "Textlinguistik".

Hier wurde vor allem an die Länge der sprachlichen Erscheinungen angeknüpft: was mehr war als ein Satz, hieß Text. Vorrangig war eine Linguistik mit Über-Satz-Forschungsthemen daran interessiert, herauszufinden, welche formalen und welche inhaltlichen Kriterien einen Text zum Text machen. Die Verknüpfung von Sätzen miteinander erwies sich als einer der wichtigsten Forschungsschwerpunkte. Dieser Ansatz, verbunden mit den Namen van Dijk, Petöfy, mit der Bielefelder und der Konstanzer Schule, orientierte sich methodologisch stark an den Erkenntnis- sowie den Beschreibungs- und Erklärungszielen, die in der formalisierten Linguistik formuliert waren. Teilweise wurden dabei die literaturbezogenen Erkenntnisse des Strukturalismus und Formalismus einbezogen; zumindest ergaben sie ein gemeinsames Diskussionsareal.

Die "textlinguistische" Fragestellung entwickelte sich im übrigen in Deutschland bereits relativ früh in verschiedenen programmatischen Texten Peter Hartmanns (vgl. im einzelnen Thümmel 1978 für eine — sarkastisch-polemisch akzentuierte — Darstellung dieser Entwicklung).

Die Ausweitung der Untersuchung auf Texte war also in dieser Tradition stark bestimmt vom Eindruck des Ungenügens einer Art von Linguistik, die recht willkürlich in der Grenze des Satzes auch die Grenze ihrer eigenen Disziplin fand. Die inhaltlichen Bestimmungen, die neu entdeckt wurden, waren ihrerseits jedoch stark geprägt von den Erklärungszielen und -mitteln jener Art Linguistik, deren zu enge Disziplinauffassung kritisiert wurde.

(2b) Nachdem erst einmal die Reflexion der Gegenstandsbestimmung begonnen hatte, zeigte sich schnell ein Mangel an der Auffassung von 'Text', die daraus resultierte. Die bloße übersatzmäßige Länge der sprachlichen Gebilde reichte als Ausweitung der einmal gewählten Gegenstandsbereiche nicht mehr aus, sondern weitere Aspekte, die in den stillschweigenden Festlegungen der bisherigen Grammatik nicht beachtet wurden, wurden erkennbar. Die Bewegung dieser Entdeckung wurde wesentlich von der weiteren Entfaltung des Terminus 'Text' angetrieben. Gegenüber den oft bloß konstruierten Beispielen der grammatischen Diskussion trat die ganze, konkrete Fülle der *sprachlichen Äußerungen* ins Blickfeld. Als 'Texte' wurden nun alle solchen sprachlichen Erscheinungen bezeichnet, die sprachwirklichkeitsnah, im Blick auf die tatsächliche Sprachverwendung beobachtet wurden.

Dieses Verständnis legen etwa die Verfasser des Lektürekollegs zur Textlinguistik zugrunde. Sie schreiben:

> "Text ist die Gesamtmenge der in einer kommunikativen Interaktion auftretenden kommunikativen Signale." (Kallmeyer u. a. 1974, 1, S. 45)

Mit "Textlinguistik" bezeichnen sie

> "die Wissenschaft, die zum Ziel hat, die Voraussetzungen und Bedingungen der menschlichen Kommunikation sowie deren Organisation zu beschreiben." (Kallmeyer u. a. 1974, 1, S. 24; im Original fett)

S. J. Schmidt (in Kallmeyer u. a. 1974, 2, S. 31) faßt eine ähnlich weit konzipierte "kommunikative Linguistik" unter dem Terminus "Texttheorie" zusammen und setzt sie von der Textlinguistik ab, derjenigen Textauffassung, die aus der Erweiterung der Satzlinguistik hervorging (2a).

Wesentliche Impulse für diese Auffassung gab Weinrich. Textlinguistik zielt

> "in erster Linie auf das natürliche Vorkommen von Sprache, um möglichst alle kommunikativ relevanten Faktoren zu erfassen und zu beschreiben."
> "Die in ... Sprechhandlungen vorkommende Sprache nennen wir Text. Sprache begegnet uns zunächst in Texten." (Kallmeyer u. a. 1974, 1, S. 24)

Damit wird ein, von den Verfassern auch angeführter, Satz von Peter Hartmann aufgenommen, der 1968 gesagt hatte:

> "Es wird, wenn überhaupt gesprochen wird, nur in Texten gesprochen." (1968, S. 212)

Die drei vorgestellten Verwendungen des Terminus 'Text' haben jeweils ihren spezifischen Punkt innerhalb einer wissenschaftsgeschichtlichen Position und Tradition. Gleichwohl sind sie nicht voll befriedigend. Die Verwendung (1) assoziiert 'Text' mit Schriftlichkeit. Dies tut sie unreflektiert. Sie partizipiert hier ohne weiteres am alltäglichen Sprachgebrauch, ohne diesem Umstand analytisch Rechnung zu tragen. Insofern bleibt sie diffus.

Die Verwendung (2b) entfernt sich am weitesten von dem alltäglichen Verständnis von 'Text'. Hier wird 'Text' zur Bezeichnung für eine umfassende Beschreibung und Analyse von Sprache im Gebrauch. Die Verwendung des Ausdrucks setzt also einen extrem weiten Text-Begriff voraus, wie die Autoren explizit auch selbst sagen. Alles, was mit Sprache im Akt ihres Gebrauchs geschieht, wird zum Text. Dadurch wird der Text-Begriff hochabstrakt. Tendenziell ist er nicht mehr geeignet, spezifische Merkmale zu erfassen. Zudem wird unklar, was 'Text' von 'kommunikativer Handlung' oder 'sprachlicher Handlung' unterscheidet. Der Terminus 'Text' sagt also, indem er für viel steht, nicht genug über das, wofür er steht.

Die Verwendung (2a) entwickelt sich hingegen auf der Grundlage und in Fortschreibung einer relativ unklaren Objektbestimmung der Sprachwissenschaft ("Linguistik ist Satzlinguistik = Grammatik"). Hier bezeichnet der Terminus 'Text' eine satzübergreifende sprachliche Einheit, deren Einzeldefinition aus der Spezifik der Verknüpfung abgeleitet wird. Im einfachsten Fall ist Textgrammatik bereits die Grammatik, die die Verbindung von mindestens zwei Sätzen beschreibt. Eine solche Interpretation erreicht ihre spezifische Leistung um den Preis, daß andere Aspekte des alltäglichen 'Text'-Verständnisses rigoros eliminiert werden. Dadurch gerät die Bestimmung dessen, was 'Text' ist, gleichfalls zu einer Abstraktion, hier jedoch nicht im Sinn einer übermäßigen Ausweitung, sondern im Sinn einer starken Reduktion. Die Definition wird zu "mächtig", sie bezieht sich auf mehr als auf das, was sinnvoll mit dem alltäglichen Verständnis von 'Text' (im Sinn der Alltagssprache als letzter Metasprache) bereits benannt ist. Der Gedanke einer durch bestimmte strukturelle Kennzeichen charakterisierten Einheit geht verloren, indem die Verknüpfung allein übrigbleibt.

Als Ergebnis meiner kurzen Erörterung einiger Verwendungen des Terminus 'Text' stellen sich für mich zwei Fragen:

(α) Ist es möglich, den Terminus 'Text' in einer solchen Weise zu gebrauchen, daß die alltagsweltliche Vorkategorisierung sinnvoll aufgehoben und zugleich eine schärfere Bestimmung des Text-Begriffs möglich wird?
(β) In welchem sprachtheoretischen Rahmen ist ein derart präzisierter Text-Begriff zu entwickeln?

Ich möchte im folgenden zeigen, daß die Frage (α) positiv zu beantworten ist, und ich werde dies zu tun versuchen, indem ich den Text-Begriff im Zusammenhang einer Theorie des sprachlichen Handelns erörtere.

Selbstverständlich ist es hier nicht möglich, diese theoretische Bestimmung vorab zu begründen. Sie wäre in einer Vielzahl von Einzelanalysen im Forschungsprozeß zu bewähren. Erst auf der Basis einer Fülle solcher konkreter Erkenntnisse ergeben sich m. E. Argumentationsverfahren zur Entscheidung der Frage, welche theoretischen Annahmen der Sache angemessen sind, welche sie verfehlen oder verstellen. Wissenschaft ist übrigens in den meisten Epochen, so scheint mir, in dieser Weise vorgegangen. Die Fruchtbarkeit der Fragestellungen stand nie im voraus fest. Galileis Methodik und ihre Ergebnisse etwa traten als ausgesprochene Erkenntnisfragmente gegen ein wohlgeordnetes Wissenssystem auf, waren also argumentativ zunächst extrem ungesichert und damit unakzeptabel. Erst der weitere Gang der Entwicklung hat die Richtigkeit seines Ansatzes auf breiter Basis erwiesen und zu einer Revolution des Wissenssystems als ganzem geführt.

Es wird sich als notwendig erweisen, dem Problem von Mündlichkeit und Schriftlichkeit zentrale Aufmerksamkeit zuzuwenden. Wie oben schon deutlich geworden ist, ist Literalität meist bereits im alltäglichen Verständnis implizit angesprochen, wenn von 'Text' die Rede ist. Andererseits hat die Bestimmung (2b) alles *Gesprochene*, also das Mündliche, mit dem Terminus verbunden. Schon dieser Widerspruch verlangt nach einer Auflösung.

2. *Text und sprachliches Handeln*

Sprachliches Handeln entfaltet sich in einzelnen sprachlichen Handlungen, die Sprecher für Hörer tun. *Sprecher* und *Hörer* also sind es, die handeln, wenn sprachlich gehandelt wird; sie sind die *Aktanten*. Ihr sprachliches Handeln umfaßt eine Vielzahl komplexer Tätigkeiten. Über diejenigen, die der Sprecher ausführt, wissen wir mehr als über die des Hörers. Beider Tätigkeiten sind selbstverständlich eng aufeinander bezogen.

Wenn ein Sprecher eine sprachliche Handlung ausführt, so bedeutet das im allgemeinen: er realisiert *gleichzeitig* drei unterschiedliche Einzelakte:

einen Äußerungsakt (u)
einen propositionalen Akt (p)
einen illokutiven Akt (i).

Die Unterscheidung, die in dieser Form von Searle (1969) eingeführt wurde, bedarf zwar weiterer Präzisierungen. Sie identifiziert aber richtig drei wesentliche Dimensionen der sprachlichen Handlung.

Sprachliches Handeln geschieht *in der Sprechsituation*. Sprechsituationen sind solche Ereignisausschnitte, die durch die sprachlichen Tätigkeiten von Sprecher und Hörer bestimmt sind.
Was heißt das im einzelnen?

Sprechsituationen sind zunächst und (in einem systematischen Sinn) primär *Situationen physischer Kopräsenz von Sprecher und Hörer*. Die Sprechsituation umfaßt also mindestens diese zwei Aktanten. Die Kopräsenz von Sprecher und Hörer konstituiert einen (weitgehend) *gemeinsamen Wahrnehmungsraum* beider. Von ihm wird bei der sprachlichen Handlung Gebrauch gemacht, und zwar mindestens in den folgenden zwei Hinsichten:

(1) für die Dimension der Äußerung (Lautübermittlung; nonverbale Kommunikation)
(2) für die Konstitution des Zeigfeldes und die Verwendung deiktischer Ausdrücke.

Beide Aspekte lassen die Bedeutung des gemeinsamen Wahrnehmungsraums für eine gelingende sprachliche Handlung deutlich werden. Dies dürfte für (1) unmittelbar einleuchten; zu (2) ist auf die wichtige Rolle deiktischer Ausdrücke beim sprachlichen Handeln hinzuweisen. Obwohl die Zahl der "types" der deiktischen Ausdrücke, verglichen mit der der Symbolfeldausdrücke, verschwindend gering ist, kommen ihre "tokens" unverhältnismäßig oft in gesprochener Sprache vor. Wegen der Zeigfeldbeziehung ganzer grammatisch-morphologischer Subsysteme der Sprache (z. B. der Verbflexion) läßt sich leicht die Behauptung aufstellen, daß in einer Vielzahl von Äußerungen gesprochener Sprache deiktische Ausdrücke unumgänglich sind, jedenfalls in Sprachen wie dem Deutschen.

Der simultanen Produktion von Äußerungs-, propositionalem und illokutivem Akt auf seiten des Sprechers entsprechen auf seiten des Hörers ähnlich komplexe Tätigkeiten, die terminologisch bisher erst ansatzweise gefaßt, jedenfalls aber nicht hinreichend klar differenziert sind.

Die Rolle des unmittelbaren Wahrnehmungsraums beim sprachlichen Handeln macht sich besonders an einem Punkt bemerkbar, und zwar negativ: Der Äußerungsakt ist an das *Medium des Schalls* gebunden. Dieser aber ist *flüchtig*. Der einzelne Schall vergeht in seiner Produktion. Seine schnelle Vergänglichkeit ist zugleich eine wesentliche Bedingung für die Konstruktion einer Lautsprache. Denn nur aufgrund der Flüchtigkeit des einzelnen Lautes wird die Produktion einer Vielzahl unterschiedlicher Laute in kurzer Zeit möglich. Dies aber ist eine unumgängliche Voraussetzung dafür, daß innerhalb einer Äußerung ein hinreichendes Maß an Komplexität erzielt wird, um „Bedeutungen", um propositionale und illokutive Akte zu übermitteln.

Durch die notwendige Bindung des Äußerungsaktes an das Verschwinden des bereits Geäußerten ist aber — aufgrund der Gleichzeitigkeit und wechselseitigen Vermittlung ihrer verschiedenen Dimensionen — die sprachliche Handlung als ganze an den unmittelbaren Wahrnehmungsraum gebunden. Sie hat, als Hypothek und als Bedingung der Effektivität ihrer Verwendung, Anteil an der Flüchtigkeit des Äußerungsaktes. Das sprachliche Handeln in der Sprechsituation ist als Handeln im unmittelbaren Wahrnehmungsraum also eo ipso ein flüchtiges Ereignis. Die Flüchtigkeit ist in verschiedener Hinsicht problematisch. Kurzfristig wird diese Problematik durch die Leistungen des Kurzzeitgedächtnisses partiell aufgehoben. Im Kurzzeitgedächtnis speichern wir für einen geringen Zeitabschnitt z. B. die bisher produzierten bzw. rezipierten Laute usw. Doch wiederholen sich die Begrenzungen, die durch die Flüchtigkeit der Laute gegeben sind, an den Grenzen des Kurzzeitgedächtnisses.

Die Limitierung des Kurzzeitgedächtnisses ist unproblematisch für alle die Fälle, in denen die Sprechsituation mit anderen Handlungssituationen unmittelbar verbunden ist. Wenn die sprachliche Handlung lediglich einen vorgängigen Prozeß in eine veränderte Fortsetzung dieses Prozesses umwandelt, reichen die Kurzzeitgedächtniskapazitäten aus, um die Flüchtigkeit der sprachlichen Handlung zu überwinden. Derartige sprachliche Handlungen kann man nach Bühler "empraktische" nennen. Sie sind unmittelbar eingebunden in praktische Zweckzusammenhänge.

Nicht alle sprachlichen Handlungen haben aber diese einfach empraktische Struktur. Vielmehr wird Sprache ja vielfältig auch anderweitig eingesetzt. Ein zweiter, wesentlicher Schwerpunkt liegt bei der Wissensverarbeitung, -speicherung, -weitergabe, also im eher kognitiv-psychischen Bereich und den darauf bezogenen Prozessen. Sprache ist eins der wichtigsten Mittel für die enorme Wissenssteigerung der menschlichen Gattung. Dieser Aspekt der Sprachverwendung hat eine stark intraaktionale Seite, bezieht sich auf die mentalen Tätigkeiten des einzelnen Aktanten. Doch hat er zugleich wesentlich eine interaktionale Dimension. Denn die Organisation und Verwendung des Wissens sind auf transindividuelle Formen des Miteinanderhandelns, der Kooperation bezogen, und die Wissenselemente werden in dieser gemeinsamen, transindividuellen Praxis erarbeitet und eingesetzt.

Die auf das Wissen bezogenen sprachlichen Handlungen und diejenigen Aspekte an sprachlichen Handlungen, die zu dieser Dimension gehören, lösen sich tendenziell aus der Bindung an die unmittelbare Empraxie und damit aus der unmittelbaren Bindung an die Sprechsituation als Teil größerer Handlungseinheiten.

Andere sprachliche Handlungen setzen diese Tendenz fort. Dabei sind diejenigen von besonderem Interesse, bei denen die Herauslösung aus der Sprechsituation eine *systematische Relevanz* für das sprachliche Handeln als ganzes bekommt. Die Ablösung von der unmittelbaren Sprechsituation führt hier zu systematisch anderen Formen des sprachlichen Handelns. Fragen wir im einzelnen, was das bedeutet. Drei Gesichtspunkte sind hervorzuheben. Ich stelle sie in der folgenden Aufzählung zusammen:

(a) Die Kopräsenz von Sprecher und Hörer ist nicht mehr gegeben.
(b) Die akustische Dimension der Wirklichkeit als Übertragungsmittel für den Äußerungsakt, die ihrerseits an die unmittelbare Sprechsituation gebunden ist, wird problematisch.
(c) Das gemeinsame Zeigfeld als Bezugsfeld sinnlicher Gewißheit entfällt.

Auf (c) gehe ich hier nicht näher ein. Die anderen beiden Punkte sind hingegen für die weitere Untersuchung wichtig.

Nennen wir Sprechsituationen N, Sprecher S, Hörer H, Sprechhandlungen G. Eine einzelne Sprechsituation heiße N_i, der Sprecher, der sie durch sein sprachliches Handeln konstituiert, S_i, sein Hörer H_i, die Sprechhandlung G_i. Für Leser, für die graphische Verdeutlichungen eine Hilfe sind, füge ich die folgende Darstellung ein:

(A) N_i: $S_i \longrightarrow \boxed{G_i} \longrightarrow H_i$

Der gemeinsame Index 'i' bezeichnet dabei die Gleichzeitigkeit und Gleichräumlichkeit, die in der Gemeinsamkeit der Sprechsituation gegeben sind.

Wenn nun ein Sprecher sich an einen Hörer wenden will, der nicht innerhalb seines eigenen Wahrnehmungsraums präsent ist, so haben wir zwar weiterhin eine (potentielle) Sprechsituation N_i mit einem (potentiellen) Sprecher S_i, aber einen potentiellen Hörer H_j. 'j' kann zweierlei bedeuten: der (potentielle) Hörer ist räumlich nicht kopräsent, aber als (potentieller) Aktant dem Sprecher gleichzeitig; oder er ist zeitlich nicht kopräsent, ein potentieller Hörer zu einer späteren Zeit. Es liegt also eine *Diatopie* oder eine *Diachronie* vor. Diatopie impliziert im allgemeinen Diachronie.

Der Sprecher, der eine geplante sprachliche Handlung trotz Diachronie bzw. Diatopie des Hörers ausführen will, muß nach Mitteln suchen, wie er den raumzeitlichen Abstand überwinden kann.

Ein erstes Mittel bestünde in der Zurückhaltung der sprachlichen Handlung, in der *Retention*: S bereitet zwar mental die sprachliche Handlung vor, läßt sie jedoch nicht aus der Potentialität der Planung in die Aktualität der konkreten sprachlichen Tätigkeiten übergehen. Er bewahrt seine Planungsresultate auf bis zu einem Zeitpunkt t_j oder bis zum Resultat einer Ortsveränderung l_j, die ihm die Kopräsenz des Hörers H_j bieten.

Die Retention der sprachlichen Handlung ist aufgrund der Organisationsprinzipien des menschlichen Gedächtnisses jedoch nicht unproblematisch. Deshalb sind andere Mittel erforderlich, die jenseits des Sprechers S_i zu suchen sind. Sie müßten die Flüchtigkeit des üblichen Übertragungsmittels von Sprache, also die Problematik (1), überwinden.

Eine Lösung der Problematik bietet das Institut des *Boten*. Die Speicherung erfolgt nicht bei S, sondern im Gedächtnis eines anderen. Der Bote wird zum Träger der Übermittlung. Betrachten wir seine Aktivität genauer:

Wir haben einen Sprecher S_i und einen nicht-kopräsenten Hörer H_j ($j > i$). Um die Distanz zwischen i und j, also zunächst zwischen l_i und l_j, zu überwinden, wird ein weiterer Aktant B eingesetzt. Er tritt zunächst in einer primären und unmittelbaren Sprechsituation N_i als Hörer H_i auf, ist in ihr dem Sprecher kopräsent. Er integriert die geäußerte Sprechhandlung G_i in seinem Gedächtnis, nimmt eine Orts- (und damit eo ipso eine Zeit-)Veränderung vor und wiederholt die Sprechhandlung G_i gegenüber einem anderen Hörer$_j$. (Dabei sind die Einzelheiten der Wiederholung unterschiedlich geregelt: Der Bote kann zu verschiedenen Graden der Exaktheit verpflichtet sein, die die drei Dimensionen der Sprechhandlung betreffen. Er hat auf jeden Fall den illokutiven Akt zu wiederholen ($i_j = i_i$); soweit der propositionale Gehalt der Sprechhandlung nicht direkt von der illokutiven Qualität bestimmt ist, soweit also p_i nicht ohnehin gleich p_j ist, kann er dazu verpflichtet sein, auch den propositionalen Akt zu wiederholen ($p_j = p_i$). Darüber hinaus kann er schließlich verpflichtet sein, auch den Äußerungsakt gleich zu halten ($u_j = u_i$). In diesem Fall ist er als Bote nur qualifiziert, wenn er die Botschaft auswendig lernt.) Wir erhalten also das folgende komplexe Diagramm:

(B)

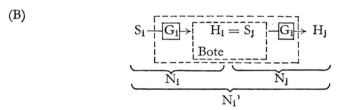

Im Institut des Boten haben wir einen ersten, einfachen Fall, in dem die aktuelle Äußerung eines Sprechers S_i über die unmittelbare Sprechsituation hinaus aufbewahrt und in eine zweite Sprechsituation transportiert wird. Die Vermittlung zwischen beiden Situationen wird über den Boten als Mittelsmann hergestellt. (Ein Satz wie "haššāluᵃh kaššoleᵃh 'oto", "der Bote ist wie der, der ihn sendet" (jüdisches Boteninstitut), stellt dabei durch eine konventionelle Festlegung jene funktionale Gleichheit hinsichtlich der Sprecher her, die ebensosehr der Zweck des Übermittlungsprozesses ist, wie die Unmöglichkeit ihrer unmittelbaren Abwicklung in einer (Kopräsenz erlaubenden und voraussetzenden) Sprechsituation N_i deren Voraussetzung bildet.)

Der Bote hat es primär mit der Überwindung eines *diatopen* Sprechsituationshindernisses zu tun.

Die Boten-Konstellation ist nicht die einzige, in der eine Sprechhandlung über die unmittelbare Sprechsituation hinaus aufbewahrt wird. Eine andere wichtige solche Konstellation ist die, in der *diachron* eine Sprechhandlung übermittelt werden soll. Diese Konstellation ist noch schwieriger zu bewältigen. In früheren, relativ einfach strukturierten Gesellschaften betrifft die Problematik vor allem die Vermittlung von zentralen Wissensbeständen, die für die Existenz der jeweiligen Gruppe wesentlich sind, die andererseits nicht, wie das unmittelbare Produktionswissen, im empirischen Umgang mit den Sachen je neu re-konstituiert bzw. durch Vorführen und andere Aktivitäten im Wahrnehmungsraum weitergegeben werden können. Hier haben wir zwei wichtige Fälle zu unterscheiden:

(α) *ein* Eigner des zu verbalisierenden Wissens kommt *mehrmals* in die Lage, dieses Wissen als identisches zu verbalisieren, und zwar gegenüber *unterschiedlichen* Hörern
(β) *verschiedene*, nicht-identische Sprecher haben gegenüber *verschiedenen*, nicht-identischen Hörern das Wissen als identisches zu verbalisieren.

Der erste Fall ergibt das folgende Diagramm:

(C)

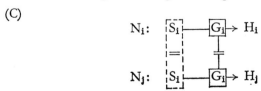

der zweite hingegen sähe so aus[2]:

(D)
$$N_i: \quad S_i \;-\boxed{G_i}\!\to\; H_i$$
$$N_j: \quad S_j \;-\boxed{G_i}\!\to\; H_j \quad [2,3]$$

In allen genannten Fällen wird die *Sprechhandlung eines Sprechers* über die unmittelbare Sprechsituation hinaus *aufbewahrt*. Dafür bedarf es ihrer *Speicherung*. Diese geschieht zunächst mit Hilfe des Gedächtnisses. Aufgrund der Speicherung können der diatope bzw. der diachrone Abstand zwischen den zwei Sprechsituationen überbrückt werden. Die erforderliche Speicherung kann sich auf unterschiedliche Dimensionen der Sprechhandlung, auf den Äußerungs-, den propositionalen, den illokutiven Akt oder auf Kombinationen davon beziehen.[4] Dies ergibt eine unterschiedliche Intensität der Speicherung. Auch im schwächsten Fall resultiert die Speicherung systematisch in der *sprechhandlungsaufbewahrenden Überbrückung zwischen zwei nichtidentischen unmittelbaren Sprechsituationen*.

Eine Sprechhandlung kann also aus ihrer unmittelbaren Sprechsituation herausgelöst und in eine zweite Sprechsituation übertragen werden. Die Sprechhandlung bleibt in allen oder in mehreren ihrer Dimensionen gleich[5] — nicht jedoch Sprecher, Hörer und die Sprechsituation als ganze.

Ich schlage nun vor, für eine solche, aus ihrer primären unmittelbaren Sprechsituation herausgelöste Sprechhandlung, die für eine zweite Sprechsituation gespeichert wird, den Ausdruck 'Text' zu verwenden. Nach dieser Auffassung sind Texte also durch ihre *sprechsituationsüberdauernde Stabilität* gekennzeichnet.

Der Prozeß, den ich bisher beschrieben habe, kann zusammenfassend bezeichnet werden als *Prozeß der Überlieferung*. Als Kriterium für die Kategorie 'Text' sehe ich also die *Überlieferungsqualität* einer sprachlichen Handlung an. Der Text wird von der primären unmittelbaren Sprechsituation abgelöst und dadurch für die weitere Verwendung in anderen Sprechsituationen zur Verfügung gestellt. Resultat der Ablösung ist die *Vorfindlichkeit von Texten*. Sie suggeriert, daß Texte sozusagen in sich selbständige, quasi *naturwüchsig* vorfindliche Objekte sind. Doch ist dieser Eindruck scheinhaft, wie deutlich geworden ist. Denn der Text wird gespeichert, *um in eine zweite Sprechsituation hineintransportiert* zu werden. Beide Sprechsituationen, N_i und N_j, sind über den Text und den Überlieferungsprozeß, den er bestimmt und dessen Teil er ist, miteinander vermittelt. Es ist m. E. sinnvoll, diese Vermittlung selbst terminologisch zu erfassen. Ich spreche von einer *zerdehnten* Sprechsituation. Texte sind also Teile sprachlichen Handelns, die eine sehr spezifische Funktion erfüllen. Sie sind essentiell auf Überlieferung bezogen.

3. Mündlichkeit

Die Verfahren der Speicherung von Texten können sehr unterschiedlich sein. Wir leben in einer Gesellschaft, die über eine Vielzahl schriftlicher Speicherungsmittel verfügt. Dies legt es nahe, sie als einzig mögliche anzusehen. Doch nehmen wir den Terminus 'Text' in der Weise ernst, wie er in § 2 entwickelt wurde, dann ist deutlich, daß die Überlieferungsqualität von Texten keineswegs an die schriftliche Überlieferungsform gebunden ist. Sicher ist die Verschriftlichung heute die bedeutendste Form der Speicherung. Doch ist zu fragen, wie sie entstanden ist und wie sie sich zu anderen Formen der Überlieferung verhält.

Die wichtigste andere Überlieferungsform heißt "mündlich". Was hat es mit ihr auf sich?

Schrift ist eine gattungsgeschichtlich späte Erfindung. Sie steht zwar am Beginn der "Geschichte" im engeren Sinn — doch dies eigentlich nur, weil Geschichte als schriftlich dokumentierte Geschichte gefaßt wird. Schrift existiert erst ca. 5000 Jahre. Sprache gibt es wesentlich länger. Wir kennen zwar viele kontemporane schriftlose Gruppen und Kulturen, wir kennen jedoch kein sprachloses Volk. In diesem Sinne kommt der mündlichen Sprache systematisch und historisch Priorität zu.

Auch in rein mündlichen Kulturen hat es Überlieferung gegeben, gibt es Überlieferung. Mündliche Kulturen verfügen demnach über *Texte*.

Wenn und solange es keine schriftlichen Überlieferungsmittel gibt, sind deren Möglichkeiten jedoch beschränkter. Sobald die Kenntnis der Schrift erst einmal verbreitet ist, läßt sich — grosso modo — alles und jedes verschriftlichen und damit zum Text machen.

In einer mündlichen Kultur stehen dem starke Hindernisse entgegen. Denn die Speicherung sprachlicher Handlungen ist gebunden an die Möglichkeiten des Gedächtnisses. Dieses aber ist vergleichsweise begrenzt in seiner Speicherungsfähigkeit. Um arbeitsfähig zu sein, ist es komplex aufgebaut und unterscheidet zwischen kurzfristig und längerfristig zu merkenden Objekten. Das Kurzzeitgedächtnis wird schnell "geräumt", um für die immer neu anströmende Information neue Kapazität zu haben. Die Umschichtung ins Langzeitgedächtnis betrifft nur einen minimalen Teil dessen, was das Kurzzeitgedächtnis durchlaufen hat.

Aufgrund der Bindung des sprachlichen Handelns an die unmittelbare Sprechsituation und aufgrund seiner weitgehenden empraktischen Einbindung werden einzelne, konkrete sprachliche Handlungen kaum je im Langzeitgedächtnis auf Dauer niedergelegt. Es bedarf demnach eines zusätzlichen Aufwandes, um dies zu erreichen.

Dies gilt selbstverständlich besonders für die stärker wissensbezogenen sprachlichen Handlungen. Eigene Verfahren werden dafür benötigt. Sie erfordern geistige Arbeit, die aufgewendet werden muß, um eine transsituative Speicherung der sprachlichen Handlungen zu bewirken. Das in einem Sinn einfachste, weil relativ mechanische Verfahren der Speicherung ist das *Auswendiglernen* der Äußerungsgestalt der sprachlichen Handlung. Aufgrund der jeweiligen Lernkapazitätsgrenzen des Gedächtnisses ist dieses Verfahren jedoch nur vergleichsweise beschränkt einsetzbar. Deshalb werden für die mündliche Überlieferung andere Verfahren erforderlich.

Eine einfache Ausweitung liegt in einer *Spezialisierung* des Lerners vor. Einzelne Mitglieder einer Gesellschaft werden spezifisch mit dem Behalten der Texte betraut. Sie sind sozusagen das "personalisierte kollektive Gedächtnis". Schamanen, Priester, Richter (šop.ṭim), Barden, Griots, Druiden usw. gehören in diese

Gruppe. Eine solche Spezialisierung findet sich in unterschiedlichen vorschriftlichen Gesellschaftsformen und bildet sich m. E. in charakteristischen Epochen heraus.

Diese Personalisierung der Überlieferungsleistung ist jedoch nur eine spezifische Ausprägung der Überlieferungsverfahren, die entwickelt wurden. Ihnen allen ist gemeinsam, daß sie nicht auf das Auswendiglernen verzichten können. Doch liefern sie unterschiedliche Hilfsmittel, die das Behalten des zu Reproduzierenden erleichtern. Dabei sind sie um so komplexer, je weiter sich der Auswendiglernprozeß auf die propositionale bzw. die illokutive Dimension der Sprechhandlung G_i explizit einläßt.

Zu diesen Mitteln gehört vor allem die Entwicklung von spezifischen *Formen des sprachlichen Handelns,* die für die jeweilig verlangte überlieferungsfähige und überlieferungswerte Sprechhandlung charakteristisch sind. Bereits die einzelne, auf die unmittelbare Sprechsituation bezogene und in ihr sich erschöpfende Sprechhandlung weist eine charakteristische Form auf. Bei komplexeren Sprechhandlungen, besonders aber bei Sprechhandlungsfolgen, wird die Form immer wichtiger. Überlieferungswert ist, wie oben gesagt, nicht jene einzelne, kurze Sprechhandlung. Allenfalls die *diatope* Überlieferung, das, was der Bote zu übermitteln hat, hat es zum Teil mit solch einfachen Formen zu tun. Die *diachrone* Überlieferung in vorschriftlichen Kulturen hingegen ist gerade die ausgezeichnete Weise, wie *Wissen von einer Generation zur anderen übermittelt wird.* Wissen, das der Überlieferung wert ist, ist, so wurde oben weiter gesagt, meist nicht unmittelbar empraktisch anzueignen. Es ist vergleichsweise komplex. Deshalb müssen die Formen, in denen es verbalisiert wird, gleichfalls vergleichsweise komplex sein.

Ein gutes Beispiel dafür bieten die altorientalischen *Listen.* Sie stellen eine elementare Form der Wissensorganisation dar. Betrachten wir etwa ein solches Dokument[6], Gen. 36. Wir finden hier einerseits ein mentales Schema als Gliederungsprinzip (das der Genealogie), andererseits spezifische sprachliche Verfahren (Rahmendeixeis) zur formalen Organisation des Wissens. Beides zusammen ergibt eine effektive Form, um die historischen, ethnographischen, politischen, geographischen usw. Kenntnisse tradierbar zu machen.

Neben solchen unmittelbar wissensbezogenen Formen stehen elementare Textformen, in denen *essentielle Kenntnisse für die Existenz und Kontinuität der Sprechergruppe niedergelegt werden.* Dazu zählen am Beispiel des Alten Testaments etwa Verheißungsgeschichten (von Nachkommen, z. B. Gen. 12,1—3; 13,16; 15,1—6; von Land, z. B. Gen. 13,14 f. 17; 26,3 f.), Erscheinungsgeschichten (Traumerscheinungen der Gottheit, z. B. Gen. 28,10—22), auch Geschichten über Abmachungen mit anderen Gruppen, die, solange sie tradiert werden, geeignet sind, einen labilen Frieden, eine Abgrenzung von Gebieten zu erhalten (ein besonders deutliches Beispiel dafür ist Gen. 32, der Bericht über die Auseinandersetzung zwischen Jakob und Laban). — Andere überliefernswerte Sprechhandlungen befassen sich mit der Gruppenidentität und der Abgrenzung gegenüber anderen Gruppen (man vergleiche die Geschichte von Lots Töchtern, Gen. 18,30—38). Viele dieser Texte bedienen sich noch externer Hilfen, bestimmter Objekte im Wahrnehmungsraum (z. B. eines Steinhaufens (Gen. 31, 44—54); eines großen Baumes (Gen. 12,6); eines Altars (z. B. Gen. 13,18); einer merkwürdigen Naturerscheinung (Gen. 19,26); die die Aktualisierung der Überlieferung provozieren. Die jeweils neue Sprechsituation (N$_j$) kommt durch die Begegnung mit dem Merkzeichen und ähnlichem zustande.

Eine andere Veräußerlichung des Anlasses zur Aktualisierung der Sprechhandlung, des überlieferten Textes, liegt in allen Formen des *Kultes* vor, soweit dieser sich verbaler Elemente bedient.

Starke Traditionsbedürfnisse gehen weiter vom *Recht* aus.

Mündliche Gesellschaften weisen eine prinzipiell mit den Lebensweisen der Gruppe charakteristisch verbundene, unterschiedlich zahlreiche, aber endliche Anzahl solcher Traditionsanlässe auf. Sprechhandlungen werden für sie aus der Einmaligkeit herausgelöst, in neue Sprechsituationen versetzt und so aktualisiert. Der Überlieferungsprozeß bedient sich der Hilfe fester, situationstypspezifischer Formen. Diese lassen sich als *Textarten* bestimmen.

Solche Textarten und ihre einzelnen Exemplare sind auf *repetitive Elemente der menschlichen Praxis* bezogen. Sie haben also den Charakter von *Mustern* (vgl. Ehlich & Rehbein 1979). Wegen ihrer Komplexität setzen sie sich normalerweise aus *Sprechhandlungsfolgen* zusammen. Zwei Typen von Sprechhandlungsfolgen sind systematisch zu unterscheiden, die *Sprechhandlungssequenz* und die *Sprechhandlungsverkettung*. Sie sind über den systematischen Stellenwert des Sprecherwechsels innerhalb ihrer zu differenzieren.

Ein Beispiel für die Sprechhandlungsverkettung ist etwa die *Rechtssammlung* (z. B. Lev. 18 (Sexualrecht in der nomadischen Gruppe)). Ein Beispiel für die Sprechhandlungssequenz ist die Agende des *Klagepsalms* mit Einschluß des *Heilsorakels* durch den Priester.[7]

Bisher ist, soweit ich sehe, die Wissenschaft von einer *Morphologie der mündlichen Texte* in oralen Gesellschaften noch weit entfernt. Hier liegt meines Erachtens nicht nur ein wesentliches Arbeitsfeld für die Ethnolinguistik, das bisher kaum beachtet wurde. Vielmehr dürften Erkenntnisse auf diesem Gebiet auch geeignet sein, unser Wissen über die Zusammenhänge zwischen gesellschaftlichem Leben und sprachlichem Handeln erheblich zu erweitern.

Die Überlieferung von Texten und die Ausbildung von dafür geeigneten Formen sind hochkomplexe Tätigkeiten, die innerhalb menschlicher Gruppen viele Generationen beansprucht haben dürften. Dazu gehört auch, daß die Formen ihrerseits in dem Maß weitergebildet werden, wie die Überlieferungsbedürfnisse sich entwickeln. (Eine *systematisch vorgehende Formgeschichte* hätte zur Rekonstruktion dieser Entwicklungen Beiträge zu leisten.) Der Aufwand, den der Überlieferungsprozeß in der mündlichen Überlieferung verlangt, ist also erheblich — und er ist, was den einzelnen Text anlangt, kontinuierlich zu betreiben. *Nur die Praxis der Überlieferung garantiert die Kontinuität des Überlieferten*. Das heißt: immer neue Sprechsituationen sind die Voraussetzung für das Gelingen der Überlieferung.[8]

Der hohe Aufwand, der für den Überlieferungsprozeß erforderlich ist, zieht die Grenzen möglicher Überlieferungsobjekte und -prozesse relativ eng. Die enge Beschränkung ist deshalb erträglich, weil die gesamte Lebenspraxis dieser

Gruppen relativ wenig komplex ist, vergleicht man sie mit entwickelteren Gesellschaftsformationen.

Innerhalb dieser Grenzen jedoch erweist sich die Überlieferungsleistung der oralen Gesellschaften als erheblich. Sie übersteigt bei weitem das Vorstellungsvermögen von Mitgliedern literaler Gesellschaften, wie die Erforschungen der verschiedenen mündlichen Kulturen sowie die Kontroversen über die Möglichkeiten mündlicher Tradition gezeigt haben. Der Streit zwischen der skandinavischen überlieferungsgeschichtlichen und der deutschen literarkritischen Schule[9] sowie die ganze "homerische Frage"[10] sind die vielleicht bedeutendsten Beispiele für diese Art von Kontroverse. Ethnographische Beobachtungen haben hier den ethnozentrisch-literal voreingenommenen Wissenschaftler zur Preisgabe einer Vielzahl selbstverständlicher Annahmen gezwungen.

Um zusammenzufassen: die Überlieferungsverfahren mündlicher Tradition bieten eine hochkomplexe, wohlorganisierte Form der Textkonstituierung, -speicherung und -weitergabe. Sie sind konzentriert auf für die Überlieferungsgruppe zentrale Texte. Die Sprechsituationen, in denen die Texte entstehen, und die, in denen sie als neue Sprechhandlungen aktualisiert werden, sind ihrerseits stark standardisiert und zugleich auf wichtige Lebensbedürfnisse der Gruppe bezogen. Die Überlieferungsleistung ist erheblich. Die Leistungsfähigkeit des Gedächtnisses wird unter Zuhilfenahme der Textarten als Formen der Textorganisation optimiert und weit über seine in literalen Gesellschaften üblichen Grenzen hinaus gesteigert.

4. Schriftlichkeit

Wenn die Text-Überlieferung mittels mündlicher Verfahren derart gelingt, wieso sind dann aber überhaupt schriftliche Überlieferungsformen entwickelt worden?

Eine Antwort auf diese naheliegende Frage ist m. E. in der *Geschichte der Schriftentwicklung* zu suchen.[11]

Lange erschienen die ältesten Schriften als eine erstaunliche, aber in ihrer Positivität einfach vorhandene Leistung. Erst in jüngster Zeit wird, vor allem durch die Arbeiten von Schmandt-Besserat, etwas Licht in das Dunkel der Anfänge vorderorientalischer Schriftentwicklung gebracht. Schmandt-Besserat hat die Aufmerksamkeit der Wissenschaft auf eigenartige kleine Tonkörper gerichtet, die bei zahlreichen Grabungen im Vorderen Orient zutage gefördert wurden, ohne daß man mit ihnen viel anzufangen gewußt hätte. Zeitlich streuen die Funde vom 9. bis 3. vorchristlichen Jahrtausend. In einer komplexen Rekonstruktion hat Schmandt-Besserat nun gezeigt, daß es sich hierbei um sogenannte Zählsteine handelt. Sie wurden in den entwickelten, aber durchweg vorschriftlichen Stadtkulturen des Vorderen Orients in den Tempeln deponiert. Aller Wahrscheinlichkeit nach dienten sie einer frühen Art von "Buchhaltung". Die komplexe gesellschaftliche Organisation der frühen Stadtkulturen verlangte ein geregeltes Abgabewesen der Gesamteinwohnerschaft zum Unterhalt des zentralen Personals, also der Priesterkönige und ihres Hofes. Diese Abgaben mußten im einzelnen registriert und "gemerkt" werden, um Doppelbesteuerungen wie Betrug zu unterbinden. Sobald die Gesamtabgaben so komplex waren, daß die Merkleistung eines einzelnen die Registrierung nicht mehr vollziehen konnte, bedurfte es extrinsischer Merkhilfen, die die einzelnen Abgaben als solche konstatierten und festhielten. Die Zählsteine dienten diesem Zweck. Die Abgaben erreichten frühzeitig eine relative Vielfalt. Entsprechend differenziert wurden die Anforderungen an unterschiedliche Formen der extrinsischen Merkhilfen. Eine Vielfalt verschiedener Formen von Zählsteinen bildete sich heraus. Damit war im Prinzip ein variables und vergleichsweise komplexes Mittel zur Unterstützung des Gedächtnisses erfunden. Es verselbständigte sich in einem relativ schwierigen Entwicklungsprozeß zusehends von seiner unmittelbaren empraktischen Einbindung (auf die Einzelheiten dieses Prozesses kann ich hier nicht eingehen). Anders als etwa die einfachen "Bildergeschichten" einiger Indianerstämme liefert dieses Mittel, aufgrund seiner Ablösung von der unmittelbaren Bildlichkeit, ein Werkzeug, das eine andere Art von Texterstellung erlaubte, als es die mündliche Tradition tat. Die schließliche Trennung von ursprünglich rein mnemotechnischen Verfahren bildet den systematischen Übergang zur Schrift. Auch diese bleibt jedoch zunächst noch auf den ursprünglichen Handlungszusammenhang der Zählsteine beschränkt.

Blicken wir auf den vorigen Abschnitt zurück. Er hatte uns mit einem gesellschaftlichen Problem konfrontiert und uns mit einer Lösung entlassen. Wie die Überlieferungsverhältnisse in zahlreichen oralen Gesellschaften zeigen, bestand für andere, nicht-mündliche Überlieferungsformen kein Bedarf.

Auch in den komplexeren Stadtstaaten des Vorderen Orients waren die wesentlichen, gruppenbestimmenden Überlieferungsprozesse *mündlich organisiert*. Dieses Problemfeld konnte also im wesentlichen als gelöst gelten. Die neuen Überlieferungsbedürfnisse, die sich ausbildeten, hatten hingegen sprachliche und mentale Handlungen zum Inhalt, die in den weniger komplexen Gesellschaften überhaupt noch keine Rolle spielten: die Konstatierung geleisteter Zahlungen in Form von Registern bzw. in Form von quittungsähnlichen Assertionen. Die Überlieferungsinhalte der mündlichen Kulturen haben es mit *wesentlichen, für die Gruppe bedeutenden* Gegenständen und Themen zu tun. Nur für sie lohnt sich überhaupt der Aufwand des ganzen Überlieferungsprozesses, die Konstruktion, Speicherung und Wiedergabe von Texten sowie die Ausbildung von Formen, die dafür benötigt werden. Die Inhalte der Register und Quittungen sind demgegenüber *zufällig* und *partikular*. Zwar sind sie für den einzelnen wichtig, doch ihr propositionaler Gehalt verliert sich in der Beliebigkeit des Zahlenraums (geleistete Zahlung, Jahr). Die Anforderungen an die Merkleistung wie die Manipulationsgefahr im Blick auf diesen in sich beliebigen, der ganzen sprachlichen und mentalen Handlung gegenüber kontingenten Inhalt wachsen enorm. Eine bloß mündliche Tradierung kann diesen Problemen kaum gerecht werden.

So liegt der Anfang der Schrift in Bereichen, deren Überlieferungswürdigkeit sich als unmittelbare praktische Notlage im Zuge einer komplexen Gesellschaftsentwicklung aufdrängte — ohne daß die überkommenen Überlieferungsformen in der Lage gewesen wären, eine angemessene Lösung zu bieten. Die Anfänge der Schrift sind an eine relativ triviale Überlieferungstätigkeit gekoppelt — ein Umstand, der das Erstaunen literaler "Geisteswissenschaftler" beim Anblick der gefundenen schriftlichen Archive immer neu provoziert hat: die Texte, die zunächst und am häufigsten in schriftlicher Form verfaßt wurden, sind "Wirtschaftstexte".

Nachdem das Mittel einmal entwickelt war, entfaltete es jedoch relativ bald eine viel weiter gehende Kraft. Sobald die Verschriftlichung gesprochener Sprache entdeckt war, konnte das Verfahren selbstverständlich auf beliebige sprachliche Handlungen angewendet werden. Prinzipiell standen ihrer Verschriftlichung keine Grenzen entgegen — sofern nur der Zeichenvorrat weit genug entwickelt war. Die schriftliche Überlieferung stellt die Textproduktion auf eine relativ neue Grundlage. Die Gedächtnisbegrenzungen, die die mündliche ebenso behinderten, wie sie sie zur Ausbildung bestimmter eigentümlicher sprachlicher Formen zwangen, spielen nunmehr keine prinzipielle Rolle mehr. Zugleich damit entfiel das Bedürfnis, unter diesem Gesichtspunkt eigene sprachliche Formen für die Überlieferung zu entwickeln. Hingegen wurden andere, auf das neue Überlieferungsmittel bezogene Formenentwicklungen möglich — bis hin zur Ausbildung eines eigenen Sprachtyps, der Schriftsprache.

Das neue Überlieferungsmittel hat darüber hinaus eine weitere Konsequenz, die von beträchtlicher Tragweite ist. Für die mündliche Überlieferung ist keine einfache Kopräsenz von S und H mehr gegeben, aber ihre verschiedenen Formen sind immer noch *an einen sprachlich Handelnden* gebunden, der *in seiner Person* die Überlieferung prozessiert, der die Speicherung und Reaktualisierung der Sprechhandlung vornimmt. Er hat *Kontakt* mit dem ursprünglichen Sprecher wie mit dem schließlichen Adressaten.

Das neue Überlieferungsmittel bietet demgegenüber einen radikalen Bruch. Während die mündliche Überlieferungsform an der fehlenden Kopräsenz von H ansetzt (vgl. oben S. 29, [a]), bezieht sich die schriftliche auf einen anderen Aspekt, die Problematik des Übertragungsmittels (ebd. [c]). Hier hatte sich bei der mündlichen Kommunikation durch die Zerdehnung der Sprechsituation im Überlieferungsprozeß nichts prinzipiell Neues ergeben. Anders bei der Schrift: sie substituiert die akustischen Übertragungsmittel durch andere, nämlich visuelle, die ihrerseits graphisch materialisiert werden. Die schriftlichen Übertragungsmittel sind nicht mehr flüchtig. *Die Überlieferungsqualität wird damit in das Übertragungsmittel selbst investiert.* Dies aber hat eine weitere Konsequenz für die Charakteristik des Überlieferungsprozesses. Texte waren bestimmt worden als sprachliche Handlungen, die aus der unmittelbaren Sprechsituation herausgelöst sind. Diese zunächst analytische Bestimmung wird mit der Schrift *materiell*; die Herauslösung des Texts aus der Sprechsituation wird zum *greifbaren, sichtbaren* Ereignis. Damit verliert die Überlieferung ihre personale Vermittlung. Die Zerdehnung der Sprechsituation resultiert daraus, daß die aktantenspezifische Verbindung zerreißt. Nun sind die beiden Sprechhandlungssituationen N_i und N_j nur noch über den Text selbst miteinander vermittelt. Sie werden dadurch partialisiert zu zwei in sich unvollständigen Sprechsituationen, denen einmal der Hörer, das andere Mal der Sprecher fehlt.

(I) $\quad N_i: \quad [S_i \longrightarrow G_i$
$ \qquad \qquad \div$
$ N_j: \qquad G_j \rightarrow H_j]$

Die Tradierung des Texts verselbständigt sich also gegenüber den Tradenten. Insofern kann man sagen, daß die Erfindung der Schrift die Überlieferung in der geschichtlichen Wirklichkeit auf den Begriff bringt oder, anders ausgedrückt, daß mit der Erfindung der Schrift die Spezifik des Texts materialisiert wird.

Von dieser Bestimmung her leuchtet die alltägliche und in den Literaturwissenschaften herrschende Meinung ein, die in § 1 angeführt worden war, Text sei eo ipso schriftlicher Text. Sie ist zwar unzutreffend, knüpft aber an einer wesentliche Erscheinung der Text-Geschichte an.

5. Schriftlichkeit und Mündlichkeit

Mit der Entwicklung der Schrift ist also ein zweites Überlieferungsverfahren für Text entstanden; damit treten die beiden Verfahren, das mündliche und das schriftliche, in *Konkurrenz*.

Aus der Perspektive einer literalen Kultur erscheint der Ausgang dieser Konkurrenz vorab entschieden. Die Leistungsfähigkeit des schriftlichen Kommunikationsmittels steht dermaßen außer Frage, daß es einigermaßen unverständlich schiene, würde die schriftliche Traditionsform die mündliche nicht unverzüglich ersetzen. Doch ist dies eine nachträglich konstruierende Sicht, die mit den historischen Entwicklungen keineswegs übereinstimmt. Vielmehr hat die schriftliche Traditionsbildung lange hinter der mündlichen zurückstehen müssen. Es gibt einige prominente Beispiele für diese Kontroverse. Aus Raumgründen möchte ich hier lediglich darauf hinweisen und die strittige Stelle mit Hilfe der von mir verwendeten Kategorien andeuten. Die Problematik der schriftlichen Überlieferung gegenüber der mündlichen wird etwa im Athen Platos und seiner Schule diskutiert. Der bekannte 7. Brief und Teile des Phaidros thematisieren die Unzulänglichkeit schriftlicher Überlieferung.[13]

Das zweite Beispiel ist wesentlich bedeutender und — brisanter. Es betrifft die *Tradierungslegitimität* in den sogenannten "Buchreligionen" Judentum, Christentum und Islam. Die Bezeichnung als "Buchreligion" interpretiert die Problematik bereits in der schriftzentrierten Form. Doch ist diese Interpretation so kaum zutreffend. Vielmehr hat es in der Geschichte aller drei Religionen langanhaltende Kontroversen gegeben — und es gibt sie bis heute —, in denen die Überlieferungslegitimität schriftlicher und mündlicher Überlieferung gegensätzlich beurteilt wurde.

Nehmen wir als Beispiel die christliche Religion. Das Verhältnis von Mündlichkeit und Schriftlichkeit war in der Kirche, anders als es uns heute scheinen mag, lange offen. Die erste Überlieferungsphase war naturgemäß mündlich. Der Übergang zur Schriftlichkeit war ein Prozeß, der immerhin 30 Jahre dauerte — ein beträchtlicher Zeitraum. Die ältesten schriftlich greifbaren Quellen, die paulinischen Texte, sind zudem primär Verschriftlichungen zum Zwecke der diatopen Sprechsituationserweiterung gewesen: Briefe. Sie sind nur ein Hilfsmittel, das die persönliche Abwesenheit des Apostels kompensieren soll. — Auch in der frühen Kirche ist dann zunächst die mündliche Tradition die entscheidende Traditionsform gewesen. Erst bei Irenäus verschieben sich die Gewichte — und dies in ausgesprochen polemischer Absicht, nämlich im Kampf gegen die gnostische mündliche Tradition, die sich vor allem auf die mündlichen Geheimlehren berief, die Jesus den Jüngern in den vierzig Tagen zwischen Auferstehung und Himmelfahrt mitgegeben hatte. Irenäus' Antwort blieb ein Kompromiß: zuerst und vor allem die legitime mündliche Tradition und dann auch die — kanonisch umgrenzte — schriftliche.[12] — Diese Kombination, mit einer starken Betonung der mündlichen Traditionskette, bestimmte die Auffassung der katholischen Kirche während des Mittelalters. Erst Luther setzte demgegenüber die Legitimität der schriftlichen Traditionsform durch und wandte sie kritisch gegen die Repräsentanten der mündlichen.

Die lange währende starke Orientierung an der mündlichen Traditionsform macht sich durchgehend an dem Umstand fest, der oben als entscheidende Differenz zur schriftlichen herausgearbeitet wurde: Die mündliche Tradition erlaubt einen personal vermittelten Rückgang auf die initiale unmittelbare Sprechsituation, auf die Reden des Religionsstifters selbst.

Schriftliche Tradition unterliegt hingegen der Manipulierbarkeit des Textes, der den Aktanten völlig veräußerlicht ist. Demgegenüber sah Luther in der personalen Verquickung gerade die besondere Anfälligkeit des ganzen Traditionsprozesses. Seine Kritik entstand dabei einerseits aus der Beobachtung, daß Überlieferung und Bibeltext, also die mündliche und die schriftliche Textweitergabe, sich widersprachen, zum anderen aber aus dem Blick auf den aktuellen Repräsentanten jener personalen Vermittlung, den Papst zu Rom, und seine Glaubwürdigkeit. Die Kirchenlehre von der Inspiriertheit der Schrift machte ihm die Entscheidung leicht, die Gewichte anders zu setzen, als sie vor ihm gesetzt worden waren. Damit leistete er aber zugleich einen wesentlichen Beitrag in der Entwicklung hin zu einer *schriftzentrierten Kultur* — deren technisch-ökonomische Voraussetzungen gerade entstanden waren und deren sozioökonomischer Bedarf sich im Übergang vom Mittelalter (mit seinen weitgehend personalen Bindungen) zur Neuzeit (mit der Orientierung auf die Sachlichkeit der Welt und des weltbezogenen Handelns) ausbildete.

Es wäre interessant, diese Entwicklung weiterzuverfolgen, zu Spinoza einerseits, zum Vatikanum andererseits, und von beidem aus in die uns näher liegende Neuzeit — wie es auch interessant wäre, dem Verhältnis von Mündlichkeit und Schriftlichkeit im einzelnen in die Geschichte hinein nachzugehen.

Schon aus Raumgründen ist dies hier nicht möglich — noch viel mehr aber, weil es Sache einer interdisziplinären Kooperation wäre, eine derartige Aufgabe anzugehen. Das Verhältnis von Text, sprachlichem Handeln, Mündlichkeit und Schriftlichkeit dürfte jedenfalls eines sein, das nicht nur für den Linguisten von großem Interesse ist.

Anmerkungen:

* Eine frühere Fassung dieses Papiers wurde in den Forschungsberichten des Instituts für Phonetik und Sprachliche Kommunikation der Universität München (FIPKM) 14, 1981, S. 23—51 abgedruckt. (Der Abdruck enthielt eine Reihe von sinnentstellenden Fehlern, die in dieser Fassung verbessert sind.)

[1] Zur Geschichte des Ausdrucks 'Text' s. Ehlich 1982.

[2] Dieser zweite Fall verdient eine nähere Betrachtung, will man sich nicht mit den allgemeinen Bestimmungen zufriedengeben. Er läßt nämlich eine aufschlußreiche Spezifizierung erkennen, die sowohl in theoretischer wie in historisch-ethnographischer und deskriptiv-analytischer Hinsicht interessant ist. Ich will deshalb kurz darauf eingehen.

Werden weitere Vermittlungsglieder ausgeschlossen, so kann der zweite Fall erläutert werden dadurch, daß der Hörer in der Sprechsituation N_i der Sprecher in der Sprechsituation N_j ist:

(D')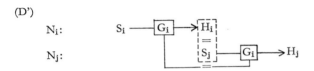

Dieser Fall nun scheint dem des Boten zu entsprechen. Doch ist dies nicht wirklich so. Der Unterschied liegt darin, daß es sich hier, anders als im Fall des Boten, um zwei unterschiedliche Sprechsituationen eigener Qualität handelt, die miteinander vermittelt werden. H_i ist also Hörer eigenen Rechts, nicht nur ersatzweise Hörer innerhalb der Sprechsituation N_i, um anschließend Sprecher in der Sprechsituation N_j sein zu können. Diese Differenz ist an der unmittelbaren Oberfläche des Geschehens nicht direkt abzulesen, gleichwohl von großer Bedeutung.

[3] Es ist interessant, die bisher dargestellten Formen für die Überwindung der Problematik mit der einfachen Differenz zwischen zwei verschiedenen Sprechhandlungen G_i und G_j in zwei verschiedenen Sprechsituationen N_i bzw. N_j zu vergleichen. Diese ließen sich als Diagramm so darstellen:

(E)
N_i: $S_i \ \relbar\!\!\relbar\!\boxed{G_i}\!\relbar\!\!\rightarrow H_i$

N_j: $S_j \ \relbar\!\!\relbar\!\boxed{G_j}\!\relbar\!\!\rightarrow H_j$

Der Unterschied liegt in der Sprechhandlung selbst: in allen im Text behandelten Fällen geht es um eine in sich identische Sprechhandlung; im Fall, der eben angegeben wurde, ist hingegen auch die Sprechhandlung eine andere, $G_i \neq G_j$. Es können hingegen durchaus der Sprecher, der Hörer oder beide identisch sein. Schematisch sind diese Fälle in den folgenden Diagrammen dargestellt:

(F)

(G)

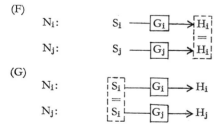

Es ist interessant, der Frage weiter nachzugehen, was sich aus den verschiedenen Typen systematisch ergibt; ist sowohl S wie H gleich, während sich die Sprechhandlungen unterscheiden, erhalten wir die Elementarform des Diskurses:

(H)

$$N_i: \quad \boxed{S_i} \longrightarrow \boxed{G_i} \longrightarrow \boxed{H_i}$$
$$\qquad\;\; = \qquad\qquad\qquad\;\; =$$
$$N_j: \quad \boxed{S_i} \longrightarrow \boxed{G_j} \longrightarrow \boxed{H_i}$$

[4] Vgl. dazu weiter Anm. 5.
[5] Selbstverständlich bedarf die Aussage, die Sprechhandlung bleibe sich gleich, weiterer Erläuterungen, und zwar einer allgemeinen und mehrerer besonderer.

Die allgemeine bezieht sich auf die Frage, inwiefern überhaupt von einer Identität gesprochen werden kann bei zwei Sprechhandlungen, die als Handlungen eigener Art ja unterschiedliche Ereignisse zumindest in der Zeit sind. Von einem (erweitert) nominalistischen Standpunkt aus ließe sich etwa die Berechtigung einer derartigen Aussage prinzipiell in Frage stellen. Eine solche Position verfehlt meines Erachtens elementare Wirklichkeitsstrukturen in bezug auf die zu analysierenden Phänomene. Sie zwingt zugleich aber dazu, das Konzept der Identität näher zu spezifizieren. Sicher ist es nicht sinnvoll, von "Identität" in allen Hinsichten zu sprechen, oder, anders gesagt, den Ausdruck "identisch" davon abhängig zu machen. Dies trifft etwa zu für die offensichtliche Nicht-Identität hinsichtlich der Dimension Zeit. Sofern der Äußerungsakt an diese Dimension gebunden ist, kann von einer Identität nicht die Rede sein. Der Äußerungsakt (also u) ist in dieser Hinsicht am "empfindlichsten". Gleichwohl ist auch die alltags(wissenschafts)sprachliche Redeweise von Gleichheit oder Identität in diesem Fall nicht sinnlos. Sie zielt nämlich auf einen anderen Aspekt: auch zwei Äußerungsakte können sich nämlich hinsichtlich ihrer Struktur, genauer, hinsichtlich der auf den Äußerungsakt selbst bezogenen Merkmale der sprachlichen Handlung unterscheiden oder nicht; sie können etwa mit derselben oder mit einer anderen Phonemfolge ausgestattet sein usw. Davon ist die Rede, wenn es um die Identität von u geht; am deutlichsten ist dies etwa, wenn eine mechanische Aufnahme der Äußerung mechanisch wiedergegeben wird. Hinsichtlich des Äußerungsaktes ist also eine Differenzierung in zeitliche und strukturelle Merkmale erforderlich. In diesem Sinn sind die folgenden Überlegungen zu verstehen.

Die Gleichheit bzw. Differenz zwischen G_i und G_j kann sich weiter auf verschiedene Dimensionen beziehen, auf die des Äußerungsaktes u, des propositionalen Aktes p bzw. des illokutiven Aktes i oder auf spezifische Kombinationen davon; komplementär zur Differenz ist die Identität zu spezifizieren — bis hin zu ihrer Abschwächung in der Form der bloßen Ähnlichkeit. Systematisch gesehen, scheinen mir dabei besonders die folgenden Fälle interessant:

(1)
$$G_i = \left\{ \begin{array}{c} u_i \\ p_i \\ i_i \end{array} \right\} \qquad G_j\,(= G_i) = \left\{ \begin{array}{c} u_i \\ p_i \\ i_i \end{array} \right\}$$

(1) ist der Fall der vollen Identität hinsichtlich der sprachlichen Handlung G in bezug auf die drei sie konstituierenden Akte. (Die Differenz liegt hier also in anderen Aspekten der Sprechhandlung, z. B. der Zeit und der involvierten Aktanten).

(2)
$$G_i = \left\{ \begin{array}{c} u_i \\ p_i \\ i_i \end{array} \right\} \qquad G_j\,(\approx G_i) = \left\{ \begin{array}{c} u_j \\ p_i \\ i_i \end{array} \right\}$$

In diesem Fall bleiben die propositionale und die illokutive Struktur erhalten, aber die Äußerungsstruktur ändert sich — ebenso wie der Zeitpunkt des Äußerns.

(3)
$$G_i = \left\{ \begin{array}{c} u_i \\ p_i \\ i_i \end{array} \right\} \qquad G_j\,(\approx G_i) = \left\{ \begin{array}{c} u_j \\ p_j \\ i_i \end{array} \right\}$$

In diesem Fall bleibt lediglich der illokutive Akt gleich, während sich Äußerungsstruktur und propositionale Struktur verändern.

Es wäre sicher eine interessante empirische Frage, wieweit die sprachlich Handelnden selbst bereit sind, eine Gleichheit oder Ähnlichkeit festzustellen. Der Nachdruck, mit dem offenbar in verschiedenen Kulturen verlangt wird, den Wortlaut gleichzuhalten, wenn es um die Weitergabe sprachlicher Handlungen geht, zeigt einen deutlichen Vorzug von (1).

⁶ Ich verwende im folgenden Beispiele aus dem Alten Testament, um bestimmte Erscheinungsformen von mündlichen Überlieferungen und Überlieferungsverfahren zu verdeutlichen. Diese Beispiele sind leicht zugänglich und häufig auch bekannt. Selbstverständlich sind die Texte des Alten Testaments uns heute als schriftliche Texte überliefert. Wenn ich einige von ihnen trotzdem als Beispiele für mündliche Überlieferung anführe, beziehe ich mich dabei auf Resultate der alttestamentlichen Wissenschaft, die in minutiösen Rekonstruktionen für Teilbereiche des Alten Testaments nachgewiesen hat, daß dem schriftlichen ein mündlicher Überlieferungsprozeß vorausgegangen ist. Über die Einzelheiten informieren die wissenschaftlichen "Einleitungen ins Alte Testament".

⁷ Siehe dazu im einzelnen die Rekonstruktion von Begrich 1934.

⁸ Die Überlieferung durch die Zeit hin, die diachrone, verfährt dabei durch eine Kombination der in Diagramm (C) und in Diagramm (D') dargestellten Typen. Das Verfahren, das in Diagramm (D') wiedergegeben wird (s. Anm. 2), bezieht sich auf die einfachere, kontinuierliche Überlieferung innerhalb der Großfamilie bzw. ähnlicher Gruppen, bei denen der frühere Hörer zum neuen Sprecher wird: wer als Sohn Hörer der Überlieferung war, wird als Vater zum Sprecher für seinen eigenen Sohn, usw. Das Verfahren von Diagramm (C) hingegen (s. oben im Text) gibt die spezialisierte Überlieferungstätigkeit durch einen personalisierten Überlieferer wieder, zum Beispiel den Sprecher des Bundesrechts im alten Israel, den Alt 1934 beschrieben hat und der seine Parallelen in anderen Kulturen hat, etwa im alten Island.

⁹ Vgl. Koch 1974, § 7.

¹⁰ Vgl. Latacz 1979.

¹¹ Vgl. Ehlich 1980.

¹² Vgl. dazu von Campenhausen 1968.

¹³ Vgl. Gadamer und Raible, in diesem Band.

Literatur:

Alt, A., (1934) "Die Ursprünge des israelitischen Rechts". In: A. Alt (1959) *Kleine Schriften zur Geschichte des Volkes Israel I*, München: Beck, S. 278—332.

Beaugrande, R. de & Dressler, W., (1981) *Introduction to Text Linguistics*. London/New York: Longman.

Begrich, J. (1934) "Das priesterliche Heilsorakel". In: *Zeitschrift für die alttestamentliche Wissenschaft* NF 11, S. 81—92.

Campenhausen, H. von (1968) *Die Entstehung der christlichen Bibel*. Tübingen: Mohr.

Ehlich, K. (1980) "Schriftentwicklung als gesellschaftliches Problemlösen". In: *Zeitschrift für Semiotik* 2, S. 335—359.

Ehlich, K. (1982) *Zum Textbegriff*. Tilburg: mimeo.

Ehlich, K. & Rehbein, J. (1979) "Sprachliche Handlungsmuster". In: H.-G. Soeffner (Hg.) *Interpretative Verfahren in den Sozial- und Textwissenschaften*. Stuttgart: Metzler, S. 243—274.

Gülich, E. & Raible, W. (1977) *Linguistische Textmodelle*. München: Fink (UTB).

Harris, Z. S. (1952) "Discourse Analysis". In: *Language* 28, S. 1—30.

Hartmann, P. (1968) "Zum Begriff des sprachlichen Zeichens". In: *Zeitschrift für Phonetik, Sprachwissenschaft und Kommunikationsforschung* 21, S. 205—222.

Kallmeyer, W., Klein, W., Meyer-Hermann, R., Netzer, K., Siebert, H.J. (1974) *Lektürekolleg zur Textlinguistik*. 2 Bände. Frankfurt: Athenäum/Fischer.

Koch, K. (1974³), (1964¹) *Was ist Formgeschichte? Methoden der Bibelexegese*. Neukirchen-Vluyn: Neukirchener Verlag.

Latacz, J. (Hg.) (1979) *Homer. Tradition und Neuerung*. Darmstadt: Wissenschaftliche Buchgesellschaft.

Schmandt-Besserat, D. (1978) "The Earliest Precursor of Writing". In: *Scientific America* 1978, 6, S. 38—47.

Searle, J. R. (1969) *Speech Acts. An Essay in the Philosophy of Language*. Cambridge: University Press.

Thümmel, W. (1978) "Der Herr, der schickt den Jockel aus. Oder: Über Textlinguistik". In: *Osnabrücker Beiträge zur Sprachtheorie* 7, S. 115—144.

II. Frühformen der Schriftlichkeit

Wolfgang Schenkel

Wozu die Ägypter eine Schrift brauchten

1. Explikation einer Fragestellung

Die ältesten Bezeugungen der altägyptischen Hieroglyphenschrift datieren aus der Zeit der Wende vom vierten zum dritten vorchristlichen Jahrtausend. Sie wurden auf ägyptischem Boden gefunden, genauer: im oberägyptischen Niltal. Es besteht kein ernsthafter Zweifel daran, daß durch diesen Befund nach Zeit und Raum der Ursprung der Hieroglyphenschrift eingegrenzt ist. Allenfalls kann man sich noch darüber streiten, ob die ausschließlich oberägyptische Herkunft der frühen Bezeugungen eine Eingrenzung auf den Landesteil Oberägypten rechtfertigt oder ob insoweit nicht Zufälle der Überlieferung in Rechnung zu stellen sind.

Darstellungen der Schrifterfindung in Ägypten erwecken leicht den Eindruck, als ob nichts selbstverständlicher wäre, als daß gerade in diesem Raum und zu dieser Zeit eine Schrift erfunden wurde. Mit dieser Feststellung sollen nicht in pauschaler Weise die bisherigen Bemühungen um die Geschichte der Schrifterfindung disqualifiziert werden. Es wird sich später die Gelegenheit bieten, eine ganze Reihe von Beobachtungen aufzugreifen, die den vordergründigen Eindruck der Selbstverständlichkeit der Schrifterfindung deutlich korrigieren. Man muß aber sehen, daß das Interesse der Darstellungen weit mehr auf ein verstehendes Nachzeichnen des Prozesses der Schriftentwicklung und seiner äußeren Umstände gerichtet ist als auf eine kausale Erklärung. Es werden zwar wesentliche Momente dieses Prozesses beschrieben (strukturelle Merkmale der Schrift in ihren Entwicklungsstadien, die geistige oder wirtschaftliche Situation der Zeit, die Anwendungsbereiche der Schrift), die kausalen Beziehungen zwischen diesen verschiedenen Momenten bleiben jedoch einigermaßen vage. Im allgemeinen wird *ein* solches Moment als das Hauptmoment herausgestellt, als ein Moment, das in wesentlicher Weise für die Schrifterfindung verantwortlich sei. Neben-Momente dagegen werden fallengelassen oder doch in unklarer Beziehung zum Haupt-Moment stehengelassen, obgleich sie zum mindesten als Randbedingungen schon eigentlich in Rechnung zu stellen wären.

* * *

Ein besonders krasses Beispiel dafür, mit welcher Selbstverständlichkeit das Auftreten der Schrift hingenommen wird, ist eine Darstellung, die der 1934 verstorbene Kurt Sethe, zu seiner Zeit eine Autorität auf diesem Gebiet, in seiner nachgelassenen Arbeit "Vom Bilde zum Buchstaben" gibt (Sethe 1939). Das Beispiel ist deshalb so kraß, weil sich die Sethesche Erklärung der Schrifterfindung kausal gibt, ohne dies bei genauerem Nachfragen im mindesten zu sein. Sethe formuliert das folgende "Gesetz": "Wir können überall im Leben der Völker beobachten, *daß gleiche Bedürfnisse und gleiche Verhältnisse zu den gleichen Erfindungen führen.* Sie entwickeln sich in gleicher Weise fort, *weil der Mensch nun einmal allüberall ein gleich organisiertes Wesen ist.*" (Sethe 1939, S. 2; Hervorhebungen von W. S.). Es folgt unmittelbar die Nutzanwendung: "Dies zeigt sich auch in der Schrift, die sich an den verschiedensten Teilen der Erde in gleicher oder wenigstens in einer der allgemeinen Entwicklung entsprechender Weise herausgebildet hat, als ob sie einem *Naturgesetz* folgte. Von diesem Ablaufe her betrachtet, können wir die menschliche Schrift demnach ein *Gewächs* nennen, das aus einem allen Menschen gemeinsamen sozusagen mit in die Wiege gelegten Keim erwachsen ist." (Sethe 1939, S. 2 f.; Hervorhebungen von W. S.). Diese Schlußfolgerungen stellen gegenüber der Formulierung des "Gesetzes" selbst eine Verschärfung des Regelhaften des Ablaufs dar. Kann man im "Gesetz" immerhin noch im Zweifel sein, ob die deutschen Präsentien "führen" und "entwickeln sich" als habitativ ("pflegen zu führen", "führen im allgemeinen", "führen gerne"; usw.) oder etwa gnomisch ("führen bekanntermaßen", "führen stets und ständig", "führen notwendig") zu verstehen sind, so läßt die Formulierung der Nutzanwendung für die Interpretation keinen Spielraum mehr. Hier ist von Naturnotwendigkeit die Rede. Nicht zuletzt diese — argumentationspsychologisch zu interpretierende — Verschärfung zum Gesetz hin läßt die Frage aufkommen, ob hier nicht doch der Wunsch der Vater des Gedankens war: ob hier nicht der Wunsch oder die resignative Bereitschaft, die Erfindung der Schrift als eine Selbstverständlichkeit hinzustellen bzw. hinzunehmen, die hilfsweise Formulierung eines Gesetzes nach sich zog. Aber gilt denn das Gesetz überhaupt? Sethe behauptet die Gültigkeit, ohne auch nur ein einziges Beispiel zu geben — abgesehen vom Beispiel der Schrift selbst. Entweder handelt es sich dann also um eine wissenschaftlich bewährte Annahme, oder aber es handelt sich doch — wie bereits vermutet — um eine Ad-hoc-Behauptung, deren einzige Begründung in einer gewissen Plausibilität auf dem Hintergrund von diffusen Erfahrungen des Alltags liegt, deren Bewährung im Fortgang der Forschung dann aber noch abzuwarten wäre. — Damit ist *ein* Problem der Setheschen Erklärung der Schrifterfindung aufgeworfen.

Doch nicht allein das "Gesetz", mit dessen Hilfe Sethe aus gegebenen Voraussetzungen, nämlich bestimmten "Bedürfnissen und Verhältnissen", die Entstehung der Schrift als naturnotwendig folgern will, führt zu Problemen; nicht unproblematisch sind auch die Voraussetzungen, die die "Eingabe" für dieses Gesetz bilden. Was nämlich sind die "gleichen Bedürfnisse und gleichen Verhältnisse", die zu der "gleichen Erfindung" der Schrift führen sollen? Sethe präzisiert, was unter den "gleichen Bedürfnissen" zu verstehen ist: Die "gleichen Bedürfnisse" sind konkret das "Bedürfnis" der "Gedankenübermittlung" (Sethe 1939, S. 15), d. h. einerseits das "Bedürfnis" der zuverlässigen Übermittlung von Nachrichten über größere räumliche Distanzen, wenn — so muß man verstehen — eine persönliche Übermittlung nicht möglich und eine mündliche Übermittlung durch Mittelspersonen nicht zuverlässig genug ist; andererseits das "Bedürfnis" des sicheren Bewahrens wichtiger Daten vor dem Vergessen über eine längere zeitliche Distanz (Sethe 1939, S. 3 f.). Zu den "gleichen Verhältnissen", die das "Bedürfnis" nach einer "Gedankenübermittlung" in dieser Form überhaupt erst entstehen lassen, sagt Sethe nichts, weder für den allgemeinen Fall, noch für die besonderen Verhältnisse im Ägypten der Schriftentstehungszeit. Sind diese "gleichen Verhältnisse" also auch ihrerseits wieder, wie schon die aus ihnen naturnotwendig folgenden "gleichen Erfindungen", als selbstverständlich anzunehmen, "weil der Mensch nun einmal allüberall ein gleich organisiertes Wesen ist"?

Nun ist zwar Sethes Ansatz insofern nicht mehr repräsentativ, als spätere Ägyptologen, von denen noch die Rede sein wird, die Frage der "Verhältnisse" im Blickfeld haben und substantielle Antworten geben. Bezeichnend ist trotzdem, in welcher Weise die Ägyptologie zu Sethe Stellung genommen hat. Die Hauptpunkte der Kritik, die bereits mit dem Nachwort von Siegfried Schott zur posthumen Veröffentlichung der Setheschen Arbeit einsetzt, betreffen das Konzept "Vom Bilde zum Buchstaben". Erstens setzt man dem Ansatz eines allmählichen Übergangs von der Piktographie zur Schrift, als den Befunden eher entsprechend, die unvermittelte Tat einer Schrifterfindung entgegen (siehe weiter Schott 1950; Kaplony 1966); zweitens sieht man den Übergang von der altägyptischen Hieroglyphenschrift zu den semitischen und damit zu unseren eigenen Alphabeten nicht ganz so unproblematisch, wie Sethe ihn sehen zu können glaubte. Im zweiten Punkt dürften die Kritiker recht behalten haben; im ersten dagegen, dem für unser Thema einschlägigen, dürften sie unrecht haben. Auf jeden Fall neigt sich die Waagschale nach dem heutigen Stand des Faktenwissens entschieden auf die Seite Sethes und gegen seine Kritiker. Von den Fakten wird noch zu sprechen sein. Dagegen rüttelt die Kritik nicht, wo wirklich gerüttelt werden kann: an der Erklärung der Entstehung der Hieroglyphenschrift aus irgendwie gearteten allgemein-menschlichen "Bedürfnissen" und "Verhältnissen". Denn — so darf man wohl interpretieren — gleichgültig, wie die "Verhältnisse" und "Bedürfnisse" im einzelnen gewesen sein mögen: Das Faktum der Schriftentstehung allein schon zeigt ja, daß die "Verhältnisse" und "Bedürfnisse" danach waren, daß eine Schrift entstand. Aber muß man nicht genauer sagen: entstehen *konnte*? Denn daß die Schrift an einem bestimmten Ort und zu einer bestimmten Zeit entstehen *mußte*, läßt sich aus dem bloßen Faktum der Entstehung nun doch nicht schließen. Um einen Kausalzusammenhang zwischen "Verhältnissen" und "Bedürfnissen" mit der Schriftentstehung nachzuweisen, müßte man doch wohl schon den Nachweis führen, daß die "Verhältnisse" und "Bedürfnisse" im konkreten Fall solcherart waren, daß die Schrift entstehen mußte bzw. mit einem gewissen Grad von Wahrscheinlichkeit entstehen mußte. — Damit ist das *zweite* Problem der Setheschen Erklärung der Schrifterfindung umrissen.

* * *

Die Frage nach den "Verhältnissen" und "Bedürfnissen" ist in unserem Zusammenhang in erster Linie eine historische. Es ist am Überlieferungsbestand zu prüfen, welcher Art die "Verhältnisse" und "Bedürfnisse" waren, die um die Wende vom vierten zum dritten vorchristlichen Jahrtausend die Entstehung einer Schrift möglich machten bzw. diese bewirkten. Den damit zusammenhängenden Problemen im einzelnen nachzugehen, wird Aufgabe eines Hauptteils unserer Erörterung sein (siehe unten § 2). Dagegen sollte der andere angeschnittene Fragenkomplex, die Frage nach einem "Gesetz", in einer ägyptologischen Abhandlung, da es sich um eine über-fachliche Frage handelt, besser einleitungsweise erledigt werden. Dies soll hier also geschehen.

Das "Gesetz", mit dessen Hilfe Sethe die Schriftentstehung erklären will, ist, jedenfalls in der undifferenzierten Form, wie Sethe es formuliert, unhaltbar. Daß „gleiche Bedürfnisse und gleiche Verhältnisse zu gleichen Erfindungen und Einrichtungen führen", ist in jedem praktikablen Sinne falsch. Z. B. führte im Zweiten Weltkrieg das "Bedürfnis" nach kriegsentscheidenden Waffen u.a. in Deutschland zur Entwicklung von Trägersystemen unverhältnismäßig größerer Reichweite (V-Waffen), in den USA zur Entwicklung einer Waffe unverhältnismäßig größerer Sprengkraft (Atombombe). Man kann diesen Unterschied beim besten Willen nicht auf unterschiedliche "Verhältnisse" in den beiden miteinander kriegführenden Ländern zurückführen, sofern man unter "Verhältnissen" zentrale Faktoren begreift und nicht irgendwelche Randbedingungen. In Zentralbereichen wie Militärtechnik, naturwissenschaftlichem Kenntnisstand, industriellen Möglichkeiten gab es keine letztlich gravierenden Unterschiede zwischen beiden Ländern. Nicht ohne Grund befürchtete man damals in den USA, daß Deutschland den Amerikanern mit dem Bau der Atombombe zuvorkommen könnte. So selbstverständlich schien der Bau dieser Waffe, sobald einmal der zündende Gedanke der theoretischen Möglichkeit und der praktischen Realisierbarkeit vorhanden war. Daß in dem einen Fall Raketen, im anderen Falle Bomben entwickelt wurden, ist "Zufall", d. h. das Ergebnis des Zusammenwirkens zahlloser Faktoren, von denen keiner den anderen in eklatanter Weise überragt. — Ein anderes Beispiel: Im ersten Weltkrieg hatten sich die Fronten in einem Grabenkrieg festgefahren, weil der Einsatz des nicht allzu lange vorher einsatzfähig gewordenen Maschinengewehrs den Sturm, wie er der herkömmlichen Kriegführung entsprach, ineffektiv machte, d. h. in einem Meer von Blut untergehen ließ. Eine Lösung dieses Problems ist die Erfindung des "Tanks". Diese Lösung wurde nur auf der Seite der Alliierten gefunden, während die deutsche Seite z. B. in der Potenzierung des herkömmlichen Sturms einen Ausweg aus der festgefahrenen Situation suchte, so in den wahnwitzigen Operationen gegen die Festungen um Verdun. Es ist auch hier nicht zu erkennen, daß die "Verhältnisse" und "Bedürfnisse" auf alliierter und auf deutscher Seite in irgendeiner belangreichen Weise voneinander verschieden gewesen wären. — Ergänzend noch der Hinweis auf ein Beispiel, das mit Sicherheit auch zu Sethes Zeiten schon bekannt war: Die nicht grundsätzlich verschiedenen Bedingungen der frühen Kulturen führten in der Alten Welt zur Erfindung des Rades und des Pfluges, wogegen in der Neuen Welt diese Erfindung nicht gemacht wurde. Man darf schließlich auch an einen Tatbestand aus der Schriftgeschichte selbst erinnern: Während in der Alten Welt vollgültige Schriften entwickelt wurden, blieben die vorkolumbianischen Hochkulturen im Vorfeld der Schrift stecken. — Es gibt unter "gleichen Verhältnissen" also offensichtlich alternative Möglichkeiten der Befriedigung "gleicher Bedürfnisse", bzw. es besteht die Möglichkeit, daß trotz "gleicher Verhältnisse" und "gleicher Bedürfnisse" entweder eine bestimmte Lösung gefunden wird oder aber nicht gefunden wird.

* * *

Für die Befriedigung eines "gleichen Bedürfnisses" ist unter "gleichen Verhältnissen" nicht notwendig eine "gleiche Erfindung", ja nicht einmal eine "Erfindung" überhaupt erforderlich. Man kann, sofern anderswo bereits eine "Erfindung" gemacht wurde, die für die Befriedigung des "Bedürfnisses" geeignet erscheint, diese "Erfindung" übernehmen, nachahmen, fortentwickeln, kurzum: sich zunutze machen. Z. B. konstruierte man in der UdSSR, wo ebenso wie in den USA ein Bedürfnis nach kriegsentscheidenden Waffen bestand, schnellstmöglich die Atombombe nach, wobei man sich, abgesehen einmal von Erkenntnissen aus der Spionage, die grundlegende Idee sowie das sichere Wissen ihrer Realisierbarkeit zunutze machen konnte.

Vielleicht handelt es sich auch bei der Schriftentwicklung in Ägypten um einen solchen Fall der Nutzung einer fremden Erfindung. Es läßt sich nämlich das Faktum nicht aus der Welt schaffen, daß im benachbarten Sumer Schriftzeugnisse für eine Zeit vorliegen, für die in Ägypten noch keine Belege nachgewiesen werden können. Es kann also in Ägypten sehr wohl eine ähnliche Situation bestanden haben, wie sie in der UdSSR bestand, als die amerikanische Atombombe funktionstüchtig war: Nachdem einmal in Sumer eine Schrift erfunden war und dort sich als nützlich erwiesen hatte, erkannte man auch in Ägypten, das auf einer recht ähnlichen Stufe der zivilisatorischen Entwicklung stand, also ähnliche "Verhältnisse" und ähnliche "Bedürfnisse" hatte, den Nutzen dieser Erfindung. Sumerische Einflüsse auf Ägypten sind in anderen Bereichen erwiesen. Schließlich darf man mutmaßen, daß sich die Kenntnis der Prinzipien der sumerischen Schrift eher leichter als die Konstruktionsprinzipien der Atombombe verbreitete, da sie, anders als bei der amerikanischen Atombombe, wohl kaum einer Geheimhaltung unterlag. Auch die Frage eines sumerischen Anstoßes wird also später zu untersuchen sein (zur Möglichkeit von Anstößen aus Elam neben oder anstelle von sumerischen ebenfalls später).

* * *

Schon der primäre Zweck einer Erfindung braucht nicht naturnotwendig sein einziger zu sein. Man kann auch einmal "mehrere Fliegen mit einer Klappe schlagen". Ist dann eine Erfindung erst einmal gemacht, so können u. U. sehr rasch Anwendungsbereiche gefunden werden, die man bei der Erfindung selbst nicht im Auge hatte, für die die Erfindung aber *auch* taugt oder sogar *noch viel besser* taugt als für den ursprünglichen Zweck. So schlossen sich an die Entwicklung der Atombombe Überlegungen zur friedlichen Nutzung an, z. B. der direkten Nutzung der Atombombe für Sprengungen zu friedlichen Zwecken, dann aber die Versuche zur Reduzierung der Atomkraft auf eine industriell verwertbare Größenordnung (Atomreaktoren). Ebenso fand man für Werkstoffe, die für die Bedingungen des Weltraums entwickelt wurden, Anwendungsbereiche auf der Erde, bis hin zu so altbekannten und alltäglichen Gebrauchsgegenständen wie Bratpfannen. Mit anderen Worten: Anwendungen gibt es sehr leicht mehr, als man sich zunächst vorstellt.

So könnte es auch bei der Hieroglyphenschrift gewesen sein: Nachdem man sie einmal besaß, fand man rasch eine ganze Reihe von Anwendungsbereichen, in denen man sie gut "brauchen konnte". Es mag dann Anwendungen geben, für die die Schrift höheren Nutzen hatte, andere, für die sie weniger Nutzen hatte; Anwendungen, auf die man früher kam, und Anwendungen, auf die man erst später kam. Für die Frage, wofür man die Schrift "ursprünglich" entwickelte, ist dies im Prinzip alles belanglos. Aber: Unter Umständen folgen die verschiedenen Anwendungen so rasch aufeinander, daß sie, chronologisch gesehen, ununterscheidbar werden können. Z. B. kann man rein chronologisch Ereignisse der Schriftentstehungszeit in Ägypten wohl kaum genauer datieren als nach regierenden Königen, wenn überhaupt so genau. Folgen die Anwendungen schneller aufeinander als die Regierungswechsel, bleiben sie chronologisch ununterscheidbar. In diesem Fall können nur noch Überlegungen zum systematischen Zusammenhang der Anwendungsbereiche weiterhelfen. Hier ist dann allerdings die Gefahr der Verwechslung zwischen "idealtypischen" Zusammenhängen und der historischen Realität gegeben: zwischen einem Modell, das nach Prinzipien wie Einfachheit oder Plausibilität, d. h. größtmöglicher Wahrscheinlichkeit, konstruiert ist, und der Realität, die verwirrend komplex ist und in die "unwahrscheinliche" Zufälle hineinspielen.

2. Gründe für die Entstehung der Hieroglyphenschrift in der ägyptologischen Diskussion

Als Gründe für die Erfindung der Hieroglyphenschrift wurden in der ägyptologischen Forschung hauptsächlich drei Bedürfnisse angeführt (vgl. Westendorf 1969, S. 84 f.):

a) Das Bedürfnis nach raum-zeitlicher Fixierung von Ereignissen infolge des Erwachens eines "historischen Bewußtseins" (vgl. Brunner 1965, S. 757 f.; weniger dezidert Brunner 1969, wo als ein "zweitrangiges Stimulans" ein wirtschaftliches Interesse entsprechend Punkt b) anerkannt wird).

b) Das Bedürfnis nach Fixierung von wirtschaftlichen Daten, die infolge steigender Anforderungen an ein staatliches Abschöpfungs- und Verteilungssystem an Volumen zunahmen (vgl. Kaiser 1964, S. 115, Anm. 4; Kaplony 1966, S. 67; Helck 1968, S. 21, Anm. 1).

c) Religiöse Bedürfnisse, genauer: Anstöße aus dem Kult, deren Art noch näher zu präzisieren wäre (vgl. Westendorf 1969, S. 84—86; Hodge 1975).

Diese drei Gründe seien nun der Reihe nach kritisch analysiert.

2.1 Grund: "Historisches Bewußtsein"

Ein Kausalzusammenhang "Historisches Bewußtsein" → Schrifterfindung erscheint zunächst einmal insofern plausibel, als einige der eindrucksvollsten frühesten beschrifteten Denkmäler "historische" Ereignisse darstellen. Es handelt sich um Votivgegenstände in der Form eines Keulenkopfes oder einer Schminkpalette, die von verschiedenen Königen in ein Heiligtum im oberägyptischen Hierakonpolis gestiftet wurden[1]. Die Thematik der Darstellungen auf diesen Votivgegenständen kreist um die Person des Königs bei Betätigungen, die im Kontext der altägyptischen Hochkultur, wie sie sich aus späteren Quellen rekonstruieren läßt, als für die Erhaltung der richtigen Ordnung in Ägypten zentral einzuschätzen sind, z. B. und vor allem bei Betätigungen, die im Zusammenhang stehen mit der Konstituierung "Ägyptens" durch die "Vereinigung" der beiden Teilländer Ober- und Unterägypten. Die Schrift benennt in diesen Darstellungen in Form von Beischriften zu Bildelementen einzelne Personen, Orte, Objekte mit ihren "Namen", z. B. den König mit seinem Thronnamen ("Horus-Namen"), Würdenträger mit ihrer Amtsbezeichnung, ein Gebäude mit seiner Bezeichnung.

Ein Kausalzusammenhang "Historisches Bewußtsein" → Schrifterfindung ist andererseits durch Denkmäler dieser Art nicht eigentlich erweisbar.

Zunächst einmal muß man sich vor einem möglichen Zirkelschluß in acht nehmen: Die Unterscheidung von "Prähistorie" und "Historie" beruht wesentlich auf einem Unterschied in der Quellenlage. Für die "historische" Zeit gibt es die aussagestarken Schriftzeugnisse, für die "Prähistorie" dagegen nicht. Einer schriftquellenlosen Kultur fehlt deshalb nicht notwendig ein "historisches Bewußtsein", noch geht mit der Einführung der Schrift notwendig ein qualitativer Sprung im "historischen Bewußtsein" einher. Das zeigen Beobachtungen aus schriftlosen Kulturen (vgl. etwa R. Schott 1968; Fuchs 1969²). Die forschungspraktische Einteilung der Kulturen in "vorgeschichtliche" und "geschichtliche" ist streng getrennt zu halten vom Geschichtsbewußtsein dieser Kulturen selbst. Mit anderen Worten: Das Auftreten der Hieroglyphenschrift darf nicht als Indiz für seine vermutete Ursache, das neue "historische Bewußtsein", angesehen werden. Es sind vielmehr Indizien für ein verändertes "historisches Bewußtsein" erforderlich, die unabhängig sind von der Schrift selbst (zum folgenden vgl. die tabellarische Aufstellung in Abb. 1).

Abb. 1 Zeugnisse für eine Veränderung des "Historischen Bewußtseins" in Relation zum Auftreten der Schrift (+ vorhanden, — nicht vorhanden).

	Größere Anzahl namentlich nicht bekannter Könige	Sereq	Ka	Nar-mer	Aha (= Menes)	Weitere namentlich bekannte Könige
Vereinigung der beiden Teilländer	+	+	+	+	+	+
Schriftzeugnisse	—	+	+	+	+	+
Jahresdaten	—	—	—	(+)	+	+

Ein solches Indiz, mutmaßlich das aussagekräftigste, ist das Ereignis der Reichseinigung, der Vereinigung der beiden Teilländer Ober- und Unterägypten. Denn mit diesem Ereignis beginnt für den Ägypter der späteren Jahrhunderte und Jahrtausende selbst das Ägypten, in dem er lebt. Dieses Ereignis jedoch fällt nicht einfach mit dem ersten Auftreten von Schriftzeugnissen zusammen. Die ägyptische Überlieferung beginnt die Liste der Könige des vereinigten Ober- und Unterägypten zwei Regierungszeiten nach dem Auftreten der ersten Schriftzeugnisse (König "Menes" = Aha), die ägyptologische Wissenschaft dagegen um eine ganze Reihe von Regierungszeiten, mindestens zwei, mit größter Wahrscheinlichkeit aber mehr als ein Dutzend, vor dem Auftreten der ersten Schriftzeugnisse, vielleicht, wie W. Kaiser annimmt, ca. 150 Jahre früher. Die ägyptische Überlieferung hängt ganz offensichtlich damit zusammen, daß unter König Aha ("Kämpfer"), dem nach Sereq ("Skorpion"), Ka(?) und Nar-mer ("Schlimmer Wels") vierten König, dessen Name uns hieroglyphisch durch Bodenfunde überliefert ist, nach Ansätzen unter seinem Vorgänger Nar-mer die Aufzeichnung wichtiger Ereignisse eines Jahres auf sog. Jahrestäfelchen üblich wird (zum gesamten Fragenkomplex Vereinigung der beiden Teilländer / Auftreten von Schriftzeugnissen / Beginn der Annalistik siehe vor allem Kaiser 1961 und 1964; zu den Jahrestäfelchen vgl. Kaiser 1964, S. 87, Anm. 2; Helck 1956, S. 1 f.; S. Schott 1950, S. 27 ff.). Wenn jahrweise Aufzeichnung von Ereignissen, die Führung von "Annalen", ein Indiz für ein verändertes "historisches Bewußtsein" ist, dann wäre der qualitative Sprung im "historischen Bewußtsein" — vorausgesetzt, es handelt sich überhaupt um einen Sprung — in die Zeit *nach* der Einführung der Schrift zu datieren. — Auf der anderen Seite verknüpfen die Ägypter selbst den Beginn ihrer Geschichte mit der Vereinigung der beiden Teilländer. Diese Vereinigung aber liegt zeitlich klar vor der Einführung der Schrift, wie bereits gesagt: mindestens zwei Regierungszeiten, wahrscheinlich mehr als ein Dutzend Regierungszeiten vor diesem Zeitpunkt.

In Anbetracht dieses Befundes erscheint es ausgeschlossen, den Kausalzusammenhang zwischen Einführung der Schrift und Entstehung eines "historischen Bewußtseins" positiv abzuklären. Es besteht durchaus die Möglichkeit, daß die Schrift infolge eines veränderten "historischen Bewußtseins" eingeführt wurde, auch wenn die das "historische Bewußtsein" dann dokumentierende Annalistik nicht gleich im ersten Anlauf mitentstanden wäre. Es ist aber ebensogut möglich, daß die Schrift zu einem mehr oder minder zufälligen Zeitpunkt und ohne streng ursächlichen Zusammenhang mit dem Ereignis der Vereinigung der beiden Teilländer eingeführt wurde. Im letzteren Falle wäre dann nur relativ rasch nach Aufkommen der Schrift entdeckt worden, daß man mit ihrer Hilfe Ereignisse festhalten, Annalen führen kann, daß man die Schrift also für diesen Zweck *auch* "brauchen konnte".

2.2 Grund: "Wirtschaft"

Praktisch ebenso alt wie die Anwendung der Schrift zur Fixierung "historischer" Daten ist die Anwendung zur Kennzeichnung von "wirtschaftlichen" Gütern. Vor allem werden mit Hilfe von Siegelabrollungen auf Lehmverschlüssen und durch Anhängen von Etiketten Eigentumsmarken angebracht. Diese Praxis setzt vielleicht schon unter Sereq ("Skorpion") ein, dem ersten König also, aus dessen Regierungszeit überhaupt erst und im ganzen noch sehr spärlich Schrift bezeugt ist (s. z. B. Gardiner 1961, S. 402); bei den nächstfolgenden Königen Ka(?) und/oder Nar-mer ("Schlimmer Wels") bewegt man sich auf festem Boden

(Kaplony 1963, Bd. I, S. 60—74). Die Belege schwellen rasch an (a.a.O., S. 60 bis 175). Die Schriftzeugnisse dieser Art übertreffen die anderer Art bei weitem. Aus diesem Befund allein auf primäre Entwicklung der Schrift zu diesem Zweck zu schließen, wäre dennoch voreilig. Ein Hauptanwendungsgebiet kann nämlich, wie bereits gesagt, auch im nachhinein entdeckt worden sein.

Es läßt sich indes der Plausibilitätsgrad einer solchen Deutung erhöhen, wenn man die Befunde in den weiteren Rahmen der altorientalischen Hochkulturen einordnet. Hier ist insbesondere der Befund der etwa gleichzeitig entstandenen sumerischen Schrift heranzuziehen, im Prinzip auch der Befund bei der ebenfalls etwa gleichzeitig entstandenen alt-elamischen Schrift. Da die Sachverhalte der alt-elamischen Schrift im einzelnen noch schwierig zu beurteilen sind, beschränke ich mich notgedrungen auf die Auswertung des sumerischen Befundes. In Sumer — das dürfte klar sein — ist die Schrift zuerst bezeugt in "Wirtschafts"-Texten, und es spricht auch alles dafür, daß die Schrift hier für diesen Zweck entwickelt wurde (Falkenstein 1936, S. 43.47—61.64 f.). Wäre also nicht nur die Schrift in Sumer und in Ägypten gleichzeitig entstanden, sondern hätten dann nicht auch hier wie dort ähnliche "Bedürfnisse" zur Anwendung eines gleichartigen Hilfsmittels geführt? Weiter noch: Da die ältesten Schriftzeugnisse in Sumer bei genauerem Hinsehen deutlich früher zu datieren sind als die ältesten Schriftzeugnisse in Ägypten (Größenordnung: ein Jahrhundert): Kann dann die Schriftentwicklung in Ägypten nicht von Sumer angestoßen sein? Und wenn die Entwicklung von dort her angestoßen ist, sollte dann die Schrift nicht bloß als abstraktes Prinzip in Ägypten bekanntgeworden sein, sondern viel eher gekoppelt mit der Kenntnis des Bereichs, in dem sie in Sumer angewandt wurde?

Die Frage, ob in Ägypten ein gleiches oder doch ein ähnliches "Bedürfnis" nach Aufzeichnung von "Wirtschafts"-Daten bestand, läßt sich wohl positiv beantworten, wenn nicht direkt, so doch durch einen indirekten Schluß: Hätte in Ägypten ein derartiges "Bedürfnis" nicht bestanden, so hätte man die Schrift hier kaum so rasch und in dem Umfang für die Zwecke der "Wirtschaft" genutzt, wie tatsächlich bezeugt. Die andere Frage dagegen, die nach einer möglichen Abhängigkeit zwischen beiden Schriften, läßt sich nicht so einfach beantworten, wie es der Befund des zeitlichen Vorsprungs der sumerischen Schriftzeugnisse gegenüber den ägyptischen auf den ersten Blick erscheinen läßt.

Die Beantwortung der Frage hängt nicht allein von der zeitlichen Abfolge der Erstbezeugungen ab, sondern auch davon, ob zwischen Sumer und Ägypten die erforderlichen Kommunikationskanäle bestanden und ob die Schriften, die ja ihrer Gestalt nach verschieden und auch ihrer Struktur nach nicht identisch sind, überhaupt so viel Ähnlichkeit besitzen, daß die eine die andere zum Vorbild haben konnte. So kontrovers diese Zusatzfragen in der wissenschaftlichen Diskussion gewesen sein mögen (siehe z. B. Helck 1971, S. 10 f.; Ward 1964, S. 35—38): Man kann sich ein näheres Eingehen auf die pro und contra vorgebrachten Argumente ersparen, weil in Wirklichkeit die Dinge *viel* komplizierter liegen, als es die früheren Diskussionen erkennen lassen. Neue Daten und eine differenziertere Analyse der Befunde verändern die Ausgangslage grundlegend.[3]

Insgesamt hat sich gezeigt, daß die ägyptisch-vorderasiatischen Beziehungen weit komplexer sind, als man früher glauben mochte. Z. B. ist, wie oben schon angedeutet, auf vorderasiatischer Seite neben Sumer auch Elam zu beachten (Boehmer 1974a und 1974b); dem kann im folgenden nicht weiter nachgegangen werden. Vor allem aber sind die Beziehungen nicht in dem Ausmaß einseitig vorderasiatischer Einfluß auf Ägypten, wie dies früher gerne angenommen wurde; es sind auch nicht unbeträchtliche Wirkungen in umgekehrter Richtung zu verbuchen (Helck 1979). Damit wieder zur Schrift, zum Verhältnis der ägyptischen zur sumerischen Schrift.

Der Vergleich der beiden Schriften setzt eine Analyse ihrer Struktur und ein näheres Eingehen auf ihre Entwicklungsgeschichte voraus. Um jedoch die Darstellung nicht sofort durch die Details des historischen Befundes zu belasten, sei zunächst eine idealtypische Schriftentwicklung beschrieben. Dieser sollen dann in einem zweiten Anlauf die historischen Befunde aus Sumer und aus Ägypten zugeordnet werden.

Man kann sich eine Schriftentwicklung in der folgenden Art vorstellen:

Stufe I: Wortschreibung

a) Für Wörter, die etwas *Darstellbares* bezeichnen, zeichnet man einfach das "Objekt" hin; z. B. steht die Zeichnung eines bestimmten Vogels für das entsprechende Wort.
b) *Gattungsbegriffe* werden durch die Zeichnung eines repräsentativen Mitglieds der Gattung dargestellt; z. B. steht die Zeichnung eines bestimmten Vogels für die Gattungsbezeichnung "Vogel".
c) Wörter beliebiger Art, ob sie nun etwas Darstellbares bezeichnen oder nicht, können durch ein *Symbol* dargestellt werden, d. h. durch ein willkürlich zugeordnetes Zeichen; z. B. kann das Zahlwort "eins" durch einen Strich dargestellt werden oder das Zahlwort "zwei" durch zwei Striche (die Striche stehen also nicht für das Objekt "Strich", also nicht für "ein Strich", "zwei Striche", sondern für den von den gezählten "Objekten" losgelösten Zahlbegriff "eins", "zwei"). Es handelt sich hier um ein besonders effektives Verfahren, auf dessen Vorteile selbst Alphabetschriften nicht verzichten; z. B. schreiben wir $ für "Dollar".

Stufe II: Lautzeichen, gewonnen nach dem Rebusprinzip

a) Für ein *Wort* wird ein "Objekt" gezeichnet, dessen Bezeichnung *gleich oder ähnlich lautet* wie das zu schreibende Wort; z. B. könnte man im Deutschen für "*der* Tor", d. i. ein törichter Mensch, "*das* Tor", d. i. ein Bauwerk, "schreiben".
b) Für einen *Teil eines Wortes* wird ein "Objekt" gezeichnet, dessen Bezeichnung *gleich oder ähnlich lautet* wie der Teil des zu schreibenden Wortes; z. B. könnte man für "Rhetor" ein "Reh" und ein "Tor" "schreiben".
c) Statt sich für einzelne Wörter immer wieder neue Rebus-Schreibungen auszudenken, stellt man sich einen *Satz von Zeichen* zusammen, der für alle in der Sprache vorkommenden Lautformen ausreicht, die nicht schon in der Art der Wortschreibungen der Stufe I geschrieben werden; z. B. kann man in einer Silbenschrift für alle in der Sprache vorkommenden Silben einen Satz von Zeichen festlegen ("Syllabar"), oder man kann in einer "Laut"-Schrift

wie der unsrigen für alle in der Sprache vorkommenden "Laute" Zeichen festlegen ("Alphabet").

d) Während nach c) Zeichen für alle in der Sprache auftretenden Fälle vorgesehen sind, aber nicht verboten ist, daß man für einen Fall auch mehr als eine Lösung bereithält (z. B. wenn man den "Laut" *f*, wie im Deutschen, mit "f" oder mit "v" schreibt), wird jetzt der *Zeichenbestand* derart *reduziert*, daß man für jeden Anwendungsfall nur noch eine Lösung bereithält (das wäre im Deutschen der Fall, wenn man für den "Laut" *f* z. B. immer nur "f" schriebe).

e) In dem Maße, wie d) nicht realisiert ist — es ist dies nicht einmal in der schriftlichen Form der gängigen europäischen Sprachen erreicht — werden für die Schreibung der einzelnen Wörter aus den aufgrund des Zeicheninventars möglichen Schreibungen eine oder nur wenige ausgewählt, d. h. es wird eine *Normalschreibung* festgelegt ("Orthographie"). Durch die Festlegung der Orthographie erspart man sich, beim Schreiben von Texten immer wieder Entscheidungen darüber fällen zu müssen, wie man schreiben soll; beim Lesen erfaßt man mit einem Blick orthographische Zeichen-Gruppen und erspart sich das "Entziffern" ungewohnter Zeichenkombinationen.

Nun zum historischen Befund: Die frühesten Schriftzeugnisse aus dem Beginn der dynastischen Zeit in Ägypten (um 3000 v. Chr.) zeigen alle Merkmale der Wortschreibung gemäß Stufe 1 (a–c). Sie belegen ferner Lautzeichen, die nach dem Prinzip des Rebus gemäß Stufe II gewonnen sind, und zwar sowohl zur Wortschreibung (IIa) als auch zur Teilwortschreibung (IIb). Noch *nicht* lassen sie jedoch den Ausbau eines vollständigen Satzes von Lautzeichen erkennen (IIc). Ein solcher Zeichensatz ist jedoch allerspätestens in der frühen 2. Dynastie (ca. 2700 v. Chr.) vorhanden. Stufe d) dagegen wird nie erreicht, obwohl es früh eine Tendenz in dieser Richtung gab: Ein Teil der allerfrühesten Zeichen wurde bei der Festlegung des Zeichenvorrates nach Stufe IIc) wieder verworfen. Das ägyptische Schriftsystem bleibt jedoch bis zu seinem Ende hochgradig redundant. Längere Texte, die seit der 4. Dynastie (Mitte des 3. Jahrtausends v. Chr.) niedergeschrieben wurden (hierzu unten § 3), bezeugen ab diesem Zeitpunkt ein gewisses Maß an orthographischer Normierung, d. h. die Festlegung von Schreibungen für einen größeren Wortschatz (Stufe IIe).

Auch die frühen sumerischen Schriftzeugnisse aus der Zeit vor den ersten Schriftzeugnissen in Ägypten zeigen Merkmale der Stufe I (a—c). Im Gegensatz zu Ägypten verwenden sie jedoch Lautzeichen, die nach dem Rebusprinzip gemäß Stufe II (a—b) gewonnen sind, ausgesprochen selten, vom Ausbau eines vollständigen Satzes von Lautzeichen gemäß Stufe IIc) nicht zu reden (vgl. Vaiman 1974; Civil/Biggs 1966, S. 12—16; Edzard 1968, S. 11.167—173). Der Ausbau eines Satzes von Lautzeichen (IIc) beginnt erst in der Fāra-Zeit (ca. 2600 v. Chr.) (Wilcke) und erhält starke Impulse bei der Übernahme der sumerischen Schrift für die Schreibung der akkadischen Sprache im 26. Jahrhundert v. Chr. (Kienast; Belege aus Ebla), zu einer Zeit also, zu der das ägyptische Schriftsystem längst über einen vollständigen Satz von Lautzeichen nach dem Rebusprinzip verfügte.

Was somit die Ägypter aus Sumer übernommen haben könnten, ist die Wortschreibung nach Stufe I (a—c) sowie allenfalls noch das *Prinzip* der Rebus-schreibung (IIa). Zuerst in Ägypten belegt ist dagegen der systematische Ausbau eines Satzes von Lautzeichen nach dem Rebus-Prinzip. In Anbetracht der äußerst spärlichen Bezeugung selbst des bloßen Prinzips der Rebus-Schreibung in Sumer darf man vermuten, daß dort die im Prinzip liegenden Möglichkeiten überhaupt nicht klar gesehen wurden, daß es sich bei den vorkommenden Fällen eher um gelegentliche Einzellösungen handelt. Das gewöhnliche sumerische Verfahren bei der Schreibung des Nicht-Darstellbaren bleibt auf lange Zeit die Symbolisierung nach Stufe Ic). Damit zugleich beschlossen ist übrigens der weitgehende Verzicht auf die Schreibung grammatischer Elemente, die zwar auch in Ägypten in der frühen Zeit nicht durchgängig geschrieben werden, aber im Prinzip geschrieben werden können und de facto auch geschrieben werden. Angesichts dieser Sachlage erscheint selbst die Übernahme des Prinzips der Rebus-Schreibung als problematisch. Bleibt also als mögliche Übernahme die Wortschreibung nach Stufe I (a—c).

Doch auch in dieser elementarsten Form ist damit die Priorität der sumerischen Schrift vor der ägyptischen nicht definitiv erweisbar. Es gibt nämlich in Ägypten Indizien für Schreibpraktiken, die in der frühen historischen Zeit außer Übung kamen bzw. schon damals aus der Übung gekommen waren und deren Spuren wegen der Vergänglichkeit der Materialien im feuchten ägyptischen Fruchtland verlorengegangen sein könnten (erhalten haben müßten sich Spuren nur dann, wenn es ein Motiv gegeben hätte, die Produkte in die Wüste zu bringen, z. B. und vor allem in Gräber, wie man das in historischer Zeit tat, was man aber in der prähistorischen Zeit nicht getan haben muß). Man hat mit Sicherheit als Gedächtnisstütze Palmblattrippen mit Kerben versehen, und man hat wohl auch auf einen Baum bzw. auf dessen Blätter geschrieben. Für die Verwendung der gekerbten Palmblattrippen gibt es zwei Indizien. Erstens: Das Hieroglyphenzeichen für das Wort "Jahr", das seit der 1. Dynastie (um 3000 v. Chr.) belegt ist, stellt eine Palmblattrippe dar, das "Objekt" also, mit dessen Hilfe man zur Zeit der Festlegung des Schriftzeichens für "Jahr" Aufzeichnungen über den Zeitraum eines Jahres machte. Zweitens: Das ägyptische Wort für "Annalen", das etymologisch wohl "Menge von Zweigen" bedeutet (vgl. Helck 1980 und 1975). Das Schreiben auf einen Baum bzw. auf dessen Blätter ist als eine Zeremonie von Göttern belegt, die dem König durch derartige Aufzeichnung seines Namens eine lange und glückliche Regierungszeit gewähren (vgl. Kákosy 1980). Schließlich noch eine ganz andere Praktik, die u. U. mit der Schrift in Verbindung gebracht werden kann: Es ist denkbar, daß eine Vorstufe der Schrift in den Zeichen erhalten ist, die man auf Keramik angebracht hat, in den sogenannten Topfmarken; das einschlägige Material ist unter unserer Fragestellung leider noch nicht untersucht worden. Alle die genannten Indizien für Vorstufen der uns bekannten Hieroglyphenschrift lassen auf die Existenz von Zeichen der Stufe Ic) (Symbole) in prähistorischer Zeit schließen. Sie können als Vorstufe der Entwicklung der Hieroglyphenschrift betrachtet werden, und zwar auch dann, wenn die Zeichen selbst nicht in die spätere Hieroglyphenschrift übernommen wurden.

Symbolische Zeichen sind nun aber gerade auch das, was man als früheste Schicht der sumerischen Schrift neuerdings belegen zu können scheint: der zweidimensionale Abdruck von dreidimensionalen Tongebilden, die als Symbole für "Objekte" stehen (Schmandt-Besserat 1977 und 1979; weiteres Material bei Brandes 1979, siehe besonders S. 48.54—59; zur Verbreitung des vor-schriftlichen Systems dreidimensionaler Objekte auch im Niltal siehe Schmandt-Besserat 1978).

Alles in allem: Es ergeben sich aus dieser Sachlage unüberwindliche chronologische Schwierigkeiten. Es läßt sich nicht sagen, wie alt die ältesten hypothetisch zu postulierenden Vor- oder Frühstufen der ägyptischen Schrift sind. Es scheint aber die Frage auch gar nicht so wichtig zu sein, wie man sie meist bewertet. Die Schrift ist nämlich nicht an einem Tag erfunden worden, sondern hat sich in Stufen entwickelt. Die Schrift in Sumer und in Ägypten basiert nicht auf einem einzigen Prinzip, sondern auf einer Mischung von Prinzipien, die zu verschiedenen Zeiten entdeckt und zu verschiedenen Zeiten und vor allem hier und dort in verschiedenem Grad entwickelt wurden. Spielt in Sumer das Symbol bei der Schreibung des Nicht-Darstellbaren früh die Hauptrolle, so ist es in Ägypten das nach dem Rebus-Prinzip gewonnene Lautzeichen. Die Schriftentwicklung ist also ein komplizierter Prozeß, der parallel, aber asynchron in Sumer und Ägypten ablief.

Wie immer man die Frage der frühesten Ansätze beurteilen mag (nebenbei bemerkt: die obenerwähnten dreidimensionalen Objekte gibt es bereits seit dem 9. Jahrtausend v. Chr.): Sollte es Einwirkungen der einen Schrift auf die andere gegeben haben, so können die Einflüsse nicht in jeder Phase einheitlich in *eine* Richtung verlaufen sein. Was die Beeinflussung der ägyptischen Schrift durch die sumerische angeht, so läßt sich zwar nicht ausschließen, daß die ersten Anstöße von Sumer ausgingen, in der systematischen Nutzung des Rebus-Prinzips jedoch gingen die Ägypter den Sumerern voran. In Anbetracht der langen Dauer des Prozesses der Schriftentwicklung in Sumer und in Ägypten — es geht um Jahrhunderte — und in Anbetracht der Kommunikationsmöglichkeiten, die zwischen den beiden Ländern bestanden, wird man ein gewisses Maß an Interdependenz der Entwicklung nicht ausschließen dürfen. Aber auch das ist ein für unseren vorliegenden Zweck interessantes Resultat. Interdependenz heißt: nicht nur Interdependenz in der Verwirklichung von Prinzipien der Schrift. Es heißt: Interdependenz allgemein und damit möglicherweise auch: Interdependenz hinsichtlich der Anwendungsbereiche der Schrift. Daß in beiden Bereichen überwiegend oder ausschließlich "Wirtschafts"-Daten aufgezeichnet wurden, braucht sich demnach nicht zu erklären aus der unabhängigen Entwicklung "gleicher Erfindungen" als Folge allein von "gleichen Bedürfnissen". Man kann es ebensogut mit einer mehr oder minder zufälligen, einmaligen Entdeckung zu tun haben bzw. eher noch mit einem einmaligen und durch mancherlei Zufälle gesteuerten geschichtlichen Prozeß.

2.3 Grund: Kultische Funktion

Zusammenhänge zwischen Schrift und Kult wurden von verschiedener Seite angesprochen (aus der älteren Literatur vgl. z. B. S. Schott 1956, S. 17); sie wurden zuletzt mit unterschiedlicher Stoßrichtung durch Westendorf 1969 (S. 84 f.) und Hodge 1975 herausgestellt. Westendorf unterstreicht die Anwendungen der Schrift in kultischen Zusammenhängen: Die frühe Verwendung bei der Beschriftung von Weihgeschenken, wie sie zumal die oben behandelten Prunkpaletten und Prunkkeulen belegen (s. o. § 2.1), sowie die bald einsetzende Verwendung für die Speisenlisten der Opfertafeln, die im Totenkult reale Opfergaben ersetzen (Belege bei Kaplony 1963, Bd. I, S. 177—354). Aus dem Totenkult stammt im übrigen die Masse der Texte, die oben (§ 2.2) unter "Wirtschaft" abgehandelt wurde. Ein drittes Argument, der Hinweis auf die — wie man wohl sagen könnte — magische Funktion der Schrift bei der Erhaltung der Lebenskräfte eines göttlichen Königs, erscheint mir dagegen so verschlungen, daß man es ohne präzisere Analyse der darin angesprochenen, überaus komplexen Sachverhalte und Beziehungen (Schrift/Schriftverwendung → Schreibergöttin → Raubkatze → Königszelt → Erhaltung der Lebenskräfte) nicht gut wohl heranziehen kann. — Hodge interessiert sich weniger für die Anwendungsbereiche als für das Verfahren der Schriftentwicklung, der Gewinnung von Schriftzeichen. Er vermutet einen förderlichen Einfluß des assoziativen Denkens, wie es für später bezeugte Rituale charakteristisch ist, unbedenklich aber schon für die frühe Zeit der Schriftentwicklung vorausgesetzt werden darf, auf die Gewinnung der Lautwerte nach dem Rebus-Prinzip.

Wie sind diese Ansätze zu beurteilen? Zunächst einmal steht unbestreitbar zweierlei fest:
a) daß die Schrift bereits sehr früh für kultische Zwecke benutzt wurde, so früh sogar, daß vom chronologischen Gesichtspunkt her überhaupt kein Bedenken dagegen besteht, die Anfänge der Schrift mit kultischen "Bedürfnissen" in Verbindung zu bringen;
b) daß dem Kult schon von den frühesten Zeiten her, nicht weniger als später und während der gesamten Dauer der altägyptischen Hochkultur, im Leben der Ägypter eine zentrale Rolle zukommt.

Dies vorausgesetzt, sind beide referierten Ansätze, der von Westendorf 1969 und der von Hodge 1975, durchaus sinnvoll und a priori als Möglichkeiten in Erwägung zu ziehen. Beide Ansätze sind allerdings mit Mängeln behaftet, die beseitigt werden müßten, bevor man sie als bewährt einstufen darf:
a) Der von Hodge vermutete Zusammenhang der Gewinnung von Lautwerten im Kontext des Rituals müßte Spuren hinterlassen haben bei den überlieferten Schriftzeichen. Es müßte sich zeigen lassen, daß die Lautwerte über solche Assoziationen gewonnen wurden, wie sie in Ritualen eine Rolle spielen. Das ist bisher nicht nachgewiesen, und der Versuch dieses Nachweises hat m. E. auch wenig Aussicht auf Erfolg (vgl. Schenkel 1979).
b) In jedem Falle bleibt die Duplizität der "Schrifterfindung" in Sumer und in Ägypten erklärungsbedürftig. Noch so gewichtige Argumente für eine zentrale Stellung des Kultes in Ägypten können den Tatbestand der sumerisch-ägyptischen Beziehungen und die auch in diesem Rahmen zu bewertende primäre Nutzung der Schrift für die Zwecke der "Wirtschaft" nicht aus der Welt schaffen.

Das vorläufige Fazit wäre demnach: Ohne die sehr frühe Verwendung der Hieroglyphenschrift für kultische Zwecke bestreiten zu müssen, kann man einen solchen Ansatz der Schriftentstehung in Ägypten derzeit nur als problematisch einschätzen. Unbestritten bleibt zwar die frühe Verwendung im kultischen Kontext. Der Nutzen der Schrift für diese Zwecke wäre demnach, wäre die Schrift primär für andere Zwecke entwickelt worden, "sofort" erkannt worden und der zentralen Funktion des Kultes entsprechend "sofort" und dann auf Dauer genutzt worden.

3. Früheste Texte

Nimmt man als Maßstab für Aufzeichnungsbedürfnis und Aufzeichnungsfähigkeit die Verwertbarkeit der Schriftzeugnisse für die grammatische Beschreibung der Sprache, so kann man sich für die ersten Jahrhunderte des Schriftgebrauchs in Ägypten an Formulierungen in Elmar Edels Altägyptischer Grammatik orientieren: "Was uns ... aus den ersten beiden Dynastien, die etwa zwei [oder vielleicht sogar eher: drei] Jahrhunderte umfassen, an Inschriftenmaterial erhalten ist, ... ist ... durch die Kürze der Inschriften, die zum größten Teil nur Titel und Namen enthalten, sprachlich recht unergiebig." (Edel 1954/65, § 6). Dies ist auch noch mehr oder minder der Befund bis zum Ende der 3. Dynastie (d. h. bis ca. 2600 v. Chr.). "Praktisch hat es daher eine Grammatik des Altägyptischen [im engeren Sinn] nur mit dem Textmaterial von der 4. Dynastie bis zum Zerfall des A[lten] R[eiches] zu tun" (a.a.O.). Überspringen wir also einmal die dürftigen "Texte" der ersten Dynastien und betrachten uns, was nach einem vielleicht vierhundertjährigen noch tastenden Schriftgebrauch seit Beginn der 4. Dynastie etwa und bis zu deren Ende in einem neuen Anlauf zur Schriftverwendung aufzeichnungsfähig war und was man für aufzeichnungswürdig hielt.

Man findet jetzt Titelreihen und Gabenlisten, wie schon früher, sowie stereotype Opferformeln, alles noch Aufzeichnungen "die wegen ihrer Eintönigkeit grammatisch nicht allzu ergiebig sind" (Edel 1954/65, § 7). Seit der 4. Dynastie gibt es dann aber in den Gräbern der vermögenden Oberschicht auch regelrechte Texte, d. h. Aufzeichnungen, die aus Sätzen und Satzfolgen bestehen:

— "biographische Texte" (a.a.O.),
— "funeräre Texte, in denen sich der Tote an die Passanten wendet mit der Bitte, das Grab nicht zu entweihen oder zu zerstören" (a.a.O.),
— "Texte juristischen Inhalts, die sich mit der Rechtmäßigkeit des Graberwerbs, mit Schenkungen oder mit Abmachungen zwischen Grabbesitzer und den Totenpriestern befassen" (a.a.O.),
— "königliche Erlasse" (Edel 1954/65, § 9).

Da es hier vor allem darum geht, einen *Gesamteindruck* davon zu gewinnen, was man damals für aufzeichnungsbedürftig hielt, als die Aufzeichnung in zusammenhängenden Sätzen üblich wurde, muß man sich die *Gesamtbeleglage* klarmachen. Schriftzeugnisse sind praktisch nur erhalten in den Nekropolen und in den Tempeln. Denn nur dort pflegte man sich des dauerhaften Steins als Schriftträger zu bedienen, und nur im Wüstenboden erhalten sich die vergänglicheren

Materialien, die als Schriftträger Verwendung finden konnten. Praktisch besteht die Hinterlassenschaft aus dieser Zeit nur aus Inschriften auf Stein, die überwiegend in Gräbern hoher Beamter angebracht waren, und ein paar königlichen Denkmälern gleicher Art.

Der einseitig funeräre oder kultische Charakter der Texte läßt Sonderformen von Texten erwarten, die nur in solchen Zusammenhängen ihren Ort haben, und läßt zugleich befürchten, daß die Überlieferung den tatsächlichen Schriftgebrauch total verzerrt widerspiegelt. Doch genau das dürfte nicht der Fall sein. Die "funerären" und "kultischen" Texte sind keine spezifisch "funerären" und "kultischen" Texte, sondern Texte, die aus der Alltagswelt hierher als eine spezielle Applikation übertragen wurden. Nahezu alle Texte können, wie im einzelnen gleich anzuführen ist, als aus der Sphäre von Verwaltung und Recht stammend verstanden werden. Daß solche Texte in funerären und kultischen Zusammenhängen auftreten, hängt einfach damit zusammen, daß für diese Bereiche die gleichen "Gesetze" gelten, die auch für den Alltag gelten. Wenn wohl auch nicht alle Textarten in diesen Bereichen anzutreffen sind, die man vielleicht erwarten darf (z. B. sollte es doch wohl schon Briefe gegeben haben), so gewinnt man auf dem Umweg über Gräber und Tempel zum mindesten einen repräsentativen Einblick in die *Gesamtverhältnisse*.

In Wirklichkeit sind die Texte anders zu rubrizieren, als das die Aufstellung Edels, die dem üblichen Verständnis folgt, tut. Praktisch alle Texte aus der frühen Zeit (bis zum Ende der 4. Dynastie) haben die Aufgabe, Rechtsansprüche und Forderungen des Toten festzuhalten (vgl. Helck 1972). Im einzelnen lassen sie sich, wie folgt, einteilen[4]:

a) Aktenauszüge: Es handelt sich hier um Urkunden über königliche Zuweisungen, über Erwerbung von Besitz, über Dienstleistungsverträge,
b) Feststellungen der ordnungsgemäßen Bezahlung der mit Grabbau und Bestattung beauftragten Personen oder eines sonstigen korrekten Verhaltens,
c) Androhung von Sanktionen gegen alle, die in unrechtmäßiger Weise gegen den Verstorbenen vorgehen (sein Grab beschädigen),
d) Forderung an die Vorübergehenden, dem Toten ein Gebet zu sprechen (eine Forderung, die sich aus der Selbstverständlichkeit kleiner Hilfen zwischen den Mitgliedern einer Gesellschaft ableiten dürfte),
e) Feststellungen der Person dessen, der das Begräbnis besorgte und dadurch als Erbe legitimiert ist.

An die Texte der Gräber schließen bruchlos die Texte aus den Göttertempeln an; sie beinhalten Götterreden mit der

f) Zuweisung von Gaben an den König.
(Hier sprechen die Götter in der ersten Person zum König, wie der König also in seinen Erlassen [siehe oben Punkt a)] zu seinen Würdenträgern.)

Andersartige Texte sind die Ausnahme. So ein Text, der eine besondere Leistung eines Individuums festhält, das Aufschreiben in haltbarer Form[5]. Diese Wendung zum Individuum zeichnet sich auch bereits in einem "biographischen" Text ab, in dem der Aktenauszug anders als bei den unter a) aufgeführten Urkunden in eine Rede des Sohnes umformuliert ist, der hier in der ersten

Person über die königlichen Zuwendungen für den Grabbau seines Vaters berichtet[6]. Es findet hier die Wendung zur "Autobiographie" statt, die bald ein charakteristischer Bestandteil der Grabinschriften werden sollte (vgl. Helck 1972, bes. S. 11 f.).

Diese Entwicklung zu verfolgen, verbietet sich im Rahmen einer Untersuchung der Schriftentstehung, obwohl gerade dieses Thema für die "Archäologie der literarischen Kommunikation" ein besonderes Interesse haben dürfte. Im gegenwärtigen Zusammenhang hat die Betrachtung des frühesten Textmaterials jedoch allein den Sinn, für die Beurteilung der Schriftentstehung einen weiteren Standpunkt zu gewinnen, um aus den Folgen der Schriftentstehung auf die Situation zur Zeit der Schriftentstehung selbst zurückzuschließen.

* * *

Was also lehren die frühesten Texte für die Schriftverwendung in der Entstehungszeit? Sie lehren doch offensichtlich dies: Wenn sich die Texte der 4. Dynastie fast völlig im verwaltungstechnisch-rechtlichen Bereich bewegen, so dürfte das überhaupt der früheste Anwendungsbereich der Schrift gewesen sein, sofern sich auch die Zeugnisse aus der Schrifterfindungszeit hier einordnen lassen. Das aber ist in der Tat möglich. Die Anwendungen der Schrift für Zwecke der "Wirtschaft" (§ 2.2) sind, eine bürokratische Umverteilungswirtschaft vorausgesetzt, verwaltungstechnisch-rechtlicher Art. Es handelt sich um organisatorische Kennzeichnungen diverser Art, um Besitzmarken und um sonstige Hilfsmittel für die Durchführung einer ordnungsgemäßen Verwaltung, z. B. die Jahresangaben der Jahrestäfelchen. Mit anderen Worten: Die Geschichte der Anwendung der Hieroglyphenschrift bestätigt ihren Ursprung aus den Bedürfnissen des Alltags.

Es ergibt sich aus der Retrospektive ein Weiteres: Die Abgrenzung eines primären Anwendungsbereichs als "Wirtschaft" (§ 2.2) ist offensichtlich zu eng. Unbestreitbar haben die Schriftzeugnisse einen wirtschaftlichen Aspekt, die "Wirtschaft" ist aber kein autonomer Bereich der altägyptischen Gesellschaftsordnung, sondern ein integraler Bestandteil der "staatlichen" Verwaltungs- und Rechtsordnung. An sich läßt sich dies schon aus der Struktur der altägyptischen "Wirtschaft" ableiten, die, von der Selbstversorgung der ländlichen Bevölkerung abgesehen, eine "staatliche" Umverteilungs-, d. h. Abschöpfungs- und Verteilungs-Wirtschaft ist, und demnach einen entsprechenden Beamtenapparat voraussetzt. Es ergibt sich dies nun auch aus dem Befund der frühen Texte, deren gemeinsamer Nenner Verwaltung und Recht ist. Die Schrift hängt somit engstens mit der Aufrechterhaltung der altägyptischen Gesellschaftsordnung zusammen. Ist dies aber so, dann hat auch der "kultische" Aspekt der Schriftverwendung (§ 2.3) eine grundsätzliche Berechtigung. Der Kult ist ebenso wie die "Wirtschaft" ein integraler Bestandteil der Gesellschaftsordnung. Schließlich hat hier auch eine Veränderung des "Bewußtseins" ihren Platz, sofern man statt Änderung des "historischen Bewußtseins" (§ 2.2) Änderung des "gesellschaftlichen Bewußtseins" setzt. Wie die Zusammenhänge im einzelnen auch sein mögen: Die Schrift wird weder aus einem neuen "Bewußtsein", noch aus "kultischen" Bedürfnissen, noch aus Bedürfnissen der "Wirtschaft" eingeführt, sondern aus einem gesellschaftlichen Bedürfnis, einem Bedürfnis, das sich aus der Entwicklung zentraler Komponenten der altägyptischen Gesellschaftsordnung ergibt, die man thesenhaft, jedoch nicht unproblematisch, als den Übergang zur "asiatischen Produktionsweise" bezeichnen könnte (vgl. Avdiev 1960).

Anmerkungen:

[1] *Belege*: Prunkkeule des Königs Sereq, d. i. "Skorpion": Westendorf (1969), Nr. 17; Prunkschminkpalette des Königs Nar-mer, d. i. "Schlimmer Wels": Westendorf (1969), Nr. 12/13; und minder Bedeutendes mehr.

[2] Ich entnehme diese Titel etwas zufällig und ohne eigenen Überblick über den aktuellen Forschungsstand der Ethnologie einer Literaturliste zum Thema "Geschichtsbewußtsein schriftloser Kulturen", die Dorothee Herrig, Alf Käse und Peter Wollkopf zusammengestellt haben für ein interdisziplinäres Seminar "Grundlagen früher Hochkulturen", das im Sommersemester 1978 in Göttingen stattfand.

[3] Die folgende Darstellung des Verhältnisses der ägyptischen zur sumerischen Schrift wurde gegenüber dem ursprünglichen Referat grundlegend umgearbeitet unter Berücksichtigung von sehr erhellenden Diskussionsbeiträgen von Claus Wilcke und Burkard Kienast; für ergänzende briefliche und mündliche Auskünfte ist Claus Wilcke und Brigitte Groneberg zu danken.

[4] *Belege*: a): Urk. I 1—7 (Nr. 1) / Urk. I 1—7 (Nr. 1); 157 (Nr. 99); 160 (Nr. 101) / Urk. I 11—15 (Nr. 10); 16—17 (Nr. 13). — b): Urk. I 23 (Nr. 16, A) / Urk. I 23 (Nr. 16, B); 156 (Nr. 99). — c): Urk. I 23 (Nr. 16, Ende von B). — d): Urk. I 10 (Nr. 8). — e): Urk. I 8 (Nr. 5); 9 (Nr. 6); 9 (Nr. 7); 15 (Nr. 11); 155 (Nr. 95); CGC 1479; CGC 1394. — f): Urk. I 153 f. (Nr. 93); 159 (Nr. 100).

[5] *Beleg*: Urk. I 7 (Nr. 2).

[6] *Beleg*: Urk. I 18—21 (Nr. 14).

Literatur:

Avdiev, V. (1960) "L'origine de l'écriture en ancienne Égypte", in: *25. Internationaler Kongreß der Orientalisten, Papers presented by the Soviet delegation at the International Congress of Orientalists*, Moskau, S. 117—125.

Boehmer, R. M. (1974a) "Orientalische Einflüsse auf verzierten Messergriffen aus dem prädynastischen Ägypten", *Archäologische Mitteilungen aus dem Iran* N.F. 7, S. 15—40.

— (1974b) "Das Rollsiegel im prädynastischen Ägypten", *Archäologischer Anzeiger* 1974, S. 494—514.

Brandes, M. A. (1979) *Siegelabrollungen aus den archaischen Bauschichten in Uruk-Warka*, Freiburger Altorientalische Studien 3, Wiesbaden.

Brunner, H. (1965) "Die altägyptische Schrift", *Studium generale* 18, S. 756—769.

— (1969) "Die Schrift der Ägypter", in: U. Hausmann (Hg.), *Handbuch der Archäologie, Allgemeine Grundlagen der Archäologie*, München, S. 208—213.

Civil, M./Biggs, R. D. (1966) "Notes sur des textes sumériens archaïques", *Revue d'assyriologie* 60, S. 1—16.

Edel, E. (1954/65) *Altägyptische Grammatik*, Rom.

Edzard, D. O. (1968) *Sumerische Rechtsurkunden des III. Jahrtausends aus der Zeit vor der III. Dynastie von Ur*, Abhandlungen der Bayerischen Akademie der Wissenschaften, phil.-hist. Klasse, NF 67, München.

Falkenstein, A. (1936) *Archaische Texte aus Uruk*, Berlin.

Fuchs, P. (1969) "Zur Funktion der Geschichte in schriftlosen Gesellschaften", *Mitteilungen der anthropologischen Gesellschaft in Wien* 99, S. 182—188.

Gardiner, A. H. (1961) *Egypt of the Pharaohs*, Oxford.
Helck, W. (1956) *Manetho*, Untersuchungen zur Geschichte und Altertumskunde Ägyptens 18, Berlin.
— (1968) *Geschichte des Alten Ägypten*, Handbuch der Orientalistik, Leiden/Köln.
— (1971) *Die Beziehungen Ägyptens zu Vorderasien im 3. und 2. Jahrtausend v. Chr.*, Ägyptologische Abhandlungen 5, 2. Aufl., Wiesbaden.
— (1972) "Zur Frage der Entstehung der ägyptischen Literatur", *Wiener Zeitschrift für die Kunde des Morgenlandes* 64/65, S. 6—26.
— (1975) "Annalen", in: W. Helck/E. Otto (Hg.), *Lexikon der Ägyptologie* I, Wiesbaden, Sp. 278—280.
— (1979) "Einige Betrachtungen zu den frühesten Beziehungen zwischen Ägypten und Vorderasien", *Ugarit-Forschungen* 11, S. 357—363.
— (1980) "Jahresrispe", in: W. Helck/W. Westendorf (Hg.), *Lexikon der Ägyptologie* III, Wiesbaden, Sp. 236 f.
Hodge, C. T. (1975) *Ritual and Writing*, PdR Press Publications on Writing Systems 2, Lisse (aus: M. D. Kinkade (Hg.), *Linguistics and Anthropology*, Festschrift C. F. Voegelin, Lisse 1975).
Kaiser, W. (1961) "Einige Bemerkungen zur ägyptischen Frühzeit, II. Zur Frage einer über Menes hinausreichenden ägyptischen Geschichtsüberlieferung", *Zeitschrift für ägyptische Sprache und Altertumskunde* 86, S. 39—61.
— (1964) "Einige Bemerkungen zur ägyptischen Frühzeit, III. Die Reichseinigung", *Zeitschrift für ägyptische Sprache und Altertumskunde* 91, S. 86—125.
Kákosy, L. (1980) "Ischedbaum", in: W. Helck/W. Westendorf (Hg.), *Lexikon der Ägyptologie* III, Wiesbaden, Sp. 182 f.
Kaplony, P. (1963) *Die Inschriften der ägyptischen Frühzeit*, Ägyptologische Abhandlungen 8, Wiesbaden.
— (1966) "Strukturprobleme der Hieroglyphenschrift", *Chronique d'Égypte* XLI/81, S. 60—99.
Schenkel, W. (1979) Besprechung von Hodge 1975, *Orientalistische Literaturzeitung* 74, Sp. 226 bis 228.
Schmandt-Besserat, D. (1977) "An Archaic Recording System and the Origin of Writing", *Syro-Mesopotamian Studies* 1,1.
— (1978) "An Early Recording System in Egypt and the Ancient Near East", in: dies. (Hg.), *Immortal Egypt*, Malibu, S. 5—12.
— (1979) "Reckoning Before Writing", *Archaeology* 32, S. 23—31.
— (1980) "The Envelopes That Bear the First Writing", *Technology and Culture* 21, 357—385.
— (1981a) "Decipherment of the Earliest Tablets", *Science* 211, 283—285.
— (1982a) "The Emergence of Recording", *American Anthropologist* 84, 871—878.
— (1982b) "How Writing came about", *Zeitschrift für Papyrologie und Epigraphik* 47, 1—5.
Schott, R. (1968) "Das Geschichtsbewußtsein schriftloser Völker", *Archiv für Begriffsgeschichte* 12, S. 166—205.
Schott, S. (1950) *Hieroglyphen*, Akademie der Wissenschaften und der Literatur, Abhandlungen der geistes- und sozialwissenschaftlichen Klasse 1950, Nr. 24, Mainz.
Sethe, K. (1939) *Vom Bilde zum Buchstaben. Die Entstehungsgeschichte der Schrift*, Untersuchungen zur Geschichte und Altertumskunde Ägyptens 12, Leipzig.
Vaiman, A. A. (1974) "Über die protosumerische Schrift", *Acta Hungarica Antiqua* 22, S. 15 bis 27.
Ward, W. A. (1964) "Relations between Egypt and Mesopotamia from Prehistoric Times to the End of the Middle Kingdom", *Journal of the Economic and Social History of the Orient* 7, S. 1—45. 121—135.
Westendorf, W. (1969) "Die Anfänge der altägyptischen Hieroglyphen", in: *Frühe Schriftzeugnisse der Menschheit*, Göttingen, S. 56—87.

Jan Assmann

Schrift, Tod und Identität.
Das Grab als Vorschule der Literatur im alten Ägypten

> Jedes Graphem ist seinem Wesen nach testamentarisch.
> J. Derrida (1974), 120

> Der Tod ist die Sanktion von allem, was der Erzähler berichten kann. Vom Tode hat er seine Autorität geliehen.
> W. Benjamin (1977), 396

1. Schrift und Unsterblichkeit — allgemeine Vorüberlegungen

Man hat oft als die entscheidende Leistung der Schrift hervorgehoben, daß sie die Grenzen menschlicher Kommunikation in Zeit und Raum erheblich erweitere. So wie der Gebrauch der Sprache den Menschen aus der Tierwelt heraushebt und zum Leben in komplexeren Gemeinschaftsformen befähigt, so ermöglicht ihm der Gebrauch der Schrift die Ausbildung großer politisch-gesellschaftlicher Organisationsformen und deren Korrelat in der Zeitdimension: ein Dasein in historischen Räumen. In diesem Sinne können wir von vielen hochkulturellen Institutionen als einer "Geburt aus dem Geiste der Schrift" reden, neben Staat und Geschichte auch Recht, Wissenschaft, Buchreligion und, natürlich und vor allem: Literatur. Inzwischen ist unser Blick geschärft worden für die vielfältigen Formen, in denen es verwandte Phänomene auch "avant (und: à côté de) la lettre" gibt, so daß die Wirkungen der Schrift weniger kreativ als transformativ zu bestimmen sind. Auch den Status dieser Wirkungen hat man gelernt vorsichtiger zu beurteilen: nicht als Konsequenzen, die sich mit Notwendigkeit überall einstellen müssen, wo eine Kultur zum Gebrauch der Schrift übergeht, sondern als Implikationen, deren Grad des Zumtragenkommens ganz von den jeweiligen Umständen abhängt. Die Frage nach den Wirkungen der Schriftlichkeit ist nicht pauschal zu beantworten, sie stellt sich z. B. für die Dichtung anders als für das Geschichtsbewußtsein, und für Ägypten anders als für Griechenland.

Obwohl das alte Ägypten ganz sicher eine reiche mündliche Überlieferung besaß, haben wir hier *das vermutlich reinste Beispiel einer aus dem Geiste der Schrift geborenen Literatur* vor uns. Diese These soll im folgenden begründet werden. In Ägypten bezieht sich der transformierende Zugriff der Schrift, lange bevor er die mündlich überlieferte Dichtung erfaßt, auf die Gräber. Das Grab ist das "Zeichen" (sema) einer Personalität; durch die Inschrift entfaltet sich das Zeichen zum Text, zur Erzählung. Dieser Prozeß, in dem sich die sepulchrale Selbst-Thematisierung von der bloßen Zeichen-Setzung zum Text entfaltet, ist in Ägypten schon im Alten Reich, d. h. von 2700—2150 sehr weit vorangetrieben worden, bis zu anspruchsvollen, poetisch geformten Lebensbeschreibungen im Umfang (wenn wir altägyptische Maßstäbe anlegen) eines kleines Buches. Es sind nicht diese Texte selbst, die ich als Literatur einstufe: aber sie gehen der

Literatur voraus, nicht nur zeitlich, sondern auch in dem Sinne, daß das, was dann nach dem Zusammenbruch des Alten Reiches an Literatur im engeren Sinne aufkommt, ohne den genannten Prozeß einer sich in den biographischen Grabinschriften immer differenzierter entfaltenden Identitätspräsentation (Lübbe 1979) nicht zu denken wäre.

Bei diesen frühen Grabinschriften ist es die Grenze der Zeit, und nicht die des Raumes, die mit Hilfe der Schrift überschritten werden soll. Die ortsgebundene Inschrift will die Botschaft nicht transportieren, sondern bewahren. Auf Bewahrung kommt es freilich auch dem Gedächtnis an. Sogar der Gegenstand solcher Bewahrung kann derselbe sein, in der Grabinschrift wie im Helden- oder Siegeslied: das zur rühmenden Geschichte entfaltete "Zeichen" einer Tat, eines Lebens:

> ... in rühmlichen Gesängen dauert
> langhin die Leistung (areta).
> Wenigen aber nur ist es zu erreichen gegeben.
>   (Pindar, nach Hölscher 1962, 58)

Der "rühmliche Gesang" ist aber ein Denkmal, das der Sänger der "areta" eines Einzelnen setzt, nicht eines, das dieser sich selbst setzen kann. Daher ist es "Wenigen nur zu erreichen gegeben". "Mündliche Unsterblichkeit" ist ein sehr exklusives Schicksal. Genaugenommen ist es nicht der Sänger, der dem Helden ein Denkmal setzt, sondern die Gemeinschaft, in deren Auftrag der Sänger handelt. Das hat aber von der Intention her nichts mit individueller Unsterblichkeit zu tun: das Denkmal, das die Gemeinschaft dem Helden setzt, ist kein Grabmal. Es soll nicht den Tod des Helden überwinden, sondern unter den Überlebenden Gemeinschaft stiften. Die mündliche Überlieferung entspringt nicht dem Wunsch einzelner, sich unsterblich zu machen, sondern der *Angewiesenheit der Gemeinschaft auf Konstitution und Bewahrung einer kollektiven Identität*. Daraus bemißt sich die Bedeutsamkeit, die die einzelne Tat und das einzelne Leben vor dem Vergessen bewahrt. Der Wunsch des einzelnen nach Fortdauer im Gedächtnis der Gemeinschaft, und der Wunsch der Gemeinschaft, das Gedächtnis an Namen und Taten bedeutsamer Toter nicht untergehen zu lassen, begegnen sich im Ausnahmefall der "wenigen", aber sie haben eine verschiedene Wurzel.

Wenn das Grabmal ein Zeichen ist und als solches "Sender" und "Empfänger" hat, dann werden im Normalfall die Rollen so verteilt sein, daß der einzelne, das Subjekt der zu bewahrenden Identität, als Sender und die Gemeinschaft als Empfänger auftritt, während es beim Heldenlied der mündlichen Überlieferung die Gemeinschaft ist, die beide Rollen spielt, da es ja auch um die Bewahrung ihrer kollektiven Identität, d. h. der für sie konstitutiven Überlieferung geht. Nun gibt es natürlich Gräber, die nicht der Sorge eines einzelnen für seine Fortdauer nach dem Tode entspringen, sondern der Sorge der Gemeinschaft, ihre Toten, sei es: nicht zu vergessen, sei es: in angemessener Form aus dem Wege zu schaffen. Im alten Ägypten ist das aber seit den Anfängen der pharaonischen Kultur, jedenfalls in den oberen Schichten der Gesellschaft, in einer sehr ausgeprägten Weise *nicht* der Fall. Das ägyptische Grab legt der einzelne für sich selbst an, und zwar schon zu Lebzeiten. Bereits um die Mitte der ersten Dynastie, zu Anfang des 3. Jahrtausends v. Chr. also, wird das Prinzip der monumentalen Grabarchitektur entwickelt, das Grab schon zu Lebzeiten im Unter- und Oberbau fertigstellen und trotzdem nach der Bestattung den Unterbau hermetisch abschließen zu können. Für den ägyptischen Grabgedanken ist es konstitutiv, daß der Grabherr als Sender und die Nachwelt als Empfänger auftreten. Dieser Diskurs vollzieht sich über die Jahrtausende hinweg in steinernen Grabanlagen von einer Aufwendigkeit und Monumentalität, die schon antike Ägyptenreisende in Erstaunen versetzt haben. So lesen wir z. B. bei Diodor, der das Zeugnis des Hekataios von Abdera (reiste in Ägypten um 300 v. Chr.) bewahrt hat:

> Denn die Einheimischen geben der im Leben verbrachten Zeit einen ganz geringen Wert. Dagegen legen sie das größte Gewicht auf die durch das Gedächtnis an ihre Leistung (arete) ausgezeichnete Zeit nach ihrem Ende, und die Behausungen der Lebenden nennen sie "Herbergen" (katalyseis), da wir nur kurze Zeit in ihnen wohnten. Die Gräber der Verstorbenen aber bezeichneten sie als "ewige Häuser" (aidioi oikoi), da sie die grenzenlose Zeit im Hades verbrächten.
>
> (Morenz 1969, 46 f.)

Auf die erstaunte Frage, warum die Ägypter so unendlich viel größere Aufwendungen der Anlage ihrer Gräber als ihren Wohnhäusern widmeten, verweist man Hekataios auf den Unterschied zwischen der Zeit hier und der Ewigkeit dort, einer Ewigkeit, die allerdings von "Arete" und Gedächtnis abhängt. Das Grab hat dem Verstorbenen zur ewigen Wohnstatt zu dienen, es hat aber vor allem diese Ewigkeit zuallererst zu ermöglichen, indem es das Andenken an den Verstorbenen wachhält. Zu diesem Zwecke muß es seine "Leistung", die andenkenswürdigen Resultate des Lebens, zur Darstellung bringen. Das ist der Punkt, wo die bildende Kunst und die Schrift ins Spiel kommen.

Das ägyptische Grab ist nicht nur so angelegt, daß es zu Lebzeiten des Grabherrn fertiggestellt werden konnte; und nach allem, was wir darüber wissen, begann man in Ägypten sehr früh, sobald man die dafür notwendige gesellschaftliche Position erreicht hatte, damit, sich ein steinernes Grab anzulegen. Es war in seiner Anlage auch darauf abgestellt, von der Nachwelt besucht zu werden. Auch dafür sei, auszugsweise, ein Text zitiert, eine Grabinschrift des 7. Jh. v. Chr., einer Zeit also, die, was die Grundlagen dieser inzwischen jahrtausendealten Praxis betrifft, reflektierter und expliziter geworden ist:

> Der Fürst etc. etc, Ibi
> spricht zu den Nachgeborenen:
> O ihr auf Erden Lebenden,
> ihr Gottesdiener, Gottesväter, niedere Priester,
> Vorlesepriester und Schreiber, die ihr die Palette genommen habt,
> eingeweiht in die Hieroglyphen,
> kundig der Schrift,
> die ihr die Geheimnisse der Bibliothek aufschließen könnt,
> (...) die ihr vorbeigehen werdet an diesem Grab und diese Kapelle betrachtet:
> Möge euer Stadtgott für euch leben,
> möge der König eurer Zeit euch begünstigen
> (...) wenn ihr euch vertieft in diese Stele,
>   eintretet in die Inschriften, die auf ihr sind,
> wenn ihr die Verklärungen der Vorfahren betrachtet an ihrem Ort
>   in unübertroffener Fülle,
> wenn ihr die Streitenden hört, die mit ihren Genossen
>   laute Worte wechseln,

wenn ihr das Singen der Musiker hört
   und das Klagen der Trauernden,
wenn ihr den Namen eines jeden Mannes über ihm in jedem seiner
   namentlich genannten Ämter findet,
das Herdenvieh, den Baum und die Kräuter
   mit ihren Namen darüber (...)!
Kopiert davon, soviel ihr wollt, auf leerem Papyrus,
   damit mein Name hervortrete für die Zukunft,
   aus Vorliebe für eines davon.
Was ihr davon bevorzugt, das schreibt auf leeren Papyrus,
   damit ein Mund es dem anderen weitergebe:
was im Papyrus zerstört, das kann man dort finden
   als Vorlage für spätere Zeiten.
(Kuhlmann 1973, vgl. Schenkel 1975)

Die ägyptischen Gräber enthielten zugängliche Kapellen, die von den Späteren besucht und bewundert wurden. Eine der wichtigsten Funktionen des ägyptischen Grabes bestand darin, auf diese Weise den Namen des Grabherrn im Munde der Lebenden lebendig zu erhalten. Die Grabinschrift erzählt seine Lebensgeschichte als Appell an das kollektive Gedächtnis. *Denn im Gedächtnis, nicht im Grabe leben die Toten weiter*; das Grab ist nur die "Außenstabilisierung" dieser sozialen Fortdauer und als solche ein soziales Phänomen.

Die sonstigen Funktionen des ägyptischen Grabes und vor allem die sonstigen Aspekte des sehr vielschichtigen ägyptischen Seelen- und Jenseitsglaubens können hier nicht dargestellt werden. Ich beschränke mich auf den einen hier relevanten Aspekt der Fortdauer kraft sozialer Einbindung in die Gemeinschaft, wo Ewigkeit sich bemißt nach der Erinnerung an die Leistung und somit Unsterblichkeit als Rezeptionsschicksal erscheint. Dieser Gedanke ist sehr alt, älter jedenfalls als die Ausbildung von Seelen- und Jenseitsglauben, und er bleibt bis in die Spätzeit der zentrale Aspekt des Grabes, wie der Bericht des Hekataios lehrt und wie es ähnlich aus zahlreichen zeitgenössischen Inschriften hervorgeht (Otto 1954, 57 ff.). Dieser Aspekt ist es, der in Ägypten literatur-zeugend gewirkt hat. Denn was ist der literarische Text anderes als ein Appell an das kollektive Gedächtnis, und was die Unsterblichkeit des Autors anderes als ein Rezeptionsschicksal? Nur das Buch hat einen Autor, den es unsterblich macht. Das Lied verewigt den Helden, aber das Buch den Autor wie das Grab den Grabherrn. Meine These, die ich zunächst mit Bezug auf den ägyptischen Befund formuliere, aber als Hinweis auf tieferliegende und allgemeinere Zusammenhänge verstehe, geht dahin, daß *die Analogie zwischen Grab und schriftlichem Kunstwerk enger ist als die zwischen mündlicher und schriftlicher Literatur*. Nicht in der mündlichen Tradition, sondern in der Institution des Grabes hat im alten Ägypten die schriftliche Literatur ihre entscheidenden Parallelen. Die Schriftlichkeit scheint also für diese Analogie konstitutiv. Ohne die Schrift wäre der Text Allgemeingut, und an die Stelle des einen, abwesenden Sprechers, den er gegenwärtig hält, träten die vielen je gegenwärtigen Sprecher, die ihn in je eigener Weise verlautbarten. Ohne die Schrift wäre andererseits der Grabherr kein "Sprecher", wäre nicht der Erzähler seiner eigenen Lebensgeschichte. Ohne die Schrift würde sich das "Zeichen" des Grabmals nicht zur differenzierten Identitätspräsentation entfalten. Schrift (und Flachbildkunst) machen das Grab zu einem Ort der Selbst-Thematisierung nicht der Gesellschaft, sondern des Individuums; sie ermöglichen die Aufzeichnung biographischer Bedeutsamkeit, die den Grabherrn vor dem Vergessenwerden bewahren soll. Daher ist das Grab in Ägypten die Vorschule einer spezifisch schriftlichen, d. h. aus dem Geist der Schrift geborenen Literatur. Lange bevor die "Autoren" in der Form von Büchern den Diskurs mit der Mit- und Nachwelt aufnahmen, hatten die Gebildeten einen solchen tod-überdauernden Diskurs schon als Grabherren eingeübt.

Aus diesen ursprünglichen Zusammenhängen von Grabinschriften und Literatur erklärt sich auch, daß die altägyptische Literatur überhaupt so etwas wie den Begriff des "Autors" kennt. Von Autoren ist nämlich im Hinblick auf Selbstverewigung und Unsterblichkeit die Rede: sie haben sich, im Vergleich mit den Grabherren, das bessere Los erwählt, da sie sich ein unvergängliches Grabmal geschaffen haben[1] in Gestalt ihrer Bücher.

> Jene gelehrten Schreiber aber
> seit der Zeit derer, die nach den Göttern kamen,
> jene Zukunfts-Wahrsager, sie sind zu solchen geworden,
> deren Name in Ewigkeit bleibt,
> obwohl sie dahingegangen sind, nachdem sie ihre Lebenszeit vollendet hatten
> und alle ihre Zeitgenossen vergessen sind.
>
> Sie haben sich keine Pyramiden aus Erz geschaffen
> und keine Stelen dazu aus Eisen;
> sie haben es nicht verstanden, Erben zu hinterlassen in Gestalt von Kindern,
> ihre Namen lebendig zu erhalten.
> Doch sie schufen sich Bücher als Erben
> und Lehren, die sie verfaßt haben.
>
> Sie setzten sich die Schriftrolle zum Vorlesepriester ein
> und die Schreibtafel zum 'Liebenden Sohn'.
> Lehren sind ihre Pyramiden,
> die Binse ihr Sohn,
> die geglättete Steinfläche ihre Ehefrau.
> Groß und Klein
> wurden ihnen zu Kindern gegeben;
> der Schreiber, er ist das Oberhaupt von allen.
>
> Man machte ihnen Tore und Kapellen — sie sind zerfallen;
> ihre Totenpriester sind davongegangen,
> ihre Altäre sind erdverschmutzt,
> ihre Grabkapellen vergessen.
> Aber man nennt ihre Namen auf ihren Schriften, die sie geschaffen haben, da sie kraft
> ihrer Vollkommenheit fortdauern.
> Man gedenkt ihrer Schöpfer in Ewigkeit.
>
> Werde ein Schreiber, nimm es dir zu Herzen:
> dann wird dein Name ebenso.
>
> Wertvoller ist ein Buch als ein Grabstein mit Inschrift,
> als eine festgefügte Grabkammer(?).
> Diese Bücher handeln als Grab und Pyramide,
> um ihre Namen lebendig zu erhalten.
> Es ist gewiß etwas Wertvolles im Jenseits:
> ein Name im Munde der Menschen.

Der Mensch ist vergangen, sein Leib ist zu Staub geworden,
alle seine Zeitgenossen sind zur Erde gegangen.
Die Schrift aber ist es, die bewirkt, daß man sich an ihn erinnert
und ein Mund es dem anderen weitergibt.
Wertvoller ist eine Schriftrolle als ein gemauertes Haus,
als Grabkapellen im Westen;
besser ist sie als ein wohlgegründetes Schloß,
als ein Denkstein im Tempel.

Gibt es hier einen wie Hordjedef?
Oder einen anderen wie Imhotep?
Unter unseren Zeitgenossen ist keiner wie Nefer(t)i
oder Cheti, der Größte unter ihnen.
Ich nenne dir nur die Namen des Ptahemdjehuti und Chacheperresenb.
Gibt es einen anderen wie Ptahhotep
oder wie Kaires?

Diese Weisen, die die Zukunft vorhersagten,
was sie sagten ist eingetroffen.
Man fand es als Spruch,
aufgeschrieben in ihren Büchern.
Anderer Leute Kinder wurden ihnen zu Erben gegeben
wie eigene Kinder.
Zwar sind sie verborgen, aber ihr Zauber
erstreckt sich auf alle, die in ihren Büchern lesen.
Sie sind gegangen, ihre Namen (wären längst?) vergessen,
aber ihre Schriften halten ihr Andenken wach.

(Pap. Chester Beatty IV vso 2,5—3,11, nach Brunner 1957, 177 f.)

Die "klassischen Autoren", die dieser Text aufzählt[2] und für deren Verehrung in der Ramessidenzeit wir auch sonst Zeugnisse besitzen (Wildung 1977, 20—32), sind "Weise". Die Weisheitsliteratur ist die einzige, wenn auch bei weitem prominenteste Textgruppe der ägyptischen Literatur, die den Text einem namentlich genannten Sprecher in den Mund legt. So ergibt sich die strukturelle Analogie zwischen dem Grabherrn als Sprecher seiner Grabinschrift und dem Autor als Sprecher seiner Unterweisung: beide appellieren an das kollektive Gedächtnis, das ihre Worte bewahren und ihren Namen lebendig erhalten soll.[3] Der Unterschied liegt darin, daß die Grabinschrift eine Selbst-Thematisierung darstellt, die literarische Unterweisung jedoch nicht, jedenfalls nicht im gleichen Sinne. In den Grabinschriften tritt der Grabherr als Zurechnungssubjekt einer *Identität*, d. h. als "Persönlichkeit" auf[4], in den literarischen Texten bezeichnet der Eigenname das Zurechnungssubjekt einer *Weisheit*.

Was hier der Vergänglichkeit entrissen werden soll, ist nicht die eigene Personalität eines "Autors", sondern ein kollektiver Schatz von Erfahrungen und Lebensweisheiten, den es an kommende Generationen weiterzugeben gilt. Auch diese Erfahrungen und Lebensweisheiten bedürfen aber nach ägyptischer Auffassung eines "Zurechnungssubjekts" und einer assertierenden Instanz, d. h. der literarischen Fiktion eines "Weisen", der über den Schatz an Weisheit und Erfahrung verfügt und für den Akt seiner Weitergabe die kommunikative Regreßpflicht übernimmt. Daher ist in Ägypten der "Weise", und nicht der Sänger oder Erzähler, der Prototyp des "Autors". Was dem Literaturbetrieb der Ramessidenzeit als "klassische Autoren" galt, war eine Mischung aus literarischen Fiktionen (z. B. Neferti) und wirklichen Autoren (z. B. Cheti: hier wird einmal zwischen Autor und Zurechnungssubjekt, nämlich König Amenemhet I, unterschieden).[5] Normalerweise war dem Ägypter diese Unterscheidung fremd. Was er im Blick hatte, war die Verbindung von Text und Name[6]: der Text als Denkmal eines Namens, der Name als Zurechnungssubjekt und assertierende Instanz eines Textes. Darauf beruht die Analogie zwischen Grab und Buch: hier die Grabinschrift und der Name des Grabherrn als Zurechnungssubjekt der Biographie, dort die Lehre (usw.) und der Name einer fiktiven oder historischen Persönlichkeit als Zurechnungssubjekt der "Weisheit". In beiden Fällen vergegenwärtigt der Text ein Subjekt, das der Welt der Toten als einer fernen und verborgenen Sphäre angehört.

Diese Abwesenheit des Subjekts gehört, wie besonders J. Derrida gezeigt hat, zu den konstitutiven Merkmalen der Schriftlichkeit. Die Schrift ist die Rede eines abwesenden Sprechers und der "Autor" (im oben entwickelten Sinne der assertierenden Instanz) ist der abwesende Sprecher eines aufgezeichneten Textes. Der Tod ist die paradigmatische Form solcher Abwesenheit. Der Sprecher, der zur Feder (oder welchem Schreibgerät immer) greift, stirbt gleichsam als Sprecher, um als "Autor" zu leben; indem er seiner Rede die materielle Präsenz der Schrift verleiht, tritt er selbst in die Distanz der Abwesenheit, aus der die Schrift ihn ver-gegenwärtigen und der Text ihm zum Denkmal werden kann:

> sie sind zwar verborgen, aber ihr Zauber
> erstreckt sich auf alle, die in ihren Büchern lesen.
> (Pap. Chester Beatty IV, vso 3,9—10)

Nun vergegenwärtigt eine Grabanlage, darin liegt ja ihre hauptsächlichste Aufgabe, einen Grabherrn in viel intensiverer und massiverer Weise als ein Weisheitsbuch seinen "Autor". Hier scheint sich doch ein wesentlicher kategorialer Unterschied zwischen Grab und Buch anzuzeigen. Die Besucher des Grabes sollen aus den Inschriften ja nicht nur Belehrung und ästhetisches Vergnügen empfangen, sie sollen ihrerseits das Wort ergreifen und im Sprechen eines Opfergebetes den Namen des Grabherrn lebendig erhalten:

> Der Hauch des Mundes ist für den Verklärten wertvoll,
> er ist nichts, wodurch man müde wird,
> es tut euch nicht weh,
> es geht nicht ab von eurem Vermögen,
> es ist nicht schwierig, das Gute zu sagen.
> Der es tut ist einer, für den (es) getan wird.
> Ein Denkmal ist es, das Gute zu tun.
> (Vernus 1976, Nr. 13)

Der im Grab institutionalisierte Diskurs zwischen Lebenden und Toten fand nach ägyptischem Verständnis nicht zwischen Anwesenden und Abwesenden statt: jedenfalls glaubte man den Verstorbenen anwesend genug, daß ihn der "Hauch des Mundes" erreichen konnte. Der Besuch der Gräber war mit Formen eines jedenfalls angedeuteten Kultes verbunden. Das Überraschende ist nun, daß für die literarische Kommunikation in Ägypten ganz Analoges gilt. Unter den Schreibern gab es die Sitte, dem Imhotep als dem ältesten der klassischen Autoren und sozusagen dem Gründungsheros der ägyptischen Literatur von dem Rest des Wassernapfs eine Libation darzubringen mit den Worten (Wildung 1977, 19—21):

> Für deinen Ka, Imhotep![7]

Der Papyrus Chester Beatty, aus dem wir oben zitiert haben, beschließt seine Lehren sogar mit einem regelrechten Opfergebet für den Dichter Cheti (Brunner 1957, 178):

> Leben und Anblick der Sonne dem Schreiber Cheti,
> ein Totenopfer aus Brot und Bier vor Osiris,
> Libationen, Wein und Linnen
> für seinen Ka und seine Schülerschaft,
> für ihn, den trefflichen, dessen Sprüche erwählt sind.

Die "Prophezeiungen des Neferti", einer der berühmtesten "Klassiker" des Mittleren Reichs, schließen mit den Worten:

> Ein Weiser wird mir Wasser sprengen, wenn er sieht,
> daß das, was ich gesagt habe, geschehen ist.

Man darf also annehmen, daß unter den Schreibern, d. h. in der literarisch gebildeten und produktiven Beamtenschicht, die literarische Kommunikation auch rituelle Formen umfaßte, die — in wie immer andeutungsweiser und spielerischer Form — doch deutlich am Totenkult orientiert waren. Auch dieser Kult basiert auf der strukturellen Analogie zwischen Grab und Buch: in beidem begegnete man einer abwesenden und auf geheimnisvolle Weise vergegenwärtigten Persönlichkeit, die zu ritueller Huldigung herausforderte.

2. Die biographische Grabinschrift im Alten Reich

Die autobiographische Grabinschrift entwickelt sich in Ägypten aus verschiedenartigen Ansätzen etwa um 2500 v. Chr. zu einer Gattung, die bis zum Ausgang der ägyptischen Kultur in nachchristlicher Zeit in Blüte stand.[8] Es handelt sich wohl um die charakteristischste Textgattung der altägyptischen Kultur. Die wandlungsreiche Geschichte dieser Gattung zeigt, daß die Sitte, sein Grab mit einem derartigen Text zu beschriften, nie zur bloßen Routine erstarrte, und verweist auf die Intensität und Lebendigkeit dessen, was in dieser Form seinen eigentümlichen Ausdruck findet und was man mit André Jolles deren spezifische "Geistesbeschäftigung" nennen kann. Die ägyptische Autobiographie hat zwei Wurzeln (vgl. zum folgenden E. Schott 1977). Die eine und wichtigste ist die Namensinschrift. Sie taucht zugleich mit den frühesten Schriftdenkmälern auf Grabstelen auf und wird schon in der Frühzeit gelegentlich zu langen Titelreihen erweitert, aus denen sich die Beamtenlaufbahn des Grabinhabers rekonstruieren läßt. Die andere Wurzel ist das Grabmal selbst. Hier finden sich seit der 4. Dynastie (ab ca. 2700 v. Chr.) Inschriften, die das Grab zum Thema haben: Widmungsinschriften des Sohnes oder eines anderen Hinterbliebenen, der dem Grabinhaber das Grab "gemacht" hat, Drohungen gegen Grabschänder und, in Verbindung damit, Aussagen, die das Grab gleichsam legitimieren sollen: daß das Vermögen rechtmäßig erworben, daß kein anderes

Grab verletzt, daß die Handwerker zu ihrer Zufriedenheit entlohnt wurden, daß der Grabherr ein gerechtes Leben geführt und bei seiner Mitwelt in hoher Gunst gestanden habe. Ihre Funktion als eine Art Kommentar ihres Textträgers, der Grabanlage, zeigen diese Texte im Gebrauch der Deiktika:

> (a) Sein ältester Sohn ... ist es, der ihm *dieses* gemacht
>   hat, als er begraben wurde im Westen,
>   entsprechend dem, was er (der Vater) ihm darüber angeordnet hatte,
>   als er noch auf seinen beiden Beinen lebte.
>   (Sethe 1932, 8. 14—17)
>
> (b) Das Krokodil gegen ihn zu Wasser,
>   die Schlange gegen ihn zu Lande,
>   der etwas tun wird gegen *dieses*.
>   Niemals habe ich etwas gegen ihn getan.
>   Der Gott ist es, der richten wird.
>   (Sethe, 23. 11—16)
>
> (c) Ein jeder, der *dies* für mich errichtet hat,
>   der war niemals böse (auf mich).
>   (Ein jeder) mein(er) Handwerker in der Nekropole,
>   den habe ich zufriedengestellt.
>   (Sethe, 23. 6—9)

Mit Recht bemerkt Erika Schott, daß "die Autobiographie in Ägypten ursprünglich nicht der Fortdauer der Person, sondern vielmehr der Fortdauer des Grabes gedient hat". Dadurch, "daß der Grabinhaber versichert, er habe nie etwas Böses getan ..., weist er sich als 'trefflichen Verklärten' aus, dem Opfergaben zu spenden den Grabbesuchern großen Nutzen bringen kann, wie sie andererseits strenge Strafen zu erwarten haben, wenn sie sein Grab beschädigen."[9]

Sehr bald aber, schon während der 5. Dynastie (ca. 2500 v. Chr.) verschieben sich die Akzente zugunsten personaler Selbstverewigung und Identitätspräsentation. Die Titelreihe wächst sich zur "Laufbahnbiographie" aus, die die beruflichen Erfolge des Grabherrn als Beförderungen im Königsdienst aufzählt (Sethe, 51—53):

> Ein Kind, geboren von seiner Mutter
>   unter König Mykerinos;
> er wurde aufgezogen unter den Königskindern
>   im Palast des Königs,
>   in der Residenz, im königlichen Harim:
> Hochgeschätzter beim König als jedes andere Kind, Ptahschepses.
>
> Ein Knabe, der die Binde knüpfte
>   unter König Schepseskaf;
> er wurde aufgezogen unter den Königskindern
>   im Palast des Königs
>   in der Residenz, im königlichen Harim:
> Hochgeschätzter beim König als jeder andere Knabe, Ptahschepses.
>
> Dann lobte ihn Seine Majestät;
> Seine Majestät gab ihm die älteste Königstochter
>   Chai-Maat zur Frau,
>   da Seine Majestät lieber wollte, daß sie mit ihm zusammen sei
>   als mit jedem anderen Manne, Ptahschepses.

Zugehörig zu Userkaf: Hohepriester von Memphis,
hochgeschätzter beim König als jeder andere Diener;
er stieg ein in jedes Schiff des Palastes,
er betrat die Wege des oberägyptischen Gottespalastes
    an allen Festen des Erscheinens, Ptahschepses.

Zugehörig zu Sahure:
Hochgeschätzter beim König als jeder andere Diener
als Geheimrat aller Bauarbeiten,
    deren Ausführung Seine Majestät wünschte;
der das Herz seines Herrn täglich beglückte, Ptahschepses.

Zugehörig zu Neferirkare:
Hochgeschätzter beim König als jeder andere Diener;
als Seine Majestät ihn wegen einer Sache lobte,
ließ Seine Majestät ihn ihren Fuß küssen,
nicht ließ Seine Majestät zu, daß er die Erde küsse: Ptahschepses.

Zugehörig zu Neferefre:
Hochgeschätzter beim König als jeder andere Diener;
er stieg ein in das Schiff "Götterträger"
    an allen Festen des Erscheinens,
von seinem Herrn geliebt, Ptahschepses.

Heute unter Niuserre, der ewig lebt, sein Schutzbefohlener,
verbunden dem Herzen seines Herrn, geliebt von seinem Herrn,
versorgt von Ptah,
der tut, was sein Gott liebt,
der alle Handwerker unter dem König florieren läßt, Ptahschepses.

    Das wirkt als Identitätspräsentation eigentümlich einseitig. Wir erfahren nichts von den Taten, Leistungen, Eigenschaften des Ptahschepses, sondern nur von der ihm dafür zuteil gewordenen königlichen Anerkennung. Diese Anerkennung, die Nähe zum König, ist die Sinn-Dimension, auf die hin die Titulatur des Grabherrn kommentiert wird. Das ist in den anderen biographischen Inschriften dieser Zeit — der 5. Dynastie bis Asosis — genauso. Wenn die ägyptische Biographie das überlieferungswürdige und erinnernswerte Bild eines Menschen, seine "Persönlichkeit" oder, mit dem griechischen Ausdruck, seine "arete" aufzeichnen will als den Inbegriff dessen, was von ihm übrigbleiben und im Andenken der Nachwelt bewahrt werden soll, dann ist klar, daß für diese die Titulatur kommentierenden Biographien der König in vollkommen ausschließlicher Weise das Sinn-Zentrum eines überlieferungswürdigen Lebens darstellt: nur der König ermöglicht durch seine Anerkennung dem einzelnen Lebensvollzug den Übergang ins Resultative, Bleibende, Aufzeichnungs- und Überlieferungswürdige. Der König verleiht seinen Beamten ihre Biographie und ihre "Persönlichkeit". Persönlichkeit — im Sinne eines denkbaren Gegenstands der Erinnerung künftiger Geschlechter — ist einer nur nach Maßgabe seiner Nähe zum König. Der König personifiziert die Kategorie der sozialen Anerkennung, die einen zur Person, und damit zum "Grabherrn", und damit "unsterblich" macht.

    Diese Einseitigkeit erklärt sich aber bis zu einem gewissen Grad aus der eingeschränkten Funktion des Texttyps. Noch haben wir es nicht mit "der" ägyptischen Autobiographie zu tun, sondern mit der einen ihrer beiden Wurzeln: der kommentierten Titulatur. In ihrer Funktion einer Identitätspräsentation wird sie ergänzt durch die andere Wurzel, den Kommentar der Grabanlage. Auch dieser Texttyp verlagert im Laufe der 5. Dynastie seinen thematischen Schwerpunkt von der Grabanlage auf die Person des Grabherrn. Die Sinn-Dimension, auf die hin das Grab und sein Inhaber hier kommentiert werden, ist eine andere als bei den die Titulatur kommentierenden Laufbahnbiographien (Sethe, 46—47):

> Ich bin aus meiner Stadt gekommen,
> ich bin aus meinem Gau herabgestiegen,
> nachdem ich die 'Maat' darin gesagt habe,
> nachdem ich die 'Maat' darin getan habe.
>
> Möge es euch wohl ergehen, ihr Nachfahren
> mögt ihr gerechtfertigt sein, ihr Vorfahren!
>
> Was ihr tun werdet gegen 'dieses', desgleichen wird gegen
> das Eure getan werden von seiten eurer Nachkommen.
>
> Niemals habe ich einen Prozeß angestrengt gegen jemand,
> niemals habe ich verursacht, daß einer die Nacht verbrachte
> im Zorn gegen mich wegen irgend etwas, seit meiner Geburt.
>
> Ich bin einer, der Opfer darbringt und Totenversorgung gewährleistet,
> ein Geliebter seines Vaters, geliebt von seiner Mutter,
> geehrt von denen, die mit ihm zusammen sind,
> freundlich zu seinen Brüdern,
> geliebt von seinen Dienern,
> der niemals Streit anfing mit irgendeinem Menschen.
>
> (es folgt die hier nicht zur Laufbahn-Biographie expandierte 14-teilige Titulatur und der Name des Grabherrn)

Ebenso wie bei den Laufbahn-Biographien die Sinn-Dimension der Kommentierung sich in einem einzigen ägyptischen Begriff zusammenfassen läßt: *ḥzwt* "Lob", die Anerkennung des Königs, vermag der ägyptische Begriff "*ma'at*" die Sinn-Dimension für die Kommentierung der Grabanlage zu bezeichnen. Maat bedeutet die "Wahrheit" dessen, was man sagt, und die "Gerechtigkeit" dessen, was man tut, das Prinzip, das dem einzelnen vorschreibt und ermöglicht, handelnd und redend im Einklang mit der Gesellschaft zu bleiben. Maat bezeichnet ziemlich genau "Solidarität" im Sinne E. Durkheims[10] als ein das Soziale ins Kosmische integrierendes Ordnungsgefüge.

Diesen aus der Kommentierung der Grabanlage hervorgegangenen Typus biographischer Inschriften nennen wir die "Idealbiographie", weil das darin entworfene Bild des einzelnen vollkommen an der überindividuellen Norm der Maat orientiert ist. In der Identitätspräsentation der "Idealbiographie" erscheint der einzelne nicht als Individuum, sondern als vollkommener Baustein in jenem Ordnungsgefüge, das mit dem Begriff Maat gemeint ist. Beide Prinzipien, *ḥzwt* "Lob" und *ma'at* "Gerechtigkeit" stellen die vollkommene Außenbestimmtheit dieses frühen Personbegriffs heraus[11]. Der einzelne bemißt die Überlieferungswürdigkeit seines Lebens nach dem Grade seines Aufgehens in einer überindividuellen Norm und der ihm in seiner beruflichen Laufbahn zuteil gewordenen königlichen Gunst. Das ändert sich in einem gewichtigen Punkt unter Asosis, dem vorletzten König der 5. Dynastie. Jetzt erfahren wir erstmals und gleich in einer ungewöhnlich prononcierten Form, für welche Leistungen der Grabherr das Lob des Königs erworben hat. Leistung und Lob zusammen machen nun das resultative, überlieferungswürdige Ereignis aus, dessen Schilderung in den Biographien zugleich wesentlich farbiger und ausführlicher gerät. Diese Form erlebt in der 6. Dynastie ihre Blütezeit. Als repräsentatives Beispiel einer solchen die berufliche Laufbahn nach Leistung und Königsnähe kommentierenden Biographie kann die Inschrift des Weni gelten. Wir wollen sie uns etwas näher betrachten, müssen allerdings ihrer ungewöhnlichen Länge von ca. 200 Versen wegen darauf verzichten, sie in extenso zu übersetzen (Sethe 1932, 98 bis 110; Lichtheim 1973, 18—23).

Weni hatte unter Merenre das hohe Amt eines Vorstehers von Oberägypten inne, nachdem er sich unter Phiops I als eine Art Sonderbeauftragter in verschiedenen militärischen Missionen bewährt hatte. Vorher war er Richter im Rang eines Unterdomänenverwalters des Palastes gewesen, und die Anfänge seiner Karriere gehen bis in seine Jugend unter König Teti zurück. Damit setzt die Inschrift ein — "Ich war ein Knabe, der die Binde knüpfte unter der Majestät des Teti" — zählt die ersten 2 oder 3 Beförderungen bis zur Einsetzung ins Richteramt auf und erzählt dann etwas ausführlicher das erste "Ereignis":

> Ich erbat von der Majestät meines Herrn,
> daß mir ein Sarkophag aus Kalkstein von Tura gebracht werde.
> Seine Majestät ließ einen Gottessiegelbewahrer überfahren
> zusammen mit einer Mannschaft von Matrosen
> unter seinem Befehl,
> um mir diesen Sarkophag zu bringen aus Tura.
> Er kam mit ihm zurück,
> in einer großen Barke der Residenz,
> und zwar zusammen mit seinem Deckel, einer Scheintür,
> einem Türsturz, zwei Pfosten und einer Opferplatte.
> Niemals zuvor war etwas Gleiches irgendeinem Diener getan worden,
> weil ich ohne Tadel war im Herzen Seiner Majestät,
> weil ich 'verwurzelt' war im Herzen Seiner Majestät,
> weil das Herz Seiner Majestät mit mir erfüllt war.

Aus dieser Stelle erfahren wir auch etwas über den Ort, an dem alles, was mit der Grabanlage zusammenhängt, in der "Wertvorzugsordnung" der damaligen Gesellschaft rangierte. Die erste bedeutendere Amtsstellung wird dazu benutzt, mit der Grabanlage zu beginnen, die ebenso vom König ausgeht wie alles, was das Bild der in diesem Grabe zu verewigenden "Persönlichkeit" konstituiert. Man muß davon ausgehen, daß das Grab nicht nur zu Lebzeiten, sondern schon sehr früh im Leben des hochgestellten Ägypters eine erstrangige Rolle spielte und ihm im Sinne einer "Außenstabilisierung" die zentralen Prinzipien der Königsgunst und des sozialen Einklangs, mit anderen Worten, der Leistung und der Gerechtigkeit, symbolisierte, auf denen die Sinnkonstruktion seiner Identität beruhte und seine Hoffnungen auf Bestand über den Tod hinaus gegründet waren.

Nach dem Bericht einer Rangerhöhung zum "Einzigen Freund" und Palast-Domänenvorsteher erzählt der Text ein zweites Ereignis. Es besteht in dem Auftrag, einen geheimen Haremsprozeß durchzuführen. Eine solche Aufgabe, so wird als Abschluß dieser Episode hervorgehoben, war noch niemals einem Manne seines (vergleichsweise niederen) Ranges anvertraut worden. Nicht "kraft Amtes", so soll man schließen, sondern aufgrund eines ungewöhnlichen persönlichen Vertrauens von seiten des Königs ist ihm diese Aufgabe übertragen worden. Nicht weniger als fünfmal kommen Vertrauensformeln, wie sie auch das oben zitierte Textstück beschließen, in dieser Inschrift vor, besonders in ihrem ersten Teil, bevor weitere Beförderungen die Diskrepanz von Amt und Aufgabe nivelliert haben. Offenbar kommt es Weni gerade auf diese Diskrepanz an: nicht das hohe Amt und der damit verbundene Tätigkeitsbereich, sondern das persönliche Vertrauen des Königs und die einzelnen daraus entspringenden Sonderbeauftragungen empfindet er als das Bedeutsame und Überlieferungswürdige seiner Biographie.

Der zweite Teil der Inschrift, der, wenn ich richtig einteile, ebensoviel Verse umfaßt wie der erste (64), ist militärischen Aktionen gewidmet. Weni wird beauftragt, die Aushebung, Ausrüstung, Instruktion einer Armee und die Durchführung wohl weniger eines Feldzugs als eines Einfalls zu leiten, also eine mehr organisatorische als strategische Aufgabe. Vom Feldzug selbst ist auch weniger die Rede als von den Vorbereitungen (36 Verse) und der erfolgreichen Rückkehr, deren Schilderung einen höheren Grad poetischer Geformtheit erhält. Die sieben Verspaare mit konstantem ersten und variablen zweiten Vers —

 Dieses Heer kehrte wohlbehalten heim
  nachdem es das Land der Beduinen zerhackt hatte;
 dieses Heer kehrte wohlbehalten heim,
  nachdem es das Land der Beduinen zertreten hatte ...

ahmen offenbar als eine Art Siegeslied die Form des Wechselgesangs von Chor (konstante Elemente) und Vorsänger (variable Elemente) nach. Dieses ungefähr in der Mitte der gesamten Inschrift angebrachte Lied bezeichnet den Höhepunkt nicht nur der biographischen Komposition, sondern wohl auch des Lebens, von dem sie berichtet. Weitere fünf militärische Expeditionen, mit denen Weni nach diesem Erfolg beauftragt wurde, werden in der Schlußstrophe des Mittelteils nur summarisch erwähnt, wohingegen die erste durch die Breite der Erzählung den Rang nicht nur eines "Ereignisses", sondern des bei weitem wichtigsten Ereignisses der ganzen Laufbahn erhält (50 Verse).

Der dritte Teil, etwas länger als die beiden ersten, hebt an mit der zweifellos spektakulären Berufung Wenis in das hohe Amt des Vorstehers von Oberägypten unter dem neuen König Merenre, wieder mit der dreigliedrigen Vertrauensformel und ausdrücklichen Belobigung für seine als Kammerherr und Sandalenträger geleisteten Dienste. "Nie zuvor wurde ein so hohes Amt einem Diener dieses Ranges verliehen." Weni beschreibt zunächst seine allgemeine Amtstätigkeit, dann drei Expeditionen, die er in dieser Zeit durchführte: 1. die Beschaffung eines Sarkophags und eines Pyramidions aus "Ibha" und verschiedener Bauteile aus Granit aus Elephantine ("niemals zuvor waren Ibha und Elephantine in einer einzigen Expedition gemacht worden"), 2. die Beschaffung eines großen Opfertisches aus Hatnub und 3. eine große Transportunternehmung in Unternubien, bei der es um die Anlage von fünf Kanälen und das Bauen von Schiffen ging. Besonders diese Abschnitte geben einen Einblick in das, was an Ehrgeiz und Engagement einzelner hinter den ungeheuren Organisations- und Ingenieurleistungen des Alten Reichs steht. Der Schluß des Textes deutet sogar etwas von der Motivation solcher Höchstleistung an:[12]

> weil so viel erhabener, soviel eindrucksvoller(?)
> soviel verehrungswürdiger ist
> die Macht König Merenres — er lebe ewig —
> als die aller anderen Götter

eine Aussage, die in der Dreigliedrigkeit ihrer Formulierung deutlich auf die dreigliedrige Vertrauensformel Bezug nimmt

> weil ich so ohne Tadel war im Herzen Seiner Majestät,
> weil ich so verwurzelt war im Herzen Seiner Majestät,
> weil das Herz Seiner Majestät so erfüllt war von mir

und dadurch die Gegenseitigkeit des König-Diener-Verhältnisses herausstellt. Dieses gegenseitige und persönliche Verhältnis, das man wohl mindestens in gleichem Maße als ein religiöses wie als ein politisches Phänomen zu verstehen hat, bildet eine gegenüber den ältesten Biographien neuartige Sinn-Dimension, auf die hin nun die Beamtenlaufbahn kommentiert wird. Zwar in einem weniger äußerlichen, aber darum um nichts weniger ausschließlichen Sinne ist der König nach wie vor das Sinn-Zentrum, von dem aus sich die Bedeutsamkeit des Einzeldaseins bemißt.[13] Es verwundert nicht, daß bei derartiger religiöser Überhöhung des Königsdienstes — wir bezeichnen sie als "Loyalismus"[14] und beobachten sie in verschiedenen Epochen der ägyptischen Geschichte immer wieder — die andere Grundlage biographischer Bedeutsamkeit zum bloßen Postskript verkümmert:

> Ich war wahrhaftig einer, den sein Vater liebte
> und seine Mutter lobte,
> (...), freundlich zu seinen Brüdern.

Übrigens verfahren andere biographische Inschriften der Zeit in diesem Punkte auch durchaus anders. Auch die "Idealbiographie" erlebt eine Entfaltung, indem etwa das Prinzip "Gerechtigkeit üben, Wahrheit sagen" spezifiziert wird (Sethe 1942, 121—123; Lichtheim 1973, 24):

> Ich gab dem Hungrigen Brot
>   und Kleider dem Nackten,
> ich setzte den Schifflosen über
> (...)
> Niemals sagte ich etwas Böses über jemand zu irgendeinem Machthaber,
> weil ich wollte, daß es mir gut erginge beim Großen Gott.
> Niemals richtete ich zwei Prozeßgegner (...) in einer Weise,
> daß ein Sohn des Erbes seines Vaters beraubt wurde.

Nach wie vor gehen aber hier keine spezifischen biographischen Handlungen ein, bleibt die "Idealbiographie" des Alten Reichs verhältnismäßig kurz, allgemein und phraseologisch gebunden (s. Edel 1944). Das entspricht ihrer Bezogenheit auf das Prinzip "Maat" als eines überindividuellen Aspekts, unter dem das einzelne Leben hier zusammengefaßt wird. Dabei ist es, auch dieser Bezug geht während des Alten Reichs nicht verloren, weniger das "Leben" als vielmehr das Grab, das auf das Prinzip Maat hin kommentiert wird. Nach ägyptischer Anschauung ist Maat sozusagen das Fundament des Grabes. "Für den Habgierigen — d. h. den, der in seinem Handeln der Maat als dem Prinzip der gesellschaftlichen Solidarität entgegenarbeitet — gibt es kein Grab" heißt es in der

"Lehre des Ptahhotep" (Fecht 1958, 43 f.) und "Baue dein Grab, indem du Gerechtigkeit übst" liest man (sinngemäß) in der "Lehre für Merikare" (127 bis 128 s. Assmann 1977, 75 n. 43; 71 n. 33). Das Grab dessen, der nach der Maat gelebt hat, ist sakrosankt. Daher ist das Grab der gegebene Aufzeichnungsort für eine Identitätspräsentation des Grabherrn als "Gerechter".

Bis zum Ende des Alten Reichs bleiben Idealbiographie — die Kommentierung des Grabes — und Laufbahnbiographie — die Kommentierung der Titulatur — zwei distinkte Formen, die sich auf "Gerechtigkeit" und "Dienst" (oder: "Leistung") als zwei verschiedene Sinn-Dimensionen des Handelns beziehen, und die zwei getrennten Diskurswelten angehören. Man könnte sie als den "weisheitlichen" und den "historischen Diskurs" bezeichnen. Der weisheitliche Diskurs hat es in Ägypten mit der Explikation und Applikation des Prinzips Maat zu tun, mit der Erklärung und Einübung dessen, was in wechselnden historischen Situationen "Einklang" und "Bestand" gewährleistet. Die Verschriftung dieses Diskurses im Zusammenhang der Grabanlage und ihrer Kommentierung erklärt sich, wie oben gezeigt, aus dem Zusammenhang von Maat und Grab. Unter dem Begriff des "historischen Diskurses" seien alle Formen der Rede von "Geschichte" verstanden, worunter der Ägypter nahezu ausschließlich das Handeln des Königs verstand. Die Laufbahnbiographie als Form des historischen Diskurses weist den Anteil des einzelnen an der "Geschichte", d. h. an den Handlungen des Königs auf. Die Verschriftung dieses Diskurses im Zusammenhang der Grabanlage, als Expandierung der Titulatur, erklärt sich aus der Vorstellung, daß dem Einzeldasein nur durch die Teilhabe an der "Geschichte" überlieferungswürdige Bedeutsamkeit zukommt.

Das Bemerkenswerte an den Laufbahnbiographien des späten Alten Reichs, wenn man sie als Verschriftungsformen des historischen Diskurses betrachtet, liegt darin, *daß es Vergleichbares beim Königtum, also dem Zentrum und "Generator" der Geschichte, erst viel später gibt*. "Historische Inschriften" vergleichbarer Länge und Durchdetailliertheit des Berichts treten hier erst nach dem Ende des Mittleren Reichs, also um 1700 v. Chr. auf.[15] Diese königlichen Berichte beziehen sich aber fast nie auf die Vergangenheit. Um so erstaunlicher erscheint in diesem Licht das Auftreten umfangreicher Berichte in Privatinschriften bereits um 2400 v. Chr., die, wie im Falle des Weni, 50 Jahre und mehr umspannen. Was mag der Grund dafür sein, daß die Beamten in ihren Gräbern ausführliche, z. T. weit in die (freilich immer *eigene*) Vergangenheit zurückgreifende Tatenberichte ablegen, die Könige aber erst in viel späterer Zeit und so gut wie nie in zusammenfassender, das gesamte Wirken resümierender Form, von ihren Leistungen berichten? Ich glaube, daß diese Frage dem Kern des Phänomens nahekommt, und möchte, bevor ich versuche, diese Zusammenhänge etwas expliziter darzulegen, in der Formulierung einer These gewissermaßen einen Vorposten sichern: Vergangenheit gibt es nur, wo es Resultativität gibt, und Resultativität nur, wo es den Tod gibt. *Ein ägyptischer König hat keine Vergangenheit.* Und ich will nun versuchen, ohne allzu tief in die altägyptische Vorstellungswelt einzudringen, wenigstens das Notwendigste zur Erläuterung dieser These beizubringen. Nach dem Dogma kam ein ägyptischer König als Gott und Sohn des höchsten Gottes zur Welt und vereinigte sich nach dem Tod, zum Himmel aufsteigend, wieder mit seinem

Vater.¹⁶ Diese Entfernung wurde offenbar nicht als Ende empfunden, von dem aus eine Summe gezogen, Rechenschaft abgelegt, ein Resultat festgestellt werden mußte.¹⁷ "Persönlichkeit" als Inbegriff dessen, was, im Grabe aufgezeichnet, von einem Menschen der Nachwelt überliefert werden soll, ist eine bürgerliche, keine königliche Kategorie: denn nur der Tod fordert zu dieser Identitäts-Konstitution heraus. Den König glaubte man der Erfahrung des Todes enthoben und damit der Aufgabe, sich als "Persönlichkeit" der Nachwelt zu überliefern. Daher ist auch die Geschichtsschreibung, insofern sie der Überlieferung von Persönlichkeiten dient und dem Wunsch nach individueller Fortdauer entspringt, zunächst eine bürgerliche Literaturgattung. Der König ist zwar nicht selbst eine Persönlichkeit in diesem Sinne, weil seinem zeitenthobenen Wesen die Kategorie des Resultativen fremd ist und er daher nicht Thema einer biographischen Selbst-Thematisierung im ägyptischen Sinne werden kann, aber er verleiht Personalität, er eröffnet anderen die Möglichkeit, Persönlichkeit zu werden. Denn eine überlieferungsfähige Geschichte erwirbt man sich nur im Königsdienst. Aus diesen Zusammenhängen ergibt sich, warum die Aufzeichnung eines historischen Diskurses zuerst in Beamtengräbern und in autobiographischer Form auftritt.

Was die Beziehung von Tod, Geschichte und Vergangenheit angeht, so haben wir es hier, meine ich, mit der typisch ägyptischen Kategorie der Resultativität zu tun, die nicht nur im Tempussystem der ägyptischen Sprache eine zentrale Rolle spielt, sondern sich auch in der Zeitbegrifflichkeit des Ägyptischen ausprägt.¹⁸ Eines der beiden Wörter, mit denen der Ägypter die gesamte "kosmische" Fülle der Zeit bzw. Ewigkeit unter einem Doppelaspekt, als "duale Einheit", zum Ausdruck bringt, bedeutet soviel wie "unwandelbare Dauer": die Dauer dessen, was in geschichtlichem Wandel zu einer Endgestalt ausgereift nun abgeschlossen und weiterem Wandel enthoben ist. Der in Bildern denkende und formulierende Ägypter pflegte sich diesen Aspekt der Zeit/Ewigkeit, den er *djet* nennt (das entsprechende Schriftbild findet sich, vielleicht als Anspielung auf besondere Haltbarkeit, als Signet der Firma Bahlsen auf Kekspackungen), am Gestein zu verdeutlichen, so wie er den anderen Aspekt, *neheh*, die Zeit als periodische Wiederkehr, an den Kreisläufen der Gestirne veranschaulichte. Mit der Kategorie *djet* verbindet sich in Ägypten der Steinbau, die Plastik, die Mumifizierung und die Schrift. *Alle Formen monumentaler Selbst-Thematisierung entspringen dem Wunsch nach resultativer Fortdauer.* Auch die "Verewigung" der eigenen Persönlichkeit in Form ihrer Geschichte und deren Aufzeichnung als autobiographische Grabinschrift¹⁹ leitet sich aus dem Konzept *djet* her.

Es hat nicht nur volkswirtschaftliche Gründe, daß die Steinbrucharbeit im alten Ägypten königliches Monopol war, sondern entspricht dem Weltbild des Alten Reichs. Der König verwaltet die "Ewigkeit" des Steines und läßt sie seinen Beamten und Getreuen durch Stiftungen steinerner Grabteile zuteil werden. Zugleich liefern seine Aufträge und Belohnungen den Stoff zu einer im Stein aufzeichnungswürdigen Lebensgeschichte. Nur im Königsdienst reift einer zur "Persönlichkeit", nur durch Königsgunst wird dieser die Verewigung im Stein zuteil. Der Königsdienst ist das einzige Sinn-konstituierende Sozialsystem, in dem sich biographische Bedeutsamkeit und Resultativität denken läßt.

3. Biographie und Literatur

Unsere bisherigen Untersuchungen haben sich im Vorfeld der Literatur bewegt. Zweifellos lassen sich die biographischen Inschriften des Alten Reichs in keinem theoretisch fundierten Sinne — die Eigenbegrifflichkeit der ägyptischen Kultur läßt uns, zumal für diese frühe Zeit, ohnehin völlig im Stich — als "Literatur" einstufen, trotz ihrer teilweise hochgradigen stilistischen Geformtheit.[20] Sie sind nicht "situationsabstrakt", sondern — über die normale, wohl für alle Texte einer alten Kultur vorauszusetzende, Situations-Bezogenheit ("Sitz im Leben") hinaus — geradezu situations-determiniert (vgl. den Gebrauch der Deixis in der die Grabanlage kommentierenden Idealbiographie); sie sind nicht "meta-praktisch", sondern "empraktisch" in die mit der Anlage von Gräbern und dem Totenkult verbundenen Handlungszusammenhänge einbezogen; sie lassen, wenn man Goethes Begriff "Weltliteratur" zugrunde legen will, in der eingeschränkten Spezifik ihres Bezugs — als Kommentierungen der Grabanlage und der Titulatur — kaum einen "Aspekt allgemeinen Menschentums" sichtbar werden. Sie stehen aber auch nicht einfach außerhalb einer wie immer gearteten literarischen Kommunikation. Zunächst muß man berücksichtigen, daß es sehr wahrscheinlich im Alten Reich eine schriftliche Literatur und damit die für spätere Epochen typische Dichotomie von "schöner" Literatur und Gebrauchsliteratur — bzw., unter Einbeziehung der natürlich auch im Alten Reich vorauszusetzenden Formen mündlicher literarischer Kommunikation, die Trichotomie von „schöner" Literatur, Gebrauchsliteratur und Folklore (Assmann 1974) — überhaupt nicht gegeben hat.[21] Daher lassen sich diese Texte nicht in Relation zu einer ausdifferenzierten literarischen Kommunikation als außer-literarisch einstufen. Sie bilden das Vorfeld der Literatur, und zwar sowohl im Sinne prä- als auch para-literarischer Phänomene. Ein Blick auf die weitere Geschichte der Gattung vermag das deutlich zu machen.

Das Ende des Alten Reichs wird durch einen Zusammenbruch der königlichen Zentralgewalt markiert. Man kann sich leicht vorstellen, was für eine Katastrophe der Zerfall der mit der politischen Institution verbundenen symbolischen Sinnwelt für das Welt- und Menschenbild der damaligen Zeit bedeutete.[22] Zu erwarten ist, daß der Zerfall des Königtums jeder biographischen Sinn-Konstitution den Boden entzogen hat, daß es also nach dem Ende des Alten Reichs keine biographischen Inschriften — oder allenfalls nur noch Ideal-Biographien — gibt. Das Gegenteil ist jedoch der Fall. Die Gattung erlebt einen ungeheuren Aufschwung. Die Negationen des vorhergehenden Systems, d. h. die von der biographischen Sinn-Konstitution des Königsdienstes ausgeschlossenen Alternativen, erscheinen nun positiviert an zentraler Stelle.[23] Ich möchte das an einem Beispiel erläutern. Man erinnert sich, daß in den älteren Biographien des Alten Reichs nie von der Leistung des Grabherrn, sondern nur von der ihm vom König zuteil gewordenen Anerkennung die Rede war. Ab der späten 5. Dynastie ist es dann gerade die persönliche Leistung, die, zusammen mit der königlichen Anerkennung, im Zentrum der biographischen Berichte steht. Auch dies deutet bereits auf eine tiefgreifende Verschiebung im System. Weiterhin ungesagt bleibt aber die Innenseite dieses Handelns: Motivation, Initiative, Charakter. Der

Beamte handelt nicht aus sich heraus, aus eigenem Antrieb, sondern bildet den verlängerten Arm des Königs, der allen Willen und alle Initiative verkörpert. Die Leistung besteht in der Genauigkeit der Befehlsausführung. Deshalb ist in diesen Inschriften immer vom "Herzen" des Königs die Rede: es ist die einzige Innenseite, die hier zählt. Königtum und Maat, die Normen der gesellschaftlichen "Solidarität", bilden die beiden Instanzen einer vollkommenen Außenbestimmung des Individuums. Ihr Zerfall — denn mit der königlichen Zentralgewalt zerbricht auch die gesellschaftliche Solidarität — eröffnet die Möglichkeit privater Innenwelten: Eigenverantwortung, Initiative, Planung, Vorsorge machen nun zusammen mit der Leistung die bedeutsame, überlieferungsfähige Lebensgeschichte aus. Der selbstbestimmte, vom eigenen Herzen geleitete Mensch wird zum Inbegriff der Persönlichkeit.

5a Das sind keine Taten, die man von anderen Oberhäuptern
getan finden kann, die in diesem Gau gewesen waren,
wegen meiner vortrefflichen Planung,
wegen der Beständigkeit meiner Anordnungen,
wegen meiner Vorsorge bei Tag und bei Nacht.
Ich bin der Held ohnegleichen. (Schenkel 1965, 48 f.)

Die strophisch gebaute Biographie des Gaufürsten Anchtifi, bei der der Satz "Ich bin der Held ohnegleichen" den strophenabschließenden Refrain bildet, ist gewiß ein extremes Beispiel für das neue Persönlichkeitsgefühl, heißt es doch darin geradezu

5b Ich bin der Anfang und das Ende der Menschen,
denn ein mir Gleicher ist nicht entstanden
und wird niemals entstehen,
ein mir Gleicher ist nicht geboren
und wird niemals geboren werden.
Ich habe die Taten der Vorfahren übertroffen
und keiner nach mir wird erreichen, was ich getan habe
in diesen Millionen Jahren. (Schenkel, 47)

Mit der Vorstellung einer vollkommenen Außenbestimmtheit der Person ist auch die strenge Dichotomie von "Gerechtigkeit" und Leistung", weisheitlichem und historischem Diskurs, Ideal- und Laufbahnbiographie aufgehoben. Der selbstbestimmte Mensch verwirklicht Gerechtigkeit in seinem individuellen biographischen Handeln. Entsprechend werden nun die alten Formeln um individuelle Aussagen erweitert:

5c Ich gab Brot dem Hungrigen
und Kleider dem Nackten;
ich salbte den Kahlen,
ich beschuhte den Barfüßigen,
ich gab dem eine Frau, der keine hatte.
Ich beschaffte Mo^calla und Her-mer den Lebensunterhalt
(bei jeder Hungersnot)
als der Himmel bewölkt und die Erde ausgedörrt war,
als jedermann Hungers starb
auf dieser 'Sandbank des Apopis'.
Der Süden kam an mit seinen Leuten,
der Norden traf ein mit seinen Kindern
und brachten dieses erstklassige Öl für Getreide.

> Ich ließ mein oberägyptisches Getreide eilen:
> südwärts erreichte es Unternubien,
> nordwärts erreichte es This,
> während sonst ganz Oberägypten Hungers starb
> und jedermann seine Kinder aufaß.
> Ich aber ließ nie zu, daß in diesem Gau einer verhungerte.
>   (Schenkel, 53 f.)

In dem Maße, wie der weisheitliche Diskurs der Idealbiographie sich mit historischen Details füllt bzw. der historische Tatenbericht weisheitlich motiviert und interpretiert wird, werden die Texte reicher, anspruchsvoller, bedeutender und kommen dem näher, was man in einem vorwissenschaftlichen und ahistorischen Sinne "literarisch" nennt. Literarisch wirken sie auch in einem anderen Sinne: ihrer Abhängigkeit von Formeln und Topoi. Die "Sandbank des Apopis" ist so eine Trope, nämlich für Dürre und Hungersnot, und die ganze Topik der Hungersnot findet sich immer wieder in diesen Inschriften als Folie für die Großtaten der Grabherren. Die Fülle der Metaphern, stehenden Wendungen und Topoi bezieht sich auf das ungeheure Neuland des selbstbestimmten Handelns und seiner inneren Determinanten und stellt den Versuch seiner begrifflichen Artikulation dar. Auch die kleineren Leute, die keine Großtaten zu berichten haben, beziehen die Bedeutsamkeit ihres Lebens und Handelns aus inneren Faktoren wie Gesinnung und Charakter, die in den thematischen Bereich des weisheitlichen Diskurses gehören. So bringt die Inschrift eines gewissen Megegi aus Theben z. B. eine bemerkenswert philosophische Wertschätzung der Zeit zum Ausdruck:

> Ich bin einer, der das Gute liebt und das Böse haßt,
> der den Tag voll ausnutzt.
> Ich zog keine Zeit vom Tag ab,
> ich ließ keine nützliche Stunde verstreichen.
> Ich verbrachte die Jahre auf Erden
> und erreichte die Wege der Nekropole,
> nachdem ich mir jede Grabausrüstung bereitet hatte,
> die den Seligen bereitet werden kann.
> Ich bin einer, der seinem Tag folgt,
> der seiner Stunde nachgeht im Verlauf eines jeden Tages.
>   (Schenkel 1965, 108 f.)

Die Restauration der königlichen Zentralgewalt und des damit verbundenen Sinnsystems, das die individuellen Handlungsspielräume wieder von der Initiative, Beauftragung und Anerkennung des Königs abhängig macht, setzt der renaissanceartigen Selbstherrlichkeit des Individuums — jeder ein Phönix[24] — ein Ende. Entsprechend verlagert sich das Schwergewicht biographischer Bedeutsamkeit von außen nach innen, von den historischen Kategorien Handlung und Leistung zu den weisheitlichen, aus dem Prinzip Maat abgeleiteten Kategorien Gerechtigkeit, Tugend, Charakter, Wissen und Können. Der "literarische" Eindruck der Texte wird dadurch nur noch stärker. So liest man etwa in der Inschrift eines Mentuhotep aus dem Anfang der 12. Dynastie:

> (Ich bin) ein Lehrer der Kinder in ruhigem Reden,
> ein Geduldiger, einer, der nicht mit einem Geringen streitet,
> es gibt ja keinen hochmütigen und (zugleich) geliebten Vorgesetzten;

der sein Herz neigt, bis er (der Bittsteller) seine Sorgen ausgesprochen hat,
bis er sein Inneres ausgelegt hat;
der seinen Fall anhört, der einen Mann nach Gebühr bescheidet,
(frei) von Übertreibung,
ein Schweiger, der sein Herz 'untertaucht',
zuvorkommend gegen jedermann,
der sein Gesicht nicht verhüllt gegen den Hungernden.
Eine freundliche Hand ist das, was geliebt wird.
Die Menschen sind grundsätzlich eines Wesens.
Es gibt keine Auflehnung gegen einen Beauftragten
oder irgendeinen Beamten des
Palastes,
sondern vielmehr wird gesagt: "Neige dein Herz,
sei nicht voreingenommen gegen einen Bittsteller,
bis er gesagt hat, weswegen er gekommen ist."
(...) Der gute Charakter eines Mannes taugt ihm mehr
als Tausende von Gaben in Taten.
Das Zeugnis der Menschen liegt in jenem Ausspruch
im Munde der Geringen:
"Des Menschen Denkmal ist seine Vollkommenheit,
der Charakterlose wird vergessen."
Wenn es nach dem Sprichwort geht, wird mein guter Name
in meiner Stadt fortdauern,
und mein Denkmal wird niemals untergehn. (Schenkel 1964, 11 f.)

Das ist die Sprache der Weisheit, typischer weisheitlicher Diskurs, der nicht nur mit volksläufigen Sprichwörtern, sondern auch mit literarischen Zitaten arbeitet. So heißt es in der Lehre des Ptahhotep:

8   Wenn du einer bist, dem Anliegen vorgebracht werden,
    dann halte dich ruhig und höre zu, was der Bittsteller sagt.
    Bescheide ihn nicht, bevor er sein Inneres ausgelegt hat,
    bis er gesagt hat, weswegen er gekommen ist.
    Ein Bittsteller liebt mehr, daß sein Spruch beachtet wird,
    als die Sorge, derentwegen er gekommen ist. (Žába 1956, 36 f.)[25]

In diesen Inschriften bewegen wir uns im unmittelbaren Umfeld der eigentlichen literarischen Kommunikation. Das merkt man nicht nur an den mannigfachen literarischen Zitaten, sondern auch und vor allem an dem anspruchsvollen stilistischen und gedanklichen Niveau dieser Texte. Dafür ein letztes Beispiel, die Inschrift auf der Grabstele eines Antef im Britischen Museum:

9   Ich war einer, der gegenüber dem Zornigen schweigt
        und geduldig ist gegenüber dem Unwissenden, um der Aggression zu wehren.
    Ich war einer, der 'kühl' ist, frei von Übereilung,
        weil er den Ausgang kennt und die Zukunft bedenkt.
    Ich war einer, der das Wort ergreift am Ort des Streits,
        der den (richtigen) Spruch kennt für das, worüber man zornig ist.
    Ich war einer, der milde war, wenn ich meinen Namen hörte,
        zu dem, der mir sagte, was in meinem (lies: seinem?) Herzen war.
    Ich war einer, der sich zusammennimmt, der sich umwendet, milde ist,
        der die Tränen stillt durch ein gutes Wort.
    Ich war einer mit hellem Gesicht zu seinen Klienten,
        der seinesgleichen Wohltaten erwies.
    Ich war einer, der korrekt ist im Hause seines Herrn,
        der zu dienen weiß mit schmeichelhafter Rede.
    Ich war einer mit hellem Gesicht und ausgestreckter Hand,
        ein Herr der Versorgung, frei von 'Gesichtsverhüllung'.

Ich war ein Freund der Geringen,
  von zuvorkommender Liebenswürdigkeit gegen den Bedürftigen.
Ich war einer, der den Hungrigen versorgt, der nichts hat,
  der den Armen die Hand ausstreckt.
Ich war ein Wissender für den, der nicht(s) weiß,
  der einen Mann darüber belehrte, was gut für ihn ist.
Ich war ein Unterwiesener des Königshauses,
  der wußte, was in jeder Behörde zu sagen ist.
Ich war ein Hörender, wenn ich die Wahrheit zu hören bekam,
  der aber das Geschwätz am Herzen vorbeiziehen ließ.
Ich war angenehm für das Haus meines Herrn,
  einer, dessen man gedenkt wegen seiner Erfolge.
Ich war einer, der vollkommen war im Verkehr mit den Behörden,
  geduldig, frei von Widersetzlichkeit.
Ich war ein Vollkommener ohne Übereilung,
  der niemals einen Mann festnahm (nur) wegen eines Ausspruchs.
Ich war genau wie das Zünglein an der Waage,
  wahrhaft korrekt wie (der Gott) Thoth.
Ich war einer mit 'bleibendem Fuß' (beständig) und vortrefflichem Rat,
  der sich an den Weg dessen hielt, der ihn vervollkommnete.
Ich war einer, der den kennt, der ihn wissen lehrt,
  der Rat einholt von dem, der Rat zu geben versteht und
  bewirkt, daß man (seinerseits) ihn um Rat fragte.
Ich war einer, der spricht in der Halle der Wahrheit,
  gerüsteten Mundes am Orte der Herzensbeklemmung.
  (Grapow 1936, Tf. 3)

Die strenge sprachliche Form des Textes wird von der schriftlichen Aufzeichnung genau widergespiegelt: die 20 mit "Ich bin/war" beginnenden Verspaare stehen in zwei Reihen von je 10 senkrechten Zeilen untereinander. Die ornamentalisierte Aufzeichnungsform weist als ästhetischer Blickfang auf die "schöne" Form des Textes hin und stellt, als Rezeptionsvorgabe verstanden, dessen ästhetische Qualitäten in den Vordergrund (s. Grapow 1936). In der Tat stellt diese Form, und zwar vor allem deren inhaltlicher Aspekt, eine bemerkenswerte poetische Leistung dar: die thematische Beschränkung auf reine Wesens-Charakterisierungen, unter Ausblendung von allem, was mit Handlung und Leistung zusammenhängt, dann aber, innerhalb des so verengten Rahmens, dieser einzigartige Reichtum an charakterisierenden Aussagen. Der poetische Aufwand dieses Verfahrens wird deutlich, wenn man versuchen wollte, es aus dem Kontext einer "sinn-reimenden" Poetik wie der altägyptischen in unsere laut-reimende zu übertragen: man müßte, wenn nicht 40 gleiche Reimwörter, dann zumindest weitere Einschränkungen auf phonematischer Ebene finden wie z. B. das Vokalspiel in Walther von der Vogelweides "Diu welt was gelf, rot unde bla". Die sprachlichen Ressourcen, auf deren Erschließung und Ausbeutung eine sinn-reimende Poetik basiert, sind andere als bei lautreimender Dichtung: sie liegen auf dem Gebiet der begrifflichen Artikulation und Aufgliederung von Sinnbezirken. In den Biographien des Mittleren Reichs ist es der Sinn-Bezirk der Gesinnung, der inneren Werte der Persönlichkeit, der Beamtentugenden wie Korrektheit, Unbestechlichkeit, Unparteilichkeit, Ausgeglichenheit, Geduld, Freundlichkeit, Zurückhaltung, Bescheidenheit, Belehrbarkeit, Großzügigkeit usw. usw., der so "feinmaschig" aufgegliedert wird, daß die entsprechenden Epitheta, so konventionell sie, für sich genommen, auch sein mögen (vgl. bes. Janssen 1946), in ihrer jeweiligen Komposition doch ein individuelles Porträt ergeben. Was früher, im Rahmen der Idealbiographie, der es auf "Porträtähnlichkeit" nicht ankam, mit 3 oder 4 summarischen Pinselstrichen angedeutet wurde, wird hier z. B. in 40 und mehr Strichen durchdetailliert. Diese Erschließung und Kultivierung einer ethischen Begriffswelt ist ein literarisches Phänomen, und zwar deshalb, weil sie nicht nur dem "biographischen Diskurs" zugrunde liegt, den man in seiner Orts- und Zweckgebundenheit weiterhin zur Gebrauchsliteratur rechnen wird, sondern auch und ganz besonders einem weder orts- noch zweckgebundenen, und in diesem in Ägypten ganz neuartigen Sinne, literarischen Diskurs, der sich gleichzeitig mit dem Aufschwung der biographischen Gattung nach dem Ende des Alten Reichs entfaltet.

Dieser literarische Diskurs läßt sich nach seiner thematischen Ausrichtung wohl am treffendsten als "moralistisch" kennzeichnen (im Sinne von Balmer 1981). Den Trägerkreis dieser Literatur bildet eine neue Beamtenelite, deren Aufbau und Ausbildung zu den dringendsten innenpolitischen Anliegen der 12. Dynastie gehört (Posener 1956). Solche *litterati*, die sich selbst als "Weise" oder "Gelehrte" bezeichnen (äg. *rḫ jḫt*, vgl. dazu Brunner 1966, 32—35) sind es auch, die sich zu der hochgezüchteten und hochdifferenzierten Ethik bekennen, wie sie den biographischen Grabinschriften zugrunde liegt. Der moralistische Diskurs, der aus der Notwendigkeit einer umfassenden Neuorientierung erwächst, wird auf breiter Basis in den Grabinschriften geführt sowie gleichzeitig, und in Wechselwirkung damit, auf einer sehr viel schmaleren Ebene, deren Enthobenheit von traditionellen Funktions-Determinanten aber einen wesentlich umfassenderen, die Zusammenhänge und ihre Grundlagen reflektierenden Skopus ermöglicht: der Literatur.

Auf die Literatur dieser Epoche hier näher einzugehen, verbietet sich aus Raumgründen. Übersetzungen der wichtigsten Texte sind in neueren Anthologien leicht auffindbar. Es handelt sich vor allem um (alle in Anführungszeichen gesetzten Titel sind modern!):

A "Klagen und Prophezeiungen"
  1. "Die Mahnworte des Ipuwer", Papyrus Leiden J 344, Lichtheim (1973), 149—163
  2. "Die Prophezeiungen des Neferti", Papyrus Leningrad 1116B, Lichtheim, 139—145
  3. "Die Klagen des Chacheperresenb", Schreibtafel BM 5645, Lichtheim, 145—148

B Dialoge
  1. "Das Gespräch eines Lebensmüden mit seinem Ba", Papyrus Berlin 3024, Lichtheim (1973), 163—169
  2. "Die Klagen des Bauern", Papyri Berlin 3023, 3025 und 10499, Lichtheim, 169—184
  3. "Die Rede des Sisobek", Papyrus Ramesseum I, Barns (1956), 1—10

C Unterweisungen
  a) Königslehren
    1. "Die Lehre für Merikare", Papyrus Leningrad 1116A u. a., Lichtheim (1973), 97—109
    2. "Die Lehre Amenemhets I.", Papyrus Millingen, Lichtheim, 135—139

b) Beamtenlehren
1. Die Lehre des Ptahhotep, Papyrus Prisse und 2 Londoner Papyri, Lichtheim, 61—80
2. Die Lehre des Cheti (Berufssatire), Papyrus Sallier II und Anastasi VII im BM, Lichtheim, 184—192

c) Loyalistische Lehren
1. Die "Loyalistische Lehre", Papyrus Louvre E 4864 u.v.a., Posener (1976), vgl. Lichtheim, 125—129
2. Die Lehre eines Mannes für seinen Sohn, verschiedene kleinere Quellen, vgl. Posener (1979), 308—316

D Erzählungen
1. "Die Erzählung des Sinuhe", Papyrus Berlin 3022 und 10499 u. a., Lichtheim (1973), 222—235
2. "Die Erzählung des Schiffbrüchigen", Papyrus Leningrad 1115, Lichtheim, 211—215
3. "Wundererzählungen am Hofe des Cheops", Papyrus Westcar (= Berlin 3033), Lichtheim, 215—222

Ich halte alle diese Texte im großen ganzen für Werke des Mittleren Reichs[26] (für A 2—3, C a2, b2, c1—2 und D 1 ist dieser Ansatz ohnehin gesichert, während A 1, B 1—3, C a1 und zuweilen auch D 2 in die Übergangszeit davor, C b1 sogar in das Alte Reich und D 3, von einigen auch A 1, in die Übergangszeit nach dem Mittleren Reich gesetzt werden), rechne aber nicht mit einer *creatio ex nihilo*, sondern mit einer längeren, die Übergangszeit nach dem Ende des Alten Reichs umfassenden Vorgeschichte, die in vielen dieser Texte (besonders A 1, B 1—3, C a1) auch textkritisch noch greifbar ist. Ich gehe also davon aus, daß die Entstehung dieses neuartigen literarischen Diskurses zeitlich zusammenfällt mit, und historisch erklärbar ist aus dem Ende des Alten Reichs.

Das Alte Reich hatte auf die Frage nach Sinn und Bestand der menschlichen Existenz und das Streben nach Unsterblichkeit in wie auch immer gearteten Formen postmortaler Fortdauer, den "dur désir de durer"[27], eine grandiose Antwort gefunden, die wir an den eindrucksvollen Überresten der aus dem Alten Reich erhaltenen Steinarchitektur und Plastik bewundern, die sich aber auf die Dauer als illusionär erweisen und weniger "steinzeitlichen" oder "megalithischen" Konzeptionen weichen mußte.[28] Der Zusammenbruch der symbolischen Sinnwelt des Alten Reichs, die den einzelnen sowohl als Baustein in das Ordnungsgefüge der Maat, der gesellschaftlichen Solidarität einfügte wie als ausführendes Organ des königlichen Willens verstand, legte die Frage wieder offen. Auf der Suche nach neuen Antworten wurden neuartige Wege beschritten. Als einer davon etabliert sich die Frühform einer im engeren Sinne literarischen Kommunikation. Andere Wege sind etwa das Aufkommen eines Seelen-Glaubens, der einzelnen Fortdauer aus eigener Kraft verheißt, und die Ausbreitung der Osiris-Religion mit der Vorstellung vom Totengericht, die eine ethische und religiöse Fundierung dieser Frage propagieren.

Die Entstehung der Literatur aus den Trümmern der Sinnwelt des Alten Reichs und als Folge der Vertreibung des Menschen aus der Geborgenheit des patriarchalischen, im König zentrierten Sozial- und Ordnungsgefüges, in der jeder einzelne zur "Person" nur als Teil eines Ganzen werden konnte, dieser

Zusammenhang ergibt sich sehr klar, wenn man sich die Thematik der literarischen Texte vergegenwärtigt. Die "Klagen" und die "Dialoge" beklagen den Zerfall der gesellschaftlichen Solidarität, wobei die politisch-historische Dimension des Problems, die Zentriertheit der sozialen und ethischen Ordnung im Königtum, in den Texten A 1 und 2 sehr klar herausgestellt wird. Die Erzählungen, vor allem D 1 und 2, kreisen in ganz anderer Form um dasselbe Thema, denn sie behandeln die Isolation des Flüchtlings und des Schiffbrüchigen als Paradigma der Vereinsamung des auf sich selbst gestellten, aus dem gesellschaftlichen Einklang herausgefallenen Menschen. Die Freilegung dieser Probleme durch den Zusammenbruch des vorhergehenden Sinn-Systems hat sie einer tiefgreifenden und umfassenden Reflexion ausgesetzt. Daß der durch diese Sinnkrise herausgeforderte weltbildreflektierende Diskurs in Form von "Literatur" auftritt, daß also die Entstehung literarischer Kommunikation durch eine umfassende Sinnkrise provoziert wird, dürfte in der Geschichte kein Einzelfall sein, wenn auch das Aufblühen einer Kunst im Zusammenhang mit dem Zerfall politischer Macht ein bemerkenswertes und in der Sozialgeschichte der Kunst sonst nicht leicht zu belegendes Faktum darstellt. Der ägyptische Befund, wie ich ihn interpretieren möchte, als Entstehung von Literatur aus den Trümmern einer vorangegangenen Sinnwelt und dem Zusammenbruch der sie tragenden Gesellschaft, entspricht aber in geradezu paradigmatischer Weise dem Zusammenhang von Literatur und Revolution, wie ihn Helmut Kuhn in seiner "phänomenologischen Skizze" (1981) aufzeigt. Das gilt für die beiden von H. Kuhn hervorgehobenen Punkte: für den Zusammenbruch einer Sinnwelt, der Offenheit schafft für neue Sinnerschließungen, und für den Zusammenbruch von Verständigungsgemeinschaften und Verständigungstraditionen, der Öffentlichkeit schafft als das neue Forum der entstehenden Literatur. Die allgemeine Betroffenheit von der Inkohärenz und der Unverständlichkeit des Ganzen führt zu einem allgemeinen, funktional unfestgelegten Bedarf an Texten, wie er sich in dem umfassenden thematischen Skopus der erhaltenen Werke widerspiegelt, die von Gott und Welt und von den Grundlagen der menschlichen Existenz handeln.

Die Rede von der "Entstehung der Literatur", aus was für historisch belegbaren Ermöglichungs- und Rahmenbedingungen auch immer, hat etwas, das zum Widerspruch herausfordert, weil es uns trotz allem die Annahme einer *creatio ex nihilo* zumutet. Sollte es eine literarische Kommunikation nur deswegen vorher nicht gegeben haben, weil uns keine datierten literarischen Handschriften dieser Zeit erhalten sind? Selbst wenn dieser Schluß *e silentio* legitim wäre, ließe sich immer noch argumentieren, daß dieser "literal-literarischen" Kommunikation eine "oral-literarische" sowohl vorausgehen als auch nebenherlaufen könnte, was der auf schriftliche Texte fixierte Philologe bekanntlich allzu leicht übersieht. Diese Möglichkeit wenigstens läßt sich, wenn nicht geradezu ausschließen (vgl. n. 21), so doch als sehr unwahrscheinlich einstufen. Diese Texte machen einen ausgesprochen artifiziellen Eindruck, den man als Zeichen schriftlicher Kommunikation werten möchte. Vor allem thematisieren sie selbst ihre Distanz zur Folklore, indem sie rekonstruierbare mündliche "Sprechsitten" (Seibert 1967) umdeutend zitieren. Man kann sich auch kaum "Brauchtumsgestalten" vorstellen, in die diese Texte in ihrer Komplexität, ihrer schwer überschaubaren

Länge, ihrer vielschichtigen und höchst anspruchsvollen "philosophischen" Thematik passen würden. Was diesen Texten an Formen mündlicher Kommunikation außer den schon erwähnten Legenden und Sprüchen berühmter "Weiser" möglicherweise vorausliegt und worauf in einigen von ihnen (vor allem B 2, C a1, b1) sehr explizit Bezug genommen wird, ist die "Kunst" (scil. der Rede), d. h. eine höfische, forensische, juristische und didaktische Rhetorik. Vor allem aber liegt ihnen eine Form schriftlicher Kommunikation voraus: die autobiographische Grabinschrift.

Die bedeutendste Erzählung der altägyptischen Literatur, die "Geschichte des Sinuhe" (D 1), gibt sich als Kopie einer autobiographischen Grabinschrift. Durch diese Einkleidung macht sie sich die in der Gattung der Grabbiographie liegenden literarischen Möglichkeiten zunutze. Es sind Möglichkeiten nicht des Erzählens, sondern des *schriftlichen* Erzählens, der motivierten, bedeutungsvollen Aufzeichnung von Erzählung. Schreiben heißt: auf Dauer stellen, bewahren, verewigen. *In der biographischen Grabinschrift wird das Leben unter dem Gesichtspunkt der Resultativität aufzeichnungsfähig:* als "ausgereifte Endgestalt" und als die Geschichte ihres Gewordenseins. Es ist diese Perspektive, die Perspektive des Todes, die für den Ägypter, wie wir gesehen haben, Vergangenheit, Geschichte und Identität thematisierbar und aufzeichnungsfähig macht.[29] Diese Perspektive macht sich die literarische Erzählung zunutze, um die Aufzeichnung zu motivieren. Bedarf es eines stärkeren Hinweises auf den durch und durch schriftlichen Charakter dieses Werkes? Der testamentarische Charakter der schriftlichen Aufzeichnung entspricht dem Wesen nicht nur des historischen, sondern auch des weisheitlichen Diskurses. Die ägyptische Weisheitslehre gibt sich als eine Art Abschiedsrede, die der greise (C b1), in einigen Fällen sogar der tote Vater (C a1—2) an seinen Sohn richtet.[30] Sie versteht sich selbst als eine "Unterweisung zum Gespräch mit der Nachwelt" (Ptahhotep: Žába 1956, 57.517—519):

Sie (die Lehren) sind eine Unterweisung, wie ein Mann zur Nachwelt sprechen soll.
Wer sie hört, wird selber zu einem Experten, der gehört wird.
Gut ist es, zur Nachwelt zu sprechen: sie ist es, die es hören wird.

Die Grabherren nehmen das Gespräch mit der Nachwelt auf. Daher wird der weisheitliche Diskurstyp wiederum von den biographischen Grabinschriften vor allem des Mittleren Reichs nachgeahmt. Literatur und Grabinschrift entfalten sich, nach dem Ende des Alten Reichs, in Wechselwirkung aufeinander. Die Literatur wird in vieler Hinsicht zum Vorbild der Grabinschrift. Das Grab aber ist, in Ägypten, die Vorschule der Literatur.

Anmerkungen:

[1] Zum "aere perennius"-Motiv bei Horaz und dessen ägyptischen Bezügen vgl. etwa H. Fuchs (1962); L. Borzsák (1964); I. Trencsényi-Waldapfel (1964).
[2] Vgl. hierzu auch Brunner (1966); Bergmann (1979b) sowie Wildung (1977), 25—27 mit Bibliographie.

³ Das, worauf es eigentlich ankommt, ist nicht das Lesen, sondern das Behalten und Weitererzählen des Gelesenen. "Lebendig" wird der Name erst in der mündlichen Überlieferung und in der *mémoire collective*, für die ihn die Schrift nur zur jederzeitigen Reaktivierung aufbewahrt. Vgl. ähnlich in dem Pap. Chester Beatty (Zeile 34 des Zitats) und besonders die Erment-Stele König Thutmosis' III.; danach bezweckt die Niederschrift,
"daß man von seinen Taten sprechen soll
noch in Millionen von Jahren, die kommen."

⁴ Zum ägyptischen Begriff der Persönlichkeit als Zurechnungssubjekt einer Identität, die aufgrund ihrer besonderen biographischen Bedeutsamkeit Anspruch auf kollektives Gedenken und damit Unsterblichkeit erhebt, s. Assmann (1982). Mit dieser Bindung ägyptischer Unsterblichkeitshoffnungen an die soziale Kategorie der Unvergeßlichkeit im Sinne biographischer Bedeutsamkeit soll nicht gesagt sein, daß die Ägypter nicht auch Vorstellungen einer Existenz jenseits diesseitiger sozialer Einbindungen, als "unsterbliche Seele", ausgebildet hätten. Das ist im Gegenteil sogar in sehr ausgeprägter Form der Fall. Sie spielen nur für die Geschichte der Autobiographie in dem uns interessierenden Zeitraum keine Rolle und haben auch später die dieser zugrunde liegenden Idee einer sozial bedingten Unsterblichkeit nicht zurückgedrängt. In der von R. J. Lifton (1976), 23 ff. entworfenen Typologie von "five general modes of immortality" entspricht der Komplex "Leistung" (arete) dem dritten Modus.

⁵ Die im Pap. Chester Beatty IV vso. herausgestellte Achtheit von "Weisen" der Vergangenheit ist zwar anderwärts nicht als solche belegbar, aber der darin zum Ausdruck kommende Kanonisierungsprozeß ist für den Schul- und Literaturbetrieb der Ramessidenzeit kennzeichnend. Aus einem ramessidischen Beamtengrab in Saqqara stammen 2 Reliefblöcke mit 38 in 3 Registern zu 12, 13 und 13 angeordneten Figuren. Das oberste Register enthält Könige, die beiden anderen Beamte der Vergangenheit mit beigeschriebenen Namen, dazu 8 weitere Namen in der waagerechten Trennungszeile, so daß insgesamt 34 Berühmtheiten der memphitischen Region aus dem Alten, Mittleren und Neuen Reich erwähnt werden, darunter auch einige der klassischen Autoren. S. hierzu Wildung (1977), 28 f. mit Bibliographie.

Zur Autor-Problematik s. auch Brunner (1966), 31, sowie, mit Bezug auf Neferti, Posener (1956), 34.

⁶ Auf diesen Zusammenhang zielt auch die anregende Skizze von J. Bergman (1979b), bes. 93—102.

Um die verschiedenen Formen einer Zuordnung von Text und Name beschreiben zu können, unterscheide ich vier Funktionen der mit dem Eigennamen bezeichneten Person:

real-weltlich   1.) Verfasser
                2.) Assertor
text-weltlich   3.) Sprecher
                4.) Zurechnungssubjekt

Der "Verfasser" versteht sich von selbst. In der Regel ist er mit dem "Assertor" identisch, wir sprechen dann von einem "Autor". Ein sog. Ghostwriter aber ist z. B. ein Verfasser, der kein Autor ist, weil er nicht mit seinem Namen als Autor zeichnet und dadurch den Text "assertiert". Darunter verstehe ich, in Anlehnung an Klaus Heger, die "Übernahme der kommunikativen Regreßpflicht". Der "Assertor" zeichnet mit seinem Namen für den Inhalt verantwortlich. Beide, Verfasser und Assertor, sind notwendigerweise realweltliche Instanzen außerhalb des Textes.

Anders die beiden folgenden: sie stehen innerhalb des Textes, auch wenn sie referenzsemantisch mit Personen der Realwelt identisch sein können. Mit "Sprecher" meine ich das, was man gewöhnlich den "Erzähler" nennt, bin aber auf einen allgemeineren Ausdruck angewiesen, weil in den Texten, mit denen wir es zu tun haben, nicht nur erzählt, sondern auch und vor allem berichtet, beschrieben, argumentiert, befohlen, geklagt, geweissagt, gebannt ... wird. Unter dem "Zurechnungssubjekt" verstehe ich den Träger der erzählten Geschichte, der berichteten Leistung, des entfalteten Wissens, der beschriebenen Gesinnung usw. Es handelt sich um eine text-*semantische* Rolle, im Gegensatz zum Assertor als einer text-*pragmatischen*.

Bei den "Weisen" des Papyrus Chester Beatty handelt es sich um "Sprecher" (und als solche um literarische Fiktionen), die in der Rolle von "Assertoren" auftreten und daher für Verfasser gehalten werden, selbst dort, wo der Sprechakt, als dessen Niederschrift sich das Buch gibt, noch in eine Rahmenerzählung eingekleidet ist, wie z. B. bei Neferti. Ihr Ruhm und ihre Unsterblichkeit gründet sich, nach der Darstellung des ramessidischen Papyrus, aber weniger auf ihre Verfasserschaft, sondern darauf, daß das, was sie geweissagt haben, eingetroffen ist, wobei sowohl an wirkliche (wenn auch natürlich faktisch ex eventu-)Prophezeiungen gedacht ist wie bei Neferti, als auch an die vielfältige Applizierbarkeit des Weisheitsspruchs, der sich in wechselnden historischen Situationen bewährt hat. Sie interessieren also vornehmlich als Zurechnungssubjekte der in den Büchern niedergelegten Weisheit, d. h. Einsicht und Voraussicht. Daher ist es auch allein das Weisheitsbuch, das, nach der Meinung des Papyrus Chester Beatty, seinen "Autor" verewigt: weil nur diese literarische Gattung auf Unvergänglichkeit, d. h. Wahrheit im Sinne immerwährender Gültigkeit angelegt ist.

[7] Vgl. zu dieser Sitte auch Brunner (1966), 32 mit weiterer Literatur. An diese Sitte haben dann die Grabherren wiederum anzuknüpfen versucht. So hat sich ein Wassernapf des Paser erhalten mit der Aufschrift:
Was jeden Schreiber betrifft, der mit diesem Wassernapf schreiben und aus ihm libieren wird
mit den Worten: 'Ein Opfergebet... für den Ka des Paser",
ihn wird Thoth loben und Seschat lieben, wenn ich (es) höre" —
s. dazu Wildung (1977), 20.

[8] S. hierzu Edel (1944); Janssen (1946); Otto (1954).

[9] Darüber hinaus finden sich in den Gräbern gerade der älteren Zeit (4. und 5. Dyn.) auch oft Aufzeichnungen von juristischen Dokumenten, die sich auf das Grab beziehen: Stiftungsurkunden, Verfügungen über den Totenkult, königliche Dekrete u. a. Aktenstücke, vgl. dazu Helck (1972), 10—13. Der "resultative Umschlag", der einen Prozeß in einen auf Dauer gestellten Vorgang überführt, ist in der juristischen Sphäre besonders ausgeprägt und dort dem "testamentarischen" Wesen der Schrift besonders nahe.

[10] In Durkheims Theorie entspricht die Ausbildung einer ausgeprägten Solidaritäts-Ideologie der fortschreitenden Arbeitsteilung (Durkheim 1977). Ägypten bietet hierfür ein klassisches Beispiel.

[11] S. hierzu ausführlicher Assmann (1982); zu "Lob" und "Einklang" s. auch Assmann (1976), 20—29.

[12] Das ist eine Ausnahme in diesen Inschriften, die sich aus der besonderen "loyalistischen" Tendenz dieses Textes erklärt. Vgl. n. 14.

[13] Vgl. treffend G. Misch (1931), 16: "Nicht der betreffende Mensch, sondern der König, an dessen Unternehmungen und Gnadenerweisungen er Anteil hatte, steht im Mittelpunkt des Berichts."

[14] Zum Loyalismus im Alten Reich s. Kaplony (1968), für spätere Epochen Posener (1956), ders. (1976); Assmann (1979).

[15] Ich denke an die große Neferhotep-Inschrift (Helck 1975, 21—29) und natürlich vor allem an die Kamose-Stelen (Helck 1975, 82—97), die die Gattung der Königsinschriften des Neuen Reichs gleich mit einem Höhepunkt eröffnen.

[16] Vgl. die brillanten Bemerkungen von Berlev (1981) zur ägyptischen Königs-Theologie.

[17] Die Tatenberichte der Pharaonen legen gewöhnlich nur von gegenwärtigen Ereignissen Rechenschaft ab, nicht von ganzen Regierungszeiten. Nur ausnahmsweise wird im Neuen Reich der Skopus der Berichterstattung erweitert, z. B. in den Annalen Thutmosis' III. (mit dem Rückblick in die Vergangenheit Urkunden IV 647.12—648.7) und vor allem natürlich im "Historischen Abschnitt" des Großen Pap. Harris I. Weitere Beispiele resümierender "Rückblenden" sind etwa die Restaurationsstele des Tutanchamun, die Krönungsinschrift Haremhabs, der Denkstein Sethos' I. für seinen Vater Ramses I., die "inscription dédicatoire" Ramses' II. Die Vergangenheit tritt hier aber immer nur im Sinne eines Exkurses in die Vorgeschichte des allein interessierenden gegenwärtigen Ereignisses oder Zustandes in den Blick.

[18] Zum einzelnen s. Assmann (1975). Auf die Kategorie der "Resultativität" gehe ich ausführlich ein in: Die Zeit, Schriften der C. F. v. Siemens-Stiftung 6 (1983), 189—223.

[19] Den engen Zusammenhang von Schriftverwendung und Ewigkeitsvorstellung in Ägypten betont auch Helck (1972).

[20] Die folgenden Bestimmungen beruhen z. T. auf noch unpublizierten Ergebnissen der "Literarizitätsdebatte", die das Thema der ersten Tagung des Arbeitskreises gebildet hat.

[21] Damit rechnet auch Helck (1972). Gewöhnlich setzt man dagegen zumindest diejenigen Lehren ins Alte Reich, als deren Zurechnungssubjekte Weise des Alten Reichs auftreten. Daß

diese Zurechnung literarische Fiktion ist, erscheint mir sicher. Die z. T. früh einsetzende kultische Verehrung einzelner Weiser, z. B. Kagemni (der in der Einkleidung der nach ihm benannten Lehre als Adressat und nicht als Lehrautorität auftritt!), zeigt, daß sich um solche Leute Legenden, d. h. mündliche Überlieferungen gebildet haben, vielleicht in Gestalt mündlicher Logien-Sammlungen, aus denen dann später die schriftlichen "Lehren" hervorgegangen sind. Vgl. hierzu auch Brunner (1966) und besonders Wildung (1977).

[22] Was man sich historisch unter der "Ersten Zwischenzeit" vorzustellen hat, ist in letzter Zeit sehr kontrovers behandelt worden. Die einen halten die in den literarischen Texten gegebenen Schilderungen für reine Fiktion (Lichtheim 1973; Junge 1977), die anderen für getreue Widerspiegelungen tatsächlicher Vorgänge (Barta 1975/76). Die Wahrheit liegt vermutlich in der Mitte: irgend etwas *muß* passiert sein, um derartige Fiktionen zu provozieren. Hierfür genügt der Zusammenbruch der königlichen Zentralgewalt und der damit im Sinne einer "symbolischen Sinnwelt" (Berger-Luckmann 1970) verbundenen Vorstellungswelt (Assmann 1983).

[23] Ich formuliere in Anlehnung an Niklas Luhmann (1971) und die historische Anwendung dieser Theorie durch H. U. Gumbrecht (1980).

[24] Bottral (1958). Die entsprechende Passage aus John Donne's "Anatomy of the World. The first Anniversary" (Verse 213—218) liest sich wie die versifizierte Übersetzung einer ägyptischen Klage:

'Tis all in pieces, all coherence gone;
All just supply, and all relation:
Prince, subject, father, son, are things forgot,
For every man alone thinks he has got
To be a phoenix, and that then can be
None of that kind, of which he is, but he.

[25] Derselbe Grundsatz begegnet auch in dem als "Einsetzung des Vezirs" bekannten Text, der in Vezirsgräbern der 18. Dyn. überliefert ist, aber wohl aus dem Mittleren Reich stammt. Dieser Text steht auf der Grenze zwischen „Gebrauchs-" und "schöner" Literatur und zeigt, wie fließend man sich diese Grenze, vor allem auf dem Gebiet des weisheitlichen Diskurses, vorzustellen hat.

[26] Ähnlich Helck (1972). Zur Literatur des Mittleren Reichs und ihren historischen Rahmenbedingungen s. Posener (1956).

[27] Mit dieser Wendung Paul Eluards kennzeichnet Steiner (1972), 100 einen "persistenten, ja zentralen Bestandteil westlicher Kultur", der aber gewiß nicht das Proprium "westlicher" Kultur darstellt und etwa für die altägyptische Kultur in ganz besonders ausgeprägter Weise zutrifft.

[28] Die Kritik der Steinarchitektur als Realisierung von Ewigkeit gehört zu den Themen der neuen Literatur, vgl. besonders den Berliner Papyrus 3024 (B 1 der obigen Liste) und das "Anteflied" (die Stellen bei Assmann 1977). In der Tradition dieser Kritik steht auch der eingangs zitierte Pap. Chester Beatty IV.

[29] Vgl. Benjamins Essay über Lesskow, aus dem das zweite Motto stammt und auf den mich Aleida Assmann hingewiesen hat: Benjamin (1977), 396 f.

[30] Diesen Zusammenhang hat Bergman (1979a) und (1979b) sehr deutlich herausgearbeitet.

Literatur :

Assmann, J. (1974) "Der literarische Text im alten Ägypten. Versuch einer Begriffsbestimmung", in: *Oriental. Lit. Zeitg.* 69, 117—126.
— (1975) *Zeit und Ewigkeit im alten Ägypten. Ein Beitrag zur Geschichte der Ewigkeit*, Abh. Ak. Wiss. Heidelberg.
— (1976) "Das Bild des Vaters im alten Ägypten", in: H. Tellenbach (Hg.), *Das Vaterbild in Mythos und Geschichte*, 12—49.
— (1977) "Fest des Augenblicks, Verheißung der Dauer. Die Kontroverse der ägyptischen Harfnerlieder", in: J. Assmann et alii (Hgg.), *Fragen an die altägyptische Literatur* (Gedenkschrift Eberhard Otto), Wiesbaden, 55—84.

- (1979) "Weisheit, Loyalismus und Frömmigkeit", in: E. Hornung, O. Keel (Hgg.), *Studien zu altägyptischen Lebenslehren*, 1—72.
- (1982) "Persönlichkeitsbegriff und -bewußtsein", in: W. Helck, W. Westendorf (Hgg.), *Lexikon der Ägyptologie* IV, Wiesbaden, 963—978.
- (1983) "Königsdogma und Heilserwartung. Politische und kultische Chaosbeschreibungen in ägyptischen Texten", in: D. Hellholm (Hg.), *Apocalypticism in the Mediterranean World and the Near East*, Tübingen, 345—377.

Baines, J. (1983) "Literacy and Ancient Egyptian Society", in: *Man*, N.S. 18, 572—599.

Balmer, H. P. (1981) *Philosophie der menschlichen Dinge. Die europäische Moralistik*. Bern und München.

Barns, J. W. B. (1956) *Five Ramesseum Papyri*. Oxford.

Barta, W. (1975/76) "Die erste Zwischenzeit im Spiegel der pessimistischen Literatur", in: *Jahrbuch Ex Oriente Lux* 24.

Benjamin, W. (1977) *Illuminationen. Ausgewählte Schriften*. Frankfurt a. M.

Berger, P. L., Luckmann, Th. (1970) *Die gesellschaftliche Konstruktion der Wirklichkeit. Eine Theorie der Wissenssoziologie*. Frankfurt.

Bergman, J. (1979a) "Discours d'adieu — testament — discours posthume. Testaments juifs et enseignements égyptiens", in: *Sagesse et religion* (C.E.S.S., Université de Strasbourg), Paris, 21—50.

- (1979b) "Gedanken zum Thema 'Lehre — Testament — Grab — Name'", in: E. Hornung, O. Keel (Hgg.), *Studien zu altägyptischen Lebenslehren*, Fribourg, 73—104.

Berlev, O. D. (1981) "The Eleventh Dynasty in the Dynastic History of Egypt", in: *Studies presented to H. J. Polotsky*, East Gloucester, Mass., 361—377.

Borzsák, I. (1964) "Exegi monumentum aere perennius", in: *Acta Antiqua Acad. Scient. Hungaricae* 12, 137—147.

Bottrall, M. (1958) *Every Man a Phoenix. Studies in Seventeenth Century Autobiography*. London.

Brunner, H. (1957) *Altägyptische Erziehung*. Wiesbaden.

- (1966) "Die 'Weisen', ihre 'Lehren' und 'Prophezeiungen' in altägyptischer Sicht", in: *Zeitschr. f. ägypt. Sprache* 93, 29—35.

Derrida, J. (1974) *Grammatologie*. (frz. 1967) Frankfurt.

Durkheim, E. (1977) *Über die Teilung der sozialen Arbeit* (frz. 1930). Frankfurt.

Edel, E. (1944) *Untersuchungen zur Phraseologie der ägypt. Inschriften des Alten Reichs*, Mitt. d. deutschen archäologischen Inst. Abt. Kairo 13. Berlin.

Fecht, G. (1958) *Der Habgierige und die Maat in der Lehre des Ptahhotep*, Abh. d. deutsch. archäol. Inst. Kairo 1, Glückstadt.

Fuchs, H. (1962) "'Nun, o Unsterblichkeit, bist du ganz mein...'", in: *Edgar Salin zum 70. Geburtstag*, Tübingen, 149—166.

Fulton, R. (Hg.) (1976) *Death and Identity*. Bowie, Maryland.

Grapow, H. (1936) *Sprachliche und schriftliche Formung ägyptischer Texte*. Leipzig.

Gumbrecht, H. U. (1980) "Literarische Gegenwelten, Karnevalskultur und die Epochenschwelle vom Spätmittelalter zur Renaissance", in: H. U. Gumbrecht (Hg.), *Literatur in der Gesellschaft des Spätmittelalters* (GRLMA Begleitreihe Bd. 1), Heidelberg, 95—144.

Havelock, E. (1963) *Preface to Plato*. Oxford.

Helck, W. (1972) "Zur Frage der Entstehung der ägyptischen Literatur", in: *Wiener Zeitschr. f. d. Kunde d. Morgenlandes* 63/64, 6—26.

- (1975) *Historisch-biographische Texte der Zweiten Zwischenzeit*. Wiesbaden.

Hölscher, U. (1962) *Pindars Siegeslieder*. Frankfurt.

Janssen, J. M. A. (1946) *De traditioneele egyptische autobiografie vóór het Nieuwe Rijk*. 2 Bde. Leiden.

Junge, F. (1977) "Die Welt der Klagen", in: J. Assmann et alii (Hgg.), *Fragen an die ägyptische Literatur* (Gedenkschrift Eberhard Otto), Wiesbaden, 275—284.

Kaplony, P. (1968) "Eine neue Weisheitslehre aus dem Alten Reich", in: *Orientalia* N.S. 37, 1—62.

Kuhlmann, K. P. (1973) "Eine Beschreibung der Grabdekoration aus saitischer Zeit", in: *Mitt. d. deutsch. archäol. Abt. Kairo* 29.2, 205—213.

Kuhn, H. (1981) "Literatur und Revolution. Eine phänomenologische Skizze", in: E. W. Orth (Hg.), *Was ist Literatur?*, Phänomenologische Forschungen 11, Freiburg/München, 46—96.

Lichtheim, M. (1973) *Ancient Egyptian Literature* I. Berkeley, Los Angeles, London.
Lifton, R. S. (1976) "The Sense of Immortality: On Death and the Continuity of Life", in: Fulton, R. (Hg.).
Lübbe, H. (1979) "Zur Identitätspräsentationsfunktion der Historie", in: O. Marquard, K. Stierle (Hgg.), *Identität*, Poetik und Hermeneutik VIII, München, 277—292.
Luhmann, N. (1971) "Sinn als Grundbegriff der Soziologie", in: J. Habermas, N. Luhmann, *Theorie der Gesellschaft oder Sozialtechnologie — was leistet die Systemforschung?* Frankfurt, 25 bis 100.
Misch, G. (1931) *Geschichte der Autobiographie*, Erster Band: Das Altertum, 2. Aufl., Leipzig/Berlin.
Morenz, S. (1969) *Prestige-Wirtschaft im alten Ägypten*, Sitz. Ber. d. Bayr. Ak. d. Wiss.
Otto, E. (1954) *Die biographischen Inschriften der ägyptischen Spätzeit*. Leiden.
Posener, G. (1956) *Littérature et politique dans l'Egypte de la XIIe dynastie*. Paris.
— (1976) *L'enseignement loyaliste. Sagesse égyptienne du Moyen Empire*. Genf.
Schenkel, W. (1964) "Eine neue Weisheitslehre?" in: *Journal of Eg. Archaeol*. 50, 6—12.
— (1965) *Memphis, Herakleopolis, Theben. Die epigraphischen Zeugnisse der 7.—11. Dyn. Ägyptens*, Ägyptol. Abh. 10, Wiesbaden.
— (1975) "Die Gräber des *P3-tnf.j* und eines Unbekannten in der theb. Nekropole (Nr. 128 und 129)", in: *Mitt. d. deutsch. archäol. Inst. Abt. Kairo* 31.1, 127—158.
Schott, E. (1977) "Die Biographie des Ka-em-Tenenet", in: J. Assmann et alii (Hgg.), *Fragen an die altägypt. Lit*. (Gedenkschrift Eberhard Otto), Wiesbaden, 443—461.
Schott, R. (1968) "Das Geschichtsbewußtsein schriftloser Völker", in: *Archiv f. Begriffsgesch*. 12, 166—205.
Seibert, P. (1967) *Die Charakteristik. Untersuchungen zu einer altägypt. Sprechsitte und ihren Ausprägungen in Folklore und Literatur*, Ägyptol. Abh. 17, Wiesbaden.
Sethe, K. (1932) *Urkunden des Alten Reichs*, 2. Aufl. Leipzig.
Steiner, G. (1972) *In Blaubarts Burg. Anmerkungen zur Neudefinition der Kultur*. (engl. 1971) Frankfurt.
Trencsényi-Waldapfel, I. (1964) "... regalique situ pyramidum altius", in: *Acta Antiqua Acad. Scient. Hungaricae* 12, 149—167.
Vernus, P. (1976) "La formule 'le souffle de la bouche' au Moyen Empire", in: *Rev. d'Egyptologie* 28, 139—145.
Wildung, D. (1977) *Imhotep und Amenhotep. Gottwerdung im alten Ägypten*, Münchner Ägyptol. Stud. 36, Berlin, München.
Žába, Z. (1956) *Les maximes de Ptahhotep*. Prag.

Uvo Hölscher

Die Odyssee — Epos zwischen Märchen und Literatur

Ich spreche von der Odyssee als dem Produkt eines Übergangs. Man mag sich fragen, ob für Höhepunkte der Kunstausübung, als welche wir die homerischen Epen ansehen dürfen, das Übergängliche eine geeignete Bestimmung ist; und zwar nicht nur in dem Sinn, in dem jedes geschichtliche Werk im geschichtlichen Fluß steht, sondern so, wie es hier gemeint ist: daß es auf die Grenze zweier Epochen, zweier Formen fällt.

Die beiden Epochen, von denen zu reden wäre, stellen sich uns zunächst dar als die der Mündlichkeit und der Schriftlichkeit der Dichtung. Um Mündlichkeit und Schriftlichkeit der homerischen Epen geht der Streit der heutigen Forschung, und auch die Auffassung des Übergangs vom einen zum andern wird darin mit guten Gründen vertreten.[1] Doch soll diese Frage im folgenden am Rande bleiben; gefragt sei vielmehr nach der Kunstform des homerischen Epos und seiner Transformation aus einer anderen, einfacheren Form. Die weitere Umwandlung der Gattung in ihre eigentliche literarische Epoche soll wenigstens als Grenzbestimmung ins Auge gefaßt werden.

Kann der Begriff der Grenze und des Übergangs dem Phänomen gerecht werden, wenn es sich um klassisch gewordene Kunstwerke handelt? Es gibt immerhin Analogien, wenigstens im griechischen Bereich. Die attische Tragödie hat ihren Höhepunkt unstreitig im 5. Jahrhundert gehabt. Im 4. Jahrhundert fing sie an, im eigentlichen Sinn Literatur zu werden: die Lesetexte werden bereits ohne die Zwischenakt-Lieder für Chormusik, die für eine Aufführung ad libitum eingefügt wurden, verfaßt und vervielfältigt, sie bekommen eine literarische Existenz unabhängig von ihren möglichen Aufführungen. Davon unterscheidet sich die Tragödie des 5. Jahrhunderts durch die Einmaligkeit ihrer Aufführung. Sie existiert tatsächlich nur in dieser Aufführung an diesem einen Tag des Dionysosfestes und überlebt im übrigen nur in der Erinnerung an diese Aufführung. Gegen Ende des Jahrhunderts fängt man an, berühmte ältere Aufführungen zu wiederholen — frühestes Zeugnis dafür ist der Prolog der aristophanischen Acharner, von 425, wo Dikaiopolis von seiner enttäuschten Erwartung auf ein Aischylos-Stück redet. Ja man kann — wie wir gleichfalls aus Aristophanes wissen — Tragödien in Abschriften nachlesen, womit in den Fröschen der Gott Dionysos auf einer Seefahrt sich unterhalten haben will. Schon in ihrer Hoch-zeit also ist die Tragödie auf dem Wege, Literatur zu werden.

Andrerseits gab es Vorstufen. Die Tragödie soll aus dem dionysischen Dithyrambus entstanden sein, das war ein kultischer Gesang, an dem ein Chor und ein Vorsänger beteiligt sind.[2] Hier hat es traditionelle Refrainformen und dramatische Improvisationen gegeben, das Stück war also noch keine individuelle Kunstform. Auch die Tragödie, die sich daraus entwickelte, war rituelle Praxis, Teil des alljährlichen Dionysosfestes[3], und diesen Charakter behält sie, als sie im 5. Jahrhundert geprägte Form wird. Als solche steht sie also auf einer Grenze, wo sie noch Funktion des öffentlichen Lebens und noch nicht bloße Literatur ist.

Man sieht nun an dem Beispiel der Tragödie auch, daß der Schritt, Leseliteratur zu werden, seinen Grund in der künstlerischen Qualität hat. Man wiederholt das Gelungene, man vervielfältigt, weil man wiederlesen will. Doch ist die Schriftlichkeit selber nicht die Folge dieses Vorgangs: die Schrift war für die Tragödie bereits die Voraussetzung der geprägten Form, die sie durch Aischylos erhielt, und man konnte Abschriften nur herstellen, weil es schon eine Urschrift gab, mit der der Dichter beim städtischen Amt die Einstudierung zum Dionysosfeste zu beantragen hatte. Das heißt, der Übergang im Kunstcharakter ist nicht notwendig identisch mit dem Übergang von Mündlichkeit zur Schriftlichkeit.

Man sieht also, daß Kunstwerke dieser Art sehr wohl in der Mündlichkeit leben und ihre Existenz haben können, obwohl es für ihr Zustandekommen der Schrift bedurfte. Das wirkliche Dasein der Tragödie war im 5. Jahrhundert ein mündliches. Das bedeutet, daß das Phänomen des Übergangs auch in Epochen auftreten kann, in denen die Schrift seit Jahrhunderten im Gebrauch ist; also möglicherweise im Mittelalter.

Wird das an der Tragödie Bemerkte durch die Entwicklung andrer Gattungen bestätigt? Über die frühe Lyrik Griechenlands — zwei Jahrhunderte vor der Tragödie — sind wir nicht ebenso unterrichtet. Vor allem wissen wir wenig über die Art und Gelegenheit ihres Vortrags. Wo sie uns zuerst erscheint, in den Gedichten des Archilochos, Alkmans, Sapphos und Alkaios', tritt sie sogleich in vollkommener Kunstform auf. Aber die Formen selber deuten auf Vorausgegangenes: Hochzeitsgesänge und Totenklagen, Reigentänze und Siegeslieder, Gebete und Spottgedichte, Liebeslieder und Arbeitslieder. Es müssen volkstümliche Formen gewesen sein, gebunden an bestimmte Verrichtungen und Gelegenheiten des gemeinschaftlichen Lebens: Gelegenheitsgedichte in dem genauen Sinn, daß sie unmittelbarer Ausdruck des als Kunst sich gestaltenden Lebens waren.[4] Auch die Lyrik des 7. Jahrhunderts behält diesen Charakter des Unliterarischen und Gelegenheitsgebundenen; sie bleibt ganz auf den bestimmten Kreis des Kultvereins, der Sippe, der Hetärie, der Heeresgemeinde und die geprägten Gelegenheiten ihrer Zusammenkünfte bezogen: all jener Gesellungen, in denen die archaische Bürgerschaft sich formt. Es ist eine Dichtung, die ihr Leben, ihr faktisches Dasein nur als Vollzug des Lebens hat, welches ein von Grund aus 'gesellschaftliches' Leben ist. Zugleich jedoch übersteigt sie die Gelegenheit, sie übersteigt das bloß Funktionale der rituellen und der Volksdichtung in Richtung auf Kunst als ein Selbständiges und in sich selbst Gründendes. Dabei bleibt sie noch weit davon entfernt, etwas Abgelöstes, auf ein anonymes Publikum bezogene Leselyrik zu werden. Auch hier also entsteht hohe Dichtung auf dem schmalen Grat zwischen dem Volkstümlichen und dem Literarischen.

Diese Bemerkungen mögen vorbereiten, um ein analoges Phänomen in der epischen Gattung zu erkennen. Denn blicken wir abermals um hundert Jahre rückwärts, in das 8. Jahrhundert, in dem vermutlich die Ilias und die Odyssee entstanden sind, so ist es ja deutlich, daß diese Werke am Ende einer langen Entwicklung — man wird richtiger sagen: einer jahrhundertelangen ziemlich gleich bleibenden Praxis — stehen. Diese Praxis des epischen Gesangs, wo er noch reine Funktion des Lebens ist, kennen wir aus der homerischen Darstellung selber, vor allem des Sängers Demodokos am Phäakenhof der Odyssee. Die Gelegenheit ist die heroische oder aristokratische Männerversammlung zur Abendmahlzeit im großen Saal, zu deren Unterhaltung der Aöde zur einfachen Musik der selbstgeschlagenen Phorminx, wie die serbischen Guslaren, Heldengeschichten der Vorzeit singt. Die Gesänge sind Improvisationen nach der Regel einer überlieferten und gelernten Kunstübung. Sosehr sich aber Homer auch in diesen Sängern spiegelt, so unterscheidet sich doch sein Gedicht von jenen Liedern allein schon durch die Länge. Die Länge der Ilias und der Odyssee schließt es aus, daß diese Gedichte noch bei den alten Gelegenheiten vorgetragen wurden. Oder wurden sie es, so wurde die Gelegenheit damit selber verwandelt: man kommt zusammen um des Kunstwerks willen; um an einer Reihe von Abenden das Gedicht zu hören. Hundert Jahre später waren es die großen Götterfeste der lokalen und überlokalen Heiligtümer, bei denen man die homerischen Gedichte in tagelangen Fortsetzungen durch Rhapsoden vortragen ließ.[5] Es ist jedoch unwahrscheinlich, daß es die veränderten Verhältnisse einer städtisch gewordenen Gesellschaft waren, die zum Zwecke der Dauerunterhaltung einer Festbesucherschaft die Form des Großepos geschaffen haben. Es war, umgekehrt, die Verwandlung einer traditionellen Form durch die individuelle Schöpfung eines Künstlers, die die alten Gelegenheiten sprengte und sich neue schuf. Die Ilias ist noch für den Vortrag an Fürstenhöfen, ein unmögliches Gedicht für unmögliche Gelegenheiten, gedichtet worden. Vielleicht war es mit der Odyssee schon anders.

Die weitere Entwicklung war die einer fortschreitenden Literarisierung. Diese wird aus der Perspektive der Anfänge vornehmlich als Verlust erscheinen, zumal wenn sie, wie in der epischen und tragischen Gattung, im Schatten des Frühgelungenen steht. Doch bleiben dabei die spezifischen Qualitäten und Möglichkeiten der Literatur unbemerkt, zu denen, unter anderen, die Gewinnung des Poetischen als reiner Kunst, die Verwandlung des Mythos in einen eigenen Bereich der Poesie und Phantasie gehört.

Indem wir die drei Phänomene: das homerische Epos, die frühe Lyrik und die attische Tragödie in eins betrachten, gelangen wir zur Anschauung eines Gesetzlichen: jenes kurzen Moments des Übergangs, der der Entstehung höchster Kunstwerke besonders günstig scheint: wo Dichtung noch an die bestimmten Formen und Gelegenheiten des geselligen Lebens gebunden ist, aber schon die Gelegenheit transzendiert und im Begriff ist, reine Kunst zu werden.

Der Blick auf Tragödie, Lyrik und Epos zeigt, daß dieser Moment in den verschiedenen Gattungen nicht gleichzeitig, sondern mit langen Verschiebungen eintritt. Er ist also nicht nur ein geschichtliches und soziologisches Phänomen, sondern vornehmlich ein künstlerisches, und soll als solches, nämlich von der Seite der poetischen Form hier betrachtet werden. Zur Frage steht die Entstehung des Großepos. Es mag dazu Vorstufen, Ansätze zur Erweiterung, der Verbreiterung des Stoffes und der Darstellung gegeben haben, ehe die Form des Großepos entstand. Und doch ist es ein Wesenssprung vom einen zum andern.

Die ältere Stufe erkennen wir im griechischen Bereich nur aus der späteren, aus dem homerischen Epos. Wir gewinnen sie durch die Analyse der Handlung, indem wir nach ihrer 'einfachen Geschichte' fragen.

Daß beiden homerischen Gedichten bestimmte Geschichten zugrunde liegen oder in ihnen enthalten sind, ist durch die Forschung mehr und mehr deutlich geworden.[6] Für die Ilias ist, als eine in ihr enthaltene oder zugrunde liegende Geschichte, die Geschichte vom *Parisurteil* zu fassen. Würde man sie zu Ende erzählen, so würde sie sich im Raub der Helena fortsetzen und mit dem Untergang Trojas enden. Alle drei Momente sind in Szenen und Situationen der Ilias enthalten, obschon Parisurteil und Helenaraub lange vor der Iliashandlung liegen, Trojas Untergang am Ende der epischen Erzählung erst noch bevorsteht.

Man hat diese Geschichte eine Novelle genannt. Jedenfalls sticht sie mit ihrem lehrhaften Charakter sehr ab von einer anderen Geschichte, die gleichfalls in der Ilias enthalten ist, der *Achilleis*. Man denke sich diese, beginnend mit der Hochzeit des Peleus und der Thetis und der Geburt des Achilleus, und endend mit seinem Tod: ein Heroenmythos mit halbgöttlichem Ursprung und tragischem Ausgang. Auch dies eine Geschichte, die die Grenzen der Ilias nach rückwärts und vorwärts weit überschreitet, aber in iliadische Situationen gleichsam eingeblendet erkennbar ist.

Von der Achilleis muß man wohl eine dritte Geschichte unterscheiden, obschon sie denselben Helden zum Gegenstand hat: die *Patroklie*. Sie beginnt mit dem Streit Achills und Agamemnons um das Beutemädchen Briseis und endet mit dem Tod des Freundes und Gefolgsmanns Patroklos und der Rache an seinem Mörder Hektor. Eine Geschichte von wenigen Tagen. Sie ist es, die den Handlungsrahmen der Ilias bildet.

Wenn ich so von Geschichten rede, meine ich die einfache Sequenz eines erzählerischen Geschehens oder das pragmatische Gerüst einer Handlung, kurz die 'fabula', und ziemlich dasselbe, was Aristoteles den 'mythos' einer Dichtung nennt. Diese einfache Geschichte ist daran zu erkennen, daß sie ihre eigene erzählerische Logik hat, Motive mit bestimmten erzählerischen Konsequenzen. Sie hat, wie schon Aristoteles bemerkte, Anfang, Mitte und Ende, und bildet so ein erzählerisches Ganzes.[7]

Die einfache Geschichte ist eigentlich keine literarische Vorstufe, sondern eine subliterarische Form. Sie verhält sich zu allen erzählerischen Gestaltungen wie die Idee zu ihren Varianten und ist insofern ein Abstraktum.

Aber natürlich haben solche einfachen Geschichten, auch ehe sie episch gestaltet wurden, von je irgendwie, in einem Medium menschlicher Rede, prosaisch oder poetisch, existiert; sie stellen sich, als 'einfache Formen' — in dem Sinne, wie André Jolles den Ausdruck geprägt hat[8] — neben andre ursprüngliche Weisen menschlicher Rede, wie Fabel, Rätsel, Sinnspruch, Zauberspruch oder Gebet. Eine Auffassung ließe sich vertreten, daß der Heldenmythos von je in der Form des Gesangs gelebt hat. — Diese Überlegung soll aber nur klarmachen, daß die Unterscheidung der einfachen Geschichte von ihrer konkreten Gestalt nicht die zwischen Stoff und Form ist — wie man gern von einem 'Sagenstoff' redet. Denn grade die Sage an sich ist bereits Form.

Nun zur Odyssee. Da liegen die im Epos enthaltenen Geschichten in ihrer eigenständigen Form viel offener zutage als in der Ilias, nämlich in den Irrfahrten- und Abenteuergeschichten des Odysseus. Diese Geschichten sind weder heroischer noch novellistischer Art, sondern echte Märchen. Man kann sich schwer

---

7 Assmann, Schrift und Gedächtnis (2132)

vorstellen, daß das ursprüngliche sprachliche Medium dieser Odysseusmärchen der heroische, hexametrische Gesang gewesen ist; eher denkt man an Prosaerzählung. Und doch stecken Züge des Märchenhelden Odysseus auch schon in dem Trojahelden der Ilias: der "listenreiche" heißt er doch offenbar, weil der Iliasdichter ihn aus seinen Abenteuern kennt. Das geht so weit, daß in der Ilias Odysseus sich den "Vater des Telemachos" nennt. Wie soll man das erklären? Kannte der Dichter solcher Iliaspassagen bereits die Odyssee mit ihrer "Telemachie"? Oder ist, in voriliadischer Zeit, der Märchenheld bereits in die heroische Sage aufgenommen worden? Ein Licht auf dieses Rätsel wird nebenbei vielleicht aus dem folgenden hervorgehen.

Den Märchencharakter der Abenteuergeschichten, die Odysseus in den Büchern 9 bis 12 den Phäaken erzählt, ist durch Untersuchungen vergleichender Märchenforschungen, vor allem die von Radermacher[9], deutlich geworden. Man kann aber diese Geschichten nicht isolieren: eine ganze Anzahl ihrer Motive fordern eine Fortsetzung, die sie in unserer Odyssee nur in der Heimkehrgeschichte erhalten, wie sie im zweiten Teil des Epos erzählt wird. So zum Beispiel das lange Verweilen bei der zaubrischen Fee (heiße sie Kirke oder Kalypso); dann die Unterweltfahrt mit der Befragung des Unterweltgeistes. Die wunderschnelle Heimkunft des schlafenden Helden im Zauberschiff gehört selber zum Märchen; und nicht minder die unerkannte Rückkehr in Bettlergestalt, die Waffenprobe und die Wiedererkennung der Gatten. Die einzelnen Momente schließen sich zu einer Mustergeschichte zusammen, die sich aus vielen Parallelen der Weltliteratur nachweisen läßt.

Verfolgt man, was von dieser Geschichte in der Odyssee erzählt wird, so beginnt sie spätestens von dem Punkt an, wo die achäische Flotte, nach der Zerstörung Trojas, sich zur Heimfahrt anschickt: das ist der Anfang von Odysseus' Irrfahrten. Bis zur Heimkehr und der Wiedergewinnung der alten Königsherrschaft eine Geschichte von zehn Jahren. Aber es ist nicht die Handlung der Odyssee; es ist vielmehr zum weitaus längsten Teil ihre Vorgeschichte, stückweis in Wiedererzählungen nachgeholt. Das Epos hingegen setzt in dieser Geschichte ein kurz vor ihrem Ende:

"Da waren alle andern längst zu Hause ...
Nur den einen hielt die Nymphe fest, Kalypso..."

Was mit dieser Anordnung gewonnen wird, ist klar: Eine Erzählung von zehn Jahren, also dreitausend Tagen und mehr, würde nicht jenen homerischen, von der Ilias ausgebildeten Stil erlauben, in dem sich die Tage zwischen Sonnenauf- und -untergang zu großen, sinnlich anschaulichen Szenen und Episoden runden. Indem die Erzählung in die Geschichte eintritt kurz vor ihrem Ende, wird die erzählte Zeit verkürzt auf die wenigen Tage der Heimkehr. Die Zeit aber bedingt den Stil. Ohne die Zeitverkürzung wäre die homerische Kunst des Erzählens, das Verweilen in Szenen, die spezifische Gegenwärtigkeit und Sinnlichkeit des epischen Stils nicht möglich.

Vorbild war die Ilias. Auch dort wurde eine Geschichte von zehn oder zwanzig Jahren, die Geschichte von Trojas Untergang, dargestellt in einer Handlung von wenigen Tagen. Aber das Verfahren des Iliasdichters war doch ein andres: der

Rahmen seines Epos ist die Patroklie, eine Geschichte wirklich von nur wenigen Tagen, in die die größere Geschichte gleichsam eingeblendet ist. Der Dichter der Odyssee, um dasselbe zu erreichen, zerschnitt seine Eine Geschichte, indem er kurz vor ihrem Ende einsetzt und den ganzen Rest in die nacherzählte Vorgeschichte verweist.

Man hat sich doch wohl über diesen Odysseeanfang zu wenig gewundert. Sicher, die Götter beschließen, daß Odysseus jetzt endlich heimkehren soll. Warum gerade jetzt? In der achtjährigen Gefangenschaft bei der zaubrischen Nymphe liegt kein erzählerisches Motiv, daß nach acht Jahren eine Wendung eintritt. Am wenigsten scheint es motiviert, daß die Erzählung nun nicht einmal der Entlassung des Odysseus sich zuwendet, sondern den Zuständen auf Ithaka, und des langen und breiten den Unternehmungen des jungen Telemachos folgt. Weshalb man denn auch allgemein, selbst so gründliche Unitarier wie Schadewaldt, die Telemachie für eine spätere Zutat hält.[10]

Was bewirkt denn, von der *Odysseus-Handlung* her, die Wendung zur Heimkehr? In der Reihe der Abenteuer gibt es Einen Moment, wo sie dringend gefordert scheint: als Teiresias in der Unterwelt dem Odysseus weissagt, daß daheim auf Ithaka seine Frau von Freiern bedrängt wird. Odysseus läßt das verrauschen, als ob er es nicht gehört hätte. In parallelen Märchen, von Heinrich dem Löwen oder in dem indianischen Märchen vom Roten Schwan, ist diese Weissagung des Unterweltdämons das Signal, daß der irrfahrende Held auf der Stelle, in einer Wunder-Blitzfahrt, in die Heimat versetzt wird und über die Freier, z. T. sogar in einem Bogenkampf, Herr wird.[11]

Es sind also die Vorgänge auf Ithaka, die, nach der Logik der Geschichte, auf eine Wendung drängen. Die Geschichte scheint, schon nach ihrem einfachen pragmatischen Sinn, zwei Stränge zu haben: neben jenem, der Odysseus auf seinen Irrfahrten begleitet, einen anderen, der von der Not der zurückgebliebenen Frau erzählt und die Krise herbeiführt, die durch die rettende Rückkehr im letzten Augenblick zum glücklichen Ende gewendet wird. Gibt es Spuren einer solchen Geschichte von Penelope in der Odyssee? Allerdings. Wir haben da die dreimal erzählte Webstuhlgeschichte: wie Penelope, unter dem Vorwand, vor ihrer neuen Verheiratung dem alten Schwiegervater das Totenhemd weben zu müssen, die Freier drei Jahre lang hinhält, indem sie, was sie tags webt, alle Nächte wieder aufzieht; wie sie dann im vierten Jahr bei ihrer nächtlichen Arbeit ertappt wird und nun keinen Ausweg mehr hat: die neue Hochzeit steht unmittelbar bevor. Die Geschichte — die, wie die Irrfahrten, schon durch ihre Ausdehnung über Jahre aus dem Erzählstil des Epos herausfällt — trägt unverkennbar märchenhaften Charakter. Und es liegt in der Konsequenz des Motivs, daß im letzten Moment Odysseus erscheint.

Es ist der Punkt, wo die eine Geschichte in die andre mündet. Tatsächlich sind es nicht zwei Geschichten, sondern eine. Die einfache Geschichte, die wir hinter dem Epos erkennen, das Odysseus-Märchen, weist bereits in ihrer abstrakten Struktur die zwei Stränge auf, die im Epos als Doppelhandlung gleichzeitiger Geschehnisse entfaltet sind. Auf ihre Vereinigung läuft die Logik der Geschichte hinaus.

Wenn die Geschichte also auf die Wiedervereinigung zweier Getrennten hinausläuft: wie kam es denn zu ihrer Trennung? Die Frage läßt sich nicht abweisen: wie hat die Geschichte begonnen?

Märchen haben ihre Anfänge. Es gibt das Märchenschema des in die Fremde ziehenden Helden, der nach mannigfachen Abenteuern nach Haus zurückkehrt. Am Anfang steht da gewöhnlich ein Abschiedswort an einen Zurückbleibenden, Auftrag oder Verbot, worin die ganze Sequenz der Motive der weiteren Geschichte angelegt ist.

Und in der Tat, es gibt diesen Anfang, diesen Abschiedsauftrag in der Odyssee. Man hat ihn nur nicht ernst genommen, weil er in einer Rede der Penelope steht, die, so meint man, von Penelope selber nicht ernst gemeint sei. Diese Rede hält sie allerdings in einer sehr sonderbaren Szene, die zu den Partien gehört, die vor der kritischen Analyse keine Gnade gefunden haben.[12] In gröbsten Zügen wäre ihr Inhalt der: Penelope hat den plötzlichen Einfall, vor die versammelten Freier im großen Männersaal zu treten. Sie erscheint, reizvoll verschämt, von zwei Dienerinnen begleitet, auf der Treppe — und die Freier werden schier toll: "die Knie wurden ihnen weich, und alle begehrten sie, mit ihr im Bette zu liegen". Der erste Wortführer macht ihr ein großes Kompliment; darauf Penelope:

> "Eurymachos, meine Schönheit haben die Götter vernichtet, seitdem die Argiver zu Schiff nach Ilion zogen, unter ihnen mein Gatte Odysseus. Wenn der käme und mein Leben umhegte, dann wäre mein Ruhm größer und schöner. Jetzt aber härme ich mich ab. Ja, als er ging und das Vaterland verließ, da faßte er meine Rechte und sagte: Weib, nicht alle Achäer, denke ich, werden von Troja heil zurückkehren. Denn auch die Troer, sagt man, sind gute Krieger. So weiß ich nicht, ob mich die Gottheit wird heimkehren lassen, oder ob ich falle im Troerland. So sei dir hier alles anvertraut: sorge für Vater und Mutter wie bisher, oder noch mehr, wenn ich fort bin. Wenn du aber siehst, daß unserm Sohn der Bart wächst, dann verheirate dich wieder, mit wem du willst, und verlasse das Haus. So sprach er, und das erfüllt sich nun alles. Kommen wird die Nacht der verhaßten Hochzeit, mir Fluchbeladenen, der Zeus das Glück genommen hat. — Doch eines ist mir eine schwere Kränkung: War dies doch vormals nicht die Art der Freier! Wer eine edle Frau und Tochter eines reichen Mannes umwirbt, der bringt Rinder und Schafe und kostbare Brautgeschenke, statt fremdes Gut umsonst aufzuzehren!"

Die Wirkung dieser Scheltrede ist, daß die Freier sofort die reichsten Kleinodien von daheim holen lassen; und Penelope begibt sich, überhäuft mit Geschenken, hinauf in ihre Kemenate.

Ich komme auf den Sinn dieser Szene noch zurück. Vorerst nur die Abschiedsrede des Odysseus. Nehmen wir Penelope beim Wort — und die Menge der Parallelgeschichten spricht dafür — dann haben wir in dem Auftrag des Odysseus beim Abschied von Penelope genau den gesuchten Anfang der Geschichte, die eben anfing, wie Märchen anfangen: Es war einmal ein König, der zog in ein fernes Land …

Märchenhaft ist aber vor allem ein einzelnes Motiv: die Terminangabe für die Wiederverheiratung der Mutter: "Wenn unserm Sohn der Bart wächst —". Dieser so formulierte Auftrag begründet allein die Frist des langen Wartens und den bestimmten Termin seiner Beendigung. Der Termin meint die Mündigkeit des Sohnes, er meint, daß von nun an für Penelope kein Grund mehr gilt, an des Gatten Stelle das Haus zu verwalten.

Wir erkennen nun daraus erstens, daß der Sohn Telemachos weit davon entfernt ist, eine bloße Dichtererfindung zu sein; die Figur des Sohnes war mindestens durch diese Anweisung des scheidenden Odysseus fest bereits in der einfachen Geschichte verwurzelt. Und wenn jene Iliasstellen Odysseus den "Vater des Telemach" nennen, so spielen sie nicht auf die Odyssee an, sondern auf das alte Odysseusmärchen.

Das zweite ist, daß Penelope in dem Mündigwerden des Sohnes den entscheidenden Grund erblickt, ihr Warten auf Odysseus aufzugeben. Daran läßt sie keinen Zweifel, wenn sie in dem abendlichen Gespräch mit dem unerkannten Bettlergast sagt:

"Aber jetzt, wo er nun groß ist und das Maß der Manneskraft erreicht ..."
"Denn schon ist er ein Mann, vollauf imstande, für das Haus zu sorgen ..."

Die Mündigkeit des Sohnes ist der Moment der Krise.

Aber dies sind nicht die einzigen Hinweise auf Telemachos' Mündigwerden. Die Reihe der Szenen in den ersten Büchern, der sogenannten Telemachie: wie Telemach plötzlich die Freier anherrscht, wie er gegen die Mutter auftritt, dann aus eigner Befugnis die ithakesische Versammlung einberuft und schließlich seine große Erkundungsreise unternimmt: das alles sind Situationen, die deutlich als erste Bekundungen der Männlichkeit geschildert werden. Freilich ist alles Erfindung dieses Dichters: nichts dürfte davon schon vor der Odyssee erzählt worden sein. Und doch erweist sich die Figur des Sohnes als fest in der ursprünglichen Geschichte verwurzelt, durch den Abschiedsauftrag des Vaters an die Mutter. Ja, das Gesamte dieser ersten vier Bücher enthüllt sich als die epische Entfaltung eines ganz knappen, aber wesentlichen Moments der einfachen Fabel: sie zeigen in allen ihren Szenen die Mündigkeit des Jünglings in ihrem zwischen Kindheit und Männlichkeit schwebenden Zustand. Die ganze Telemachie ist nichts andres als die in epische Situationen umgesetzte Terminangabe des Märchens: Wenn unserm Sohn der Bart wächst ...

Um also auf die Frage des Anfangs zurückzukommen: warum setzt die Odyssee an dem Punkt ein, wo sie einsetzt?, so erkennen wir jetzt: sie setzt ein im Moment einer Krise. Dieser Augenblick ist kein Moment der Odysseushandlung, sondern jener gleichzeitigen Vorgänge auf Ithaka um Penelope und die Freier: der Vorgänge, die, nach der Märchenlogik der Geschichte, mit dem Moment des Mündigwerdens des Sohnes diese äußerste Not herbeiführen, aus der der heimkehrende Gatte dann die Rettung bringt. Kurzum, der Anfang der Odyssee mit der Telemachie ist nichts Willkürliches, nachträglich Hinzugedichtetes, er ist das in der Struktur des Märchens Bestbegründete, der Augenblick der Krise.

Ehe ich nun auf die Szene von Penelopes Auftritt vor den Freiern zurückkomme, gilt es, mir bei der Erforschung des vorhomerischen Odysseusmärchens noch auf einen gewagteren Pfad zu folgen: nämlich indem wir uns fragen, wo mag der alte Märchenheld, als er sich von Penelope verabschiedete, wohl hingefahren sein? Doch wohl nicht nach Troja? Wäre das nicht eine zu heroische Welt, dieser Kreis der achäischen Helden, wo Achill mit Hektor streiten, wo der greise Priamos den Mörder mit den unnahbaren Händen, den Unerbittlichen erbitten wird?

Bekannt ist, in der Odyssee, die Erzählung von der Bogenprobe: das Wettschießen, das Penelope für ihre neue Gattenwahl veranstaltet — mit dem alten Bogen des Odysseus, an dem alle Freier scheitern, nur der unerkannte Bettler meistert ihn, um mit ihm dann seine sämtlichen Widersacher niederzuschießen. Von diesem Bogen, als Penelope ihn zuvor vom Speicher herunterholt, wird eine Herkunftsgeschichte erzählt, mit merkwürdigen Einzelheiten.[13]

Als Odysseus noch fast ein Knabe war, wurden den Ithakesiern einmal dreihundert Schafe von Messeniern, drüben auf dem Festland, geraubt. Sein Vater und die andern betroffenen Herren von Ithaka baten ihn, den jungen Odysseus, auf die Suche nach dem Geraubten auszuziehen. Odysseus gelangte übers Meer nach Messenien und traf dort den Sohn des großen Eurytos von Oichalia, Iphitos mit Namen, der seinerseits auf der Suche nach zwölf von Herakles gestohlenen Stuten war. Dieser Iphitos schenkte damals dem jungen Odysseus einen kostbaren Bogen: wahrhaft eine Wunderwaffe, denn der Vater Eurytos hatte ihn von Apollon und war damit einst gegen Herakles zum Bogenwettkampf angetreten. Odysseus erwiderte das Geschenk mit der Gegengabe eines Schwertes: so wurden die beiden Gastfreunde. Wir hören noch, daß Iphitos alsbald, als er zu dem Räuber Herakles kam, den Tod fand; Odysseus aber hielt den Bogen seines Freundes in hohen Ehren. Es ist die Waffe, mit der er jetzt die Freier überwinden wird. — Von der Rückerbeutung der dreihundert Schafe erfahren wir nichts.

Diese Herkunftsgeschichte des Bogens gewinnt Konturen, wenn man sie gegen das allgemeine Märchenschema hält, das Wladimir Propp nach russischen Zaubermärchen aufgestellt hat.[14] Ich zitiere daraus einige Momente:

Ein böser Gegenspieler fügt einem Familienmitglied des Märchenhelden einen Schaden oder Verlust zu. Er entführt einen Gegenstand oder eine Person (Frau oder Braut: so wie Paris die Helena). — Der Held wird gebeten und ausgeschickt, das Geraubte zu finden. — Unterwegs begegnet er zufällig einer Person, die ihm einen Zaubergegenstand aushändigt: ein Pferd, eine Waffe. Der Held tauscht ihn gegen eine Gegengabe ein. Oft findet der Schenker hierbei den Tod. — Der Held — der nicht der vom Raub selbst Betroffene ist, sondern für die Geschädigten eintritt — gelangt in ein anderes Reich: oft zu Schiffe übers Meer (wie die Achäer nach Troja). — Das Gesuchte wird erbeutet. Dabei spielt das Zauberpferd eine wichtige Rolle: z. B. indem das Pferd die Tore des Kerkers sprengt. — Es folgt die gefahrenvolle Rückkehr in die Heimat. Der Held kehrt zunächst unerkannt bei einem Handwerker oder Bediensteten ein (wie Odysseus bei Eumaios). — Ein falscher Held hat inzwischen zu Hause unrechtmäßige Ansprüche geltend gemacht (wie die Freier der Penelope).

Ich breche die weitere Aufzählung ab, vermerke nur noch, daß unter den ersten Erlebnissen des ausziehenden Helden auch das ist, was Propp "die Kennzeichnung des Helden" nennt: sie geschieht gewöhnlich durch eine Verwundung im Zweikampf, an der er bei der Heimkehr wiedererkannt wird. Man erinnert sich jener andern Vorgeschichte: von der Narbe des Odysseus, die er sich als Knabe bei einer Eberjagd zugezogen hat und an der ihn die alte Amme Eurykleia erkennt.

Was an diesen Geschichten merkwürdig ist, ist ja, daß sie von Odysseus etwas zu erzählen haben, das in noch fernere Anfänge seiner Geschichte weist. Die

Übereinstimmungen mit dem Propp'schen Schema machen es unwahrscheinlich, daß der Odysseedichter sie erfunden hätte; sie scheinen, wie der Abschiedsauftrag an Penelope, gleichfalls zur alten Märchenüberlieferung zu gehören. Das Merkwürdigste aber sind die strukturalen Übereinstimmungen mit der trojanischen Sage: auch da wird Odysseus aufgerufen, für einen andern, Geschädigten, ein Geraubtes im fernen Land über See aufzusuchen und wiederzuerbeuten. Daß es sich hier um Schafe, dort um das schönste Weib dreht, muß uns nicht beirren: Geschichten verändern ihre Stillage und mit ihr ihren Gehalt, wenn sie aus der Sphäre des Märchens in die des heroischen Mythos eintreten. Und der "Stadteroberer", der πτολιπορθος, ist eben gerade in der Trojasage Odysseus. Sollte also das Hölzerne Pferd ursprünglich und eigentlich das Zauberroß des Märchens sein, mit dem das Tor des Räubers gesprengt und die Gefangene befreit wird? Man tut hier möglicherweise Einblicke in eine Vorgeschichte der Odysseussage, wonach der ganze heroische Mythos vom trojanischen Krieg auf eine Märchengeschichte von Odysseus aufgepaßt worden wäre. Und die eingangs gestellte Frage, wie sich der Märchenheld Odysseus, den wir aus der Odyssee erschließen, zu dem Trojahelden der Ilias verhielt, würde von dieser Seite ein Licht erhalten.

Aber wer auf diesem schwindeligen Weg nicht folgen mag, lasse es bei der Frage bewenden. Was man nicht verkennen kann, ist dies: Es gibt im Epos eine ganze Reihe von verstreuten Vorgeschichten, die wie willkürliche Erfindungen des Dichters erscheinen. In Wahrheit gehören sie in eine zusammenhängende Erzählstruktur, die jetzt hinter dem Epos verschwunden ist, weil es dem Epos nicht mehr um den pragmatischen Zusammenhang der einfachen Geschichte geht, sondern um die Entfaltung von Situationen. In die epische Situation sind die Elemente der pragmatischen Geschichte so eingegangen, daß sie darin eine neue Funktion erhalten. So die Geschichte von der Verwundung des jungen Odysseus: in der Odyssee steht sie an äußerst pointierter Stelle in dem Augenblick, da die Amme seiner Kinderzeit, bei der Fußwaschung, die Narbe ihres totgeglaubten Herrn erkennt. — Viele werden die brillante Abhandlung dieser Szene kennen, mit der Erich Auerbach sein berühmtes Buch "Mimesis" beginnt: worin er den perspektivischen Charakter dieser eingefügten Vorgeschichte, und damit ihre retardierende Bedeutung, bestreitet und gegen den homerischen Stil die spannungsreiche und hintergründige biblische Erzählweise bei der Opferung Isaaks ausspielt. Ich denke doch: zu Unrecht. Was Homerische Epik auszeichnet, ist das Erzählen in Situationen. Situation aber heißt: Dasein in der Zeit. Es ist dieser Augenblick des Erkennens in seiner epischen Vergegenwärtigung, in dem die Vorgeschichte der Narbe ihre Funktion erhält: die liebevolle Sorge der Amme schon damals um den Neugeborenen! Und die breit erzählte Geschichte von seiner Verletzung auf der Eberjagd wird zum lang hinhaltenden Ritardando im gefährlichsten Moment des Incognito.

Ich sprach von epischen Situationen. Was eine epische Situation ist und wie darin die alte einfache Geschichte transformiert erscheint, möchte ich nun an der Szene vorführen, in der Penelope von jenem Abschiedsauftrag des Odysseus spricht.

Wir haben sie noch vor Augen: die reizende Penelope, die mit ihrer Scheltrede den leidenschaftlich entflammten Freiern die kostbarsten Brautgeschenke entlockt. Wenn man die Szene so nimmt, ist das eine Überlistungsgeschichte; die Freier sind darin so rechte Tölpel, die Betrogenen ganz wie in der Webstuhlgeschichte. Es gibt keinen anderen Auftritt in der Odyssee, wo Penelope so verführerisch erscheint. Die Philologen haben entsprechenden Anstoß genommen: "Regina prope ad artes meretricias descendit" — erniedrigt sich zu schier buhlerischen Machenschaften — und die Szene gestrichen[15].

Aber sie haben geirrt. Der Auftritt der Penelope wird vom Dichter ganz anders motiviert: Die Göttin Athene ist es, die ihr den Einfall eingibt: "um die Leidenschaft der Freier zu erregen und sie selber vor dem Gatten noch kostbarer erscheinen zu lassen." Denn das ist entscheidend: Odysseus ist, unerkannt und ohne daß sie es ahnt, anwesend und Zeuge des ganzen Auftritts.

Sie selber weiß gar nicht, was mit ihr geschieht:

"Sonderbar lachte sie auf und sprach zu ihrer Bedienten: 'Eurynome, es kommt mir in den Sinn, vor die Freier zu treten ...'"

Sie meint, sie solle vielleicht zu ihrem Sohn, der unten bei den Freiern sitzt, ein ernstes Wort sagen. Die Dienerin, nach Dienerinnenart, denkt nur an die Herren Freier: sie findet das gut, daß die Herrin endlich etwas Lebenslust zeigt; aber sie solle sich vorher waschen und schminken! Penelope weist das weit von sich: derlei hat sie nicht im Sinn, seitdem Odysseus von ihr gegangen ist ... Aber plötzlich überfällt sie ein Schlaf: ein erquickender, verschönernder Schlaf, von der Göttin Athene gesandt; und schön, mit allen aphrodisischen Reizen, wacht sie auf und steigt, von zwei Dienerinnen begleitet, die Treppe hinunter. Da steht sie nun, den Schleier züchtig vor's Gesicht gehalten. Im Saal der tobende Erfolg.

Man sieht, der Dichter hat alles dafür getan, um von Penelope den Verdacht einer absichtlichen Betörung der Freier fernzuhalten. Koketterie und Verschlagenheit, die man nach dem Effekt der Episode erwarten würde, werden gerade nicht hervorgekehrt, alles Absichtliche übernimmt die Göttin, durch den wunderbaren Schlaf, den sie über Penelope kommen läßt, und Penelope ist so hoheitsvoll, treu und zurückhaltend wie je. Tatsächlich weicht der Charakter der Penelope nicht von ihrer sonstigen Art im Epos ab: sie ist nicht die Listige des Märchens, sondern die Verständige, die περιφρων des Epos.

Im Märchen mag es eine Geschichte gegeben haben von der Art der Webstuhl-List: wie die schlaue Penelope die Freier übertölpelte und ihnen Geschenke ablockte. Vom Sinn dieses Motivs waren die Figuren geprägt. Im Märchen gibt es Figuren, keine Personen.

Aber in die einfachen Umrisse der alten Geschichte ist nun eine epische Situation eingezeichnet, die den Gehalt der Überlistungsgeschichte übersteigt. Zu dieser Situation gehört, daß Odysseus heimlich anwesend ist. *Für ihn* tritt Penelope auf — so die erklärte Absicht der Göttin. Und während kein einziges Wort zwischen den Gatten gewechselt wird, Penelope nicht ahnt, daß in dem Bettler, um den sie sich sorgt, Odysseus sich verbirgt, ist doch jedes ihrer Worte, auch gerade die Erzählung vom Abschied des Gatten, auf ihn bezogen. Und hier, für Odysseus, soll Penelope, nach dem Willen der Göttin — und des Dichters —

überwältigend sich zeigen. Denn dies ist ja der Augenblick im Epos, da Odysseus sie, nach zwanzig Jahren, zum ersten Male wiedersieht. Und Penelope erscheint vor dem Gatten, die Königin vor dem Bettler: nicht als die Trauernde, Abgehärmte, sondern im aphrodisischen gottgeschenkten Glanz und der Hoheit einer großen Frau.

Mit der Umsetzung ins Epische hat also die einfache Geschichte eine tiefe Veränderung erfahren. Die Entfaltung des Seelischen, das Widerspiel von Bewußtsein und Unbewußtem, die Spannung von Vergangenheit und Gegenwart, von Nähe und Ferne: das alles wurde erst möglich im großen Epos, wo an die Stelle des Linear-Pragmatischen die epische Situation tritt.

Und nun denke man sich diese äußerste Kunst der Nuancen, Brechungen und Beziehungen, wo der Sinn vom genauesten Gepräge und Gefüge der Sätze und Verse abhängt, dem ewig wechselnden Fluß mündlicher Improvisation und Überlieferung anvertraut: das hieße wahrhaftig, mit Sokrates gesprochen, ins Wasser schreiben.

Ich habe versucht, an Beispielen die Verwandlung zu beschreiben, die ich die Transformation der einfachen Geschichte zum Epos nenne. Sie ist nur der eine Schritt jenes Übergangs, als den ich den literaturhistorischen Moment des homerischen Epos verstehen möchte. Der andre, vom Epos zur 'Literatur', verdiente eine eigene Betrachtung; er sei hier nur, soweit er sich im Epos selber anzeigt, mit wenigem angedeutet.

Literatur in der engeren Bedeutung ist das Epos viel später geworden, im Hellenismus. Aber schon in klassischer Zeit sind Ilias und Odyssee *Literatur* in dem Sinne, daß sie von ihrer rhapsodischen Praxis abgelöste Kunstwerke geworden sind. Was sind denn die Kriterien solcher Literarisierung? Hier können die Begriffe weiterhelfen, die Jan Assmann in einem Referat entwickelt hat.

Eins der Kriterien ist, daß eine Gesellschaft sich mit einer Dichtung *identifiziert*. Von Ilias und Odyssee, von Gestalt und Schicksal Achills und Odysseus müssen früh starke "Identifikations-Angebote" auf die Griechen ausgegangen sein. Untrügliches Zeichen dafür ist das *Zitat*: schon im 7. Jahrhundert, also kaum hundert Jahre nach der Ilias, wird Homer von Dichtern zitiert, das heißt, es wird ihm Gültigkeit und *Repräsentativität* zuerkannt. Wir erkennen daran den Prozeß einer Literarisierung von außen her.

Aber der Prozeß beginnt schon im homerischen Epos selber, mindestens in der Odyssee. — Es gehört ja zu den altüberlieferten Formen der epischen Praxis, daß sie über eine Formelsprache verfügt. Zahlreiche formelhafte Wiederholungen zeugen im homerischen Epos von seiner mündlichen Vorgeschichte in sprachlicher und formaler Hinsicht. Die Theorie der mündlichen Komposition der homerischen Gedichte, wie sie seit einem halben Jahrhundert in England und Amerika entwickelt worden ist[16], betrachtet diesen Formelbestand als das überlieferte Gedächtnismaterial, aus dem der homerische Dichter seine Improvisation bestreitet.

Aber das Formelhafte gilt nicht in allen Fällen von Iteraten im Homer. Ich bringe ein Beispiel[16]. In der Ilias, im 6. Buch, lesen wir den Abschied Hektors von Andromache: Andromache, in Sorge um ihren Mann, fleht ihn an, jetzt nicht wieder sich in die Todesgefahr der Schlacht zu begeben, sondern das Heer in die Stadt zu ziehen und die Mauern zu verteidigen. Sie versteigt sich in ihrer Sorge so weit, ihrem Mann militärisch-taktische Ratschläge zu geben ... Darauf Hektor, im ahnungsvollen Schicksalsbewußtsein vom kommenden Untergang Trojas ("Ich weiß: es wird kommen der Tag, da die heilige Ilios untergeht") entschlossen, seinem Schicksal sich zu stellen, entgegnet ihr:

> "Doch du geh ins Haus und besorge deine eigenen Sachen,
> Webstuhl und Spindel, und weise die Mägde an,
> Ihre Arbeit zu tun. Der *Krieg* sei Sache der Männer,
> Aller, und zumeist die meine ..."[17]

In der Odyssee, im 1. Buch — die Freier übermütig im Haus des Odysseus; Athene, unerkannt, ist bei dem jungen Telemach gewesen und hat ihn zum männlichen Handeln aufgerufen: er begibt sich in das Getümmel der prassenden Freier, die nach dem Essen den Sänger Phemios singen lassen, Geschichten von Troja ... Penelope im Obergemach hört es, kommt herunter, klagend: solche Lieder regten ihre Trauer und Sehnsucht um Odysseus auf; und bittet, davon aufzuhören. Darauf Telemach:

> "Doch du geh ins Haus und besorge deine eigenen Sachen,
> Webstuhl und Spindel, und weise die Mägde an,
> Ihre Arbeit zu tun. Das *Wort* sei Sache der Männer,
> Aller, und zumeist die meine ..."

Die Oral Composition Theory muß annehmen, daß hier sowohl der Odysseedichter wie der Iliasdichter auf das große Formel-Arsenal des rhapsodischen Gedächtnisses zurückgreift. Aber ist es denkbar, daß es eine Formel dieser Art gegeben hat, für alle Fälle, wo ein Heldenweib sich in Männerangelegenheiten einmischt? Mir scheint unverkennbar, daß hier *zitiert* wird: Telemach redet kein Formelwort, sondern ein — pointiert variiertes — Hektor-Wort; der eben zum Manne erweckte Jüngling spricht in Hektor-Art.

Dieses Verhältnis der Odyssee zur Ilias ist aber auch im Ganzen bemerkbar. Es artikuliert sich ausdrücklich am Ende der Odyssee, in der zweiten Unterweltszene, in der das durchgängige Thema der Lebensläufe zu seinem Ende geführt wird. Das Epos klingt aus in einer großen Abwägung der Heldenschicksale: zuerst des Agamemnon gegen Achills: Wieviel glückseliger als er, der von seinem treulosen Weib Ermordete, ist doch Achill, der zwar jung starb, aber unsterblichen Ruhm gewonnen hat! Die hier Verglichenen waren die beiden Kontrahenten des Streits, der den Stoff der Ilias bildet; Agamemnons Makarismos seines großen Gegners, aus der nachiliadischen Perspektive der vollendeten Lebensläufe gesprochen, ist eine Huldigung des Odysseedichters an den Helden Homers. Schon dies erhebt die Ilias zur 'Literatur'. — In diesem Moment kommt, mit den Seelen der erschlagenen Freier, Botschaft von droben: von Odysseus, der dank der Treue seines Weibes die Freier besiegt hat. Und Agamemnon bricht aus in eine zweite, höhere Preisung[18]:

> "Glückseliger Laertessohn, erfindungsreicher Odysseus!
> Wahrlich zu großem Heil hast du deine Gattin erworben.
> Drum wird der Ruhm ihrer Tugend niemals vergehn, sondern
> lieblichen Gesang werden die Unsterblichen stiften von
> der verständigen Penelope."

Der Gesang, den die Dichtung hier apostrophiert, ist die Dichtung selber, die Odyssee. Mit der Preisung *ihres* Helden spricht sie sich selber den Preis zu im literarischen Wettstreit mit ihrem großen Vorbild und Meister, Homer. Die Reflexion des Dichters auf das eigene Werk ist vielleicht das merkwürdigste Indiz der Literarisierung im Epos selber: dafür, wie hier die Dichtung auf dem Wege ist, etwas Abgelöstes, in sich selber Gründendes, das heißt, reine Kunst zu werden.

Anmerkungen:

[1] Siehe Alfred Heubeck (1974), S. 130 ff.: "Die oral-poetry-Forschung"; dazu ausgewählte Forschungsbeiträge in: Joachim Latacz (Hg.) (1979).
[2] Aristoteles, Poetik Kap. 4, 1449a 11.
[3] Siehe U. v. Wilamowitz-Moellendorf (1889), S. 107.
[4] Zu dem Begriff, wie zu dem ganzen hier beschriebenen Phänomen, siehe Max Kommerell (1943), S. 9 ff.
[5] Siehe H. T. Wade-Gery (1952), S. 5 u. 14.
[6] Siehe zum folgenden vor allem Karl Reinhardt (1938). Ders. (1961), Einleitung: "Ilias und Patroklie", "Patroklie und Achilleis".
[7] Aristoteles, Poetik Kap. 7, 1450b 1450b 26, Kap. 8, 1451a 23—35.
[8] André Jolles (1930).
[9] Ludwig Radermacher (1915); Denys Page (1972). Ansätze bei J. Tolstoi (1934).
[10] Wolfgang Schadewaldt (1958), Nachwort S. 327 ff.
[11] Das Gedicht des Michel Wyssenhere, in: Karl Hoppe (1952). — Der Rote Schwan, in: Indianermärchen aus Amerika, Diederichs, Jena 1924.
[12] Odyssee, 18. Buch VV. 158—303.
[13] Odyssee, Anfang des 21. Buchs.
[14] Wladimir Propp (1972).
[15] So zuerst Karl Ludwig Kayser (1881), S. 41. Ihm sind, meist mit radikalen oder partiellen Tilgungen, fast alle Interpreten gefolgt.
[16] Milman Parry (1928); Albert B. Lord (1960).
[17] Ilias, 6. Buch, VV. 433—493; Odyssee, 1. Buch VV. 337—359.
[18] Odyssee, 24. Buch, VV. 192—198.

Literatur:

Heubeck, A. (1974) *Die homerische Frage*, Erträge der Forschung 27, Darmstadt.
Hoppe, K. (1952) *Die Sage von Heinrich dem Löwen.*
Jolles, A. (1930) *Einfache Formen.* Tübingen. ⁵1974, Darmstadt.
Kayser, K. L. (1881) *Homerische Abhandlungen*, hg. v. H. Usener. Leipzig.
Kommerell, M. (1943) *Gedanken über Gedichte.* Frankfurt a. M.
Latacz, J. (Hg.) (1979) *Tradition und Neuerung*, Wege der Forschung 463, Darmstadt.
Lord, A. B. (1960) *The Singer of Tales.* Cambridge, Mass. (dt.: *Der Sänger erzählt. Wie ein Epos entsteht.* München 1965).
Page, D. (1972) *Folktales in the Odyssey.* Cambridge, Mass.
Parry, M. (1928) *L'épithète traditionel dans Homère.* Paris.
Propp, W. (1972) *Morphologie des Märchens.* München. (russ. 1928; die frz. Übers. von Bremond ist offenbar zuverlässiger).
Radermacher, L. (1915) *Die Erzählungen der Odyssee*, Sitzungsberichte der Wiener Akad. d. Wiss.

Reinhardt, K. (1938) *Das Parisurteil*. Frankfurt a. M., wieder abgedr. in: *Tradition und Geist. Gesammelte Essays zur Dichtung*. Göttingen 1960.
— (1961) *Die Ilias und ihr Dichter*. Göttingen.
Schadewaldt, W. (1958) *Die Odyssee* (Übers.). Hamburg.
Tolstoi, J. (1934) "Einige Märchenparallelen zur Heimkehr des Odysseus", in: *Philologus* 89.
Wade-Gery, H. T. (1952) *The Poet of the Iliad*. Cambridge.
Wilamowitz-Möllendorf, U. v. (1889) *Herakles, I: Einleitung in die attische Tragödie*.

Wolfgang Rösler

Schriftkultur und Fiktionalität.
Zum Funktionswandel der griechischen Literatur von Homer bis Aristoteles

1. Einleitung

Die Auswirkungen der Schrift auf eine ehedem mündliche Kultur lassen sich besonders fruchtbar am griechischen Befund studieren. Ziel der folgenden Skizze ist es, die in der — jedenfalls im Grundsätzlichen — wegweisenden Untersuchung von Goody/Watt (1968) auf der Basis zahlreicher Kulturen, darunter der griechischen, gewonnenen Einsichten im Hinblick auf letztere auszubauen, sie namentlich auch chronologisch weiterzuführen. Dies geschieht im besonderen unter folgender Fragestellung: Welche Konsequenzen hatte der Wandel der medialen Bedingungen für soziale Geltung und Funktion von Literatur? Wie und gegebenenfalls unter welchen Konflikten kam es im Übergang von Mündlichkeit zu Schriftlichkeit zu einer Umorientierung des hier relevanten Sektors dessen, was die französische *Annales*-Schule als 'kollektive Mentalität' zu sehen gelehrt hat?[1] Vorab muß hierbei um Verständnis gebeten werden für die, etymologisch betrachtet, bedenkliche, mangels eines anderen geeigneten Oberbegriffs jedoch mitunter — wie soeben — unvermeidliche Verwendung des Begriffs Literatur auch für mündliche Texte.[2] Weiterhin ist bereits hier zu betonen, daß die im folgenden an der griechischen Kultur aufgewiesenen Konsequenzen der Schrift nicht zu dem Schluß verführen dürfen, sie ließen sich kurzerhand generalisieren und ohne nähere Prüfung der Gesamtumstände auf andere Kulturen projizieren.

Der historische Ablauf stellt sich in seinen Grundlinien so dar: Um die Mitte des 8. Jh. v. Chr. übernahmen die Griechen das Alphabet von den Phöniziern[3]. Offenbar hatte sich ihnen bei den mannigfachen Kontakten mit diesem durch Handelsschiffahrt und Kolonien über das gesamte Mittelmeergebiet hin präsenten Volk der Nutzen der Buchstabenschrift offenbart. Es begann ein faszinierender Prozeß: Die neue Errungenschaft, den ursprünglichen Intentionen nach wohl primär für Handels- und Organisationszwecke importiert, durchstieß rasch die Grenzen des ihr zugemessenen eingeschränkten Anwendungsbereichs. Sich weiter und weiter ausbreitend, okkupierte sie nicht allein Funktionen, die bis dahin der Mündlichkeit anvertraut gewesen waren, sondern brachte überdies neue Funktionen hervor — bis am Ende die Überführung der alten Oralität in eine Buchkultur vollzogen war. Nachdem die Bewahrung auch poetischer Texte mittels der Schrift sowie ihre Nutzung beim poetischen Schaffensvorgang offenbar schon relativ rasch gebräuchlich geworden waren, ohne daß jedoch zunächst hiervon die performative Seite — mündlicher Vortrag und hörende Aufnahme — tangiert worden wäre, löste spätestens im 4. Jh. das individuelle Lesen das Hören als Regelfall der Rezeption ab. Freilich ist damit nur umrissen, was man gleichsam als Außenfassade kennzeichnen könnte; tatsächlich handelt es sich bei diesem Prozeß um nichts Geringeres als um eine durchgreifende Umstrukturierung jener Gesamtheit, die Lotman/Uspenskij (1971) den "semiotischen Mechanismus der Kultur" genannt haben. In der folgenden Darstellung werden drei Phasen unterschieden; das Hauptaugenmerk liegt weniger auf einer detaillierten Dokumentation[4] als vielmehr einer zusammenfassenden kulturtypologischen Interpretation der Veränderungen.

2. Der 'oral poet' als Verwalter der Tradition

Die von Milman Parry — aufbauend auf später vielfach vergessenen Vorarbeiten des 19. und frühen 20. Jh. — gewonnenen Erkenntnisse[5] haben den Schaffensprozeß nachvollziehbar werden lassen, in dem ein griechischer 'oral poet' seine Texte hervorbrachte. Die 'typische Szene' mit einer festen Reihenfolge der Einzelkomponenten sowie ein Formelsystem, bei dem sich Flexibilität und Konstanz auf eine schwer zu bestimmende Weise miteinander verbanden, ermöglichten ihm einen kontinuierlichen Formulierablauf bei der Darbietung, die mithin nicht in wörtlich wiederholender Reproduktion vorfixierter Texte, sondern je neuer Kreation bestand. Zwar ist umstritten, ob *Ilias* und *Odyssee* selbst der Ära einer ausschließlich auf Mündlichkeit gegründeten Kultur noch ganz und gar zugehören, also erst nachträglich aufgezeichnet sind, oder ob sie als früheste schriftliche Schöpfungen aus jener Kultur zwar noch erwachsen, ihr aber zugleich auch bereits entwachsen.[6] Doch ist es so oder so gerechtfertigt, die im folgenden herangezogenen Aussagen über das hinter den Homerischen Epen stehende poetische Selbstverständnis — und sei es eben als Nachhall — auf jene Ära einer oralen Kultur, und dies heißt: auf die eingangs umrissene Erzählsituation des 'oral poet', zu beziehen und entsprechend auszuwerten. Hinzu tritt, daß mündliche Texte anderer Kulturbereiche — etwa die vedische Dichtung[7] — zu den relevanten Einzelheiten mannigfache Parallelen liefern.

Der 'oral poet' enthüllt seine Konzeption namentlich im Musenanruf:

> "Den Mann nenne mir, Muse, den vielgewandten ..."
> "Den Zorn singe, Göttin, des Peleus-Sohnes Achill ..."
> "Sagt mir nun, ihr Musen, die ihr die olympischen Häuser bewohnt, — denn ihr seid Göttinnen, seid Augenzeugen und wißt alles, wir aber hören nur die Kunde und wissen nichts —, wer die Führer und Herrscher der Danaer waren ..."[8]

Der Dichter — so wird deutlich — versteht sich als Medium göttlichen Wissens; was er singt, hat sich so zugetragen, ist wahr. Dieser Anspruch wird nie zurückgezogen, relativiert oder problematisiert; er umgreift die Homerische Dichtung ohne Einschränkung: den Kampf der Helden um Troja, die Irrfahrten des Odysseus ebenso wie die Reden und Taten der Götter.

Es stellt sich die Frage, mit einer wie gearteten spezifischen Funktion von Dichtung in einer oralen Kultur sich diese Konzeption verbinden läßt. Den Weg zu einer Antwort weist ein Begriff, der von Halbwachs (1950) zu einer umfassenden Theorie der Traditionsbildung ausgebaut worden ist: der Begriff 'mémoire collective'. Eine soziale Gruppe — so Halbwachs, der selbst übrigens keineswegs einen bestimmten Kulturtypus anvisiert — benötigt für ihre Identität eine Gesamtheit gegenwärtiger und vergangener Ereignisse, eben "die Spuren [...], die sie selbst hinterlassen hat" (dt. Ausg., S. 125). Die Möglichkeit, sich dieser Spuren zu vergewissern, ist überhaupt erst Voraussetzung für Existenz und Fortbestand der Gruppe. Die Vorgeschichte des Hic et nunc, gespeichert in der kollektiven Erinnerung und aus ihr im Bedarfsfall abrufbar, verhilft dem einzelnen dazu, sich in seiner Lebenswelt zurechtzufinden, und dient, wo immer erforderlich, zur Legitimation bzw. Abwehr von Ansprüchen. Bezieht man nun diesen theoretischen Rahmen auf die spezifischen Gegebenheiten einer illiteraten Kultur, einer Kultur also ohne Archive, Geschichtsbücher, kodifizierte Regeln und heilige Schriften, so erschließt sich unmittelbar der besondere Stellenwert, den Dichtung, insofern sie Tradition formt und vermittelt, hier innehat: Indem sie Archiv, Geschichtsbuch, Regelkodex und heilige Schrift gleichsam vertritt, indem sie das bestehende System sozialer, politischer und religiöser Normen aus der Vergangenheit herleitet und es so sanktioniert, ist sie herausragende Trägerin der 'mémoire collective' und damit zugleich der von ihr geleisteten Ordnungsfunktion.

Die 'mémoire collective' umfaßt gleichermaßen geschichtliche wie religiöse Überlieferung (wobei anzumerken ist, daß eine solche Scheidung im Hinblick auf die Bewußtseinslage in einer oralen Kultur anachronistisch sein mag). Dem entspricht denn auch genauestens der inhaltliche Rahmen des frühen griechischen Epos, der in dieser Ausformung ohne Bedenken nach rückwärts, in die dunklen Jahrhunderte der Oralität, fortgeschrieben werden darf: heroische Dichtung (repräsentiert durch *Ilias* und *Odyssee*) sowie Hymnus (das ebenfalls unter dem Namen Homers überlieferte Corpus) und Theogonie (Hesiod); die Verbindung zwischen beiden Ebenen stellt die Heroengenealogie her: sie wird in den Fragmenten sogenannter Katalogdichtung (unter dem Namen Hesiods) gleichfalls noch kenntlich. Was den Dichter selbst betrifft, so fungiert er in einer mündlichen Kultur gewissermaßen als Garant und Verwalter der kollektiven Erinnerung. Ob eine Kunde bewahrt und überliefert wird oder ob sie in Vergessenheit gerät: dies entscheidet im besonderen er — freilich auch nicht einfach in einer Sphäre der Autonomie. Wie Bogatyrev/Jakobson (1929) gezeigt haben, bedarf gerade die mündliche Schöpfung der Nachfrage und Annahme durch eine Gemeinschaft, welche insofern eine latente Präventivzensur ausübt. Es ist denn auch gerade der solchermaßen wirksame Filtereffekt sozialer Kontrolle, der jene Identifizierung von Dichtung mit Wahrheit zu beleuchten vermag, wie sie für mündliche Dichtung, und zwar nicht nur in der griechischen Kultur, charakteristisch ist: Sie ist nichts anderes als die Konsequenz der von Dichtung erbrachten sozialen Leistung. Denn, wie evident ist, ist die Tradition nur dann imstande, ihre identitätstiftende Funktion gegenüber derjenigen Gruppe, der sie zugehört, zu erfüllen, wenn sie ebendieser Gruppe vorbehaltlos als wahr gilt. Der Dichter seinerseits — selbst Glied einer Traditionskette, innerhalb derer die seinem Tun zugrunde liegenden technischen Fertigkeiten, nicht zuletzt jedoch auch Kenntnis von Stoffen und Themen von einer Generation auf die andere übergehen — erbringt seine Leistung nicht in der Erfindung von Geschehen, sondern in der Aufbereitung jener 'wahren' Überlieferung. So kann man letztlich die Gesamtheit der betreffenden Traditionserzählungen, 'Mythen', geradezu dadurch definieren, daß man sie als 'geglaubt', 'geglaubte Tradition', kennzeichnet.[9]

Abgesichert und zugleich überhöht ist ein entsprechender Konsens der Beteiligten letztlich in der Vorstellung einer göttlichen Inspiration: Wenn Dichtung Produkt einer geheimnisvollen Kommunikation zwischen Gottheit und Sänger ist, sich andererseits eine solche Kommunikation — wie sonst wäre sie theologisch angemessen? — allein auf die Wahrheit beziehen kann, so folgt hieraus die Wahrheitsqualität auch des Produkts, d. h. der Dichtung. Die Musen sind die Töchter des Zeus und der Mnemosyne, der Erinnerung. Wenn Homer sich auf sie beruft, ihr Wissen zu tradieren behauptet, so ist der hierin liegende Wahrheitsanspruch also nicht (wie oft angenommen wird) vorgespiegelt, sondern er gilt, ist Reflex der spezifischen Funktion von Dichtung in einer schriftlosen Kultur.

3. Wissen, Kritik, Theorie — die Konsequenzen der Schriftlichkeit

Daß Dichtung ihrer Natur nach wahr sei: diese für den oralen Kulturtypus konstitutive Sicht erfährt in der Folgezeit eine unauffällige, aber wesentliche Modifikation. Seit Hesiod (frühes 7. Jh.) erscheint sie als ausdrückliches Postulat, als individuell erhobener, zugleich abgrenzender Anspruch — und dies schließt den Vorwurf ein, andere Dichtung entbehre der Wahrheitsqualität. Was für Homer und die durch ihn repräsentierte Ära noch unproblematisch war, ist also zum Problem geworden. Das kollektive Vertrauen in die Tradition und deren dichterische Vermittlung ist zerbrochen.

Es müssen hier wenige Beispiele genügen: Hesiod erhebt für sich selbst einen umfassenden Wahrheitsanspruch, begründet in seiner als Epiphanie erlebten Weihe durch die Musen.[10] Doch von denselben Musen werden andere durch Unwahres getäuscht. Ein theologischer Widerspruch? Kaum! Die Musen sind nur wählerisch mit ihrer Gunst: In jener Weihungsszene schmähen sie pauschal die Hirten, die "unter freiem Himmel dahinvegetieren", und belegen sie mit derben Schimpfnamen; nur einen aus deren Schar entsenden sie sodann, zu künden, "was sein wird und was vorher war": Hesiod. Die solchermaßen von Hesiod etablierte Aufspaltung in Eigenanspruch und Kritik bleibt bis weit ins 5. Jh. hinein unangetastet. Die Folgezeit bringt lediglich insofern eine Akzentverschiebung, als Unwahrheit von Dichtung nun zunehmend statt als 'Desinformation' durch die Musen als intentionaler Akt seitens der Dichter selbst, d. h. als Lüge, zumindest jedoch als Fahrlässigkeit, als Folge mangelnden Nachdenkens begriffen wird. "Viel Unwahres verkünden die Dichter", stellt um 600 Solon fest, mit dieser Formulierung die Frage der Verantwortung noch in der Schwebe belassend. Doch im frühen 5. Jh. empfängt Homer den unmißverständlichen Tadel Pindars, er habe zugunsten des Odysseus das Mittel der Lüge eingesetzt.[11] Xenophanes (6./5. Jh.), der Homer und Hesiod wegen wahrheitswidriger Darstellung der Götter kritisiert, ist seinerseits Ziel der Polemik des etwas jüngeren Zeitgenossen Heraklit: Verstand wird ihm ebenso abgesprochen wie Hesiod, Pythagoras und Hekataios.[12] Diese Namensreihe — sie stellt den Epiker neben den Philosophen ohne authentisch fixierte Lehre, den Verfasser von Gedichten philosophisch-theologischen Inhalts neben den Autor geographisch-historiographischer Prosatexte — verweist zugleich auf einen Sachverhalt, der, so irritierend er sich ausnimmt, gleichwohl in der Konsequenz einer Beurteilung von Dichtung mit dem Maßstab 'wahr/unwahr' liegt, wie die Tradition sie vorgibt: Dichtung und Sachtext müssen unter dieser Voraussetzung ununterscheidbar bleiben. Die Existenz lediglich eines globalen, allumfassenden Literaturbegriffs schließt eine differenzierende Würdigung einzelner Textsorten aus. Der Unterschied zwischen Dichtung und Nicht-Dichtung — Gorgias sagt es in der zweiten Hälfte des 5. Jh. ausdrücklich[13] — ist einzig metrischer Natur. Augenfällig wird dieser Zustand auch in der Historiographie des 5. Jh.: Hekataios setzt sich etwa gegen Hesiod ab, Herodot und Thukydides korrigieren Homer.[14] Bei alledem ist es nur folgerichtig, daß die Apologeten Homers — auch sie gibt es — angesichts des Vorwurfs der Unwahrheit nicht darauf verweisen, es handele sich doch um Dichtung, sondern daß sie den inkriminierten Text allegorisch mit Gleichungen wie den folgenden zu einem 'vorsokratischen' Traktat uminterpretieren[15]: Achill sei tatsächlich die Sonne, Hektor der Mond, Agamemnon der Aither, Demeter die Leber, Dionysos die Milz und Apollon die Galle. So wird Homer 'gerettet' — doch als Naturphilosoph, nicht als Dichter.

Strikte Anbindung aller Literatur an ein so starres wie zugleich unscharfes Wahrheitspostulat einerseits bei gleichzeitigem Verlust des Glaubens an eine durch göttliche Inspiration von selbst gesicherte Wahrheitsqualität andererseits: die Folge hiervon — einer partiellen Beibehaltung, aber auch partiellen Aufgabe der alt-oralen Konzeption — ist eine nachhaltige Störung der literarischen Kommunikation, wobei sich die zunehmende Vielfalt von Diskurstypen noch verstärkend auswirkt. Das Fehlen eines Differenzierungen zulassenden Literaturbegriffs führt dazu, daß jeder Kritiker bzw. Apologet selbst die Kriterien bestimmt, mit denen er den Wahrheitsanspruch des anderen bestreitet bzw. verteidigt: Daß die Dichtung Homers unwahr sei, wird — parallel zueinander — aus moralisch-theologischer, aus naturphilosophischer und aus historiographischer Perspektive erwiesen bzw. zurückgewiesen.

In einem allgemeinen Rahmen ist die Erschütterung eines einstmals festgefügten Weltbildes, wie sie in derartigen Irritationen zum Ausdruck kommt, als Folge einer Horizonterweiterung zu sehen, wie sie sich seit dem 8. Jh. als Konsequenz eines anwachsenden Außenhandels und räumlicher Expansion durch Koloniegründungen einstellt.[16] Die Begegnung mit anderen Kulturen bedeutet auch Erschütterung von Tradition; zumal die anthropomorphe Götterwelt, wie sie der 'oral poet' noch unangefochten vermittelt hatte, erfährt einen schleichenden Verlust an Glaubwürdigkeit (Xenophanes macht ihn dann explizit). Doch ist es speziell eine einzelne Errungenschaft, die sich, aus jener Öffnung resultierend, als Antrieb zu kultureller Veränderung erweist: die, wie gesagt, von den Phöniziern übernommene Schrift. Die durch sie bewirkte allmähliche Ablösung der Mündlichkeit ist die eigentliche Ursache der dargestellten Störung. Zwar bleibt Dichtung unverändert auf den Akt mündlichen Vortrags hin angelegt, doch reduziert sich der Stellenwert der Mündlichkeit immer mehr auf diesen, den unmittelbar performativen Bereich. Wie nämlich der signifikante Rückgang des Formelanteils bei epischer bzw. von epischer Sprache beeinflußter Dichtung zeigt, gerät der Schaffensvorgang, und zwar schon vom 7. Jh. an, unter den Einfluß der Schrift: Dasjenige Hilfsmittel wird nun nicht mehr benötigt, das einst den extemporierenden Vortrag ermöglicht hatte; letzterer wird ersetzt durch die Rezitation von vorher Formuliertem. Auch werden nun Texte — für wiederholten Gebrauch — von denen kopiert und aufbewahrt, die als reproduzierende Rhapsoden auf ihre Weise die Nachfolge der 'oral poets' angetreten haben (wobei Personalunion von schriftlich schaffendem Dichter und Rhapsoden sicher nicht selten, doch eben keineswegs notwendig ist). Gewiß handelt es sich hierbei um einen sehr speziellen Bereich der Anwendung, doch er signalisiert, daß sich nun unter der Oberfläche performativer Mündlichkeit eine sekundäre Ebene der Schriftlichkeit herauszubilden beginnt, die sich zunehmend auch anderweitige kommunikative Funktionen erschließen muß. Ein über elementare Alltagsbedürfnisse hinausgehendes Lesen bleibt zwar für lange Sache einer Minorität — noch in den attischen Komödien der zweiten Hälfte des 5. Jh. ist 'Buch' ein Reizwort, das offenbar ohne weiteres geeignet ist, Lachen zu provozieren —; jedoch zeugt andererseits die kontinuierliche Zunahme der Inschriften im 7., 6. und 5. Jh. von dem zunächst noch unauffälligen, aber unaufhaltsamen Siegeszug des neuen Mediums. Insofern ergibt sich der Schluß, daß schriftliche Texte für den Interessenten nun zunehmend auch zum Zwecke der Lektüre und Auswertung verfügbar werden. Einen markanten Reflex hiervon stellt denn auch seit der Mitte des 6. Jh. das Aufkommen von Prosatexten dar: Sie lassen — da jedenfalls in den hier gemeinten Fällen (Vorsokratiker, Hekataios) offenbar nicht für mündliche Rezitation verfaßt — die Oralität bereits zur Gänze hinter sich. Doch zeigt andererseits das Beispiel Heraklits, mit welchen Schwierigkeiten die 'Publikation' eines schriftlichen Textes um die Wende des 6./5. Jh. noch verbunden war: Von seinem Autor im Artemis-Heiligtum von Ephesos deponiert, lag er für Interessenten bereit, die ihn dort lesen und kopieren konnten.[17]

Indessen erschöpft sich jener von der Schrift initiierte Wandlungsprozeß, wie sich bereits zeigte, nicht in einer Veränderung der äußeren Gegebenheiten literarischer Kommunikation. Er hat vielmehr fundamentale kulturtypologische Implikationen, angesichts derer sich die aufgewiesene Störung literarischer Kommunikation letztlich als Konsequenz eines zunehmend schärfer werdenden Gegensatzes zwischen der Verklammerung von Dichtung und Wahrheit — Erbe aus einer noch zur Gänze illiteraten Kultur — und einer permanenten Erweiterung des Wissenshorizontes darstellt, bewirkt durch das Vordringen der Schrift. Das theoretische Fundament für eine angemessene Beurteilung dieses Gegensatzes gelegt zu haben, ist das Verdienst von Goody/Watt (1968).

Für eine ausschließlich orale Kultur (es kann hier auf den vorangegangenen Abschnitt rückverwiesen werden) ist demnach eine Organisation der Überlieferung konstitutiv, die sich als homöostatisch charakterisieren läßt: Allein Sachverhalte von andauernder sozialer Relevanz werden im kollektiven Gedächtnis bewahrt (z. B. Genealogien, die zugleich geeignet sind, gegenwärtige Sozialstrukturen zu legitimieren); Verlust der Relevanz bewirkt entsprechend Umformung, wenn nicht Vergessen. Vergangenheit und Gegenwart sind dadurch in einer Weise miteinander verschränkt, die ein differenziertes Erfassen geschichtlicher Entfernungen und damit auch die Herausbildung eines historischen Bewußtseins ausschließt: Das Vergangene existiert als Komponente des Gegenwärtigen, dabei lokalisiert in einer weitgehend diffusen 'Vorzeit' oder gar nicht.

Ursache dieses Phänomens ist die Einsträngigkeit der Überlieferung. Diese vollzieht sich in einer illiteraten Kultur über das Monopol einer Kette ineinandergreifender Konversation zwischen den Mitgliedern der betreffenden sozialen Gruppe. Das schriftlich fixierte, mithin stabile und von mündlicher Tradition unabhängige Testimonium fehlt hingegen, und dies bedeutet, daß die Vergangenheit selbst nicht zu Wort zu kommen vermag. Ein Spezifikum der Face-to-face-Situation oraler Traditionsvermittlung besteht zudem darin, daß von ihr ein harmonisierender, konsensfördernder Effekt ausgeht, und zwar insofern, als der persönliche Kontakt — über die Möglichkeit von Rückfrage und Erläuterung — die unmittelbare Ausräumung von Mißverständnissen und Einwänden gestattet. Wird aber ein Konsens nicht erzielt, so erfahren die Gegenpositionen weder Fixierung noch weitergehende Verbreitung: Die Kritik bleibt auf die Person, allenfalls die Umgebung des Kritikers reduziert. Für eine orale Kultur gilt somit ein hoher Grad an gemeinschaftlicher Akzeptanz im Hinblick auf das je Tradierte; es ist — mit anderen Worten, und damit schließt sich der Kreis — eben 'wahr'.

Demgegenüber büßt in einer Gemeinschaft, die über die Schrift verfügt, die ineinandergreifende Konversation ihren exklusiven Status ein. Auch erfolgt eine Akkumulation von Wissen: Was fixiert ist, widersetzt sich dem Vergessenwerden; Textzeugnisse bleiben auch dann abrufbar, wenn die Zeit, zu der sie anfielen, vorüber ist, — dadurch aber nimmt ein historischer Rahmen Kontur an. Zudem läßt die quantitative Zunahme der verfügbaren Information sachliche Widersprüche hervortreten; auch wo diese objektiv nicht gegeben sind, bringt die Fülle der Daten divergierende Interpretationen hervor. Schließlich tendiert jene Akkumulation von Wissen zur Spezialisierung: Wissensbereiche werden ausgegrenzt und von gleichsam zugeordneten Experten betreut. Die homöostatische Organisation der Tradition weicht einer Dynamik, die zu permanenter Modifikation des Weltbildes nötigt; der alte Konsens löst sich auf in kontroversem Disput.

Wie Goody/Watt selbst registrieren, bestätigt sich die Theorie am griechischen Befund. Im Gefolge der Literarisierung der Kultur entwickeln sich hier Geschichtsschreibung und vorsokratische Theoriebildung — ebenso sich als 'Disziplinen' etablierend wie auch mit manifester kritischer Komponente: Der Eindruck, daß die Reden der Griechen lächerlich seien, bildet den Anstoß für Hekataios — Herodot und Thukydides werden ihm an Kritikbereitschaft nicht nachstehen —; für das Werk eines Xenophanes, eines Heraklit ist, wie sich bereits zeigte, Polemik nicht minder konstitutiv.[18] Doch fügt sich darüber hinaus der griechische Streit um die Wahrheit der Literatur in seiner Gesamtheit genauestens in den von Goody/Watt entworfenen Rahmen. Das überkommene Gebundensein an Wahrheitsanspruch bzw. -gebot einerseits und eine im Gefolge der Literarisierung wachsende Wissensmenge andererseits, von der her sich das Verhältnis zur Tradition zunehmend kompliziert: dies stiftet einen Gegensatz, der lange Zeit ungeklärt bleibt und zwangsläufig Irritation und Mißverständnisse zur Folge hat. Abhilfe kann allein ein Literaturbegriff bringen, der Differenzierungen gestattet und der damit den geänderten Funktionen von Literatur in jener Kultur entspricht, die am Ende des 5. Jh. immer festere Kontur annimmt: einer Buch- und Lesekultur.

4. Leseraktivität und fiktionaler Freiraum

Daß Platon eine entsprechende neue Konzeption nicht entwickelt, ist konsequent. Er, der Schüler des Sokrates, der Philosophieren als Dialog versteht und aus dieser Perspektive programmatisch die Defizite schriftlicher Kommunikation unterstreicht, entwickelt seine Kritik an der Dichtung von der traditionellen, der 'oralen' Ebene der Auseinandersetzung her, jener von 'wahr' und 'unwahr' bzw. — im Blick auf die Wirkung — von 'nützlich' und 'schädlich' (2. und 3. Buch der *Politeia*); die Ideenlehre liefert sodann (im 10. Buch) die theoretische Bestätigung. Platon argumentiert gewiß nicht in Unkenntnis erster, gegen Ende des 5. Jh. einsetzender Versuche, Wahrheit als Kriterium für Dichtung in Frage zu stellen. Sie kommen aus Kreisen der Sophistik — nicht zufällig, wie es scheint, denn herrschende Meinungen in Aporien und darüber hinaus ad absurdum zu führen, ist eine Tendenz, die dieser Bewegung auch sonst nicht fremd ist. Von einer Tragödie gehe eine Täuschung des Publikums aus, der Täuschende sei folglich hier mehr im Recht als der nicht Täuschende und der Getäuschte klüger als der, der sich nicht habe täuschen lassen, — so äußert Gorgias mit paradoxer Formulierung, und ähnliche Schlußfolgerungen trägt der anonyme Autor der *Dissoi Logoi* vor.[19] Freilich, eine substantielle Beschreibung oder gar Legitimation jener 'Täuschung' und ihrer Wirkungsweise, die einen Platon hätte beeindrucken können, ist damit nicht geleistet. Es bleibt Aristoteles, dem Schüler Platons, vorbehalten, in der *Poetik* Kunst im allgemeinen und Dichtung im besonderen, und zwar in produktiver wie rezeptiver Hinsicht, als Konsequenz eines angeborenen Mimesis-Triebes zu interpretieren und so in der Natur des Menschen zu fundieren, sodann mittels der Katharsis-Theorie die Wirkung von tragischer Dichtung als nützlich zu erweisen (eine Legitimation auch des Lachens über Dichtung dürfte in der verlorenen Fortsetzung der Schrift gegeben worden sein) und vor allem diejenige Differenzierung vorzunehmen, die die Ankettung von Dichtung an ein pauschales Wahrheitspostulat und ihre hierdurch hervorgerufene Nichtunterscheidbarkeit von naturphilosophischem Traktat und Geschichtsdarstellung beendet: Letztere erstreckten sich auf reale Sachverhalte, Dichtung aber beziehe sich darauf, "was geschehen könnte".[20] Aristoteles beleuchtet den besonderen Charakter poetischer, und dies heißt eben für ihn: fiktionaler Kommunikation auch aus der Perspektive der Rezeption, sich hierbei eines Beispiels aus der Bildenden Kunst bedienend: Widerwärtige Tiere und Leichen, die man in der Realität mit Unbehagen wahrnehme, riefen in künstlerischer Nachbildung Vergnügen hervor, selbst und gerade wenn die Nachbildung naturgetreu sei.[21] Damit im ganzen ist eine Unterscheidung getroffen, die der Sache nach in gegenwärtiger Literaturtheorie nahezu unverändert weiterbesteht: etwa wenn Anderegg (1977) den Rezipienten fiktionaler Texte mit den Worten kennzeichnet, daß er "von vornherein auf eine in seinem Bezugsfeld gründende Überprüfung des Wahrheitsgehalts dessen, was mitgeteilt wird", zu verzichten bereit sei (S. 33), oder Schmidt (1980) Ä(sthetische)-Kommunikation von T(atsachen)-Kommunikation dahingehend abgrenzt, bei ersterer würden "Aussagen in literarischen Kommunikaten bezüglich ihrer Literarizität nicht primär danach beurteilt [...], ob sie von Kommunikationsteilnehmern als in ihrem Wirklichkeitsmodell wahr beurteilt werden" (S. 149). Doch im historischen Rückblick enthüllt sich das scheinbar Selbstverständliche als schlechthin revolutionär: Was jahrhundertelang dem Vorwurf der Lüge ausgesetzt gewesen war, ist nun als spezifische Wahrheit der Dichtung gerechtfertigt, als Wahrheit der Fiktion, der Aristoteles, damit die Umwertung alter Werte pointiert auf die Spitze treibend, gar eine höhere, so wörtlich: philosophischere Dignität zuspricht.[22] Der somit gewiesene Ausweg — die Etablierung eines gleichsam zweigeteilten Literaturbegriffs, geschieden statt durch das ganz äußerliche Kriterium einer Verwendung bzw. Nichtverwendung des Metrums durch einen je anderen Wirklichkeitsbezug ebenso wie durch die Ungleichartigkeit der je implizierten Funktionen — zieht den Schlußstrich unter eine Auseinandersetzung, die seit Hesiod hin- und hergewogt hatte. Der Diskussionszusammenhang reißt ab; der alte Vorwurf der Lüge verkehrt sich, nun als Metapher gebraucht, gar zum Kompliment.[23]

Offen ist freilich noch die Frage, welcher Zusammenhang zwischen der sich im 4. Jh. vollendenden Herausbildung einer Schriftkultur einerseits und der Legitimierung der Fiktionalität und ihrer Etablierung als Eckpfeiler einer neuen Konzeption von Literatur andererseits besteht. Was Aristoteles in revolutionärer Formulierung auf den Begriff bringt, ist nicht in einem Vakuum erdacht, sondern ist Reaktion auf eine Entwicklung der Kultur, die Aristoteles als Beteiligter miterlebt. Vor einer Antwort ist auf eine sich zum Prozeß der Literarisierung addierende Ursache zu verweisen, die — obgleich an sich ganz außerhalb dieser Entwicklung, ja eigentlich quer zu ihr stehend — sich hier doch beschleunigend auswirkt. Sie tritt dadurch in den Blick, daß sich sowohl Gorgias als auch der anonyme Autor der *Dissoi Logoi* bei ihrer Positivbewertung dichterischer 'Täuschung' auf die Tragödie beziehen: Es handelt sich um die Entfaltung der dramatischen Dichtung im 5. Jh. — gleichsam letzte Bastion einer jedenfalls performativen Mündlichkeit in der Flut der sich vermehrenden Bücher. Das Drama kollidiert in zweierlei Hinsicht mit der überkommenen Dichtungskonzeption: Zum einen erscheint in ihm der Verfasser nicht mehr unmittelbar als Sprecher des Textes; dieser läßt sich folgerichtig nicht ohne weiteres als 'wahre Rede' des Autors rezipieren, wie es doch die Tradition vorschreibt. Zum anderen entsprechen weder Komödie noch Tragödie inhaltlich dem Wahrheitspostulat: Jene erhebt die Irrealität geradezu zum Prinzip, reiht einen phantastischen Einfall an den anderen; diese gewinnt ihre Vielfalt nicht zuletzt durch das Mittel variierender Umgestaltung der Handlung, wodurch die Dichter — offenbar doch in freier Entscheidung und eigener Verantwortung — den überlieferten Stoffen immer neue Aspekte abgewinnen. Zwar versucht man (wie namentlich aus den *Fröschen* des Aristophanes ersichtlich wird[24]), die Unstimmigkeiten dadurch einzuebnen, daß man im Hinblick auf das Drama den überkommenen poetischen Wahrheitsanspruch zu einem Anspruch des Dichters uminterpretiert, durch die szenische Vorführung vorbildhaften Handelns positiv auf die zuschauende Bürgerschaft einzuwirken, — doch bleibt dieser verzweifelte Versuch, der Fiktionsproblematik auszuweichen, Episode. Das Drama wird zum theoretischen Problem, es rückt ins Zentrum der Beschäftigung mit Literatur — bei den beiden Sophisten und erst recht dann in der *Poetik* des Aristoteles.

Entscheidend für die theoretische Umorientierung bleibt freilich der fundamentalere Prozeß der Literarisierung. Diese ist nunmehr so weit fortgeschritten[25], daß eine Voraussetzung eintritt, die für die Herausbildung eines gewandelten, von Offenheit und Sensibilität geprägten Verhältnisses gegenüber dem Phänomen der Fiktion grundlegend ist: Auch die Rezeption literarischer Texte erfolgt mehr und mehr in der Intimität des privaten Leseaktes; Lesen wird vom sekundären Notbehelf zur primären Aneignungsform. Aristoteles selbst repräsentiert diesen Wandel auf markante Weise: Während sein Lehrer Platon, auf verlorenem Posten kämpfend, noch die Überlegenheit der Mündlichkeit beschwört, trägt der junge Schüler in der Akademie den Beinamen "Leser".[26] Die Kennzeichnung — offenbar Reaktion auf einen von den anderen Schulmitgliedern als bemerkenswert empfundenen Bücherkonsum — ist auch im Hinblick auf die weitere Entwicklung des so Benannten treffend. Platons philosophische Vorbehalte gegen die Schriftlichkeit haben für Aristoteles keine Bedeutung mehr, und auf dem Sektor der Dichtung ist für ihn selbst die letzte Bastion wenigstens performativer Mündlichkeit, die Aufführung von Dramen im Theater, nur noch nebensächlich, nicht mehr als Zutat: Die Qualität einer Tragödie — so führt er aus — offenbare sich auch ohne sie, nämlich im unabhängigen Lesen.[27]

Doch inwiefern — so ist weiterzufragen — verändert Lesen die Disposition des Rezipienten, inwiefern präformiert es eine neuartige Erlebnisfähigkeit gegenüber der Fiktion? Der Versuch einer Antwort hat von dem elementaren Sachverhalt auszugehen, daß Hören und Lesen zwei fundamental verschiedene Interaktionsmuster voraussetzen, durch die wiederum die Vorstellungsbildung der je Beteiligten in unterschiedlicher Weise konditioniert wird. Die mündliche Darbietung eines poetischen Textes konstituiert eine Face-to-face-Beziehung zwischen Vortragendem und Publikum. Dies bedeutet zugleich: Es wird nicht einfach der betreffende Text für sich vermittelt, sondern in den Kommunikationsvorgang sind weitere spezifische Komponenten integriert, und zwar überwiegend solche visueller und akustischer Art. Die folgende Zusammenstellung beansprucht keine Vollständigkeit: Anlaß der Darbietung mitsamt den hieraus resultierenden Folgen für die aktuelle Disposition der Beteiligten; äußerer, insbesondere auch personaler Rahmen; Erscheinung und Vortragsstil des Sprechers; gestische bzw. explizite Verweise auf das Hier und Jetzt; ein durch das Vortragstempo vorgegebenes Tempo auch der Rezeption. Für die Vorstellungstätigkeit der Zuhörer ergibt sich aus alledem der Effekt des Eingebundenseins, zugleich der Restriktion: Eine freie, assoziative Entfaltung der Imagination ist gleichsam versperrt durch die mannigfachen weder ausschalt- noch ignorierbaren Reize und Implikationen der Darbietungssituation. Ein weiterer Aspekt tritt hinzu: Eine Face-to-face-Beziehung ist ein Situationstypus, wie er — mit wechselnden Anlässen und Zwecken — zu den ständig wiederkehrenden menschlichen Erfahrungen gehört. Für ihn gilt allgemein: Präsenz hat a priori einen persuasiven Effekt; sie suggeriert gewissermaßen eine elementare Bereitschaft, sich überzeugen zu lassen. Ein physisch anwesendes Individuum — so nehmen es die Beteiligten an — steht persönlich für seine Worte ein; der Betreffende verbürgt sich, insofern er — die folgenden Wendungen sind bezeichnend — 'greifbar' ist und gegebenenfalls zur Rede 'gestellt', beim Wort 'genommen' werden kann, für die zumindest subjektive Wahrheit dessen, was er sagt, — oder er lügt! Doch wie immer im einzelnen die Bewertung der Rede des anderen ausfällt, — Grenzfälle sind denkbar: Aufschneiderei beispielsweise mag als vom Betreffenden nur halb durchschaute kompensatorische Selbsttäuschung verziehen werden[28] —: Entscheidend ist letztlich, daß die Rede als Rede eines Individuums aufgenommen wird, die mit dessen persönlicher Existenz auf eine unmittelbare Weise verbunden ist; sie 'für sich' zu betrachten, ihren Autor auszublenden, verhindert dessen Präsenz. Solange nun der mündliche Vortrag von Dichtung als *die* genuine Form der Vermittlung etabliert und im allgemeinen Bewußtsein verankert gewesen und damit — eben als Face-to-face-Beziehung — 'normaler' Kommunikation prinzipiell angenähert geblieben war, hatte jene zweifache Gegebenheit, sich gegenseitig stützend, eine stabile normative Grundlage für die gegenüber Dichtung einzunehmende Einstellung abgegeben, die zu destruieren auch bei fortschreitender Literarisierung — eben solange noch der mündliche Vortrag seinen Vorrang behielt — kein Grund zu bestehen schien: Poetische Rede hat wie jede andere Rede wahr zu sein — oder (die Alternative wiederholt sich) der Dichter lügt.

Der Face-to-face-Beziehung oraler Kommunikation entspricht beim Lesevorgang eine Interaktion zwischen Text und Leser. Die Spezifika mündlichen Vortrags fehlen: Zwar bedarf auch Lektüre bestimmter Voraussetzungen wie Zeit und Ruhe, doch ist sie nicht an einen herausgehobenen, insbesondere auch nicht an einen von außen vorgegebenen Anlaß gebunden. Sodann fehlt ein die Aufnahme des Textes konditionierender äußerer Rahmen: Lesen vollzieht sich, wenn nicht in der Einsamkeit, so jedenfalls in einem geschlossenen, durch den schriftlichen Text ausgefüllten Gesichtsfeld. Auch beeinflußt kein Sprecher durch Stimme, Gestik, sein Erscheinungsbild insgesamt die Textrezeption. Und schließlich liegt die Lesegeschwindigkeit im Ermessen des Lesers: Ob er sich langsam oder schnell, mit Pausen oder Wiederholungen, einzelnes nur überfliegend oder gar überspringend, voranbewegt, entscheidet allein er selbst. Das Fehlen der Vorgaben mündlicher Darbietung, der Mangel eines beiden Polen der Kommunikation gemeinsamen Bezugsrahmens: dies stellt sich mithin nicht einfach als Minus dar, sondern im Gegenteil als Antrieb, der seinerseits spezifische Aktivitäten in Gang zu setzen vermag. Zumal gilt dies für den Bereich der Vorstellungsbildung. Es braucht hier nur auf die Analyse des Lesevorgangs verwiesen zu werden, die Iser (1976) vorgenommen hat[29]: Die "konstitutive Leere" der Text-Leser-Konstellation, begründet in der zwischen beiden Polen bestehenden Asymmetrie, fordert dem Leser Einstellungsaktivitäten ab; sie wird "ständig durch Projektionen besetzt", und so vollzieht sich in einem Zusammenspiel von "Erfassungsakten" und "passiven Synthesen" die Konstitution des Textes als kreative, dabei individuelle Leistung des Lesers. Es ist nun gerade die solchermaßen erbrachte Leistung, die zugleich eine freiere, unabhängigere Einstellung gegenüber dem impliziert, was dem im mündlichen Vortrag vermittelten Text abverlangt worden war: 'Wahrheit'. Wo sich nämlich Textkonstitution als kreative Leistung des lesenden Individuums vollzieht, das die eigene Existenz produktiv in die Lektüre einbringt, bildet eine sachliche oder historische Wahrheit eines Textes — daß es so geschieht oder geschehen ist — keine notwendige Voraussetzung für das Zustandekommen ebendieser Leistung und der durch sie gewonnenen ästhetischen Erfahrung. Entscheidend ist vielmehr, daß es so "geschehen könnte". Die von Aristoteles gegebene Kennzeichnung des Bereichs der Dichtung verrät — so zeigt sich bei diesem Versuch, den Fiktionstheoretiker aus dem entschiedenen Leser abzuleiten — eben die Perspektive des letzteren, für den Dichtung, fiktionale Literatur, eine Funktion gewonnen hat, die unter den Bedingungen mündlicher Darbietung außerhalb der Möglichkeiten und damit auch des Horizonts gelegen hatte.

Vor diesem Hintergrund erweist sich denn auch die erwähnteEntsprechung zwischen Aristotelischer Konzeption und gegenwärtiger Literaturtheorie als durchaus folgerichtig. Sie liegt ihrerseits in einer Entsprechung der kulturellen Gegebenheiten begründet, die zwar, gleichsam von innen betrachtet, angesichts der immensen Unterschiede allein schon der Herstellungstechnik sowie der Distribution von Büchern unerheblich und vage erscheinen mag, die jedoch, nimmt man die Perspektive einer oralen Kultur ein, fundamental ist. Sich dies bewußtzumachen, birgt freilich zugleich das Risiko, daß die Verbindung von Gegenwartsbetrachtung und Rückblick auf die beginnende Buchkultur der Antike, anstatt in ein zufriedenes Konstatieren des Fortschritts zu münden, unversehens zu einer eher beunruhigenden Wahrnehmung führt: daß nämlich — vergleichbar dem antiken Prozeß der Überlagerung einer traditionellen oralen durch eine neue schriftliche Kultur — die Buchkultur der Neuzeit hinter der Fassade einer durch weiterhin hohen Ausstoß simulierten Scheinblüte wiederum durch eine 'Neue Oralität' verdrängt zu werden droht — eine Oralität, die sich freilich nicht mehr in Face-to-face-Beziehungen, sondern über elektronische Medien vermittelt. Historischer Rückschau bliebe dann zu registrieren, daß eine solche neue Kultur — als Merkmale kündigen sich beispielsweise Videokassette (als Buchersatz) und Kabelfernsehen an — den Verlust jener Kreativität, die sich mit dem Lesen verbindet, jedenfalls nicht durch eine Wiederbelebung der Vorzüge der 'Alten Oralität' aufwiegen wird: soziale Interaktion und Spontaneität.

Anmerkungen:

[1] Vgl. C. Honegger, in: Bloch u. a. (1977), S. 31 ff.
[2] Das Problem ist diskutiert von Beardsley (1977), S. 522.
[3] Datierung nach Jeffery (1961); erste Hälfte des 8. Jh.: Heubeck (1979), S. 75 ff.
[4] Eine solche ist unter dem Titel "Die Entdeckung der Fiktionalität in der Antike" in der Zeitschrift *Poetica* vorgelegt worden: 12 (1980), 283–319.
[5] Vgl. Parry (1971); einzelnes in deutscher Übersetzung bei Latacz (1979), der zudem die wissenschaftliche Vorgeschichte darstellt (S. 25 ff.) und dokumentiert. Aus der Zusammenarbeit mit Parry entstanden: Lord (1960).
[6] Beide Positionen sind vertreten bei Latacz (1979).
[7] Vgl. Buddruss im vorliegenden Band.
[8] *Odyssee* 1,1; *Ilias* 1,1. 2,484 ff.
[9] So Hampl (1975), S. 1 ff. Zur Funktionsbestimmung von Mythos als angewandter Traditionserzählung vgl. Burkert (1979), zur diesbezüglichen Wissenschaftsgeschichte ders. (1980).
[10] *Theogonie* 22 ff.
[11] Solon Fr. 29 West; Pindar, *Nemeen* 7,20 ff.

[12] Xenophanes VS 21 B 11 (vgl. ferner B 10 und B 12); Heraklit VS 22 B 40 (vgl. ferner A 22, B 42, B 56 f., B 104 f.).
[13] VS 82 B 11 (*Helena*), § 9.
[14] Hekataios FGrHist 1 F 19; Herodot 2,116 f.; Thukydides 1,10.
[15] Theagenes v. Rhegion VS 8,2; Metrodor v. Lampsakos VS 61,4 (hierher stammen die zitierten Gleichungen).
[16] Vgl. Boardman (1980).
[17] Zu dem hier nur knapp skizzierten Vorgang Näheres bei Rösler (1980a), S. 45 ff. (zur vorausgesetzten Schriftlichkeit Hesiods: S. 53^{84}. 59 f.; zur frühen Prosa: S. 88 ff.; speziell zum Buch Heraklits: S. 89).
[18] Hekataios FGrHist 1 F 1; zu Xenophanes und Heraklit s. o. Anm. 12.
[19] Gorgias VS 82 B 23; *Dissoi Logoi* VS 90, 3, 10; vgl. 2. 38. 3, 17.
[20] *Poetik* 1, 1447b 13 ff.; 9, 1451a 36 ff.; vgl. auch 24, 1460a 26 f.; 25, 1640b 23 ff. 32 ff.
[21] *Poetik* 4, 1448b 10 ff.
[22] *Poetik* 9, 1451b 5 f.
[23] Horaz, *Ars poetica* 151 f. (gerichtet an Homer).
[24] Vgl. Rösler (1980b), S. 24 f.
[25] Näheres bei Rösler (1980a), S. 47^{49}.
[26] *Vita Marciana* 6.
[27] *Poetik* 26, 1462a 11 ff. 17 f.; vgl. auch 6, 1450b 16 ff.; 14, 1453 b 1 ff.
[28] Vgl. Stempel (1980).
[29] Das folgende Zitat: S. 263; "Erfassungsakte" und "passive Synthesen": S. 175 ff.

Literatur:

Bei einer Reihe von Stellenangaben aus antiken Autoren wird auf Fragmentsammlungen Bezug genommen:
FGrHist = F. Jacoby (Hg.), *Die Fragmente der griechischen Historiker*, Berlin/Leiden 1923—58.
VS = H. Diels / W. Kranz (Hgg.), *Die Fragmente der Vorsokratiker*, Berlin 1951—52^6.
West = M. L. West (Hg.), *Iambi et elegi Graeci*, Oxford 1971—72.
Anderegg, J. (1977) *Fiktion und Kommunikation*, Göttingen (2. Aufl.).
Beardsley, M. C. (1977) "Aspects of Orality: A Short Commentary", *New Literary History* 8, S. 521—530.
Bloch, M., u. a. (1977) *Schrift und Materie der Geschichte*, Frankfurt a. M.
Boardman, J. (1980) *The Greeks Overseas*, London (3. Aufl.); dt.: *Kolonien und Handel der Griechen. Vom späten 9. bis zum 6. Jh. v. Chr.*, München 1981.
Bogatyrev, P. / Jakobson, R. (1929) "Die Folklore als eine besondere Form des Schaffens", wiederabgedruckt in: R. J., *Poetik*, Frankfurt a. M. 1979, S. 140—157.
Burkert, W. (1979) "Mythisches Denken" in: H. Poser (Hg.), *Philosophie und Mythos*, Berlin/New York, S. 16—39.
— (1980) "Griechische Mythologie und die Geistesgeschichte der Moderne", in: M. den Boer (Hg.), *Les études classiques aux 19e et 20e siècles: leur place dans l'histoire des idées*, Entretiens sur l'Antiquité Classique 26, Vandœuvres-Genève 1980, S. 159—207.
Goody, J. / Watt, I. (1968) "The Consequences of Literacy", in: J. G. (Hg.), *Literacy in Traditional Societies*, Cambridge, S. 27—68.
Halbwachs, M. (1950) *La mémoire collective*, Paris; dt.: *Das kollektive Gedächtnis*, Stuttgart 1967.
Hampl, F. (1975) *Geschichte als kritische Wissenschaft*, Bd. 2, Darmstadt.
Heubeck, A. (1979) *Schrift*, Archaeologia Homerica III, Kap. X, Göttingen.
Iser, W. (1976) *Der Akt des Lesens*, München.
Jeffery, L. H. (1961) *The Local Scripts of Archaic Greece*, Oxford.
Latacz, J. (Hg.) (1979) *Homer*, Wege der Forschung 463, Darmstadt.
Lord, A. B. (1960) *The Singer of Tales*, Cambridge Mass.; dt.: *Der Sänger erzählt*, München 1965.
Lotman, Ju. M. / Uspenskij, B. A. (1971) "O semiotičeskom mechanizme kul'tury"; engl.: "On the Semiotic Mechanism of Culture", *New Literary History* 9 (1977/78), S. 211—232.

Parry, M. (1971) *The Making of Homeric Verse*, Oxford.
Rösler, W. (1980a) *Dichter und Gruppe*, Theorie und Geschichte der Literatur und der Schönen Künste 50, München.
Rösler, W. (1980b) *Polis und Tragödie*, Konstanzer Universitätsreden 138, Konstanz.
Schmidt, S. J. (1980) *Grundriß der empirischen Literaturwissenschaft*, Bd. 1, Braunschweig/Wiesbaden.
Stempel, W.-D. (1980) "Alltagsfiktion", in: K. Ehlich (Hg.), *Erzählen im Alltag*, Frankfurt a. M., S. 385—402.

Arnold Goldberg

Der verschriftete Sprechakt als rabbinische Literatur

Als "Rabbinische Literatur" bezeichne ich die Gesamtheit jener Schriften, die uns heute unter der Sammelbezeichnung "Talmud und Midrasch" vorliegen, also eine Menge von Texten, teils religionsgesetzlich-normativen, teils theologisch-ethischen Inhalts, — jeweils im eigenen Modus dieser Literatur. Man kann weiter differenzieren:

1. *Mischna*, eine Sammlung überwiegend religionsgesetzlich-normativer Äußerungen von Rabbinen, jeweils relativ vage nach Stoffgebieten oder Gegenständen geordnet;
2. *Gemara* (in der Verbindung mit der Mischna Talmud genannt), eine Sammlung von Äußerungen von Rabbinen in Relation zu Texteinheiten der Mischna, teils über die Mischna geäußert, teils zu dieser in Beziehung gesetzt, so daß die jeweiligen Texteinheiten Diskurse über die Mischna bilden, — oft als Kommentar mißverstanden;
3. *Auslegungsmidrasch*, Texte, in denen kanonisierte offenbarungsschriftliche Texte (sogenanntes "Altes Testament") lemmatisiert und durch Sätze hermeneutischen (juristischen oder theologisch-ethischen), seltener exegetischen Inhalts meist nach bestimmten Regeln ausgelegt oder verarbeitet und in der Abfolge der Schrift so geordnet werden, daß der Eindruck des Kommentars entsteht;
4. *Homilienmidrasch*, Texte, in denen Sätze der Schrift, in der Regel der Sabbat- oder Festtagsperikopen, ausgelegt und nach bestimmten Formprinzipien zu Homilien geordnet werden.

Ich sehe ab von den literarisch bedeutsamen Werken *Seder Eliyahu Rabba* und *Pirqe Rabb Eliezer*, in denen die herkömmlichen Formen bereits aufgelöst sind und deren Anlage noch nicht erklärt werden kann, den Resten esoterischer Literatur und im besonderen von der synagogalen Dichtung, die zwar aus der Traditionsliteratur schöpft, aber nicht zu dieser gehört.

Für die meisten Texte gilt die Konvention, daß sie aus der Schrift oder aus der (rabbinischen) Tradition zu begründen sind, seltener aus der Lebenserfahrung. Diese Literatur ist daher fast ausschließlich textverarbeitend. Für die meisten Texte gelten auch Konventionen[1], die durch die veränderte Funktion und Rezeption der Texte zu einem Teil verloren sind. Um einige zu nennen: die hermeneutischen Konventionen über die Auslegungsmethoden; die "Offenbarungskonvention", nach der offenbarungsschriftliche Texte auf vielfältige Weise ausgelegt werden können, daß also die Offenbarungssprache polyvalent ist; die Konvention, daß paradoxe Schlüsse zulässig sind, entsprechend der Paradoxie religiöser Erfahrungen.

Von diesen Texten entspricht allein die sogenannte "Homilie" ein wenig unseren Vorstellungen von einem literarischen Werk: sie hat eine geschlossene Form[2] mit erkennbarem Anfang und Ende, sie stammt einigermaßen von einem letzten Redaktor oder Urheber, sie behandelt meist ein oder mehrere Themen (die allerdings nicht genannt werden).

Die Anfänge dieser Literatur hängen zusammen und sind etwa synchron mit der Entstehung des "rabbinischen Judentums", das heißt jenes normativen Judentums, welches sich aus dem frühen Pharisäismus entwickelte und sich nach der Zerstörung des Jerusalemer Heiligtums durchsetzte und etwa seit dem 3. Jh.(?)

n. Chr. allgemein wurde. (Das pluralistische Judentum der Zeit vor der Tempelzerstörung verschwindet dann gänzlich.)

Wesentlich ist diesem Judentum die rabbinische Konstitution, d. h. das Fehlen sakraler Institutionen (nach dem Untergang des Heiligtumskultes und der priesterlichen Institutionen). Die wesentliche Institution ist personal "der Rabbi" oder die reale Gemeinschaft von Rabbinen in den Gerichtshöfen und Lehrhäusern, der autorisierte Lehrer, der im Besitze und kraft der Tradition durch Unterricht und Rechtsentscheid die Lehre (Tora) vermittelt und auch ihre Anwendung auf das kultische wie auf das soziale Leben und auf die Anschauung der Welt. Typisch ist das Fehlen jeder hierarchischen Ordnung und der relativ frühe Untergang zentraler Institutionen (Synedrion), die den Anspruch erheben konnten, in Fragen des Religionsgesetzes *(Halakha)* autoritativ zu lehren und zu entscheiden. Das weitgehend institutionslose Lehrertum "das Rabbinat" besteht wenigstens idealiter unabhängig von den Institutionen lokaler oder territorialer Selbstverwaltung (Patriarchat in Palästina, Exilarchat in Babylonien). An die Stelle zentraler Institutionen tritt die communis opinio hinsichtlich der Autorität des Lehrers und dessen Lehre.

Im Laufe der Jahrhunderte ergibt sich ein historisch periodisiertes Autoritätskriterium, welches dem Traditionsverlauf entspricht: Propheten, Lehrer der Frühzeit, Mischnalehrer (Tannaiten) Lehrer der Gemara (Amoräer). Die Lehrer der jeweils früheren Epoche sind ehrwürdiger, zuverlässiger, dem Traditionsursprung näher als die Lehrer der späteren Epoche.

1. Das Dogma der Mündlichkeit

Eines der Mittel, das pharisäisch-rabbinische Judentum durchzusetzen, war die Zerstörung heterodoxer Literatur. Jüdische Literaturen der vorrabbinischen Zeit, die Literatur der hellenistischen Diaspora ebenso wie die palästinische apokalyptische Literatur und Literaturen, von denen wir keine Kenntnis mehr haben, gingen unter, sei es, daß sie zerstört, sei es, daß sie nicht weiter tradiert wurden. Die rabbinische Literatur scheint außer den kanonischen biblischen Büchern nur noch das Buch Jesus Sirach und die aramäischen Bibelübersetzungen, die *Targumim*, als jüdische Literatur zu kennen. Ganz selten ist die Rede von "Aggada-Büchern", doch ist über deren Form und Inhalt nichts bekannt. Andere Literatur wird namentlich nicht genannt. Die rabbinische Literatur nimmt aber auch von sich selbst erst sehr spät Kenntnis.

Die rabbinische Tradition, die dann zur Literatur wird, nimmt ihren Anfang in der Fiktion oder im Dogma einer "mündlichen Tora": neben dem Pentateuch, der dem Moses offenbarungsschriftlich übergeben wurde, empfing dieser eine "mündliche Tora". Schriftliche und mündliche Tora bilden eine Offenbarungseinheit, "die Tora". Die eine wird schriftlich in der bis ins letzte vorgeschriebenen Form redupliziert, ebenso die Prophetenbücher und Hagiographen, die andere wird ausschließlich mündlich tradiert in einer ununterbrochenen Traditionskette von Moses bis in die jeweilige Gegenwart. (In der Wirklichkeit der Tradition gibt es allerdings nur sehr wenige Sätze, die sich faktisch auf Moses zurückführen lassen.)

"Mündliche Tora" bezeichnet allerdings nur einen Sachverhalt, ein Dogma, und nicht etwa eine orale Literatur.[3] Es gibt keine Textmenge und keine formulierten Texte der mündlichen Tora, sondern nur Inhalte. Im Unterschied zur schriftlichen Tora hat die ohnehin nicht definierbare mündliche Tora keine Textgestalt. Man kann ihr zurechnen alles, was als anerkannte Praxis vorhanden und aus dieser erhebbar ist in Form von deskriptiven Sätzen (die in präskriptive überführt werden können), hermeneutische Aussagen über die Offenbarungsschrift und Folgerungen daraus, etc. Mündliche Tora ist zwar existent, sie entfaltet sich aber erst in der Zeit zusammen mit der Tradition.

Eine der Folgerungen aus dem Dogma war die Norm, daß mündliche Tora nicht schriftlich tradiert werden dürfe.[4] Was dies genau besagt, ist zwar nicht recht auszumachen, aber immerhin bestand in späterer Zeit die Meinung, daß im besonderen normative Lehren oder Sätze *(Halakhot)* erst sehr spät aufgeschrieben wurden. Ich halte die Oralität der rabbinischen Tradition als Ganzes zwar eher für eine Fiktion, aber es besteht eine gewisse Einhelligkeit in der Meinung, daß der Text der *Mischna* in den einzelnen Sätzen zunächst mündlich tradiert wurde — wobei private Notizen nicht ausgeschlossen sind — und mündlich redigiert und schließlich durch Auswendiglernen mündlich ediert wurde.

Gewiß ist, daß in den Akademien keine schriftlichen Texte benutzt wurden. Die Traditionen wurden von einem Mischnatradenten, dem *Tanna*, der den Text in einem autorisierten Wortlaut auswendig kannte, vorgetragen.[5] Inwieweit der Text der Mischna typische Formen oraler Literatur aufweist, lasse ich dahingestellt. Alle anderen rabbinischen Texte sind jedoch ihrer Form nach für eine mündliche Tradition nicht sonderlich geeignet[6] (es fehlen immerhin die typischen Merkmale, nämlich der gleichförmige Satzbau, Rhythmus etc.).

Die Oralität rabbinischer Literatur ist wenigstens von einem bestimmten Zeitpunkt an, d. h. seit der Redaktion der wichtigsten bekannten Werke im 3. bis 6. Jahrhundert n. Chr. eher Fiktion denn Faktum. Ich vermute, daß dies eine Oralität des Vortrags gewesen ist. Für das *Targum*, die aramäische Bibelübersetzung, ist dies gewiß: in der Synagoge durfte es nicht aus einer Schrift vorgetragen werden, damit man nicht meine, es sei zusammen mit der Tora schriftlich offenbart worden. Entsprechendes würde ich für jede Weise der Schriftauslegung im synagogalen Gottesdienst annehmen. Aber ein schriftliches *Targum* (das Hiobtargum aus den Höhlen von Qumran) ist schon für die vorrabbinische Zeit belegt.

Die Oralität rabbinischer Literatur besteht unabhängig, ja im Gegensatz zu ihren gesellschaftlichen und kulturellen Verhältnissen. Diejenigen, die diese Literatur formten, waren literat, die Rezipienten dieser Literatur, im besonderen die Schüler der Lehrhäuser waren es auch, und den Rezipienten im weiteren Sinne, den Hörern des Lehrvortrages wurde doch nahegelegt, die Offenbarungsschriften regelmäßig zu lesen. Es gab in Palästina ebenso wie in den meisten Ländern der Diaspora eine vermutlich stark akkulturierte jüdische Bevölkerungsgruppe, die nicht nur des Aramäischen und Hebräischen, sondern auch des Griechischen mächtig war.[7] Oralität könnte hier also ein nur partieller und vielleicht sogar widerwilliger Verzicht auf Schriftlichkeit gewesen sein.

Daß uns als einzige Literatur aus dieser Zeit die rabbinische Literatur erhalten blieb, könnte ein (immerhin schwer erklärbarer) Zufall sein. Es kann eine orale Volksliteratur gegeben haben, von der nur noch solche Teile von Texten erhalten sind[8], wie sie für die rabbinische Literatur relevant waren (Heiligenlegenden, Anekdoten, im besonderen über einzelne Lehrer, gnomische Sätze, jedoch keine

Reste von Liedern oder Gedichten). Die einzige erhaltene Spruchsammlung[9] ist rabbinisch, eine Sammlung von Aussprüchen der großen Lehrer, zum Teil chronologisch geordnet als Manifest der ungebrochenen Tradition.

2. Der Sprechakt

Es gibt in der rabbinischen Literatur kein "Buch", kein definierbares literarisches Werk, das der Kommunikation zwischen einem Autor und einem Rezipienten dienen könnte. Kommunikation findet in der rabbinischen Literatur statt zwischen dem Hersteller einer Texteinheit und deren Rezipienten, Kommunikat ist dieser bestimmte Text. Die zweifellos wichtige Frage nach dem Verhältnis zwischen Urheber und Rezipienten, nach der Art und Weise der Kommunikation, kann, wenn überhaupt, nur an der jeweiligen Texteinheit beantwortet werden.

Manche dieser Texte sind wohl über Jahrhunderte hinweg durch redaktionelle Aufschichtung entstanden. Das ursprüngliche Kommunikat — wenn es eines gab — ist durch Textverarbeitung immer wieder in ein je neues Kommunikat verwandelt worden. Manche wurden so aufgeschrieben, wie sie als Kommunikat vorliegen (so sicherlich die meisten Homilien).

Die vorliegenden Kommunikate bestehen überwiegend aus einer Anzahl von verschrifteten Sprechakten, die mit den Worten: "Rabbi NN sagte..." beschrieben werden *(metakommunikative Mitteilung)*. Oder es wird ein anonymes Kollektiv genannt: "Die Weisen sagen..."; Ein Dictum kann auch ohne weitere Einleitung stehen. Anonyme Sätze können sehr verschiedenartige Autoren haben: es können Traditionen der Frühzeit sein oder Sätze eines Redaktors auf den verschiedenen Entstehungsstufen eines Werkes. Verschriftete Sprechakte (im folgenden VS abgekürzt) solcher Art sind manchmal relativ umfangreiche Texte. Der Sprecher kann z. B. ein *Ma'ase*, ein "Faktum" einführen, dessen Text narrativ ist. Es können in einem VS also auch kleinere literarische Einheiten enthalten sein.

Im Zusammenhang des Werkes erscheint der Sprechakt als Zitat, das ich unter dem Gesichtspunkt der Form Citem nenne.[10] Citeme sind als Texteinheiten oder als formale Einheiten Texte, die aus einer metakommunikativen Mitteilung und einer mitgeteilten Lokution, einer Aussage, bestehen. Die metakommunikativen Angaben enthalten in der Regel den Namen des Sprechers und ein Verb des Sprechens, (fast immer *amar*, sagte, sprach, seltener *darash*, legte aus, oder *patah*, eröffnete).[11] Anonyme Zitate können ohne metakommunikative Einleitung bleiben oder werden durch Verben mit unbestimmtem Subjekt "man" ("es wird gelehrt", "sie sagten" etc.) eingeleitet.

Die metakommunikative Angabe beschreibt in der Regel einen performativen Akt. Durch die Angabe "Rabbi" (und durch den Namen) wird Autorität des Sprechers denotiert wie connotiert. "Rabbi" ist ein Mann, der gelehrt ist, der in der rabbinischen Tradition steht, der befugt ist, zu urteilen etc. Aussprüche im Namen eines anderen, "Rabbi NN sagte im Namen des Rabbi NN", können den Eindruck erwecken, daß Traditionsketten vorliegen. In Wirklichkeit soll aber nur gesagt werden, daß sich der eine die Meinung des anderen zu eigen gemacht hat bzw. dessen Meinung anführt. Echte Traditionsketten sind so selten, daß sie für die Literatur unerheblich sind. Aber der Titel 'Rabbi' impliziert immer Tradition: einer, der bei einem anderen lernte, der von einem anderen gelernt hat und der letztlich in der Tradition des Moses steht. Der Name, auch der falsch tradierte oder der frei erfundene, kann Kontext mitteilen (Zeit, Ort, Schule, Lehrweise, System etc.). Er soll nichts über die Persönlichkeit des Sprechers mitteilen, er kann aber bedeuten, daß die Lokution eine individuelle Meinung wiedergibt im Unterschied zur Meinung anderer.

Weitere Angaben über die Performation sind relativ selten, und, wie mir scheint, nicht immer relevant: Angabe eines aktuellen Casus, so vor allem im *Ma'ase*, dem Tatfall mit narrativer Einleitung: "Es ereignete sich, daß dem Rabbi NN folgender Fall unterkam oder vorgelegt wurde und daß er entschied ..." Das *Ma'ase* ist bereits strukturierte Textform. Aber es wird vor allem wegen des Diktum, bzw. wegen der implizierten Entscheidung, tradiert, so daß jedes *Ma'ase* auch in eine Lokution mit metakommunikativer Angabe transformiert werden kann (und transformiert wird): "Rabbi NN sagte: im Falle von "x" gilt "y" — und viele Sprechakte der Rabbinen sind aus solchen oder ähnlichen Texten abstrahiert.[12] Andere Angaben denotieren Dialoge oder Gespräche mit mehreren Akteuren, Auskunftersuchen[13] etc. ...

Wo und wie diese Akte festgehalten wurden, kann man sich ausdenken, — es gibt kaum Nachrichten darüber. Gerichtsentscheidungen wurden aufgeschrieben, Lehrvorträge wurden im Lehrhaus gehalten und vielleicht von Schülern notiert, Anekdoten wurden erzählt, Predigten wurden entworfen oder blieben in Erinnerung, Schriftauslegungen vielleicht im Zusammenhang des Schrifttextes notiert oder memoriert. Sofern man an "Lehre" oder "Meinung", an mündlicher Tora oder Unterweisung interessiert war, genügte die Reduktion des Textes auf die Beschreibung des performativen Aktes "Rabbi NN sagte...". Für diese Literatur kam es im besonderen auf die Lokution an und auf ihre Autorisierung. Kontexte konnten wieder relevant werden, wenn die Lokutionen ohne diese nicht mehr verständlich waren.

Wann und wie, unter welchen Bedingungen diese Texte in die vorfindlichen Formen transformiert wurden, bleibt unbekannt — man kann noch nicht einmal die vorliegenden Texte aufs Jahrhundert bestimmen.

Die Literatur schweigt über die mögliche oder wahrscheinliche Archivierung. Es ist aber gewiß, daß Sprechakte von besonderer Bedeutung festgehalten und tradiert wurden. Hierzu mußten sie, anders ist die Tradition nicht möglich, in neue Formen überführt werden, Formen, die Akt und Lokution in einer den jeweiligen Bedürfnissen entsprechenden Weise sprachlich realisierten in der Form tradierter Sprechakte. Irgendwann wurden diese verschriftet, spätestens bei der Abfassung jener Texteinheiten, die uns heute in den Büchern vorliegen. Ein Schema hilft nicht viel weiter: "Sprechakt — Rezeption — Formulierung — Tradition — Verschriftung(?) — Literatur" sagt nichts. Tatsächlich kennen wir nur VS, so wie sie in der Literatur vorliegen, und wir haben keine rechte Möglichkeit, hinter die VS zu gelangen, weil die Nachrichten über die ursprüngliche Performation des Sprechaktes nur ganz selten historisch situierend sind.

3. Der verschriftete Sprechakt in der Literatur

Die VS sind in der rabbinischen Literatur als Zitate vorfindlich. Was als Literatur vorliegt, ist eine Sammlung, eine Reihung von VS in verschiedenen Zusammenhängen und verschiedenen, zum Teil freien, zum Teil konventionellen Formen. Anonyme VS können von einem Redaktor stammen oder in der Homilie von einem Sammler — Prediger. Es scheint, daß in späteren Texten die Reihung von VS zuweilen in flüssigen Text aufgelöst wird, aber dieser Übergang vom VS zum Redaktoren- oder Autorentext ist eher atypisch.

Die vorliegenden Texte sind jedoch keine Sammlungen von VS an sich, es findet keine Tradition um der Tradition willen statt. Vielmehr werden Citeme gereiht und geordnet, um auf diese Weise etwas zur Sprache zu bringen, mitzuteilen. Die VS sind als Citeme nur Teil eines Kommunikates. Das Kommunikat kann ein religionsgesetzlicher Diskurs sein oder eine Erörterung über die mögliche Bedeutung eines lemmatisierten Teiles der Offenbarungsschrift, eines Schriftverses, oder eine Homilie.

Für das Verständnis des Kommunikats ist es dabei unerheblich, wie viele Redaktionen ein Text durchgemacht hat. "Urheber", d. h. Redaktoren als Vertexter, können durchaus auch größere Einheiten, Citemkomplexe z. B., verwenden, die sie schriftlich in anderen Texten vorgefunden haben. An der Weise der Textherstellung ändert sich dabei nichts. Als Citem dient das VS nicht mehr der Speicherung einer Lokution oder eines Sprechaktes (der Sprechakt kann allerdings jederzeit daraus erhoben werden, und der Text ist unsere einzige Quelle dafür), sondern ist Teil eines anderen, neuen Sprech- oder Schreibaktes, den der Urheber des Kommunikates vollzieht. Dieser Urheber, namentlich nie genannt und in den Texten ohne jedes Ich, kompiliert nicht, er *vertextet* vielmehr die VS — das Bild der Kollage wäre nicht unpassend — zu literarischen Einheiten, zu Kommunikaten.

Dabei verändert sich die Aussagefunktion der VS. Die Lokution bleibt die gleiche — aber sie sagt nur noch sich selbst — und damit etwas anderes. Verändert wird vor allem der Referenzrahmen oder das Zeigfeld der Sprechakte. Die Lokution ist tatsächlich aus dem ursprünglichen Sprechakt gelöst, es findet eine neue Performation mittels der gleichen Lokution statt in einem neuen Referenzrahmen. (Sprechakte sind, wie mir scheint, einmalige historische Ereignisse und können nur wiedergegeben, schwerlich wiederholt werden.)

Der Urheber oder Vertexter bedient sich des VS als Mittel der Sprache. An der Textoberfläche kommt er selber kaum zu Wort, seine Tätigkeit besteht vor allem im Gliedern der Texte, in der Herstellung von Relationen zwischen den Citemen und in dem Einfügen von Konnektoren, — doch ist Asyndesie an der Oberfläche der Texte durchaus üblich. Die Sprache des Vertexters, das Mittel des Vertextens, ist die Form und ein Syntagma, mittels dessen er Relationen zwischen den VS herstellt. Bei der Herstellung der Texte verzichten die Urheber weitgehend auf verfügbare Sprache zugunsten vorfindlicher VS.

Die Verwendung von VS ist aber nicht nur ein Schein. Die Nennung des autorisierten Sprechers ist nicht etwa bloß Zeichen von Traditionsbewußtsein und Ausdruck der Bescheidenheit. Der Urheber des Textes sieht sich auch nicht als Tradent im Auftrage der autorisierten Sprecher, als hätte er deren Worte mitzuteilen. Er sieht sich vielleicht im Auftrag der mündlichen Tora, in der Tradition allgemein stehend — das ist nicht beweisbar, aber doch naheliegend. Warum immer der Vertexter auf eigene Sprache verzichtet, tatsächlich verzichtet er auf eine eigene Kompetenz, er findet Fragen vor oder er stellt sie, und er löst sie mit den Worten und Meinungen der früheren Rabbinen. Diese sind zuverlässig. Die Kompetenz des Urhebers solcher Texte ist weitgehend die Kompetenz des Sprechers im zitierten Sprechakt.

So ist vielleicht der Verzicht auf verfügbare Sprache zugunsten fremder, aber autorisierter Lokution zu verstehen. Im Hinblick auf die Kompetenz, im Hinblick auf das richtig Gesagte, mit den richtigen Mitteln Gezeigte, geht der performative Akt, den der VS beschreibt, im Citem nicht unter.

Der Urheber tritt so sehr hinter den Text zurück, daß er nur in den Konnektoren — wo es sie gibt — zu Wort kommt. Selbst die Homilie, ein begrenzter Text, der mit großer Wahrscheinlichkeit jeweils auf einen Urheber zurückgeht, kennt kein "Ich" des Autors, es gibt kaum eine Anrede an einen möglichen Adressaten. Diese findet sich besonders in Citem-verbindenden Fragen (ein Leser oder Hörer kann sich durch die Frage angesprochen fühlen), seltener in direkten Anreden: "Denke aber nicht..." oder ähnlichem. Diese Anreden sind vielleicht erst bei späteren Ausformungen eingetragen worden.[14] Die Kommunikation zwischen Text und Leser findet (scheinbar) auf der Ebene der Zitate statt. Das Sagen hat die zitierte Autorität, und wo diese fehlt, ist es der Text, später das Buch, nicht der "Urheber", der etwas sagt.

Solche Vertextung ist m. E. nur schriftlich möglich. Die Reihung und Verbindung von Citemen sehr unterschiedlicher Form (oder formlos) zu relativ umfangreichen Texteinheiten wird schwerlich in Gedanken und durch Auswendiglernen vorgenommen. Die Formelhaftigkeit oraler Texte, die schon dem Citem meist abgeht, fehlt noch offensichtlicher in größeren Texteinheiten. Es ist sogar anzunehmen, daß schon die Vorlagen, denen die Citeme entnommen sind, wenigstens zu einem Teil schriftlich waren. Dies gilt im besonderen für die Homilie, wie sie vorliegt, wahrscheinlich aber auch für weite Teile der *Gemara* und des Auslegungsmidrasch.

Den Vertextern müssen sehr große Textmengen zur Verfügung gestanden haben. Diese Texte müssen als verfaßte und tradierte Sprechakte in irgendeiner Ordnung vorgelegen haben, besonders wenn zwischen der Entstehung und Wiederverwendung mehrere Jahrhunderte lagen. Es ist denkbar, daß in den Schulen die Worte der einzelnen Lehrer als Sammlungen oral tradiert wurden und die Vertexter aus solchen Quellen geschöpft haben. Den Vertextern müßten dann sehr verschiedene orale Sammelwerke zur Verfügung gestanden haben, was nicht wahrscheinlich ist. Die Alternative, langsam anwachsende Werke bei gegenseitiger Benutzung, eine These, die von Textgeschichtlern bis in die jüngste Zeit vertreten wurde, erweist sich als unhaltbar, weil nur selten tatsächlich Kenntnis der bekannten Schriften nachgewiesen werden kann. Dagegen wird immer deutlicher, daß die Vertexter gemeinsame Vorlagen benutzt haben, bei denen ein gewisser Grad an Vertextung schon nachweisbar ist[15].

4. Text und Buch

Die "Bücher", in denen rabbinische Literatur heute vorliegt, sind zum größeren Teil Sammlungen von Texteinheiten meist ähnlicher Form, unter bestimmten

9 Assmann, Schrift und Gedächtnis (2132)

redaktionellen Gesichtspunkten geordnet. Die Bücher sind als solche also keine Kommunikate eines "Autors" oder Redaktors, sondern eines Sammlers. Die eigentlichen Kommunikate sind die jeweiligen Texteinheiten. Wir besitzen keine Handschriften von Texten oder Büchern, die auch nur einigermaßen in die Zeit der Entstehung zurückreichen, aber was vorhanden ist, zeigt, daß der Text schriftlich nur wenig gestaltet wird. Es wird vor allem von der Möglichkeit Gebrauch gemacht, die Texte durch Punkte oder Spatien zu gliedern, mehr wohl nicht. Doch sind die vorliegenden Handschriften keine besonders sicheren Zeugen.

Für den modernen Leser sind die wichtigsten Texteinheiten eher am Inhalt konstruierbar: in der *Gemara* bietet die Abfolge der *Mischna* eine gewisse Ordnung, an der die Textabschnitte (nicht unbedingt Einheiten) erkannt werden können; im Auslegungsmidrasch kann der Text durch die Lemmata des Schriftverses gegliedert werden.

Die Verschriftung nützt die Ökonomie der Schrift: Zitate, besonders Schriftzitate, können verkürzt werden, Namen und wiederkehrende Formeln werden als Abkürzungen wiedergegeben. Relativ selten wird auf Texteinheiten in anderen Teilen eines gleichen Werkes verwiesen. Vieles davon haben sicherlich die Abschreiber geleistet.

Die Vertextung nützt auch die Ökonomie des Sprechaktes, indem sie auf metakommunikative Angaben verzichtet. Es entsteht der Eindruck des Stenogramms, des Gesprächsprotokolls, ein Protokoll allerdings, das Sprecher über weite Distanzen von Zeit und Raum in einem Text zusammenführt — die Möglichkeit der Synchronisierung bleibt ein bemerkenswertes Phänomen.

Der geschriebene Text erweckt den Eindruck verschrifteter Mündlichkeit. Vielleicht waren die Texteinheiten (talmudischer Vortrag oder Homilie) ursprünglich Teil einer oralen Kommunikation zwischen Lehrer und Schüler oder Prediger und Gemeinde. Aber der Text der *Gemara*, auch der Text der Homilie, wie er verschriftet vorliegt, ist für eine audielle Rezeption ungeeignet, die Form ist zu kompliziert. Ich halte es jedenfalls für wahrscheinlich, daß ein Teil der Homilien "literarische Homilien" sind, schriftlich abgefaßt und nicht eigentlich zum Vortrag bestimmt.[16] Es ist also möglich, wahrscheinlich, daß einige Texte schriftliche, literarische Kommunikate waren, doch ist dies am Text nicht wahrnehmbar. Denn in diesen schriftlichen Kommunikaten kommt kein Urheber oder Redaktor zu Wort. Es gibt keine metakommunikativen Angaben außer jenen, die im Citem enthalten sind. Die einzige Angabe ist der Text selber, sein Vorhandensein. Und wo der Urheber z. B. durch textorganisierende Fragen oder Bemerkungen zu Wort kommt, spricht er unmittelbar aus dem Text heraus. Graphisch kann der Sprecherwechsel durch einen Punkt (als Pausensignal) bezeichnet werden, mehr nicht.

Rabbinische Literatur hat keine Autoren und daher auch keine eigentlichen Werke, und dies stimmt mit der fiktiven Oralität überein. Es gibt in der Tat keine Autorenliteratur. Die Zuschreibung bestimmter Bücher als "Werk" an bestimmte berühmte Lehrer ist späte literarische Fiktion, Angaben auf späteren Titelblättern sind Legende. Man hat offenbar erst spät nach Herkunft, Autorschaft und Entstehungszeit gefragt.

Die rabbinische Literatur nimmt — wie schon gesagt — selber keine Literatur zur Kenntnis. Es gibt daher auch keine Angaben über Bücher aus der Zeit ihrer Entstehung. Es finden sich kaum Büchertitel, die zuverlässig auf die Entstehungszeit zurückgeführt werden können, und sofern sich solche finden oder erfunden wurden, sagen sie nichts und sind eher Etiketten denn Titel. *"Mischna"* und *"Gemara"* sind keine Titel, zudem weiß niemand so recht, was diese Worte sagen. *Mekhilta* "Gefäß"(?) *Sifra* "das Buch", *Sifre de BeRav* "die Bücher des Lehrhauses", sagen nichts. Nur die Traktate der *Mischna* haben Titel, die etwas über den Inhalt sagen, z. B. *"Masekhet"* ("Gewebe, Textus") *"Berakhot"*, ("Segenssprüche").

Das Buch weist sich und seinen Anspruch nicht aus. Es muß einen mündlichen Kontext gehabt haben, der auf die Bedeutung des Werkes verwies, bis es schließlich selbstverständlich wurde.

Das Buch ist zunächst nur Speicher, Behälter des Textes. Aber das Buch oder "das Werk", wie es im Laufe der Zeit aus der Sammlung von Texteinheiten hervorgeht, fungiert nicht nur als Textspeicher, es ist auch Zeugnis für den Inhalt. "Der Talmud" kann als Bezeichnung auch Kommunikat sein. Es gibt einen Konsensus über den Inhalt: eine große Zusammenfassung mündlicher Traditionen, ein Dokument von kanonischem Rang, aus welchem mündliche Tora gewonnen werden kann, wo nachgelesen werden kann, aufgrund welcher Meinungen bestimmte Entscheidungen gefällt wurden, aus dem die Meinung der Rabbinen erhoben wird. Andere Bücher sind als solche Zeugnis für den autorlosen Inhalt, auch wenn sie keinen kanonischen Rang haben, keine Monumente sind, die keines weiteren Ausweises bedürfen. Man kann zwar auch orale Literaturen autorisieren, nachdem die Texte aber einmal verschriftet vorlagen, bedurfte es des Buches nicht nur als Textspeicher, sondern auch als autorisierende Abgrenzung des Textes, da dies die Form nicht leistete.

Über Herstellung und Verbreitung des Buches, über Produktion und Handel ist nichts bekannt. Wir wissen nicht, wo und auf welche Weise diese Bücher verbreitet wurden.

Durch die Herstellung von Büchern und Werken, durch die redaktionelle oder sammelnde Verbindung von Texteinheiten ähnlicher Art (z. B. in Homiliensammlungen) verändert sich dann auch die Rezeption. Die Texte, die nun in und als Bücher zur Verfügung stehen, können z. B. wieder fragmentiert und auf der Ebene der VS rezipiert werden. Sie werden auch in neuen Texten verarbeitet in der neu entstehenden Autorenliteratur des Mittelalters.

Raschi (1040—1105) verwendet in seinem Pentateuchkommentar Tanhumahomilien. Maimonides (1135—1204) verwandelt die diskursive Form des Talmuds in ein Kompendium des rabbinischen Rechts und zerstört dabei die diskursive Form, Tradition wird hier auch auf der Ebene der VS anonym. Die Formen der Texteinheiten werden in dieser Rezeption zerstört, manche, wie die der Homilie, werden nicht mehr verstanden, der Formencode kann untergehen. Die Möglichkeit, Aussagefunktionen zu verändern — die Voraussetzung der Vertextung — bleibt durch das Buch bis in die Gegenwart bestehen und wird genutzt.

5. *Die Sprache der Vertextung*

Was sich in den Texten der rabbinischen Literatur sprachlich ereignet, ist, soweit ich sehe, kaum ernsthaft untersucht worden.[17] Die Fragestellung geht über die Grammatik und das Wörterbuch kaum hinaus, — ich sage das ohne Vorwurf.

Die besondere Weise und Technik der Vertextung als Herstellung eines Textes hat die Entstehung einer eigenen Sprache der rabbinischen Traditionsliteratur zur Folge. Diese Literatur wird nicht in einer verfügbaren Sprache verfaßt. Die Sprache der Vertexter ist die Form und das Formular, und sie findet sich daher kaum an der Textoberfläche. Die Sprache der Citeme, der VS, ist wiederum weitgehend die Sprache der Verschrifter (manchmal mit dem Vertexter identisch), doch scheint dies unerheblich.

Der Text spricht tatsächlich viele Sprachen und dies so sehr, daß man zunächst dem Text die eigene Sprache absprechen muß. Die VS sind zwar Texte mit verschrifteter Umgangs- und Fachsprache oder auch literatursprachliche Texte, sie sind jedoch untereinander so heterogen, daß sie keine gemeinsame Sprache sprechen. Das beginnt schon beim VS, in dem ein Zitat der Offenbarungsschrift vorkommt: in der Lokution findet sich dann neben der zeitgenössischen Umgangs- oder Fachsprache auch das biblische Hebräisch, eine Sprache, die (so) nicht mehr gesprochen oder geschrieben wurde, die jedoch in aller Munde war. Bei der Vertextung können VS in hebräischer und in aramäischer Sprache zusammengeführt werden, es entsteht also eine Sprachmischung, aber keine Mischsprache, weil auf der Ebene der vertexteten VS, an der Textoberfläche, kaum Sprache entsteht.

Es gibt in der Traditionsliteratur kaum Versuche, eine eigene Literatursprache hervorzubringen oder die Texte in eine einheitliche Sprache zu überführen, obgleich diese sowohl im Hebräischen wie auch im Aramäischen zur Verfügung stand. Nur in einem Teil der Homilien werden die VS in einem einheitlichen Hebräisch wiedergegeben, vermutlich ein Ergebnis späterer Überarbeitung oder erste Anfänge von Autorentexten, Versuche, die VS in die Sprache des "Autors" oder des Rezipienten zu überführen.

Soweit in den Konnektoren zwischen den VS die Sprache der Vertexter an der Textoberfläche erscheint, ist es orale Sprache — es wird vertextet, als würde ein Gespräch stattfinden: die Situation der Akademie oder des Lehrhauses, in der der Mischnatradent befragt wird, scheint besonders in der Vertextung des babylonischen Talmuds durch. Die Angaben über die Performation, schon in den Citemen minimal, entfallen ganz; Citem "x" kann mit Citem "y" durch eine Frage nach dem Grund verbunden werden, "was ist der Grund?" (z. B. im Sinne von "aus welchem Schriftvers ist dies geschöpft?"); der Konnektor ist im schriftlichen Text die Wiedergabe einer bloßen Lokution, für die es im Text keinen genannten Sprecher gibt. (Es ist "der Talmud", der fragt, und es ist "der Talmud", der antwortet — so von Späteren wohl ganz richtig umschrieben.) Diese Sprache der Konnektoren wird zur Formelsprache, zum Formelcode.

Die Sprache der Vertextung erscheint aber meist gar nicht an der Oberfläche. Es gibt dann keine sprachliche Äußerung, aber es gibt ein Syntagma, das die Relationen zwischen Citemen bestimmt: deiktische, verweisende Relationen (VS "x" spricht über VS "y") oder Relationen der narrativen oder der diskursiven Abfolge. Dieses Syntagma wird von einem nirgends definierten und für uns nur schwer zu erkennenden Code bestimmt: aus dem VS sind Aussagen zu abstrahieren, ein Teil der Lokution, oder die unausgesprochene Folgerung aus einer Lokution, verweist (z. B.) auf ein für alle gemeinsam zu erstellendes "Zeigfeld" (dann ist die Citemreihe als narrativer Text zu lesen); oder die Lokutionen sind als Abfolge von Prädikaten zu einem thematisch vorgegebenen oder nur implizierten Subjekt zu verbinden, dann ist der Text eher als Diskurs zu lesen.

Es entsteht an der Textoberfläche keine Literatursprache, keine Schriftsprache (diese kann sich in den je einzelnen VS finden), aber es entsteht ein Code der sprachlichen Kommunikation, besser der textlichen Kommunikation, genauer vielleicht ein Code "literarischer Kommunikation", für den sich in der wissenschaftlichen Literatur wahrscheinlich Entsprechungen finden lassen. Trotz der offensichtlichen Anzeichen verschrifteter Oralität ist der Text (nicht der VS) als schriftlicher Text, als Literatur entstanden. Seine Sprache entwickelt sich in jeder Hinsicht unabhängig von der gesprochenen Sprache und unabhängig von "der mündlichen Tradition", die er (im einzelnen VS) wiedergibt. Die im Text vorausgesetzte *mündliche* Tradition geht sprachlich (ebenso wesentlich wie nebensächlich) in die Literatur ein, ist aber nicht die Sprache der Literatur. Die eigentliche Sprache ist die Form als Syntagma und ein Formular, und dies ist wiederum kaum ohne Schriftlichkeit denkbar.

Formel und Formular, Redensart, Sprachmischung, subjektlose Äußerung, all dies, was man als typisch für Stil oder Sprache der rabbinischen Traditionsliteratur vermerken könnte, stehen dann noch bis in die Neuzeit zur Verfügung, können noch weiter verwendet werden, um bestimmte Textsorten herzustellen. Die Sprache macht sicherlich manchen Wandel durch — das wäre zu erforschen — ist aber als besondere Schriftsprache noch nicht ganz untergegangen.

6. *Produktion, Performation, Rezeption*

Wie jede Literatur ist auch die rabbinische Literatur produziert, performiert und rezipiert worden. Aber es ist ziemlich unmöglich, etwas darüber zu erfahren. Vielleicht wurde die *Mischna* mündlich produziert. Aber dies ist keine freie mündliche Produktion. *Mischna* als Werk scheint mir eher unter den Bedingungen von Schriftlichkeit produziert worden zu sein. Der Text wurde mündlich so formuliert, als ob er aufgeschrieben würde, nicht als ob man ihn nicht aufschreiben könnte, weil es keine Schrift gibt. Die Mündlichkeit entspricht einem Dogma, nicht einem Kulturzustand oder Bedürfnis.

Die mündliche Performation der Mischna ist zunächst nur reduplikativ, es darf keine schöpferische Gestaltung des Textes mehr geben. Es ist aber nur der Text, der nicht verändert wird. Denn sofern die Rezeption nicht ein bloßes Auswendiglernen ist, kann der Text nur produktiv rezipiert werden. Er wird stetig verarbeitet im Vortrag, der eben nicht nur Mischna performiert — das wäre sinnlos — sondern Mischna als Gegenstand von je neuer Erörterung im Kontext der Tradition. Dies gilt wohl für alle anderen Texte auch. Ihre Breviloquenz, die Knappheit und Offenheit der Aussagen, zwingt schon in der Rezeption zur schöpferischen Verarbeitung.

Die Talmude sind spätestens im Endstadium der Redaktion schriftlich verfaßt, vielleicht schon nach schriftlichen Vorlagen, durch Redaktion oder Vertextung bereits verschrifteter Sprechakte. Wir wissen nicht, wieweit die Diskussion im Lehrhaus zur Formulierung beigetragen hat.[18] Eine genuin schriftliche Produktion ist dieser Text als Ganzes gewiß nicht, er ist kein schriftliches Kommunikat. Aber seine Herstellung, die sich wahrscheinlich über mehr als ein Jahrhundert hinzog, setzt Schriftlichkeit voraus. Der Text ist anscheinend verschriftete Mündlichkeit, aber das heißt nicht, daß er mündlich hergestellt und daß er nach seiner Herstellung nur mündlich, z. B. im Lehrhaus performiert wurde. Vielleicht wurden Handschriften nicht nur irgendwo aufbewahrt, sondern auch in Umlauf gebracht.

Bei den Homilien kann genuine Schriftlichkeit der Produktion, d. h. der Vertextung, angenommen werden. Allerdings ist unsere Annahme, daß diese Homilien Predigten sind, also eine Textsorte, die im besonderen für den mündlichen Vortrag bestimmt ist, nur schwer zu beweisen. Man weiß in Wirklichkeit sehr wenig über die Performation der rabbinischen Predigt. Wenn diese Texte für den öffentlichen Vortrag gedacht waren, dann geben sie eher Textskizzen wieder. Ich selber neige zu der Annahme, daß sie, so wie sie vorliegen, literarische Kommunikate sind — Kommunikate, die allerdings keinen Urheber oder Adressaten nennen. Die Texte waren, so vermute ich, in kleinen Sammlungen oder vielleicht sogar als einzelne Homilien im Umlauf, zu sorgfältigem Lesen bestimmt oder bestimmt für Personen, die sie zu Predigtvorträgen verarbeiten konnten.

Alles in allem erfahren wir aus dieser Literatur nichts über sie selbst, nichts über ihre Produktion, nichts über ihre Bestimmung, nichts über ihre Leser oder Hörer — ein Umstand, der als solcher bemerkenswert ist, leider aber nur noch Mutmaßungen über diese Literatur zuläßt.

7. Beispiel für die Vertextung verschrifteter Sprechakte in einer Homilie

Wayiqra Raba 15 § 8
Homilie über Lev 13, 2—3: *Ein Mensch, wenn an der Haut seines Fleisches ein Mal oder ein Ausschlag zum Aussatzschaden wird, so werde er zu Ahron, dem Priester, gebracht ... Besieht nun der Priester den Schaden an der Haut des Fleisches...*

Der erste Teil der Homilie (Petiha) behandelt in mehreren Ausführungen das Thema "Aussatz als Sündenstrafe". Die hier nun folgende Ausführung ist (nur an der Oberfläche) Auslegung der zwei Verse der Perikope Lev 13, 2—3. Diese Auslegung mündet ein in eine typologische Peroratio (Hatima) mit dem Inhalt: So wie am Menschen der Aussatz Sündenstrafe ist, so ist am Volk das Exil Sündenstrafe. So wie der Priester in dieser Zeit den Menschen vom Aussatz rein spricht, so wird Gott sein Volk vom Schaden des Exils rein sprechen (Ez 36, 25).

Text:

a.
1. Es wird gelehrt: Wie wird der Aussatz (vom Priester) besehen?
2. Der Mann läßt sich besehen, wie einer, der mit der Hacke gräbt, und wie einer, der Oliven pflückt.
3. Wie einer, der mit der Hacke gräbt, (wegen der) Schamteile, (die so sichtbar werden);
4. wie einer, der Oliven pflückt, (wegen der) Achselhöhlen.
5. Die Frau (läßt sich besehen) wie eine, die webt, und wie eine, die ihren Sohn stillt.

6. Wie eine, die webt, (wegen der) Schamteile;
7. Wie eine, die ihren Sohn stillt, unterhalb der Brust, (wegen der Höhlung). —
8. Wie eine, die Wolle spinnt, wegen der Achselhöhle der rechten Hand.
9. R. Yehuda sagt: Wie eine, die Flachs spinnt, wegen der Achselhöhle der linken Hand.
10. Und so, wie man sich besehen läßt wegen des Aussatzes, so läßt man sich besehen wegen der Rasur.

b.

1. R. Lewi sagte im Namen des R. Ḥama b. R. Ḥanina: Großen Schmerz hatte Moses wegen dieser Sache; (er meinte:) Dies ist die Ehre Ahrons, meines Bruders, daß er den Aussatz besehen soll?!
2. Der Heilige, gesegnet sei Er, sprach zu ihm: Hat er denn nicht den Genuß der 24 Abgaben (die der Priester erhält)?!
3. Und im Gleichwort heißt es: Wer das Palmenmark ißt, reißt sich an den Stacheln!

c.

1. Es wird gelehrt: Jeden Aussatz darf ein Mensch (sofern er Priester ist) besehen, außer seinen eigenen Aussatz.
2. R. Meir sagt: Auch nicht den Aussatz seiner Verwandten.
3. Wer hat den Aussatz der Miriam besehen?
4. Wenn du sagst, Moses hat (ihn) besehen, — ein Fremder (Nichtpriester) darf den Aussatz nicht besehen.
5. Wenn du sagst, Ahron hat (ihn) besehen, — ein Verwandter darf den Aussatz nicht besehen.
6. Der Heilige, gesegnet sei Er, sprach: Ich bin der Priester, ich schließe sie ein, ich spreche sie rein.
7. Das ist es, was geschrieben ist (Num 12, 15): *Und das Volk brach nicht auf, bis Miriam eingeholt wurde.*
8. R. Simon sagte: Das Volk war bei der Schekhina (Gott, wie er im Heiligtum ist) und die Schekhina wartete auf sie.

In den Ausgaben folgen die Textabschnitte a. c. b. aufeinander. Ich habe mit HS Oxford (Neubauer 2634/8) die Abschnitte umgestellt, da der Text der Homilie wahrscheinlich in Unordnung geraten ist. Die logische Abfolge ist die hier hergestellte, denn der Einwand des Moses sollte auf die Anweisung folgen, in welcher das Besehen des Aussatzes beschrieben wird. Die anschließende Peroratio nimmt wiederum das Thema "Gott der Priester" auf. Es ist daher anzunehmen, daß der letzte Satz dieses Textabschnittes von Gott dem Priester handelte.

Die Ausführung zum Perikopenvers besteht in dieser Homilie aus drei Texteinheiten, die vom Vertexter, dem "Prediger", schon verschriftet und redigiert und in der vorliegenden Form vorgefunden wurden. Der Vertexter läßt die vorgefundenen Texte wohl unverändert. Jede dieser Texteinheiten besteht aus mehreren Citemen.

Texteinheit a. ist fast identisch mit *Mischna Negaim 2,4* (zu vergleichen ist auch *Sifra tazria negaim Pereq 4,3*). In der Mischna hat dieser Text die Aussagefunktion, durch eine Description des Vorganges die Norm mitzuteilen: das, was getan wird, entspricht der Vorschrift. Die normative Aussage bleibt auch in der

Homilie erhalten, — doch würde man hier keine Vorschriften suchen. Die Funktion ist hier zunächst (und scheinbar) die der Textauslegung. Lemmatisiert sind die Worte *"besieht nun der Priester den Schaden an der Haut des Fleisches"*. Die Description erklärt, wie der Priester den Schaden besieht, und sie kann so auch den Schrifttext erklären. Da dieser Teil der Homilie formal Schriftauslegung ist, wäre die Texteinheit abgeschlossen. — (Einen Bezug zum Leben hat sie nach dem Untergang des Heiligtums allerdings nicht).

Texteinheit b. ist ein Citem, dessen Vorlage nicht auffindbar ist. Es ist deiktisch mit einem anderen Textteil kohäriert (wegen "dieser" Sache). Im vorliegenden Text verweist das Demonstrativum anaphorisch auf das Lemma *besieht nun der Priester*, so wie es in a. erklärt wird. Das Citem hat allerdings einen anderen Kontext: Es gibt narrativisch ein fiktives Gespräch zwischen Moses und Gott wieder, welches in den Akt der Offenbarung zu situieren ist: Moses hatte gerade das Gebot vernommen, wie es in der Mischna wiedergegeben ist (anadeiktisch auf a.), da empfand er Schmerz, usw. Der Text gehört wohl zur Sorte der Anekdote, wie der Schluß zeigt.

Als Schriftauslegung hat das Citem die Funktion der narrativen Amplifikation: Gott sprach zu Moses (Lev 13, 1); er sagte ihm das Gebot (Erweiterung gemäß a,). Darauf beklagt sich Moses, und Gott antwortet ihm. R. Ḥama fügt noch ein Sprichwörtlein zur Erklärung an, um die Gottesrede zu kommentieren. Daß die Funktion des Citems nicht Schriftauslegung ist, erweist sich daran, daß die Aussage aus dem Kontext der Schrift herausführt, sie bringt nichts, was zum Verständnis des Textes beiträgt.

Im Syntagma der Predigt verändert sich nun durch die Textverbindung die Aussagefunktion von Text a.: Text b. bringt aus a. die Folgerung, daß das Tun des Priesters keine Ehre ist (aber wenigstens gut bezahlt wird). Der anekdotische Schluß wird im weiteren Zusammenhang wahrscheinlich redundant, er hat keine Aussagefunktion mehr, es sei denn die: Wenn der Priester schon nicht einsieht, welche Ursache und Bedeutung sein Tun hat, so kann er sich allweil mit der Bezahlung trösten.

Text c. besteht wiederum aus einer Citemreihe (als solche nicht kenntlich genug). Der Satz R. Meirs ist Zitat aus der *Mischna (Negaim 2,5)*. Die folgende Frage und Antwort wird ganz ähnlich im babylonischen Talmud *(Sebahim 102b)* tradiert. Das Zitat Num 12,16 mit der folgenden Auslegung R. Simons, das vermutlich erst vom Vertexter hier eingefügt wurde, könnte aus einem Midrasch zu Numeri oder einer Predigt stammen (vgl. auch *Sifre Devarim § 208*; *Sifre Bamidbar § 106*). Die Frage in der Form monologischer Erörterung wendet gegen die Norm der Mischna ein mögliches Faktum (der Aussatz Miriams) ein: Wenn die Behauptung R. Meirs stimmt, wie war dies bei Miriam? Die Antwort ist eine Gottesrede und führt die Erörterung in einen narrativen Text über: Als Gott Miriam aussätzig werden ließ, da hat er das Amt des Priesters versehen (und zwar zur Ehre Miriams). Die Aussagefunktion dieses Satzes ist: Es war ein Ausnahmefall, hieraus ist für die Praxis nichts zu schließen. Der Midrasch R. Simons, der nun folgt, hebt das Motiv der Ehre noch hervor. Durch die Verbindung der religionsgesetzlichen Erörterung mit dem Motiv der Ehre wird die Aussage der Texteinheit bereits verändert. Die religionsgesetzliche Frage wird abgewendet, und die Antwort weist auf das Wunderbare hin und hebt ein wichtiges Motiv rabbinischer Theologie hervor: die Demut Gottes. Der Text steht in keinem funktionalen Zusammenhang mehr mit der Schrift, er legt nicht mehr Schrift aus, sondern knüpft an die *Mischna* an, die (nur im Zusammenhang dieser Homilie) scheinbar Schrift auslegt.

Durch die Vertextung, die Reihung, wird die ursprüngliche Aussagefunktion aller Einheiten verändert. Jede bleibt zwar für sich bestehen und kann so wieder verwendet werden, zusammen ergeben sie aber eine neue Abfolge von Aussagen: a. = So besieht der Priester den Aussatz. Durch die Anreihung von b. wird a. qualifiziert: Die Weise ist erniedrigend. Im Textzusammenhang wird die Gottesrede eher redundant, denn daß der Priester entlohnt wird, ist unerheblich. Durch die Anfügung von c. kommt eine neue Pointe zustande: für den Priester erniedrigend, aber nicht schändlich, denn Gott selbst hat in einer bestimmten Situation so als Priester fungiert, er besieht den Aussatz, er ist sich dafür nicht zu schade. Wenn Gott dem sündigen und deshalb kranken Menschen beisteht, um wieviel mehr soll dies der Priester. (Vielleicht auch: Wenn Gott es umsonst tut, um wieviel mehr der Priester, der ja vom Heiligtum lebt.)

Die Aussage "Gott der Priester" wird dann in der folgenden Peroratio zu Ende geführt: Wenn das Volk sündigt, wird es gleichsam aussätzig (und wie der Aussätzige wird es von Gott eingeschlossen ins Exil), und Gott, der Priester, wird es am Ende rein sprechen.

Es gibt im Text dieser Homilie, oder sonst in rabbinischen Texten, keinerlei Anweisung darüber, wie die Reihe der vertexteten Citeme zu lesen, bzw. zu verstehen ist. Es findet keine unmittelbare Kommunikation zwischen Vertexter und möglichen Rezipienten statt. Anweisungen für die Rezeption ergeben sich nur aus der untergegangenen Konvention, die offensichtlich solche Vertextungen zuläßt, und in geringem Maße aus der Gattung "Homilie" und aus der Tradition, in der solche Texte gelesen werden.

Es besteht durchaus die Möglichkeit, den Text als (sehr schlichte) religionsgesetzliche Unterweisung zu lesen: Dies sind einige der Normen für die Behandlung des Aussätzigen durch den Priester. Diese Rezeption ist nicht nur möglich, sondern hat sicherlich auch stattgefunden. Nachdem die Form nicht mehr verstanden wurde, wurde der Text der ganzen Homilie gelesen: 1. Theologischethische Ausführung (im sogenannten Proömium); 2. Schriftauslegung (im vorliegenden Teil), die durchaus religionsgesetzlich sein kann. Die narrativen Sätze haben dann nur situierende Funktion.

Der Text kann aber auch narrativ gelesen werden: Als Moses die Gebote vernahm, meinte er, daß dies für seinen Bruder nicht schön sei. Gott weist ihn zurecht. Doch bald darauf sündigt seine Schwester Miriam, so daß sie aussätzig wurde, und Gott fungiert in vorbildlich demütiger Weise als Priester.

Die Verbindung von Gesetz und Erzählung ist wiederum durchaus möglich und üblich. Aber es ist einem Rezipienten oder Wiederverwender auch belassen, den Text analytisch zu lesen, d. h. jede der Texteinheiten oder jeden VS für sich. Nur die Verbindung mit der Peroratio zeigt, daß das priesterliche Tun Typus der zukünftigen Erlösung sein soll, ohne daß seine Bedeutung in der Vergangenheit oder überhaupt aufgehoben wird.

Der Text ist vor allem Möglichkeit und bietet vielfältiges Verstehen an. Als Homilie kommt er erst in der produktiven Rezeption zustande, die die angebotenen Möglichkeiten annimmt und realisiert. Der Text verlangt nicht, daß man ihn nach der Intention des Vertexters verstehe. Er ist aus der Situation der Vertextung — eine andere ist nicht auffindbar — längst in das Buch entlassen, und zwar so entlassen, daß die Intention des Vertexters für die Rezeption unerheblich ist.

Diskussionsnotiz

Die Diskussion und das private Gespräch mit den Teilnehmern zeigte, daß der Beitrag in vieler Hinsicht eher verwirrend wirkte: die Folgerungen scheinen Erklärungen anzubieten, die dann aber sogleich als unzureichend zurückgezogen werden. Es ging mir allerdings darum, zu zeigen, daß die zur Verfügung stehenden Methoden, vor langer Zeit von Altphilologen entwickelt, dem Gegenstand nicht gerecht werden können, sobald man über Lexikon und Formenlehre hinaus fragt und den Text unter dem Gesichtspunkt sprachlicher Kommunikation zu verstehen versucht (hier im engeren Sinne bei der Berücksichtigung echter oder fiktiver Mündlichkeit in einem letztlich wohl doch genuin literarischen Text). Es scheint mir ehrlicher zu sein, zunächst einmal die Aporien zu zeigen.

F. Crüsemann wandte ein, daß sich die Paradoxien eben daraus ergeben, daß das soziale Umfeld der Texte nicht berücksichtigt wurde. Das ist zweifellos richtig. Sobald es möglich wäre, die Texte in die Situation ihrer Entstehung zurückzuversetzen, müßte alles daran verständlich werden. Nur ist mir gerade dies nicht möglich. Meine Kenntnis dieses sozialen Umfeldes reicht nicht einmal für eine Arbeitshypothese. Aber es ist ziemlich gewiß, daß diese Texte mehr als *ein* soziales Umfeld gehabt haben, denn der Weg vom VS zum Buch erstreckt sich über Jahrhunderte, und ich halte es aufgrund der Textkonstitution für wahrscheinlich, daß sich die Funktion dieser Texte mehrmals verändert hat.

Ch. Hardmeier fragte, ob diese Texte nicht in den Lehrhäusern als Thesaurus gedient haben könnten: sie wurden hergestellt, um die Meinungen der Gelehrten zu bewahren. Dies trifft von einem noch nicht zu bestimmenden Zeitpunkt an (ich denke an das 7.—8. Jahrhundert) zu: Die Texte, genauer, die Bücher, dienen dann als "Speicher" — sie sind ehrwürdig, und man kann, muß sie konsultieren, um die Meinung der früheren Gelehrten daraus zu erheben; sie sind so auch Gegenstände der Forschung. Dies kann jedoch kaum ihre primäre Funktion gewesen sein, weil die Texte ja nicht einfach die VS, denen das primäre Interesse des Lehrhauses gilt, speichern, sondern die VS zu neuen Mitteilungen verwenden. Die VS sind Teile eines neuen Kommunikates. Die möglichen Adressaten dieses Kommunikates sind im Fall des Talmuds wahrscheinlich die Schüler oder Lehrer im Lehrhaus, bei der übrigen Literatur eine "jüdische Öffentlichkeit", die wir nicht näher bestimmen können. Eine "Thesaurierung" findet wohl erst im letzten Stadium der Sammlung (nicht der Vertextung) statt.

Die Aporien bleiben also. Aber eine Wiederherstellung der Textkompetenz, d. h. eine Entschlüsselung der Codes, die bei der Vertextung der VS verwendet wurden, könnten wahrscheinlich die Texte als sprachliche Äußerungen auf der Ebene der Literatur wieder zugänglich machen.

S. J. Schmidt fragt, ob und inwieweit sein Eindruck von der Judaistik im Hinblick auf die behandelte Literatur stimmt:

"Ihr Vortrag und ihre Diskussionsbemerkungen haben mich auf eine besondere Art beeindruckt und neugierig gemacht, auf die Judaistik als Wissenschaft allgemein und auf die von Ihnen behandelten Texte im besonderen.

Die "besondere Weise" des Beeindruckens besteht darin, daß mich diese Texte und die Art Ihrer Argumentation auf die Möglichkeit einer Wissenschaft verweisen, die ohne die geläufigen und in unserer Wissenschaftstradition wie ein Zwangsmechanismus funktionierenden Dualmodelle wie Wahr—Falsch, Sinn—Unsinn, Frage—Antwort usw. arbeiten kann.

Die Judaistik ist offenbar eine Wissenschaft, die Fragen stellt, aber klug genug ist, sie nicht zu beantworten, sondern vielmehr nachzuweisen, daß alle angebotenen Antworten in spezifischer Weise nicht zutreffen. Das gilt offensichtlich vor allem bei der Auseinandersetzung mit den hier von Ihnen behandelten Texten. Diese Texte sind aus Sprache, bestehen aber nicht in der üblichen Weise aus Sprache; sie weisen zwar eine Syntax auf, aber die läßt sich nicht analysieren; sie drücken zwar etwas aus, aber sie teilen nicht etwas mit.

Ich habe den Eindruck gewonnen, daß es sich hier entweder um die endlich erreichte vollendete konkrete Dichtung handelt oder um die perfekte Dialektik oder um die perfekte Widerlegung des Spinoza'schen Dictums "omnis determinatio est negatio" oder um die Umrisse einer nicht aristotelischen Wissenschaft der Zukunft oder um etwas genau anderes.

Stimmt dieser laienhafte Eindruck von der Judaistik als Wissenschaft?"

Hinsichtlich der Texte stimmt dieser Eindruck sicherlich. Hinsichtlich des wissenschaftlichen Umganges mit diesen Texten wohl nur soweit er meinen Vortrag betrifft und darüber hinaus meine Bereitschaft, mich auf die Aporien der Texte einzulassen und die Sprachlichkeit und Literarizität dieser Texte zur Kenntnis zu nehmen. In der Tat beschäftigen sich aber nur wenige mit diesen Texten als Literatur — und man benutzt sie in der Regel nur als Steinbrüche, um historisch oder religionsgeschichtlich relevante Aussagen zu gewinnen (und dies ist nur auf der Ebene der VS möglich). Sicherlich ist es bequemer, diese Literatur in ihren Besonderheiten zu ignorieren, denn sie vermag in der Tat unsere liebe Philologie in Frage zu stellen — wenn nicht schon Aristoteles und Spinoza —, ohne daß wir darauf eine bessere Antwort als die Behauptung des Unsinns finden könnten.

Anmerkung:

[1] Im Sinne von Schmidt (1978), S. 368 ff.
[2] Vgl. Bloch (1885), Böhl (1977), Goldberg (1978), (1980).
[3] Vgl. Kaatz (1922); Schäfer (1978).
[4] Vgl. Strack (1982), S. 42 f. Das Verbot bezog sich wohl nur auf die religionsgesetzlichen Sätze, d. h. auf die *Halakha*.
[5] Vgl. Gerhardsson (1921), S. 93 ff. Amir (1977).
[6] Vgl. z. B. Neusner (1977), S. 31.
[7] Liebermann (1942), (1950).
[8] Bloch (1912).
[9] *Pirqe Abot* Sprüche der Väter; die *Abot de R. Natan* sind nur noch bedingt als Spruchsammlung anzusehen.
[10] Vgl. Goldberg (1978).
[11] Die genaue Bedeutung des Wortes ist unbekannt, vielleicht "legte auf eine bestimmte Weise aus" oder "eröffnete den *Vortrag*". Sowohl *darash* wie *patah* bezeichnen eine bestimmte Weise der vortragenden Rede.
[12] Vgl. Goldberg (1974).
[13] Vgl. z. B. Böhl (1975).
[14] So besonders in den *Tanhuma*homilien und *Seder Eliyahu Rabba*.
[15] Vgl. z. B. Margulies, (1972) V, I ff. J. Theodor und Ch. Albeck (1965) III.
[16] Vgl. auch Böhl (1977).
[17] Für die Sprache der Mischna verweise ich auf den Aufsatz von Neusner (1977). Neusner hat das Problem der Sprache hier wohl richtig erkannt: "It is, therefore erroneous to refere to *mishnaic* Language; rather we deal with the mishnaic revision of the natural Language of Middle Hebrew" (S. 140). Aber das Problem wird in den späteren Texten noch sehr viel komplexer.
[18] Ein Überblick über die wichtigsten Hypothesen findet sich bei Neusner (1970).

Literatur

Amir, A. Sh. (1977) *Institutions and Titles in the Talmudic Literature*, Jerusalem (Hebräisch).
Bloch, Ph. (1885) u. (1886) "Studien zur Aggadah", *Monatsschrift für Geschichte und Wissenschaft des Judentums* (MGWJ) 34, 166—184; 210—224; 257—269; 385—404. 35, 165—187; 389 bis 405 (nicht abgeschlossen).
  (1912) "Spuren alter Volksbücher in der Aggadah", in: *Judaica*, Festschr. H. Cohen, Berlin, S. 703—721.
Böhl, F. (1975) "Die Matronenfrage im Midrasch", *Frankfurter Judaistische Beiträge* 3, 29—64.
  (1977) *Aufbau und literarische Formen des aggadischen Teils im Yelamdenumidrasch*, Wiesbaden.
Gerhardsson, B. (1964) *Memory and Manuscript, Oral Tradition and Written Transmission in Rabbinic Judaism and Early Christianity*, Kopenhagen.
Goldberg, A. (1974) "Form und Funktion des Ma'ase in der Mischna", *Frankfurter Judaistische Beiträge* 2, 1—32.
  (1978) "Die Peroratio (Hatima) als Kompositionsform der rabbinischen Homilie", *Frankfurter Judaistische Beiträge* 6, 1—22.
  (1978) "Zitat und Citem, Vorschläge für die descriptive Terminologie der Formanalyse rabbinischer Texte", *Frankfurter Judaistische Beiträge* 6, 23—26.
  (1980) "Versuch über die hermeneutische Präsupposition und Struktur der Petiha", *Frankfurter Judaistische Beiträge* 8, 1—59.
Kaatz, S. S. (1922) *Die mündliche Lehre und ihr Dogma*, Leipzig.
Lieberman, S. (1942) *Greek in Jewish Palestine*, New York.
  (1950) *Hellenism in Jewish Palestine*, New York.
Margulies, M. (1972) *Midrash Wayyikra Rabba*, Jerusalem 2. Aufl.
Neusner, J. (Hg.) (1970) *The Formation of the Babylonien Talmud, Studies in the Achievements of late Nineteenth and Twentieth Century Historical and Literary Critical Research*, Leiden.
  (1977) "Form and Meaning in the Mishnah" JAAR 45, 27—54.
Schäfer, P. (1978) "Das Dogma von der mündlichen Tora", in: P. Schäfer, *Studien zur Geschichte und Theologie des rabbinischen Judentums*, Leiden.
Schmidt, S. J. (1978) "Zu einer Theorie ästhetischer Kommunikationshandlungen", *Poetica* 10, 362—382.
Strack, H. L. und Stemberger, G. (1982) *Einleitung in Talmud und Midrasch*, München 7. Aufl.
Theodor, J. und Albeck, Ch. (1965) *Midrash Bereshit Rabba*, Jerusalem 2. Aufl.

III. Überlagerungen und Übergänge

Walter Haug

Schriftlichkeit und Reflexion.
Zur Entstehung und Entwicklung eines deutschsprachigen Schrifttums im Mittelalter

1. Die kulturgeschichtliche Ausgangssituation

Die Entstehung und Entwicklung eines vulgärsprachlichen Schrifttums im westlichen abendländischen Mittelalter ist von der spezifischen kulturhistorischen Situation her zu sehen, in der das neue Zeitalter seinen Ausgang genommen hat: die relativ geschlossene antike Hochkultur wird abgelöst durch eine Reihe von Folgekulturen von je eigenem Gepräge. Das damit gegebene Kulturgefälle und dessen Bewältigung bestimmt auch das Verhältnis zwischen den betreffenden Sprachen, zwischen dem Lateinischen auf der einen und den romanischen und germanischen Idiomen auf der andern Seite. Es stehen zunächst schriftlose Randkulturen einer Hochkultur mit Schrifttradition gegenüber. Doch es erfolgt von der Hochkultur aus — wenn man vom Sonderfall der Runen absieht — kein Anstoß zu einem eigenständigen vulgärsprachlichen Schrifttum; die Randkulturen übernehmen vielmehr zusammen mit der Schriftlichkeit auch die Sprache der antik-christlichen Hochkultur. Die Schrift bleibt zunächst an die Hochkultursprache, an das Lateinische, gebunden. So wird aus dem Nebeneinander ein Übereinander: eine schriftlich-lateinische Kulturtradition überlagert eine mündliche vulgärsprachliche Tradition. Die Überlagerung macht eine vulgärsprachliche Schriftkultur insofern unnötig, als das Lateinische jene Funktionen erfüllt, für welche Schriftlichkeit erforderlich ist: Verwaltung, Dokumentation, Religion, Wissenschaft usw. Die Kulturbarriere, die dadurch entsteht, ist so massiv, daß auf vielen Gebieten die Bildungstradition noch über Jahrhunderte hin lateinisch bleibt. Die letzten Reste werden erst heute — man denke an die Liturgiereform — beseitigt.

Die Vermittlung des lateinischen Kulturerbes liegt in den Händen des Klerus, d. h. die Kirche besitzt nach dem Untergang der antiken Schultradition — die etwa in Gallien noch bis ins 6. Jahrhundert hineinreicht — so gut wie ausschließlich das Bildungsmonopol. Sie verfügt neben der christlichen Überlieferung auch über das profan-antike Wissen. Eine kirchlich geprägte Bildungsschicht mit einer fremdsprachlich-lateinischen Schriftlichkeit hebt sich damit von der Masse des Volkes ab. Dieses kann am Hochkulturerbe bestenfalls indirekt teilhaben. Es besitzt jedoch anderseits heimisch-mündliche Überlieferungen: poetische, brauchtümliche, technische usw., die freilich für uns nur schwer zu fassen, und wenn, dann nach Herkunft, Verbreitung und Gewicht kaum einmal adäquat zu beurteilen sind.[1]

Die hiermit skizzierte Kultursituation wird also durch fünf grundlegende Oppositionen bestimmt:
1. Lateinisch gegenüber Vulgärsprachlich.
2. Schriftlich gegenüber Mündlich.
3. Geistlich gegenüber Profan.
4. Klerikal gegenüber Laikal.
5. Gelehrt gegenüber Ungelehrt.

Wenn sich nun in Auseinandersetzung und Zusammenspiel mit der lateinischen Tradition schließlich doch ein vulgärsprachliches Schrifttum entwickelt, so verbinden und überlagern sich diese fünf Oppositionen entsprechend den sich wandelnden literarhistorischen Situationen in immer wieder anderer Weise. Das wechselnde Verhältnis dieser Oppositionen zueinander markiert den Weg der einzelnen regionalen mittelalterlichen Literaturtraditionen.

Für die Ausgangslage, d. h. für die Zeit vor dem Beginn eines vulgärsprachlichen Schrifttums, kann man die beiden Reihen — zwar nicht ausschließlich, aber doch in einem relativ hohen Maße — den beiden oppositionellen Kulturschichten zuordnen: hier ein lateinisches Schrifttum geistlichen Inhalts von einer gelehrten Schicht von Klerikern getragen, dort vulgärsprachlich-profane Überlieferungen in mündlicher Tradition von den ungelehrten Laien weitergegeben. Verschränkungen gibt es jedoch von Anfang an, insbesondere dadurch, daß der Klerus teils aus Not, teils aus Neigung, nicht nur auch die schriftlich-profane Literatur der Antike weiterpflegt[2], sondern immer wieder auch den mündlich-profanen Überlieferungen der Laienschicht keineswegs so ablehnend gegenübersteht, wie die kirchlichen Rigoristen dies gewünscht hätten.[3]

2. Die ersten Ansätze zu einem vulgärsprachlichen Schrifttum in karolingischer Zeit

Unter welchen Bedingungen und in welchen Funktionen kommt es nach jahrhundertelanger Bindung der Schriftlichkeit an das Lateinische schließlich doch zu einer Ablösung der lateinischen Schrifttradition durch volkssprachliche Literaturen? Wie stellt sich insbesondere die Entstehung eines deutschsprachigen Schrifttums im Mittelalter dar?

Das Lateinische als gesprochene Sprache eines überregionalen Erbes in Kirche und Reich wird in den romanischen Gebieten allmählich von einzelnen Vulgäridiomen abgelöst. Das klassische Latein wird damit zur Fremdsprache, d. h. zu einer Sprache, die gelernt werden muß, und dies um so mehr, je mehr die Volkssprachen sich von ihr entfernen. In den germanischen Gebieten ist das Lateinische von vornherein Schulsprache.

Das hat Folgen für das Verhältnis der Bildungssprache zur Volkssprache. Der Schulbetrieb verlangt insofern eine gewisse Berücksichtigung der Vulgärsprache, als man diese zumindest in den Prozeß des Lateinlernens einbeziehen muß. Unsere frühesten vulgärsprachlichen Schriftzeugnisse sind althochdeutsche Glossen,

Vokabulare und Interlinearversionen, d. h. primär Übersetzungshilfen. Die Glossentradition läßt sich bis gegen 700 zurückverfolgen. Die Wörterbücher entwickeln sich aus deutsch glossierten antiken Synonymen-Lexika, die ältesten Belege sind: der bairische 'Abrogans' und der 'Vocabularius Sancti Galli', aus der Mitte bzw. vom Ende des 8. Jahrhunderts. Es sind übrigens in großer Zahl Griffelglossen erhalten, also mit dem Griffel eingedrückte deutsche Wörter in lateinischen Handschriften, heimlich-verschämte Selbsthilfen der Lateinlernenden — und vermutlich auch der Lehrenden! Dieses älteste Schrifttum dient ausschließlich praktisch-pädagogischen Zwecken, d. h. diese früheste Verschriftlichung von Vulgärsprachlichem ist nicht auf dieses, sondern auf das Lateinische bezogen. Der Vorgang versteht sich im übrigen von selbst; eine theoretische Begründung ist, jedenfalls auf dieser untersten Stufe, nicht erforderlich.

Dazu kommt jedoch ein Weiteres, nämlich die Notwendigkeit, die Inhalte der lateinisch-christlichen Tradition wenigstens in ihrer elementarsten Form auch an jene weiterzugeben, die des Lateinischen nicht mächtig sind. So entstehen frühe Übersetzungen katechetischer Texte: Vaterunser, Glaubensformeln, Beichten. Dies geschieht programmatisch im Zusammenhang der Bildungsreform Karls des Großen. Den entscheidenden Anstoß gibt Karls Admonitio generalis von 789. Man kann sich das Anliegen dieser Bestrebungen nicht schlicht genug vorstellen. Immer wieder liest man Klagen über die stupende Unbildung selbst der Geistlichkeit. Dazu kommt die divergierende und z. T. verstümmelte Überlieferung auf lateinischer Ebene. So leitet Karl eine Vereinheitlichung der religiösen Gebrauchstexte in die Wege. Dies übrigens im Rahmen einer generellen 'Reinigung', d. h. textkritischen Überprüfung und Korrektur des lateinischen Schrifttums.[4]

Das Interesse an einer Norm in Lehre, Ritus, Verwaltung und Sprache besitzt selbstverständlich einen eminent politischen Aspekt: die fränkische Herrschaft setzt sich wesentlich — dies schon unter Karls Vorgängern — über die kirchliche Organisation durch.

Die Übersetzungen religiöser Gebrauchstexte halten sich zusammen mit der Glossentradition über Jahrhunderte hin. Sie bilden eine unterste Schicht vulgärsprachlichen Schrifttums. Es ist aber kaum entwicklungsfähig, sondern beharrt in seiner dienenden Position.

Neben einem deutschsprachigen Schrifttum als Übersetzungshilfe und neben Übersetzungen kirchlicher Gebrauchstexte ist aus karlischer Zeit noch ein dritter Typus eines frühen vulgärsprachlichen Schrifttums auf uns gekommen: ein Korpus von althochdeutschen Musterübersetzungen. Zusammengestellt aus verschiedenen Textsorten, bewegt es sich überraschenderweise auf höchstem sprachlichen Niveau. Dabei handelt es sich keineswegs nur um anspruchslose Texte. So sind übersetzt worden: Isidors von Sevilla Traktat 'De fide catholica' — das wichtigste Stück, daher die Bezeichnung 'Isidorgruppe' für das Korpus —, das Matthäus-Evangelium, eine Predigt Augustins u.a.m. — alle nur fragmentarisch erhalten. Diese Übersetzungen können nur am Hof entstanden sein. Hier hatte man die gelehrte Elite zur Verfügung, die für eine dermaßen gekonnte Verdeutschung vorausgesetzt werden muß.[5] Was damit versucht wurde, zielt weit über das Programm der Admonitio generalis hinaus. Die Funktion der Vulgärsprache geht hier nicht mehr in praktisch-pädagogischer Vermittlung lateinischer Überlieferung auf, die deutsche Sprache soll vielmehr zu einem dem Latein ebenbürtigen Medium für das Wort Gottes und zur Darstellung der theologisch-philosophischen Tradition werden. Die Frage ist offen, inwieweit damit eine eigene deutsche Kulturkomponente im karlischen Bildungsprogramm anvisiert war: es gibt Zeugnisse für ein spezifisch fränkisches Selbstbewußtsein Karls — ob er jedoch heimische Heldenlieder hat aufzeichnen lassen, ist umstritten, denn die barbara et antiquissima carmina, die Karl nach einer Notiz bei seinem Biographen Einhard hat sammeln lassen, könnten auch lateinische Preislieder gewesen sein.[6] Jedenfalls zeugt es für ein gewisses Gentilbewußtsein gegenüber der Idee des Imperiums, wenn Karl sich um die Kultivierung der Vulgärsprache bemüht.

Bemerkenswert in diesem Zusammenhang ist der gleichzeitige Versuch zu einer verbesserten deutschen Orthographie. Die Regeln, die für die Isidorgruppe zugrunde gelegt wurden, stellen den kühnen Vorstoß dar, ein dem Deutschen angemessenes Schriftsystem zu schaffen. All dies setzt phonologisch-grammatische Studien, d. h. eine Art Forschungsprojekt am karlischen Hof voraus. Ein erstaunliches Unternehmen, von dem man erwarten könnte, daß sich daraus auch ein theoretisch fundiertes literarisches Programm entwickeln müßte. Doch dies war nicht der Fall, denn dem kühnen Vorstoß war kein nachhaltiger Erfolg beschieden. Als Karl 814 stirbt, bricht sein Bildungsprogramm zusammen. Die angestoßene Verdeutschung katechetischer Literatur wirkt zwar nach, aber die Musterübersetzungen bleiben so gut wie wirkungslos.

Ein zweiter Impuls zu einer deutschsprachigen Schriftkultur erfolgt nach der Teilung des fränkischen Reiches unter Ludwig dem Deutschen (843—876). Dieser Anstoß ist von ganz anderer Art: es entsteht nun eine deutsche Bibelepik, d. h. es geht nicht mehr um Übersetzung, sondern um Dichtung: auf der einen Seite der 'Heliand' und die 'Genesis' in altsächsischer Sprache, auf der andern das 'Evangelienbuch' Otfrids von Weißenburg, jene in Stabreimversen — vermutlich in Anlehnung an die angelsächsische Tradition geistlicher Epik — dieses in binnengereimten Langzeilen. Beide Werke nehmen im Vorwort bzw. Widmungsschreiben auf Ludwig den Deutschen Bezug. Man versteht diese Bibeldichtungen heute zunehmend mehr als Ausdruck von Ludwigs spezifisch auf das Ostreich ausgerichteter Kulturpolitik.[7]

Otfrid von Weißenburg hat zu seinem Versuch in doppelter Form theoretisch Stellung genommen, einmal in lateinischer Sprache im Begleitschreiben an seinen Vorgesetzten, den Erzbischof Liutbert von Mainz, und zum andern auf deutsch im ersten Kapitel des Evangelienbuchs selbst. Im Widmungsbrief rechtfertigt er das Unterfangen mit Argumenten, die der traditionellen Exordialtopik entstammen: er will mit seinem Evangelienbuch den Einfluß heidnischer Dichtungen zurückdrängen, und er will die Bibel jenen näherbringen, die mit dem Lateinischen Schwierigkeiten haben. Er sei sich zwar bewußt, daß er mit der ungeschliffenen fränkischen Sprache nicht an die Stilkunst der lateinischen Poesie heranreiche, aber es komme letztlich darauf an, Gott zu loben, auch wenn die Form noch so unvollkommen sei.[8]

Die deutsche Rechtfertigung geht über diese traditionelle Argumentation hinaus. Auch hier wird zwar voller Bewunderung von der Formkunst der griechischen und lateinischen Dichter gesprochen, mit der man sich in fränkischer Sprache nicht messen könne, doch voller Selbstbewußtsein hält Otfrid dem eine andere 'Form' entgegen, nämlich die christliche Lebensführung der Franken und ihren politischen Rang, durch die sie sich den antiken Völkern gleichstellen. Die lebendige Wirklichkeit des Gotteswortes hat Vorrang vor dem bloßen Wort. Und daraus ergibt sich die eigentliche Legitimation für ein Evangelium in deutscher Sprache: es rechtfertigt sich, ja es wird notwendig aufgrund der politisch-heilsgeschichtlichen Position des fränkischen Stammes.[9]

Das deutsche Schrifttum unter Ludwig dem Deutschen wird also wiederum von einem politischen Impuls getragen. Es besitzt als Dichtung zwar einen andern Charakter als jenes der karlischen Zeit, doch es teilt das Schicksal des älteren Versuchs: es kommt keine kontinuierliche Tradition zustande. Es folgt auf Otfrid zwar noch eine Reihe kleinerer deutscher Gedichte, die bald mehr, bald weniger deutlich in seiner Formtradition stehen. Zu Beginn des 10. Jahrhunderts, ungefähr mit dem Ende der karolingischen Dynastie im Ostreich, bricht die Überlieferung jedoch ab. Es schließt sich ein Zeitraum von etwa 150 Jahren an, in dem — wenn man von der Kontinuität auf der untersten Ebene, den Hilfen zum Lateinlernen und den katechetischen Gebrauchstexten absieht — ein deutschsprachiges Schrifttum fehlt. Eine Ausnahme bildet das große Übersetzungswerk Notkers III. von St. Gallen († 1022). Notker übersetzt kirchliche und profane Literatur kommentierend für den Schulunterricht — ein isoliertes Unternehmen, das weder an die älteren Ansätze zu einem deutschen Schrifttum anknüpft noch nachhaltig weiterzuwirken vermag.

Das Versiegen der deutschsprachigen Literatur mit dem Ende der karolingischen Dynastie im Ostreich dürfte kulturpolitische Gründe haben. Die Bildung ist in ottonischer Zeit wieder ausschließlich lateinisch orientiert. Denn politisch ist man neu auf ein Universalreich ausgerichtet, die Idee der Translatio imperii, d. h. die Idee der Weiterführung des römischen Imperiums durch den deutschen Kaiser spielt dabei eine zentrale Rolle; es entsteht nun das 'Römische Reich deutscher Nation'. Eine deutschsprachige Literaturtradition konnte sich vor diesem Hintergrund nicht entwickeln, es fehlte die kulturpolitische Basis.

3. Die Entstehung einer deutschsprachigen Schrifttradition im 11./12. Jahrhundert

Die beiden Oppositionsreihen: Lateinisch-Schriftlich-Geistlich-Klerikal-Gebildet und Deutsch-Mündlich-Profan-Laikal-Ungebildet geraten in althochdeutscher Zeit nur an einem Punkt wirklich in Bewegung, nämlich in Hinblick auf die Zuordnung des Deutschen zur zweiten Reihe: es wird versucht, das Deutsche als schriftwürdig zu erweisen, es in die erste Reihe zu integrieren. Eine gewisse Öffnung der klerikalen Sphäre gegenüber dem laikalen Bereich ist dabei zwar mitzudenken, doch darf sie nicht überbewertet werden, sie bleibt auf die unterste Ebene, auf das Gebiet der religiösen Gebrauchstexte, beschränkt. Was in diesem ersten Zeitraum so gut wie völlig fehlt, ist irgendeine Berücksichtigung der profan-mündlich-laikalen Traditionen von seiten der klerikal Gebildeten. Dieser Bereich ist fast nur durch Ablehnung präsent; die Klagen der Geistlichen über den unausrottbaren Einfluß dieser Tradition selbst in klösterlichen Kreisen ziehen sich durch die Jahrhunderte. Die einzigen Ausnahmen sind die Niederschriften des Hildebrandsliedes und der Merseburger Zaubersprüche. Weshalb sie auf das Pergament gekommen und somit erhalten geblieben sind, wird sich kaum mit Sicherheit ergründen lassen. Vermutlich sind es Zufallsprodukte. Auf der andern Seite ist im 10. Jahrhundert eine deutsche Heldensage in lateinischen Hexametern bearbeitet worden: der 'Waltharius'. Bei dieser Umdichtung hat man freilich gerade jene Elemente entweder herausgebrochen oder kritisch-humorvoll umgestaltet, die den Typus des heroischen Liedes kennzeichnen.[10] Doch dieses antiheroische Heldenepos bleibt ein singuläres Experiment.

Wenn um die Mitte des 11. Jahrhunderts die deutschsprachige Überlieferung wieder einsetzt, stehen wir vor einer gegenüber der karolingisch-ottonischen Zeit grundlegend veränderten kulturgeschichtlichen Situation. Das Schema der fünf Oppositionen gerät nun durchgängig in Bewegung. Zudem: wenn die politischen Impulse in Richtung auf eine vulgärsprachliche Schriftkultur in althochdeutscher Zeit es nicht vermochten, eine deutschsprachige Literaturtradition zu stiften, so geschieht dies nun wie von selbst, jedenfalls sind konkrete kulturpolitische Anstöße nicht faßbar. Die volkssprachliche Literatur wird erstmals auf eine breite Grundlage gestellt. Die Kontinuität sollte nun nicht mehr abreißen.

Der Grund dafür ist in den gesellschaftlichen Veränderungen zu suchen, die sich im Laufe des 11. Jahrhunderts vollziehen. Sie führen dazu, daß sich eine neue weltliche Bildungsschicht entwickelt und kulturelle Ansprüche geltend macht. Die Faktoren, die zu dieser sozialen Umwälzung geführt haben oder zu ihr beitrugen, sind vielfältig. Cluny mit seiner Idee des miles christianus, d. h. der Verpflichtung des ritterlichen Laien auf eine christliche Ethik in dieser Welt, war gewiß wegweisend. Der Investiturstreit wird dann zugleich Ausdruck und Promotor der neuen Situation. In dem Maße nämlich, in dem die Kirche in diesem Streit die weltliche Macht provoziert, sieht diese sich auf sich selbst zurückgeworfen. Die weltliche Führungsschicht beginnt sich ihren eigenen Herrschaftsapparat aufzubauen, es entsteht der Stand der Ministerialen. Dies wiederum veranlaßt die Geistlichkeit, sich der neuen, selbstbewußt gewordenen Laienschicht zuzuwenden und sich gerade auch literarisch um sie zu bemühen. Das heißt: Einsatz der Vulgärsprache beim Versuch, die laikale Sphäre unter geistlichen Prämissen zu durchdringen, also die 'Welt', wenn sie schon nicht mehr einfach auszuschließen war, in die Heilsgeschichte hineinzunehmen. Programmatische Impulse sind aber, wie gesagt, nicht faßbar, wenn man davon absieht, daß da und dort eine Bindung an Reformklöster wahrscheinlich zu machen ist. Anonymität herrscht vor. Das Spektrum der Texttypen ist breit: Bibeldichtung, Schrift- und Naturallegorese ('Hohes Lied', 'Himmlisches Jerusalem', 'Physiologus'), Sündenklagen, Gebete, Marienlob, Heilsgeschichte und Glaubenslehre, Bußpredigt und Sozialkritik, sogar eine Erdbeschreibung ('Merigarto'); dazu jenseits des Typenkatalogs Einzelstücke von hohem dichterischem Rang: Ezzolied, Annolied.

Kennzeichnend ist die Öffnung auf Fragen hin, die die Möglichkeit eines christlichen Lebens unter den gesellschaftlichen Bedingungen der Zeit betreffen. Das Gesamtbild ist jedoch widerspruchsvoll: einerseits doch immer wieder schroffe weltlich-geistliche Fronten, andererseits Synthese-Versuche in verschiedenen Richtungen; das Musterbeispiel: die Verschränkung von Welt- und Heilsgeschichte im Annolied.[11] Dieses neue Schrifttum erfüllt eine problemlos-selbstverständliche Funktion im Rahmen der neuen Laienkultur. Die Schriftlichkeit scheint keine Fragen aufzuwerfen. D. h. es gibt in dieser Hinsicht so gut wie keine theoretische Reflexion, jedenfalls keine direkt zugängliche. Das Verhältnis zu lateinischen Vorbildern ist, wo ein solches faßbar wird, relativ frei, jedenfalls ebenso unreflektiert. Das bedeutet: Die Opposition Lateinisch/Vulgärsprachlich ist zurückgetreten vor der Opposition Geistlich/Profan, und diese tritt in ein neues Verhältnis zum Gegensatz Schriftlich/Mündlich. Die poetische Verwendung der Volkssprache im Zusammenhang geistlicher Bemühung um den Laien verlangt ein Eingehen auf die eigenen Möglichkeiten des Deutschen, und dies bringt zwangsläufig jene autochthonen dichterischen Traditionen ins Spiel, die in der Mündlichkeit lebten: Heldenlieder, Preislieder und andere Typen von Kleindichtung. Berührung und Auseinandersetzung erfolgen zunächst über Form und Stil, doch fließt unvermeidlich Inhaltliches mit ein.

So wird die Welt der vulgärsprachlichen Traditionen bald mehr, bald weniger deutlich in der frühmittelhochdeutschen geistlichen Literatur spürbar. Die Bibeldichtung greift z. T. exzessiv auf Darstellungsmittel der mündlichen Dichtung zurück; Metaphern, Vergleiche usw., verbunden mit entsprechenden Stilformen, lassen sie indirekt lebendig werden. Als Musterbeispiel gilt die Beschreibung der ägyptischen Plagen in der Wien-Millstätter Exodus (ca. 1120). Hier die Schilderung der Krötenplage: "Gott suchte die Ägypter mit einem ganz unscheinbaren Heer heim ... es war aber sehr zahlreich. Es führte weder Schilde noch Schwerter mit sich, weder Hütten noch Zelte, weder Helme noch Rüstungen, nichts, was ritterliche Pracht ausgemacht hätte wie Rosse, Maultiere, kostbares Zaumzeug, weder Speere noch Bogen, wie sie für eine Schlacht gut gewesen wären, weder flinke noch behäbige Saumtiere, weder mächtige noch zierliche Hörner, auch nicht Feldzeichen von leuchtendem Glanz ...' (Die altdeutsche Exodus, hg. E. Papp, vv. 1339 ff.).

Die Frage nach der Rechtfertigung eines deutschsprachigen Schrifttums stellt sich hier also nicht mehr. Das Problem liegt nicht mehr in der Schriftwürdigkeit der Volkssprache, sondern in der Möglichkeit und in der Legitimation einer geistlichen Durchdringung der diesseitigen Welt. Sowohl das dabei angewandte Verfahren wie seine legitimierende Rückbindung sind traditionell; es ist das Verfahren der mehrfachen Auslegung der Hl. Schrift. Es gibt eine ganze Skala von Sinnebenen, am wichtigsten sind die moralische und die allegorische Deutung. Natur und Geschichte werden einerseits zu Beispielsammlungen für moralisches Verhalten: die Herrscher in der Kaiserchronik erscheinen ebenso als gute oder schlechte Vorbilder wie die Tiere, Pflanzen und Steine im mittelalterlichen Naturkundebuch, dem 'Physiologus': wenn es hier z. B. von der Schlange heißt, daß sie ihr Gift ausspeie, bevor sie Wasser trinke, so bedeutet dies, daß man alles Böse ausspeien soll, bevor man das Wort Gottes hört.

Die allegorische Auslegung auf der andern Seite bezieht Natur und Geschichte auf das Heilsgeschehen. Das Einhorn im 'Physiologus', von dem man annahm, daß es sich nur von einer Jungfrau fangen lasse, verweist auf Christus, der sich nur von Maria verlocken ließ, auf diese Erde zu kommen. Geschichtlich verweisen die Ereignisse des Alten Testament auf das Neue, d. h. die historischen Fakten sind von Gott so gesetzt, daß sie das Heilsgeschehen in vorläufiger Form vorwegnehmen: der Durchzug der Israeliten durch das Rote Meer mit dem Untergang des Pharao verweist auf die Taufe Christi im Jordan, durch die der Teufel besiegt wurde.

Diese Interpretationen sind allgemein verfügbar, sie erscheinen in Stein gehauen an den mittelalterlichen Kirchen, sie erstarren teilweise geradezu zu moralisch-allegorischen Enzyklopädien. Man lebt sozusagen in einer doppelten Welt: über der Welt der Fakten liegt, ohne daß diese damit aufgehoben würde, eine zweite Welt, die Welt der Bedeutungen.[12] Möglich und wahr wird eine solche Interpretation unter der Voraussetzung, daß Gott bei der Schöpfung diese Bedeutungen in die Dinge gelegt hat bzw. daß er die Geschichte so lenkt, daß sie auf das Heilsgeschehen verweist. Doch diesen Sinn aufzudecken, dazu bedarf es im Prinzip der Inspiration durch den Heiligen Geist. Der Anruf an den Heiligen Geist, der für die Einleitungen zu diesen moralisch-allegorischen Dichtungen charakteristisch ist, muß, so topisch er klingen mag, als ihr eigentlicher theoretischer Angelpunkt angesehen werden.[13] Und in diesem Bezug ist selbstverständlich der Hörer als dritte Größe mitgesetzt, denn auch er versteht die Sinngebung im Prinzip nur, wenn er sich vom Prozeß der Interpretation der Welt auf das Heilsgeschehen hin erfassen läßt: Verstehen heißt hier ja nicht ein bloß unverbindliches Spiel mit Bedeutungen, es heißt vielmehr Betroffensein von der Allgegenwart des göttlichen Weltplanes. Das Allegorische verlangt wie das Moralische die Entscheidung des Hörers, beides stellt den Menschen vor das Sinnziel der Welt- und der Heilsgeschichte, vor das Gericht am Ende der Zeiten. Natur und Geschichte erhalten somit ihr Recht im übergreifenden Zusammenhang. Das ist die Lösung, die man der laikalen Welt von geistlicher Seite anzubieten hat. Es ist ein Entgegenkommen, das zugleich fordert: die Symbolfigur ist der christliche Ritter, der in dieser Welt für die jenseitige Wahrheit kämpft, insbesondere der Kreuzritter, der gegen das Unrecht und gegen die Heiden zu Felde zieht. Die Kreuzzüge sind als Umsetzung dieser Synthese von Welt und Überwelt in reale Lebenspraxis verstanden worden.

Man begegnet im 11. und frühen 12. Jahrhundert also den Ansprüchen der laikal-profanen Sphäre, indem man auf Natur und Geschichte zugeht, um sie auf die eigentliche Wahrheit hin transparent werden zu lassen. Wenn man sich mit der moralisch-allegorischen Interpretationsmethode dabei eines traditionellen Mittels bedient, so ist die Übernahme in den vulgärsprachlichen Bereich unter den spezifisch historischen Bedingungen, und mit einer spezifisch auf sie ausgerichteten Funktion, dagegen neu.

Die Bewältigung von Natur und Geschichte über eine moralisch-allegorische Reflexion vollzieht sich— jedenfalls primär — auf der Ebene der Schriftlichkeit. Nur die schriftliche Formulierung schafft die notwendige Distanz und die notwendige Präzision für diesen Prozeß, ganz abgesehen davon, daß die Schriftlichkeit traditionellerweise das Medium war, in dem man geistlich interpretierte.

Es ist möglich, von diesen Bedingungen und von dieser Funktion her die frühmittelhochdeutsche Literatur trotz der verwirrenden Fülle der poetischen Typen als Einheit zu sehen. Die Vielfalt versteht sich als ein immer neues Vorstoßen in die unterschiedlichen Bezirke des Profanen. Die Intention, unter der dies geschieht, das implizite und — spärlicher — das explizite theoretische Selbstverständnis, stiftet die Einheit, so daß es sich erlaubt, von einer frühmittelhochdeutschen Epoche zu sprechen. Man wird sie nach unten hin freilich offenlassen müssen, denn ihre Interpretationsperspektive wird in der zweiten Hälfte des 12. Jahrhunderts nicht radikal durch etwas Neues abgelöst, sie wird vielmehr von den neuen literarischen Formen nur überlagert, so daß sie in Außenbezirken oder untergründig weiterwirkt.

4. Die Entwicklung vulgärsprachlicher epischer Großformen: Brautwerbungsepik, höfischer Roman, Heldenepos

Von der Mitte des 12. Jahrhunderts an kommen literarische Themen heimisch-profaner Herkunft in deutscher Sprache auf das Pergament. Es sind keine Heldenlieder, sondern überraschenderweise epische Großformen. Der Übergang zur Schriftlichkeit bedeutet also zugleich eine Veränderung des literarischen Typus. Wir können somit unseren Oppositionspaaren ein weiteres hinzufügen: Kleinform gegenüber Großform, konkret: Lied gegenüber Epos oder Roman. Wie verhält sich die Opposition Kleinform/Großform zu den beiden in frühmittelhochdeutscher Zeit in Bewegung geratenen Oppositionsreihen?

Die ältere Forschung hat die Entstehung der vulgärsprachlichen epischen Großform im Mittelalter vorwiegend aus eigener Tradition und gattungsimmanenter Entwicklung zu begreifen versucht. Die epische Großform entsteht nach Karl Lachmann durch eine Addition von Einzelliedern, nach Andreas Heusler durch An- oder Aufschwellen einer Einzelfabel, d. h. es wird ein Geschehen, das vollständig, wenn auch mit äußerster Knappheit in ein Lied zusammengedrängt ist, ausgeweitet, mit Materialien unterschiedlicher Herkunft angereichert, bis man schließlich das Epos vor sich hat.[14] Beide Theorien argumentieren technisch; sie beachten nicht — oder nicht genügend —, wie die Opposition Kleinform/Großform mit den Oppositionen Mündlich/Schriftlich und Weltlich/Geistlich zusammenspielt.

Die Thesen von Lachmann und Heusler sind inzwischen durch die von Milman Parry und Albert B. Lord entwickelte Oral Poetry-Theorie prinzipiell überholt worden.[15] Denn sowohl die Vorstellung von der epischen Großform als einer Liedersammlung wie jene von der epischen Aufschwellung eines Einzelliedes setzen das Lied als feste Größe voraus. Wie die z. T. heute noch lebendigen oralen Literaturen auf dem Balkan, in Innerasien, in Afrika usw. es belegen, gibt es jedoch in mündlicher Tradition keinen festen Lied-'Text', sondern nur die immer neue Improvisation durch den Sänger aufgrund eines Handlungsgerüsts und mit Hilfe von Formelmaterial und traditionellen szenischen Versatzstücken. Damit wird auch der Übergang von der Kleinform zur Großform fließend, wobei entsprechend den wechselnden Vortragsbedingungen beide der obengenannten Möglichkeiten, die Addition im zyklischen Vortrag wie die epische Aufschwellung, in neuer Weise zu berücksichtigen sind.

Wird damit unter den Prämissen der Oral Poetry-Theorie die Opposition Kleinform/Großform irrelevant, so greift diese Theorie auch nicht, wenn man den Übergang von der Mündlichkeit zur Schriftlichkeit zu fassen sucht. Ihr Beitrag zu diesem Problem erschöpft sich weitgehend darin, Texten je nach dem Grad ihrer Formelhaftigkeit eine größere oder geringere Nähe zur mündlichen Tradition zuzusprechen, ein Verfahren, dessen Fragwürdigkeit inzwischen als erwiesen gelten kann: es gibt Texte von hoher Formelhaftigkeit, von denen mit Sicherheit zu sagen ist, daß ihnen keine mündliche Version vorausgegangen ist.[16]

Es ist demgegenüber festzuhalten, daß der Übergang von der Mündlichkeit zur Schriftlichkeit keinen organischen Entwicklungsschritt darstellt, im Gegenteil, er ist, vom mündlichen Dichter aus gesehen, unnatürlich und praktisch-technisch mit den größten Schwierigkeiten verbunden; das hatten Parry und Lord schon bemerkt: ein Sänger kann nicht diktieren! Die Verwendung stilistischer und technischer Mittel der mündlichen Tradition auf schriftlicher Ebene gibt diesen einen neuen Stellenwert. Die Verschriftlichung mündlicher Traditionen stellt also einen Traditionsbruch dar. Die Bedingungen, die dazu führen, liegen außerhalb der mündlichen Tradition; es sind immer wieder andere, d. h. sie sind kultur- und situationsspezifisch und somit nicht von genereller Gültigkeit.

Das Besondere und wohl Einmalige bei der Verschriftlichung der profanmündlichen Literaturtradition im europäischen Mittelalter besteht in folgendem: der Übergang spielt in der Weise mit den Oppositionen Kleinform/Großform und Profan/Geistlich zusammen, daß es über eine geistlich geprägte oder in geistlichen Denkformen wurzelnde Reflexion der profanen Typen zur schriftlich konzipierten Großform kommt.

Um diesen Prozeß zu verstehen, muß man sich den Charakter der germanisch-deutschen Liedtradition vergegenwärtigen: das heroische Lied der Völkerwanderungszeit setzt in der Regel zwar bei geschichtlichen Ereignissen an, es stilisiert diese aber aufgrund vorgegebener literarischer Handlungsschemata um. So wird z. B. die Usurpation Oberitaliens durch Theoderich in der Dietrichsage nach dem Exilschema umgeformt: Der historische Eroberer Theoderich erscheint in der Sage als der rechtmäßige Herrscher von Oberitalien, der aus seinem Reich vertrieben worden ist. Die Eroberung wird damit zur legitimen Rückkehr ins angestammte Erbe. Eine andere Möglichkeit, Herrschaftsansprüche zu legitimieren, bietet das epische Universalschema der Brautwerbung: ein König gewinnt unter Einsatz seines Lebens die ihn insgeheim liebende ferne Königstochter und mit ihr deren Reich.

Das Heldenlied wird also in der Spannung zwischen der historischen Basis und einem epischen Schema entworfen. Die Fakten werden in eine Perspektive gerückt, die einen Sinn vermittelt. Die Geschichte erfährt somit im Lied über vorgegebene literarische Schemata eine bestimmte Interpretation, und damit nicht selten eine parteibezogene Erklärung und Rechtfertigung. Weil somit der Sinn gewissermaßen im Schema steckt, läuft die geistliche Auseinandersetzung mit dieser Tradition über eine Kritik und Umdeutung des Schemas.

Der älteste Typus, der heimisch-profane Stoffe in deutscher Sprache auf das Pergament bringt, ist das sog. Spielmannsepos. Die Bezeichnung beruht auf einem Forschungsmißverständnis. Die Autoren dieser Epen sind nicht Spielleute, sondern Geistliche.[17] Die stofflich-strukturelle Basis bildet das Schema der gefährlichen Brautwerbung mit dem ihm zugehörigen Fundus an szenischen Versatzstücken und Motiven. Die älteste Variante, der 'König Rother', dürfte in die Mitte des 12. Jahrhunderts zurückgehen.

Rother, König in Süditalien, sucht eine ihm ebenbürtige Frau. Eine Ratsversammlung wird einberufen. Einer berichtet von der wunderschönen Tochter des Königs von Konstantinopel. Aber bisher sind alle Werber zu Tode gekommen. Rother läßt sich nicht einschüchtern. Er schickt Boten an den byzantinischen König, doch sie werden in den Kerker geworfen. Da zieht Rother selbst aus. Als Recke verkleidet tritt er in Konstantinopel auf, begleitet u. a. von gewaltigen Riesen, die Schrecken verbreiten. Rother entfaltet zudem eine staunenerregende Pracht, er demonstriert seinen Reichtum und seine Machtfülle. Es gelingt ihm schließlich, heimlich zur Prinzessin vorzudringen und sie für sich zu gewinnen. Im Zusammenhang eines Krieges, bei dem Rother den Byzantinern zum Sieg verhilft, ergibt sich die Gelegenheit, die Prinzessin und die befreiten Boten auf die Schiffe zu bringen und heimzufahren.

Es ist ein leichtes, diese Handlung in ihre traditionellen Bestandteile zu zerlegen: der König, der eine Frau sucht, die Ratsversammlung, die Botschaft, der mutig-listige Vorstoß zur Braut, die Gefährdung, die Flucht usw.: all dies sind gängige Versatzstücke des Typus 'Schwierige Brautwerbung'. Zugleich muß jedoch auffallen, daß man nicht beliebig in den Fundus der Brautwerbungsmotive gegriffen, sondern die Materialien unter einer bestimmten Perspektive ausgewählt und dargeboten hat: es ist die Perspektive der Machtdemonstration. Diese hat zwar ihren guten strategischen Sinn, aber sie erschöpft sich nicht darin. Ihre tiefere Bedeutung enthüllt sich im zweiten Teil. Denn der Dichter hat sich nicht mit einer einfachen Brautwerbung begnügt, sondern er läßt die Handlung unter auffällig veränderten Bedingungen ein zweites Mal ablaufen.

Dieser zweite Teil beginnt damit, daß der König von Konstantinopel eine Gegenaktion einleitet. Es gelingt ihm, seine Tochter durch eine List rückzuentführen. So muß Rother denn erneut ausziehen, um seine Frau nochmals und endgültig zu gewinnen. Wieder fährt er mit einem gewaltigen Heer nach Konstantinopel. Aber es hält sich verborgen, während er selbst, als Pilger verkleidet und von nur zwei Getreuen begleitet, in die Stadt geht. Da werden sie jedoch entdeckt und sollen gehängt werden. Im letzten Augenblick gelingt es, das verborgene Heer zu alarmieren, das Hilfe und Rettung bringt.

Das Brautwerbungsschema besteht normalerweise aus einem einfachen Handlungszyklus: Ausfahrt, Gewinn der Braut, siegreiche Heimkehr. Wenn im 'König Rother' das Schema doppelt durchgespielt wird, so ist damit — und das gilt auch für die übrigen sog. Spielmannsepen — ein charakteristischer Perspektivenwechsel verbunden. Im ersten Zyklus zieht Rother als Recke nach Konstantinopel, er demonstriert seine Macht, und er gewinnt seine Frau durch Kühnheit und List. Im zweiten Zyklus verkleidet er sich als Pilger, er läßt sich gefangennehmen, er geht bis zum Galgen und wird im letzten Augenblick erst gerettet. Am Schluß wird dann nochmals in die machtpolitische Perspektive zurückgelenkt: dem König wird ein Sohn geboren; es ist Pippin, der Vater Karls des Großen, und so schließt die Handlung mit einem Ausblick auf das karolingische Reich, ein Reich freilich, das unter der Idee der Translatio Imperii seine Position und Funktion in der Heilsgeschichte besitzt.

Die Doppelung des Schemas mit Perspektivenwechsel zielt auf eine Diskussion der Brautwerbungsthematik. Der traditionelle Sinn der Brautwerbung: das listigkühne Ausgreifen ins Fremde, das Einholen der Braut durch die selbstbewußtmutige Tat wird in der Doppelung kritisch uminterpretiert: die heroische Tat erscheint zunächst als machtpolitische Aktion, im zweiten Durchgang aber wird dieser Aspekt zurückgenomen, der König gibt sich demütig in Gottes Hand, und all dies, damit die Macht am Ende heilsgeschichtlich rückgebunden und gerechtfertigt werden kann.[18]

Die erste großepische Verschriftlichung mündlicher Erzähltraditionen im deutschsprachigen Bereich erfolgt also über die Reflexion der oral-narrativen Schemata und des Sinns, der durch sie traditionellerweise vermittelt worden ist. Die Möglichkeit zur Variation, die die mündliche Improvisation im Prinzip angeboten haben mag, wird nun für eine bewußt kontrastive Doppelung genützt. Es versteht sich von selbst, daß die kritische Distanz, die ein solches perspektivisches Arrangement der Materialien möglich macht, nur unter der Voraussetzung schriftlicher Komposition denkbar ist.

Die betreffende Struktur: Doppelung eines einfachen Handlungsschemas unter wechselnden Vorzeichen, setzt im übrigen ein Denkmodell voraus, das sich kaum im Rahmen mündlich-profaner Traditionen entwickeln konnte. Es ist formal am ehesten als Anlehnung an das figurale Konzept christlicher Geschichtsdeutung zu sehen, womit nicht gemeint ist, daß damit schon von Typologie im strengen Sinne gesprochen werden müßte. Es liegt jedenfalls ein mehrschichtiges Denken zugrunde, das man gewiß nicht einem improvisierenden Sänger oder Spielmann, sehr wohl aber einem klerikal gebildeten Autor zutrauen wird.

Im romanischen Bereich entsteht die autochthone Großerzählung des Artusromans auf ähnliche Weise. Die Grundlagen bilden bretonische Lais, also eine mündliche Erzähltradition, und wieder kommt es dadurch zu einer Umsetzung in die schriftliche Großform, daß man die Möglichkeiten der Schemavariation zur Handlungsdoppelung nützt und dabei den neuen Sinn in den Perspektivenwechsel zwischen den beiden Zyklen legt: Der arthurische Held zieht vom Hof aus, erkämpft sich auf dem ersten Aventiuren-Weg eine *amie* und kehrt mit ihr zur Tafelrunde zurück. Eine Krise, in der das Verhältnis zur Partnerin und zur Gesellschaft problematisch wird, zwingt den Helden zu einem zweiten Auszug, bei dem das Paar seine Liebe neu und tiefer verstehen lernt und über den schließlich auch die gesellschaftliche Position zurückgewonnen wird.[19]

Der Doppelweg des höfischen Romans ist sehr viel differenzierter durchgestaltet als das Zwei-Phasenschema der Brautwerbungsepen, und das künstlerische Niveau ist nicht mit jenem etwa eines 'König Rother' zu vergleichen. Trotzdem: das strukturelle Verfahren ist im Prinzip identisch. Man nützt die Möglichkeiten der schriftlichen Großform, um den Weg des Helden zu seiner Partnerin dadurch zu problematisieren, daß man ihn zweimal unter wechselnden Bedingungen durchspielt und über die kontrastive Linienführung einen ganz bestimmten Sinn zum Ausdruck bringt. Wenn man sich damit wie bei den Brautwerbungsepen von den einfachen Formen der mündlichen Tradition löst, so wird hier jedoch der Sinn innerliterarisch gefunden, d. h. es handelt sich nicht mehr um eine dezidert geistliche Umdeutung des mündlichen Typus. Man setzt den innerliterarischen Prozeß der Sinnfindung bewußt gegen die 'Sinnlosigkeit' der oralen Vorlage. Chrétien de Troyes, der Schöpfer des Artusromans, sagt im Prolog zu seinem 'Erec', daß die Berufssänger ihre Geschichten zu verstümmeln und zu zerstückeln pflegen und damit ihren Sinn zerstörten. Er wolle dagegen durch die Art seiner Komposition den im Stoff liegenden Sinn herausholen. Der Terminus dafür lautet *conjointure*: dieser umstrittene Begriff dürfte letztlich nichts anderes meinen als eine sinngebende Strukturierung des Stoffes.[20] Verschriftlichung impliziert damit also wiederum, daß traditionell-orale Formen, indem man sie als Bauelemente für komplexere Strukturen verwendet, in die Reflexion geraten und dabei einen neuen aktuellen Sinn in einer bestimmten thematischen Perspektive gewinnen.

Zu Beginn des 13. Jahrhunderts wird die Nibelungensage verschriftlicht. Auf der Grundlage von zweifellos divergierenden mündlichen Überlieferungen entsteht das Großepos des 'Nibelungenliedes'.

Die Verschriftlichung der Nibelungensage ist schwerlich ohne den Hintergrund der zu dieser Zeit vorliegenden großepischen Muster denkbar. Doch ist es keineswegs so, daß man sich ihrer einfach und problemlos bedient hätte; die Literarisierung der heimischen Heldensage ist vielmehr nun ebensosehr Kritik des höfischen Romankonzepts wie Auseinandersetzung mit der heroisch-mündlichen Tradition.[21]

Das 'Nibelungenlied' besteht aus zwei thematischen Komplexen, die auf unterschiedliche historische Ansätze zurückgehen und wohl zunächst auch unabhängig voneinander tradiert worden sind: der erste Teil, die Sage von Sigfrids Werbung um Kriemhild und seiner Ermordung, beruht möglicherweise auf Ereignissen der merowingischen Geschichte des 7. Jahrhunderts, während der zweite Teil, der Untergang der Burgunden, zweifellos auf die Zerstörung des Burgundenreiches am Mittelrhein im 5. Jahrhundert zurückgeht. Beide Komplexe stilisieren die historischen Daten nach demselben Schema: die königliche Schwester — Kriemhild — wird einem fremden Herrscher — Sigfrid, König der Niederlande, bzw. Etzel, König der Hunnen, — vermählt. Daraus entsteht eine für die Burgunden bedrohliche Situation. Im Zusammenhang einer Einladung, die teils mehr, teils weniger deutlich, verräterischen Charakter besitzt, kommt es zum Konflikt: er führt im ersten Teil zur Ermordung Sigfrids, im zweiten zur Vernichtung der burgundischen Brüder. Dieses Erzählschema: Verheiratung der Königsschwester an einen fremden Herrscher, verräterische Einladung, Vernichtungskampf, ist auch anderweitig zu belegen (Finnsburgkampf, Mabinogi von Branwen), es handelt sich um ein episches Klischee. Die Schema-Korrespondenz der beiden Sagen hätte eine Episierung im Sinne einer kontrastiven Doppelung nahegelegt. Möglicherweise war man schon auf mündlicher Stufe — unter dem Einfluß der schriftlich-epischen Doppelstruktur? — auf dem Weg zu einer solchen

Gesamtdeutung mit Hilfe von Schemavariation und Perspektivenwechsel. Die schriftliche Fassung nach 1200 nutzt diese Möglichkeit jedoch kaum, die kontrastive Analogie der Handlungsschemata wird vielmehr von einer kritischen Thematisierung des höfischen Romankonzepts zurückgedrängt: die alte heroische Werbung und die in ihr implizierten Gefahren werden von einer höfischen Werbung überlagert, und scheinbar gelingt es auch, den heroischen Konflikt durch die höfische Form zu überwinden: Sigfried, noch ungebärdig bei seinem ersten Auftritt in Worms, findet sich in die Rolle des ritterlichen Höflings. Trotzdem, und d. h. unverständlich und unkalkulierbar, setzt sich aber schließlich die alte heroische Fabel durch: Sigfrid wird ermordet, ohne daß die Gründe wirklich durchsichtig gemacht würden. Das bedeutet: die harmonisierende Formel der höfisch-literarischen Brautwerbung versagt im Zusammenhang realer Machtkonstellationen. Der zweite Teil der Handlung, der dasselbe heroische Schema in der Weise variiert, daß die Burgunden die Bedrohung, die sich aus der Verheiratung der Schwester mit einem fremden König ergibt, nun nicht mehr bewältigen, sondern ihr erliegen, wird auf schriftlicher Stufe entsprechend doppelschichtig angelegt: Die zweite Heirat Kriemhilds und die Einladung an den Hunnenhof, von den Burgunden als Mittel der Versöhnung und Harmonisierung begrüßt, ist in Wahrheit der Weg zur Rache: das heroische Schema wird angesichts eines höfischen Konzepts, das nicht mehr trägt, sondern nur Täuschung bzw. Selbsttäuschung ist, zum Muster, nach dem Kriemhild ihre persönliche Rache inszeniert. Das 'Nibelungenlied' negiert die Strukturidee, daß ein erster Weg, der in einem Versagen endet, durch einen zweiten Weg unter veränderter Einstellung aufgehoben werden kann.

Vom Schema Brautwerbung-Brautraub-Rückgewinnung aus wird dann die 'Kudrun' wiederum harmonisierend auf das Nibelungenlied antworten, während andererseits die historischen Dietrichepen im Konflikt zwischen geschichtlicher Bedingtheit und höfischer Idealität zu einem neuen Verständnis tragischen Scheiterns zu kommen versuchen.[22]

Mit diesem Übergang zum 13. Jahrhundert breche ich meine historische Skizze ab. Man könnte zwar die weitere Entwicklung der großepischen Formen unter den bisherigen Perspektiven weiterverfolgen. Es würde sich zeigen, daß jeder neue Entwicklungsschritt mit der Literatursituation auch die Beziehung zwischen Mündlichkeit und Schriftlichkeit verändert. Denn wenn der erste großepisch-schriftliche Entwurf sich als Auseinandersetzung mit der mündlichen Tradition darstellt, nehmen die folgenden Rückgriffe auf diese Tradition immer jeweils auch auf die inzwischen veränderte literarische Gesamtsituation Bezug. Es wäre ferner zu berücksichtigen, daß weitere Kleinformen vulgärsprachlich verschriftlicht werden, wobei sie mit dem höfischen Roman und dem Heldenepos in Wechselbeziehung treten können, so die Legende noch im 12. Jahrhundert; dann das Märchen, das Exempel, der Schwank usw. Dies bald in struktureller Umprägung zur Großform — Legenden-, Märchen-, Schwankromane — bei jeweils spezifischer Auseinandersetzung mit dem einfachen Typus —, bald als schriftliche Kurzform unter neuen literarischen Bedingungen. Trotz der Möglichkeit, anhand der Leitoppositionen Mündlich/Schriftlich und Kleinform/Großform die angesetzten Linien weiterzuziehen, ergäbe sich aber insgesamt ein schiefes Bild,

wenn man nicht zugleich bedenken würde, daß sich vom 13. Jahrhundert an die
Grundsituation erneut entscheidend zu verändern beginnt. Dies zeigt sich darin,
daß nun zunehmend mehr der bislang der lateinischen Tradition vorbehaltenen
Bereiche der deutschsprachigen Schriftlichkeit zugänglich werden: die Fachprosa
in ihrer ganzen Breite: Recht, Medizin, Botanik, Militaria usw., die religiöse
und wissenschaftliche Literatur in der Fülle ihrer Typen: Predigt, Traktat, Erbauungsbuch usw., dann das geistliche Spiel, und nicht zuletzt auch die Prosachronik und der Prosaroman.[23] Voraussetzung für diese Neuorientierung war
wiederum — wie im 11. Jahrhundert — eine tiefgreifende gesellschaftliche Umschichtung. Der zunächst enge und elitäre Kreis der gebildeten und literarisch
interessierten Laien öffnet sich nun in einem solchen Maße, daß die Schriftsteller sich einer höchst komplexen Rezeptionssituation gegenübersehen. Eine
Vielfalt von Ansprüchen und Interessen muß befriedigt werden. Das Verhältnis
zwischen Autor und Publikum wandelt sich grundlegend, wobei nicht zuletzt die
zunehmende Lesefähigkeit der Laien eine bedeutende Rolle spielt.[24] Wo man nicht
den fachlichen Kenner anspricht oder sich in neuen esoterischen Zirkeln bewegt,
wendet man sich an ein heterogenes Publikum. In der Regel schreibt man nicht
mehr für eine gesellschaftlich einigermaßen klar umrissene Gruppe, sondern für
jeden einzelnen, der willig ist zu hören oder zu lesen. Dieser Prozeß wird sich
in den folgenden Jahrhunderten fortsetzen und intensivieren, bis schließlich im
Spätmittelalter alle Lebens- und Wissensbereiche von deutscher Schriftlichkeit
durchdrungen sind.[25]

Diese Entwicklung im einzelnen zu verfolgen, würde in dem Maße neue
Kategorien verlangen, als unsere zu Beginn skizzierten Oppositionsreihen sich
dabei auflösen und/oder völlig neu ordnen. Vor allem: der Bereich mündlicher
Tradition verliert sein oppositionelles Gewicht. Der Übergang zur Schriftlichkeit
ist kaum mehr Auseinandersetzung mit dieser Tradition, sondern einerseits Eroberung lateinischen Terrains und andererseits — was wesentlicher ist — Ausdruck
eines neuen Verhältnisses zwischen Lebensform und Schriftkultur überhaupt.
Wollte man hier noch einmal vom Leitbegriff der Reflexion her denken, so könnte
man von einer generell reflektierten Daseinsbeziehung sprechen; doch wäre zu
beachten, daß man von nun an immer auch die Gegenmöglichkeit, die Gefahr der
Formalisierung, Simplifizierung und Vermarktung über die allgemeine Schriftlichkeit in Rechnung stellen muß.

Anmerkungen:

[1] Man ist weitgehend auf die Zeugnisse kirchlicher Schriftsteller angewiesen. Dabei ist mit
einer gewissen Schematisierung zu rechnen. Vgl. W. Boudriot (1928/1964), dazu die Kritik von
K. Helm, Hist. Zs. 140 (1926), 661 ff. Die indirekten Zeugnisse zur politischen Tradition: H. Naumann (1927). Zum methodischen Problem: H. Kuhn (1960/1969).

[2] Siehe den Überblick von J. O. Fichte (1976) und die dort verzeichnete ältere Literatur.

[3] Das Paradebeispiel ist der Brief Alcuins an den Bischof von Lindisfarne aus dem Jahre 797
(MGH. Epist. Merov. et Carol. aevi IV): 'Das Wort Gottes soll beim Mahl der Priester gelesen
werden. Es ziemt sich, dort den Vorleser zu hören, nicht den Harfenspieler, die Predigten der
Väter, nicht die Lieder der Heiden. Was hat Ingeld mit Christus zu tun? Eng ist das Haus, und

es faßt nicht beide.' Ingeld ist der Held einer dänischen Rachesage. Vgl. im weiteren H. Naumann (1927).
⁴ Zu Karls Bildungsprogramm siehe: B. Bischoff (1965).
⁵ Grundlegend: K. Matzel (1970).
⁶ Nachdem seinerzeit F. von der Leyen (1954) sogar versucht hat, Karls Heldenliederbuch zu 'rekonstruieren', ist man inzwischen wieder skeptisch geworden, siehe G. Meissburger (1963).
⁷ Zum 'Heliand': W. Haubrichs (1966/1972); zu Otfrid: G. Vollmann-Profe (1976), S. 4 ff.
⁸ Übersetzung und Analyse: G. Vollmann-Profe (1976), S. 25 ff.
⁹ Interpretation mit Diskussion der älteren Forschung: ebd., S. 85 ff.
¹⁰ Zur christlich-kritischen Uminterpretation der Walthersage im 'Waltharius': W. Haug (1975), S. 285 ff.
¹¹ Vgl. H. Kuhn (1953/1969) gegenüber W. Schröder (1950), ferner die Epochenskizze von M. Wehrli (1980), S. 115 ff.
¹² Zum mehrfachen Schriftsinn: de Lubac (1959—1964). Im übrigen sei hinsichtlich der kaum mehr überschaubaren Literatur zur mittelalterlichen Allegorese auf die Bibliographie bei W. Haug (Hg.) (1979) verwiesen.
¹³ Zum Prologmotiv 'Inspiration durch Gott bzw. durch den Heiligen Geist' vgl. I. Ochs (1968), S. 70 ff.
¹⁴ K. Lachmann (1816/1876), A. Heusler (1905/1955).
¹⁵ Eine informative Skizze der Oral Poetry-Theorie mit weiterführender Literatur bietet: E. R. Haymes (1977).
¹⁶ Kritisch zur Oral Poetry-Theorie in ihrer Anwendung insbesondere auf die mittelalterliche Literatur: M. Curschmann (1967 und 1977).
¹⁷ Grundlegend zum Typus: M. Curschmann (1964); zur Forschung: ders. (1968).
¹⁸ Zur Struktur des 'König Rother': M. Curschmann (1964), S. 101 ff., und I. Reiffenstein (1972).
¹⁹ Zur Struktur des höfischen Romans und ihrem Sinn: K. Ruh (1969/1977), Kap. VIII und IX, mit der älteren Literatur.
²⁰ Vgl. W. Haug (1975).
²¹ Vgl. zum folgenden: W. Haug (1981).
²² Zur Kudrun: H. Kuhn (1956/1969); zur historischen Dietrichepik: W. Haug (1979).
²³ Vgl. H. Kuhn (1968/1980, 1969/1980 und 1980).
²⁴ Dazu grundlegend: M. G. Scholz (1980).
²⁵ Siehe dazu H. Kuhn in den in Anm. 23 genannten *Entwürfen* und M. Wehrli (1980) in seinem Spätmittelalterkapitel, S. 663 ff.

Literatur

Bischoff, B. (1965) *Karl der Große*, Bd. II: Das geistige Leben, Düsseldorf.
Boudriot, W. (1928/1964) *Die altgermanische Religion in der amtlichen kirchlichen Literatur des Abendlandes*, Bonn, Nachdruck Darmstadt.
Curschmann, M. (1964) *Der Münchener Oswald und die deutsche spielmännische Epik*, München.
— (1967) "Oral Poetry in Medieval English, French and German Literatures: Some Notes on Recent Research", *Spec.* 42, 36—52.
— (1968) *Spielmannsepik. Wege und Ergebnisse der Forschung 1907—1965*, Stuttgart.
— (1977) "The Concept of the Oral Formula as an Impediment to Our Understanding of Medieval Oral Poetry", *Medievalia et Humanistica*, N.S. 8, 63—79.
Fichte, J. O. (1976) "Der Einfluß der Kirche auf die mittelalterliche Literaturästhetik", *Studia Neophilologica* 48, 3—20.
Haubrichs, W. (1966/1973) "Die Praefatio des Heliand. Ein Zeugnis der Religions- und Bildungspolitik Ludwigs des Deutschen", *Niederdt. Jb.* 89, 2—12, = in: J. Eichhoff / I. Rauch (Hgg.), *Der Heliand*, WdF 321, Darmstadt, S. 400—435.
Haug, W. (1975) "Der aventiure meine", in: F. Kesting (Hg.), *Würzburger Prosastudien* II, München, S. 93—111.

— (1975) "Andreas Heuslers Heldensagenmodell: Prämissen, Kritik und Gegenentwurf", *Zs. f. dt. Altertum u. dt. Lit.* 104, 273—292.
— (Hg.) (1979) *Formen und Funktionen der Allegorie.* Symposion Wolfenbüttel 1978, Stuttgart.
— (1979) "Hyperbolik und Zeremonialität. Zu Struktur und Welt von 'Dietrichs Flucht' und 'Rabenschlacht', in: E. Kühebacher (Hg.), *Deutsche Heldenepik in Tirol,* Bozen, S. 116—134.
— (1981) "Normatives Modell oder hermeneutisches Experiment: Überlegungen zu einer grundsätzlichen Revision des Heuslerschen Nibelungen-Modells", in: A. Masser (Hg.), *Hohenemser Studien zum Nibelungenlied,* Dornbirn, S. 212—226.
Haymes, E. R. (1977) *Das mündliche Epos. Eine Einführung in die 'Oral poetry'-Forschung,* Sammlung Metzler 151, Stuttgart.
Heusler, A. (1905/²1955) *Lied und Epos in germanischer Sagendichtung,* Dortmund, Darmstadt.
Kuhn, H. (1953/1969) "Gestalten und Lebenskräfte der frühmittelhochdeutschen Dichtung. Ezzos Lied, Genesis, Annolied, Memento mori", *Deutsche Vierteljahrsschrift f. Literaturwiss. u. Geistesgesch.* 27, 1—30, = in: H. Kuhn, *Dichtung und Welt im Mittelalter,* Stuttgart 1969, S. 112—132.
— (1956/1969) "Kudrun", in: *Münchener Universitäts-Woche an der Sorbonne,* München S. 135 bis 143, = in: H. Kuhn, *Text und Theorie,* Stuttgart 1969, S. 206—215.
— (1960) *Zur Typologie mündlicher Sprachdenkmäler,* Bayerische Akademie der Wissenschaften, Philos.-hist. Kl., Sitzungsberichte, H. 5, = in: H. Kuhn, *Text und Theorie,* Stuttgart 1969, S. 10—27.
— (1968/1980) *Aspekte des dreizehnten Jahrhunderts in der deutschen Literatur,* Bayerische Akademie der Wissenschaften, Philos.-hist. Kl., Sitzungsberichte. 1967, H. 5, = in: H. Kuhn, *Entwürfe einer Literatursystematik des Spätmittelalters,* Tübingen 1980, S. 1—18.
— (1969/1980) "Versuch einer Literaturtypologie des deutschen 14. Jahrhunderts", in: St. Sonderegger, A. M. Haas, H. Burger (Hgg.), *Typologia litterarum,* Festschr. M. Wehrli, Zürich, = in: H. Kuhn, *Entwürfe zu einer Literatursystematik des Spätmittelalters,* Tübingen 1980, S. 57—75, = in: H. Kuhn, *Liebe und Gesellschaft,* W. Walliczek (Hg.), Stuttgart 1980, S. 121—134.
— (1980) "Versuch über das 15. Jahrhundert in der deutschen Literatur", in: H.U. Gumbrecht (Hg.), *Literatur in der Gesellschaft des Spätmittelalters,* Grundriß der romanischen Literaturen des Mittelalters, Begleitreihe 1, S. 19—38, = in: H. Kuhn, *Entwürfe zu einer Literatursystematik des Spätmittelalters,* Tübingen 1980, S. 77—101, = in: H. Kuhn, *Liebe und Gesellschaft,* W. Walliczek (Hg.), Stuttgart 1980, S. 135—155.
Lachmann, K. (1816/1876) "Über die ursprüngliche Gestalt des Gedichts von der Nibelunge Noth", *Kleine Schriften I,* Berlin, S. 1—88.
Leyen, F. von der (1954) *Das Heldenliederbuch Karls des Großen. Bestand-Gehalt-Wirkung,* München.
Lubac, H. de (1959—1964) *Exégèse médiévale. Les quatre sens de l'Écriture,* 4 Bde., Paris.
Matzel, K. (1970) *Untersuchungen zur Verfasserschaft, Sprache und Herkunft der althochdeutschen Übersetzungen der Isidor-Sippe,* Rheinisches Archiv 75, Bonn.
Meissburger, G. (1963) "Zum sogenannten Heldenliederbuch Karls des Großen", *Germ.-Roman. Monatsschr.* 44, 105—119.
Naumann, H. (1927) "Die Zeugnisse der antiken und frühmittelalterlichen Autoren zur germanischen Poesie", *Germ.-Roman. Monatsschr.* 15, 258—273.
Ochs, I. (1968) *Wolframs 'Willehalm'-Eingang im Lichte der frühmittelhochdeutschen geistlichen Dichtung,* Medium Aevum. Philologische Studien 14, München.
Reiffenstein I. (1972) "Die Erzählvorausdeutung in der frühmittelhochdeutschen Dichtung. Zur Geschichte und Funktion einer poetischen Formel", *Festschr. für Hans Eggers,* Tübingen, S. 551—576.
Ruh, K. (1967/²1977) *Höfische Epik des deutschen Mittelalters I. Von den Anfängen bis zu Hartmann von Aue,* Grundlagen der Germanistik 7, Berlin.
Scholz, M. G. (1980) *Hören und Lesen. Studien zur primären Rezeption der Literatur im 12. und 13. Jahrhundert,* Wiesbaden.
Schröder, W. (1950) "Der Geist von Cluny und die Anfänge des frühmittelhochdeutschen Schrifttums", *Beitr. z. Gesch. d. dt. Sprache u. Lit.* 72, 321—386.
Vollmann-Profe, G. (1976) *Kommentar zu Otfrids Evangelienbuch,* Bonn.
Wehrli, M. (1980) *Geschichte der deutschen Literatur vom frühen Mittelalter bis zum Ende des 16. Jahrhunderts,* Stuttgart.

Hans Ulrich Gumbrecht

À *Roger Chartier,*
ami de Horst Hrubesch

Schriftlichkeit in mündlicher Kultur*

1. Zwei hermeneutische Probleme einer 'Archäologie mündlicher und schriftlicher Kommunikation'

'*Archäologie* mündlicher und schriftlicher Kommunikation' — das ist kein Programm, dessen Identität sich in der zeitlichen Ferne der Entstehung und des Gebrauchs jener Texte begründen ließe, welche seinen Objektbereich ausmachen. Die Metapher von der 'Archäologie' zielt auf eine, wenn nicht *die* hermeneutische Problemkonstellation schlechthin: es geht darum, 'Verdecktes ans Licht zu holen'. Statt 'vom Staub und vom Geröll der Jahrhunderte' bedeckter Ruinen sind es *verdeckte Rahmenbedingungen sprachlichen Handelns*, welche zu ent-decken es gilt.

Die globale Intention, vedeckte Rahmenbedingungen des Handelns zu entdecken, teilt eine 'Archäologie der Kommunikation' — etwa — mit der Psychoanalyse oder der interaktionistisch fundierten Psychiatrie. Aber sie hat — selbstredend — kein therapeutisches Interesse an Rahmenbedingungen einmaligen, individualspezifischen Handelns, durch welche das soziale Leben ihrer jeweiligen Träger prekär wird, sondern umgekehrt an jenen zum kollektiven Wissen gehörenden Handlungs-Rahmen ('frames'), die in ihrer historisch je besonderen Gestalt den gesellschaftskonstituierenden Vollzug von Interaktion und Kommunikation ermöglichen. 'Verdeckt' sind jene Elemente kollektiven Wissens, um die es einer 'Archäologie der Kommunikation' geht, nicht von Prozessen der Verdrängung, der Verschiebung und den sie bedingenden Affekten, sondern durch die radikale Differenz zwischen den alltagsrelevanten Handlungs-Prämissen des 'Archäologen' und denen der Benutzer jener Texte, die zu verstehen er sich vornimmt. Die Radikalität dieser Differenz nun ist nicht allein bedingt von kulturellen und zeitlichen Distanzen, sie wird als Verstehensschwierigkeit je intensiver erfahren, desto selbstverständlicher die uns 'fremden Handlungsprämissen' für die uns 'ferne Kultur' waren. Denn was selbstverständlicher Rahmen von Interaktion und Kommunikation war, bedurfte nicht der Objektivation in Sprache (schon gar nicht in geschriebener Sprache) und ging deshalb nicht in die Überlieferung ein. Die Identität einer 'Archäologie der Kommunikation' liegt, so kann man zusammenfassen, in der Radikalität der Verstehensprobleme, welchen sie sich aussetzt, und das heißt auch: in den besonders hohen Anforderungen, welche hier an die Reflexion über Voraussetzungen des Fremdverstehens, an die *hermeneutische Reflexion*, gestellt werden.

Wenn es einer 'Archäologie der Kommunikation' um *kollektive* Rahmenbedingungen des Handelns geht, dann muß sie Einzeltexte, ihre Analyseobjekte, als *Exemplare von Gattungen perspektivieren.* Und wenn sie ihren Anspruch ernst nimmt, 'Archäologie der *Kommunikation*' zu sein, dann schließt solches Selbstverständnis den Rekurs auf einen überkommenen Gattungsbegriff aus, der Gattungen als 'Texttypen' definiert. Eine 'Archäologie der Kommunikation' kann gar nicht umhin, Gattungen als *wechselseitig bezogene Schemata von Kommuni-*

kationshandlungen anzusehen, mithin — soziologisch formuliert — als *Teilmenge der Institutionen*, welche jeweilige Gesellschaften konstituieren und charakterisieren. Wer sich daran gewöhnt, Gattungen als Institutionen aufzufassen, dessen Aufmerksamkeit wird auf das — an sich — banale Faktum ihrer Verschiedenheit von Gesellschaft zu Gesellschaft, von Epoche zu Epoche gelenkt, dessen Bedeutung und dessen Provokationspotential für hermeneutische Reflexion — zumindest in der Disziplin 'Literaturgeschichte' — durch die Gewohnheit heruntergespielt worden sind, Gattungsnamen metahistorisch zu verwenden.

Das *erste hermeneutische Problem*, mit dem wir uns auseinandersetzen wollen, rührt her von einem Dilemma der Interpretation, das als solches erst bewußt wird, wenn man erfährt, daß es einerseits nicht angeht, Gattungsbegriffe aus der eigenen kommunikativen Kompetenz (oder Gattungsbegriffe, die durch Abstraktion über den eigenen gewonnen wurden) in fremde Kulturen — sei es nun die altägyptische oder die der *punks* — zu projizieren; daß man aber andererseits bei der Annäherung an fremde Kulturen — sei es nun die des Mittelalters oder die der Groschenhefte — dennoch konzeptueller Vororientierungen bedarf, die eben für diesen Zweck zu entwickeln sind. Man muß also unterscheiden zwischen *historisch-spezifischen Gattungsbegriffen* (als Ergebnis der Rekonstruktion von Institutionen fremder Kulturen) und *metahistorisch applizierbaren 'vororientierenden Konzepten'*, welche allein ein erstes Ordnen von Textbeständen, eine erste Entwicklung von Funktionshypothesen bei der Annäherung an fremde Kulturen ermöglichen. Die Entwicklung solcher metahistorisch anwendbarer Konzepte als 'unhistorisch' abzulehnen, kommt einer hermeneutischen Kapitulation gleich. Wir wollen einen Vorschlag zur Lösung dieser — von hermeneutischer Reflexion als notwendig identifizierten — Aufgabe entwickeln und am Beispiel der Ergebnisse seiner Anwendung auf den Textbereich mittelalterlicher Geschichtsschreibung kurz illustrieren, wie ergiebig er ist (2).

Wo eine 'Archäologie *mündlicher und schriftlicher* Kommunikation' ihre Analysegegenstände in der Vergangenheit sucht, da kann sie — die Feststellung scheint sich von selbst zu verstehen — allein auf Konkretisationen schriftlicher Kommunikation zurückgreifen. Ist die Forschung nicht durch einen jener seltenen Texte der Vergangenheit begünstigt, die selbst Formen mündlichen Kommunikationsvollzugs zum Thema haben, so sieht sie sich meist verpflichtet, entweder von Texten, welche sie als 'Belege *früher* Schriftlichkeit' klassifiziert, extrapolierend oder auf soziologische Typologien 'primitiver Gesellschaften' zurückgreifend Bilder 'mündlicher Kommunikation' zu entwerfen. Dieses Verfahren hat eine Tradition, für die sich schon in der *Encyclopédie* von D'Alembert/Diderot (und zwar in den Artikeln zu Textgattungs-Namen) zahlreiche Belege finden — und so schwach differenziert, wenn auch oft nostalgisch verklärt, wie im XVIII. Jahrhundert geraten die Ergebnisse der Oralitäts-Forschung oft noch heute. Die Kehrseite solcher Eintönigkeit von vergangenheitsbezogenen Oralitäts-Untersuchungen liegt dann in der Schwierigkeit der Kommunikations-Soziologie, zum Begriff der 'mündlichen Kultur' aus der erdrückenden Fülle der auf uns gekommenen schriftlichen Überlieferungen einen Typus der 'schriftlichen Kultur' zu destillieren.

Das *zweite hermeneutische Problem* einer 'Archäologie *mündlicher und schriftlicher* Kommunikation' scheint den Status einer Aporie zu haben. Wie soll man Institutionen rekonstruieren, ohne dabei auf deren Objektivationen oder wenigstens Spuren davon zurückgreifen zu können? In Abschnitt (3) wollen wir zeigen, daß die mit dieser Frage entworfene Aporie eine Schein-Aporie ist, welche auf der diffusen Prämisse beruht, daß in der Geschichte der einzelnen Kulturen Phasen der 'Mündlichkeit' solchen der 'Schriftlichkeit' vorausgehen und durch eine 'Schwelle des Übergangs' von ihnen getrennt sind. Noch einmal soll uns dann die mittelalterliche Geschichtsschreibung zur Illustration einer für die 'Archäologie mündlicher und schriftlicher Kommunikation' wichtigen hermeneutischen Unterscheidung dienen: für die Unterscheidung zwischen *rein mündlichen Kulturen* nämlich und solchen, welche zwar über Medien der Schrift verfügen, diese aber (im Rahmen gesellschaftlicher Arbeitsteilung) *nur selten* — wie es seit der frühen Neuzeit selbstverständlich geworden ist — *in Institutionen mündlicher Kommunikation hereinragen lassen.*

2. *Metahistorische Konzepte und historisch-spezifische Gattungen*

Jene metahistorischen Konzepte, deren Deduktion aus philosophisch-anthropologischen Vorgaben wir nun als Lösungsvorschlag für das in Abschnitt (1) zuerst benannte hermeneutische Problem einer 'Archäologie der Kommunikation' skizzieren möchten, unterscheiden sich in ihrem erkenntnistheoretischen Status grundlegend — etwa — von den 'Naturformen der Dichtung', die endgültig ins Reich der Wissenschaftsgeschichte zu komplimentieren der Germanistik so schwerfällt. Denn Ziel der Entwicklung solcher metahistorischen Konzepte sind ja nicht Aussagen über die 'Wirklichkeit des Menschen an sich'; vielmehr sollen sie einen philosophisch-hermeneutisch kontrollierten Vollzug des Verstehens und der Rekonstruktion historischer Phänomene ermöglichen. Diese heuristische Funktion kann man ganz unabhängig davon wahrnehmen, ob man bereit ist, den philosophisch-anthropologischen Ausgangsannahmen und den aus ihnen abgeleiteten Konzepten ontologischen Rang zuzusprechen.

Sozialanthropologie wie Wissenssoziologie deuten das Phänomen 'Gesellschaft' und die historisch partikularen Gesellschaften als Funktionsäquivalent oder spezifisch menschliches Substitut der Umweltorientierung ermöglichenden (und damit Individual- und Gattungserhaltung sichernden) Instinkte. Diese Aufgabe erfüllen Gesellschaften durch die Konstitution und Vermittlung kollektiver Sinnstrukturen, welche '*Vorräte sozialen Wissens*' genannt werden. Da der Mensch nicht über hinreichende Automatismen der Reaktion auf beständig perzipierte Umweltreize verfügt, ist seine Umwelt im Verhältnis zum Tier 'überkomplex', und Vorräte sozialen Wissens reduzieren diese Komplexität auf drei Ebenen: sie sind Schemata zur Selektion solcher Wahrnehmungen, denen er seine Aufmerksamkeit zuwendet *('Themen')*; sie sind Schemata zur Selektion solcher Merkmale aus dem jeweils thematisierten Feld, die für menschliche Umweltorientierung von Bedeutung sein können, und halten zugleich *Interpretationen* für potentiell bedeutsame Wahrnehmungen parat; sie sind Schemata zur Zusammenordnung interpretierter Themen ('Erfahrungen') zu *handlungsleitenden Motiven* oder *Einstellungen*, welche das Verhalten ausrichten. Solche Vorräte gesellschaftlichen

Wissens sind historisch und soziologisch spezifisch; indem sie die Verarbeitung von Umweltwahrnehmungen ('Sinngebung') in je besondere Bahnen lenken, blenden sie zugleich andere Möglichkeiten der Sinnbildung als in einer je besonderen Gesellschaft 'undenkbar' aus. Diese Vorräte gesellschaftlichen Wissens können mit einem synonymen Terminus als '*Alltagswelten*' bezeichnet werden. Wir führen diesen Terminus hier ein, weil er sich dem Terminus '*Lebenswelt*' zuordnen läßt, mit dem solche Wissensstrukturen und Grundformen der Sinnbildung benannt werden, die — nach den Prämissen phänomenologischer Soziologie — in allen historisch partikularen Gesellschaften (Alltagswelten) anzutreffen sind, mithin *anthropologischen Status* haben.

Der phänomenologische Begriff 'Lebenswelt' ist der Ausgangspunkt für die Deduktion von jenen Konzepten, durch die unsere erste Annäherung an fremde kommunikative Konventionen zu fundieren wir vorschlagen wollen. Wie Strukturen von Alltagswelten können auch die Strukturen der Lebenswelt prinzipiell zwei Funktionen haben: sie sind zum einen *Prämissen menschlicher Interaktion*, die jegliche Gesellschaften fundieren und in nicht-theoretischer Einstellung notwendig unhinterfragt bleiben; sie *grenzen* zum anderen das Feld jener Erlebnisinhalte *ab*, welche sich die Menschen als 'menschenmögliche Erlebnisinhalte' zuschreiben. Daß wir von 'menschenmöglichen Erlebnisinhalten' reden können, setzt — einmal ganz abgesehen von der Tatsache, daß ihre Grenzlinie hin zu 'menschlich nicht-möglichen Erlebnisinhalten' historischen und soziologischen Variationen unterworfen ist — das Vermögen menschlicher Vorstellungskraft und Sprache voraus, die Grenzen der Lebenswelt zu überschreiten. Was 'Grenzen der Lebenswelt' sind, das kann man sich am leichtesten durch den Verweis auf eben jene Erlebnisinhalte vergegenwärtigen, welche als 'nicht-menschenmöglich' angesehen werden. Es handelt sich dabei — bezeichnenderweise — durchgängig um Begriffe zur Bestimmung des Transzendentalen, Göttlichen: Allgegenwart, Ewigkeit, Allwissenheit — für niemanden kann es problematisch sein, diese Sequenz fortzusetzen.

Inner-lebensweltliche Strukturen, also metahistorisch und transkulturell auffindbare Prämissen menschlichen Zusammenlebens hingegen sind — etwa — die Annahme, daß verschiedene Menschen identische Wahrnehmungsgegenstände in gleicher Weise erleben und erfahren können (diese 'Reziprozität der Perspektiven' ist seit der Wende vom XVIII. zum XIX. Jahrhundert durch die philosophische Erkenntnistheorie problematisiert worden), die alltagsweltlich nie systematisch überprüfte Prämisse, daß die Umwelt des Menschen prinzipiell 'strukturiert' und das Wissen über sie prinzipiell 'strukturierbar' sei, daß die Weltzeit über die Grenzen jeweiliger Lebenszeiten hinaus sich in Vergangenheit und Zukunft erstrecke (was ja von keinem einzelnen Menschen je 'empirisch' überprüft werden kann).

Der *Gebrauch der Sprache* ist grundsätzlich in schon bestehenden Alltagswelten fundiert, aber er kann diese entweder als Konkretisation ihrer Wissenselemente und kommunikativen Institutionen stabilisieren (und steht dann in einem dialektischen Verhältnis zu ihnen), oder aber über bestehende Alltagswelten hinausgehen, sie probeweise variieren (wobei dann das Verhältnis der in Sprache vergegenwärtigten Sinnstrukturen zur jeweiligen Alltagswelt in funktionaler

Sicht problematisierend oder auch durch Entlastung stabilisierend sein kann). Die beiden Grundmöglichkeiten des Verhältnisses zwischen sprachlich konstituierten Sinnstrukturen und Alltagswelten lassen uns vermuten, daß alle historisch-spezifischen Kommunikations-Institutionen, alle Gattungen entweder in *lebensweltlichen Prämissen menschlichen Zusammenlebens* fundiert sind oder in Faszinationen durch anthropologisch invariante Richtungen der *Überschreitung von Lebenswelt-Grenzen*.

Wir können und wollen hier und derzeit kein 'vollständiges Repertoire' von solchen anthropologischen Prämissen und anthropologischen Faszinationen geben, welche allen historisch besonderen Gattungen zugrunde liegen und in besonderer Affinität zu ihren *thematischen Komponenten* stehen. Zwei Hinweise auf besonders evidente Zusammengehörigkeit zwischen Gruppen, historischen Sequenzen von Gattungen einerseits und Lebenswelt-Strukturen oder Lebenswelt-Grenzen andererseits sollen genügen. Die *summae* des Mittelalters, die Enzyklopädien der Aufklärung, die Lexika des XIX. Jahrhunderts und die Datenbanken unserer Gegenwart verweisen auf die lebensweltliche Prämisse von der Strukturiertheit der Umwelt des Menschen und der Strukturierbarkeit des einschlägigen Wissens. Märtyrerakten, zahlreiche Heiligenviten, manche Typen von Traumerzählungen (aber auch die Autobiographien prominenter Sportler) lenken die Aufmerksamkeit ihrer Rezipienten in die Richtung jener Faszination, welche konstituiert ist durch die Leiblichkeit des Menschen und die seiner Beweglichkeit und Leistungsfähigkeit dadurch gesetzten Grenzen. Denn die Sorge um sein leibliches Leben stellt die Glaubenstreue des Märtyrers nie in Frage und 'nach oben offene' Rekord-Listen suggerieren eine nicht-endliche Kraft der menschlichen Physis. Solche im Rekurs auf Strukturen und Grenzen der Lebenswelt entwickelten Konzepte können im Status von 'anthropologischen Konstanten' — selbstverständlich ohne definitiv gültige Trennschärfe — erste Annäherungen an kommunikative Konventionen fremder Kulturen *über die Inhaltsseite* hermeneutisch kontrollierbar machen. Wir haben solche Konzepte zur anthropologischen Fundierung der Inhaltskomponenten historisch spezifischer Gattungen — im Anschluß an einen Wortgebrauch des Altgermanisten und Literaturtheoretikers Hugo Kuhn — '*Faszinationstypen*' genannt, weil sie sich auf (metahistorisch konstante) Richtungen menschlicher Aufmerksamkeit beziehen, die wie historisch partikulare oder gar individuelle 'Faszinationen' unwillkürlich einrasten (nicht mit Handlungsmotiven verbunden sind) — auch wenn die von Faszinationstypen fundierten historisch-spezifischen Gattungen den Kommunikationspartnern durchaus bewußte komplementäre Motivationen enthalten. Übrigens hat Kuhn das Prädikat 'Faszinationstyp' nie zur Bezeichnung eines anthropologischen Konzepts genutzt, es diente ihm vielmehr zur Lösung eines durchaus partikularen Problems literarhistorischer Darstellung. 'Faszinationstypen' sind für Kuhn Gruppen von Texten mit ähnlichen Inhalten, die zusammenzuordnen dort notwendig wird, wo sich an literarhistorischen Epochenschwellen die den traditionellen Gattungsbegriff konstituierenden Konkomitanzen von 'Form und Inhalt' auflösen.

Parallel zu den 'Faszinationstypen' hat Kuhn den Begriff der 'Inszenierungstypen' eingeführt: unter ihm werden strukturähnliche Texte, die nicht notwendig auch inhaltliche Affinitäten aufweisen müssen, zusammengeordnet. Wir wollen — nun auch in terminologischer Abweichung von Kuhn — das formbezogene Pendant zum inhaltsbezogenen anthropologischen Konzept der Faszinationstypen '*Erlebnisstilarten*' nennen. Dabei folgen wir einer Passage aus der Beschreibung von Strukturen der Lebenswelt bei Schütz/Luckmann, die 'helle Wachheit', 'Traum', 'Tagtraum' als Beispiele verschiedener Erlebnisstilarten anführen (man könnte sich fragen, ob in diese Reihe nicht auch eine ganze Reihe von Begriffen gehört, die wir nicht anders denn als psychiatrische Krankheitsbilder aufzufassen gewohnt sind). Metaphorisch kann man das Konzept der 'Erlebnisstilarten' charakterisieren als (metahistorisch als Möglichkeiten bereitstehende) 'Gangarten', 'Intensitätsgrade', 'Beziehungskonstellationen', unter denen in partikularen Situationen kognitive und affektive Fähigkeiten des Menschen und das von ihm internalisierte Wissen in Anspruch genommen werden. Verschiedene Erlebnisstilarten lassen sich nach mindestens vier Kriterien voneinander abheben: nach ihrer je charakteristischen Bewußtseinsspannung; durch eine je spezifische Ich-Erfahrung der Kommunikationspartner; durch eine je spezifische Fremd-Erfahrung der Kommunikationspartner; durch ein je spezifisches Zeitverhältnis zur Welt der Handlungen. Form-Merkmale je spezifischer Texte und Gattungen stehen in Affinität zu Erlebnisstilarten (so wie durch spezifische Inhalts-Komponenten zu Faszinationstypen) — aber es ist nicht möglich, ausgehend von den je spezifischen Formqualitäten besonderer Texte und Gattungen jene Erlebnisstilarten zu induzieren, welche ihrem Gebrauch zugrunde lagen. Denn ob ein bestimmter Text — etwa — eine relativ hohe oder eine relativ niedrige Bewußtseinsspannung in Anspruch nimmt, das hängt vom normalen Anspruchs-Niveau der Texte ab, die der Rezipient alltäglich hervorbringt und mit denen er alltäglich konfrontiert ist (*auch deshalb* wird das Kind von einem Märchen stärker erregt als der Erwachsene). Man kann folglich im hermeneutischen Vorgriff auf fremde Kulturen Erlebnisstilarten als Vororientierung nur dann einbringen, wenn man historisch-spezifische Gattungen vergleicht.

Jene grobgerasterten form-bezogenen Begriffe wie 'Erzählung', 'Beschreibung' oder 'Argumentation', deren Bezeichnungen von den Textwissenschaften allenthalben metahistorisch gebraucht werden, lassen sich im Rückgriff auf die phänomenologische Theorie der Lebenswelt systematisieren. So ist *Erzählung* als Erlebnisstilart gekennzeichnet durch eine *vergleichsweise* niedrige Bewußtseinsspannung der Kommunikationspartner; durch eine Erfahrung des anderen (hier: 'des Erzählers') als jenem Subjekt, das ein Erlebnis vollzogen hat, ohne das Erlebte in Erfahrung umzusetzen; durch die Erfahrung des Ich (des Autors/ Sprechers und des Rezipienten) als Ort einer in 'passiver Synthese' vollzogenen Sinnbildung oder als jenem Subjekt, welches das in Erfahrungen umgesetzte Erleben (Autor/Sprecher) oder die Sinnstrukturen der rezipierten Erzählung bloß akkumuliert und nur dann, wenn akkumulierte Erfahrungen und akkumulierte Sinneinheiten der Erzählung artikuliert werden sollen, in einem willkürlichen Akt der Sinnstrukturierung in eine prägnante Sinngestalt umsetzt; schließlich durch Nähe zum vergangenen Erleben des Erzählers und die Ferne vom (möglichen) zukünftigen Handeln des Rezipienten. Bei der Erlebnisstilart der

'*Beschreibung*' liegt die Bewußtseinsspannung höher; der Beschreibende wird als jenes Subjekt erfahren, welches eine Sequenz eigenen Erlebens bereits in eine komplexe und prägnante Erfahrungsgestalt transponiert hat; das Ich (des Rezipienten) als Ort der Bildung eines Handlungsmotivs auf der Grundlage der ihm übermittelten Erfahrungen; die Sinngestalt des Beschriebenen weist keine Affinität zu einem der beiden Zeithorizonte 'Vergangenheit' und 'Zukunft' auf, sie liegt zwischen der vergangenen Erfahrungsbildung des Beschreibenden und dem zukünftigen Handeln des Rezipienten.

Es wäre nun, meinen wir, schlechter literaturwissenschaftlicher Stil, wollte man eine Reihe von Konzepten als anthropologisches Repertoire *der* 'Faszinationstypen' und 'Erlebnisstilarten' kanonisieren; und es käme einem wissenschaftsgeschichtlichen Regreß (im schlimmsten Sinne des Wortes) gleich, wenn man durch Überblendung von 'Faszinationstypen' und 'Erlebnisstilarten' eine neue Taxonomie von 'kommunikativen Naturformen' (nun phänomenologischen Einschlags) generierte. Es ging uns, daran sei ein letztes Mal erinnert, darum, für eine 'Archäologie der Kommunikation' ein *Verfahren zur Deduktion* — hermeneutisch notwendiger — *vororientierender Konzepte* zu skizzieren.

Bei der Arbeit an dem (historiographischen Texten gewidmeten) Band XI des 'Grundrisses der romanischen Literaturen des Mittelalters' einigte sich eine Autoren-Gruppe von Mediävisten aus Belgien, Holland, Österreich, den USA und Westdeutschland auf die Fundierung der gemeinsamen Arbeit in einem Konzept von 'Historiographie', welche nach dem Modell des Rahmen-Begriffs der 'Faszinationstypen' entwickelt worden war. Die gemeinsame hermeneutische Reflexion als erster Schritt der zu bewältigenden Forschungsaufgabe war vor allem motiviert durch negative Erfahrungen mit anderen Bänden des gleichen Handbuchs: dort hatte die Projektion neuzeitlicher Gattungsbegriffe — etwa 'Satire' oder 'Roman' — auf die volkssprachlichen Gattungen des Mittelalters verständnishemmend gewirkt. Als 'historiographisch' sollten nun jene Texte in das zu bearbeitende Text-Corpus aufgenommen werden, die sich in einem ersten, intuitiven Zugriff der anthropologisch konstanten Faszination zuordnen ließen, welche sich im Imaginieren einer Überschreitung der (je individuellen) Spanne zwischen Geburt und Tod als lebensweltlicher Grenze des Erlebens konstituierte. Als Vorgriff sollte dieser Begriff von 'Historiographie' nicht durch die Verbindung mit dem Konzept der Erlebnisstilart 'Erzählung' eingeengt werden, da seine Funktion ja nicht nur im Ausgrenzen von mittelalterlichem Textmaterial liegen sollte, sondern ebenso in der Öffnung auf ein möglichst weites Hintergrund-Konzept von 'Historiographie', innerhalb dessen und vor dem als Kontrastfolie die Identität einer spezifischen *Gestalt mittelalterlicher Historiographie* faßbar werden konnte.

Der mit solchen — gewiß umständlichen — Vorüberlegungen (gegenüber der üblichen Projektion von Gattungsbegriffen der Gegenwart in die Vergangenheit) *zu erzielende Gewinn* läßt sich an einigen Teilergebnissen dieser Forschungsarbeit besonders augenfällig machen. Da der 'Faszinationstyp Historiographie' nicht das Konzept 'Entwicklung' als Komponente jeglicher Geschichtsschreibung enthielt, waren wir offen für die — neue — Erfahrung, daß es eine historische Besonderheit der Neuzeit ist, Geschichte unwillkürlich als Entwicklung zu denken, während die Figur prozessualer Geschichten dem Mittelalter offenbar fremd blieb. Als mittelalterliches Äquivalent zum Konzept 'Entwicklung' entdeckten wir in der Fundierungsschicht historiographischer Texte das Konzept der *'Genealogie'*. Nicht 'Veränderung in der Zeit' (Entwicklung) macht die Besonderheit von Geschichtserfahrung im Mittelalter aus, sondern die Zurückführung von in der Gegenwart bestehenden Institutionen und gegenwärtig vollziehbaren Erfahrungen auf den im göttlichen Schöpfungsakt entstandenen *'ordo'* des Kosmos. Deshalb war 'Anciennität' und nicht die 'Erfüllung von Funktionen' der oberste Legitimationstitel im Mittelalter.

Fundiert in dem epochenspezifischen Grundkonzept 'Genealogie' avancieren die 'Genealogie' und 'historische Exempel' genannten Textstrukturen zu dominanten historiographischen Artikulationsmustern. Genealogien erweisen, daß Institutionen die Zeitspanne zwischen der Erschaffung der Welt (oder mindestens 'grauer Vergangenheit') bis zur Gegenwart unversehrt von diesseitiger *'mutabilitas'* durchschritten haben; Exempel halten seit langem bewährte Handlungsmodelle zur Handlungsorientierung in der Gegenwart bereit. Ein Texttyp hingegen, den die Mediävistik bisher geradezu als die 'Inkarnation' mittelalterlicher Geschichtsschreibung hervorgehoben hatte (ohne dabei freilich auf ein einschlägiges Textcorpus verweisen zu können), die *heilsgeschichtlich strukturierte Universalhistorie,* ließ sich als Produkt der neuzeitlichen Retrospektive auf mittelalterliche Geschichtsschreibung auflösen. Die aufklärerische und idealistische Geschichtsphilosophie mit ihren prozessualen Darstellungsschemata hatte für sich Kontinuität und zugleich das Pathos eines 'Säkularisierungs-Ergebnisses' in Anspruch genommen und so den Begriff der 'mittelalterlichen Heilsgeschichte' allererst konstituiert, den die Historiographen der Historiographie seit dem XIX. Jahrhundert in ihren Darstellungen mitführten. Seine Problematisierung war so lange ausgeblieben, wie der Historiographie-Begriff des XIX. und XX. Jahrhunderts, der — selbstredend — das Konzept 'Entwicklung' impliziert, auf die Vergangenheit des Mittelalters projiziert worden war.

Das fundamentale Schema 'Genealogie' im Medium mittelalterlicher Historiographie integriert in der Vergangenheit vollzogene Erfahrungen — je aktuell: Erfahrungen und Wissen über die Vergangenheit — in den Rahmen des göttlichen *ordo* des Kosmos. Wo dies gelingt, wird die Prämisse von der Überzeitlichkeit des Kosmos — je punktuell — bestätigt; umgekehrt verlieren die Gegenstände der in den Kosmos integrierten vergangenen Erfahrungen die Konnotation der 'Zeitlichkeit'. Die Legitimität eines Herrschergeschlechts, das 'seit unvordenklichen Zeiten' regiert, liegt — vor dem Hintergrund mittelalterlicher Mentalitätsstrukturen — in dem Anspruch, immer regieren zu sollen und — nach göttlichem Ratschluß — zu dürfen. Wird aber das Wissen über die Vergangenheit durch Historiographie in kosmologisches Wissen transformiert, also der Komponente, 'vergangen' zu sein, enthoben, dann kann kosmologisches Wissen, das historischer Alterität abgewonnen wird, nicht mehr von solchem Wissen unterschieden sein, das aus räumlicher (geographischer) Alterität stammt. So erklärt sich, daß die Diskurse mittelalterlich-christlicher Historiographie häufig mit Reiseerzählungen und Reisebeschreibungen (etwa in der sogenannten 'Kreuzzugshistoriographie') aufs engste verwoben erscheinen; daß sich über dem Thema 'Geschichte' nie ein eigenständiger Bereich der Gelehrsamkeit entfalten konnte;

schließlich auch die — zunächst überraschende — Beobachtung, daß Wissen über die Vergangenheit derselbe Wirklichkeits-Status zukam wie 'Wissen' über die Zukunft.

Die Einführung eines phänomenologisch fundierten und metahistorisch applizierbaren Gattungsbegriffs hat solche — auch mentalitätsgeschichtlich relevanten — Rekonstruktionen ermöglicht und zugleich einen Rahmen für die Bezugsetzung zwischen Einzelbeobachtungen bereitgestellt. Für zukünftige Forschungen in der Mediävistik (nicht nur in der literarhistorischen Mediävistik) steht nun die Aufgabe an, die Wechselbeziehung zwischen den historisch spezifischen Gattungen des Mittelalters gänzlich neu zu erörtern. Was bisher als Kernbereich volkssprachlicher Historiographie der romanischen Sprachen galt — etwa die anglonormannische Vershistoriographie (vgl. Abschnitt (3)) — wird an den Rand des Felds der mittelalterlichen Historiographie rücken; Heiligenviten werden als eine zentrale historiographische Subgattung gelten müssen; man hat die Gestalt einer umgreifenden Gattung 'Historiographie' zu konstituieren, in der Werke der Geschichtsschreibung ebenso wie Reiseberichte und Reiseerzählungen Raum haben.

3. Schriftlichkeit als Spezialkompetenz im Hochmittelalter und die Konstituierung neuzeitlich-volkssprachlicher Schriftkultur

Es hat wissenschaftsgeschichtlich gewiß seinen Sinn gehabt, die Mediävisten der neuphilologischen Fächer wieder und wieder mit der — überzogenen — These von den im europäischen Mittelalter nebeneinander existierenden 'zwei Kulturen', der lateinisch-schriftlichen Kleriker-Kultur und der volkssprachlich-mündlichen Laienkultur, daran zu erinnern, daß volkssprachliche Manuskripte aus dem Mittelalter — die Totalität ihres Analysegegenstandes — 'Ausnahmefälle' sind, von denen (als alleinigem Bezugspunkt) ausgehend man nicht hoffen darf, die *gesamte* Kultur des Mittelalters — auch nur in Grundzügen — zu verstehen. So wichtig diese Provokation für die Literaturgeschichtsschreibung auch gewesen sein mag, unter sozialhistorischem Blickwinkel ist sie naiv. Denn einerseits läßt sich ein Großteil der lateinischen Texte des Mittelalters gar nicht in einer Kommunikationssituation lokalisieren, ohne daß man mit Bedürfnissen außerhalb des Kleriker-Stands rechnet, denen sie zuzuordnen sind; und der sozialhistorische Status verschrifteter Volkssprache im Mittelalter gerät andererseits nicht in den Blick, bevor man sich bewußtmacht, daß sie immer — im Hinblick auf die Schriftlichkeit und im Hinblick auf die Volkssprache — eben ein Sonderfall war. Die Zuweisung der Schriftkompetenz an die lateinkundigen Kleriker war für die Arbeitsteilung in mittelalterlichen Gesellschaften so konstitutiv, daß man sich fragen muß, ob diese Kompetenz nicht für die soziale Identität des Kleriker-Stands ebensoviel Bedeutung hatte wie die priesterlichen Weihen und religiöses Wissen.

Lateinische *und* volkssprachliche Texte des Mittelalters, die ja stets — im doppelten Sinn des Wortes — von Klerikern (als Autoren und Kopisten) 'geschrieben' wurden, könnte man deshalb eher nach dem jeweiligen Stand, an den als Publikum sie sich wenden, klassifizieren. Vergegenwärtigung und Deutung der Vergangenheit etwa geriet in der Hinwendung *an den Adel* zum 'Fürstenspiegel', für den *dritten Stand* zu ethische Normen illustrierenden und zugleich unterhaltsamen Passagen in der Predigt; in der Diskussion *zwischen Klerikern* zum Ort des Vergleichs über je verschiedene Deutungsmöglichkeiten oder zum Versuch, den Glauben an den im Kosmos herrschenden *ordo* zu belegen. Nicht selten haben die Kleriker auch dann die lateinische Sprache benutzt, wenn ihre Texte für die Kommunikation mit 'mündlichen' Rezipienten geschrieben wurden. Man ging offenbar davon aus, daß der jeweilige Vortragende neben ihrer Adaption an das Publikums-Vorwissen problemlos auch ihre Übersetzung in die Volkssprache vollziehen konnte.

Die ersten schriftlich-volkssprachlichen Texte des XI. und XII. Jahrhunderts sind also gewiß keine Belege dafür, daß die 'mündliche' Laiengesellschaft eine Schwelle hin zum Status der 'schriftlichen' Gesellschaft vollzogen hatte. Zum einen, weil die Laiengesellschaft — ohne die Kleriker — gar keine funktionsfähige Gesellschaft gewesen wäre (und darüber hinaus schon lange vor dem Entstehen der ersten volkssprachlichen Manuskripte der Schriftkompetenz der Kleriker vielfach bedurft hatte). Zum zweiten, weil kein kontinuierlicher Weg der Entwicklung und Expansion von den punktuellen schriftlichen Fixierungen der Volkssprache seit dem XI. Jahrhundert hin zu ihrer Konstituierung als Schriftsprache im XV. Jahrhundert führt. Unsere Untersuchungen zur mittelalterlichen Geschichtsschreibung haben erwiesen, daß das Eindringen der Gattung in das Medium schriftlicher Volkssprache und umgekehrt der Gebrauch der Volkssprache in der Gattung 'Historiographie' in je verschiedenen Ländern und Momenten der Epoche von je verschiedenen Bedürfniskonstellationen motiviert war. Es gibt keine gesamteuropäisch-gemeinsame Vorbedingung für die ersten Zeugnisse der Verschriftlichung von Volkssprachen im Mittelalter, und es gibt im XII. und XIII. Jahrhundert keine schriftliche Verwendung der Volkssprache, welche als 'Normalfall' erfahren worden wäre.

So hat über Jahrzehnte der Streit um eine einschlägige Frage die internationale Romanistik wahrlich in zwei Lager gespalten: die Diskussion zu der Frage nämlich, ob die überlieferten volkssprachlichen Epen des XII. und XIII. Jahrhunderts, ob *Chanson de geste* oder *Cantar de gesta*, auf 'schöpferische Akte von Klerikern an ihrem Schreibtisch' oder auf 'Vorführungen von Sängern auf dem Marktplatz' zurückgingen. Der Streit schien für einige Zeit zugunsten der ersten Antwort entschieden, als man zum einen die sogenannten 'Jongleur-Bücher' entdeckte (und als eine Art 'Jongleur-Spickzettel' interpretierte, welche als Gedächtnisstütze beim mündlichen Vortrag verwendet worden seien) und zum anderen deutliche syntaktische und stilistische Parallelen zwischen mittelalterlicher Epik und noch heute aufgeführter osteuropäischer Spielmannsdichtung feststellte. Für Linguisten freilich verblieben letzte Zweifel an der 'Oralitäts-Hypothese', da der — schriftlich fixierte — Charakter der Mündlichkeit in den Epen-Texten oft allzu perfekt wirkte, und nicht selten das präsentierte historische Wissen mit Elementen durchsetzt war, welche man allein der Klerikerkultur zuschreiben konnte. J. J. Duggan hat nun festgestellt, daß der Großteil jener Epen-Manuskripte, von denen ausgehend sich die Mediävisten ihr Bild der Gattung gemacht haben, im XIII. und noch im XIV. Jahrhundert hergestellt worden sind; darüber hinaus legen es paläographische und buchgeschichtliche Befunde nahe, die Kleriker- und Hofkultur — gewiß nicht das Milieu der Spielleute — als gesellschaftlichen Entstehungsort der Manuskripte zu identifizieren. Duggan folgert — wie wir meinen: überzeugend —, daß die ersten schriftlichen Belege dieser populären (und deshalb selbstredend im Normalfall mündlich vollzogenen) Historio- 'graphie' des Mittelalters nicht einem globalen Prozeß 'wachsender Verschrift- lichung der Volkssprache', sondern einer Art von 'nostalgischem' Rückblick gesellschaftlicher Gruppen des XIII. und XIV. Jahrhunderts auf das frühe und hohe Mittelalter zuzuschreiben seien. Die *Chansons de geste*-Texte waren — wie beispielsweise die 'Mundartdichtung' der Gegenwart — *primär schriftlich* konsti- tuiert, aber ihr besonderer Reiz scheint eben darin gelegen zu haben, daß sie als schriftliche Texte *mündliche Kommunikationssituationen 'inszenierten'*. Gerade weil die Mittelalter-Faszination der jungen Philologen im XIX. Jahrhundert die Texte unter einem ganz ähnlichen 'nostalgischen' Blickwinkel thematisierte, konnte man in der Forschung den artifiziellen Charakter der Mündlichkeit in Epen-Manuskripten so lange Zeit übersehen.

Wir haben schon in anderem Zusammenhang darauf hingewiesen, daß die in der zweiten Hälfte des XII. Jahrhunderts entstandene *anglonormannische Vers- historiographie* in den herkömmlichen Darstellungen der französischen Literatur- geschichte als ein 'Kernbereich' mittelalterlicher Geschichtsschreibung präsen- tiert wird. 'Historiographisch' sind diese Texte, weil ihre Autoren bemüht waren, die — angesichts der zentralen Bedeutung von Genealogien in der feudalen Gesellschaft — prekäre Legitimität der *normannischen* Herrscher in England da- durch zu sichern, daß sie die Ahnenreihe der *normannischen* Könige mit der des sagenhaften britannischen Königs Artus verknüpften. Aber warum wurde solche Legitimation nicht — wie sonst üblich — in lateinischer Sprache vollzogen? Eine Antwort auf diese Frage — und damit eine zweite Bedingungskonstellation für das Entstehen volkssprachlicher Historiographie — liegt auf der Hand, wenn man sich vergegenwärtigt, daß die anglonormannischen Verschroniken des XII. Jahrhunderts nicht nur der Herrschaftslegitimation dienten, sondern zu- gleich Motive aus dem Stoffrepertoire des damals beim adligen Publikum 'modi- schen' höfischen Romans weiterspannen. Da die höfischen Romane, und hier liegt ein unproblematischer Konsens der einschlägigen Forschung, offenbar zum '*Vorlesen* in der Kemenate der Burgen' bestimmt waren, bedurften sie der Ver- schriftlichung. Daß diese Verschriftlichung auf die Volkssprache zurückgriff, mag man als einen bewußten Akt der Abgrenzung seitens der adlig-höfischen Kultur gegenüber der kirchlich-klerikalen Kultur ansehen. Solchen latent 'gegenkulturellen Charakter' des höfischen Romans belegen eindrucksvoll zahl- reiche Schmähschriften gegen diese Gattung, die in lateinischer Sprache — und vorzüglich am anglonormannischen Hof gegen Ende des XII. Jahrhunderts — verfaßt wurden. Die frühe Verschriftlichung *volkssprachlicher* Historiographie, so hat es den Anschein, vollzieht sich in den anglonormannischen Verschroniken des XII. Jahrhunderts also relativ unabhängig von jener Legitimations-Funk- tion, welche die Vermittlung von historischem Wissen notwendig machte.

Auch ein anderer volkssprachlich-historiographischer Text, der, das sei am Rande vermerkt, nach unserer Einschätzung für die Gattung weit typischer ist als die Verschroniken, nämlich die *Vita des* — späteren — *Heiligen Thomas Becket*, entstand während der zweiten Hälfte des XII. Jahrhunderts in England. Die Becket-Vita thematisiert 'Zeitgeschichte', genauer die dramatische Geschichte der Beziehung zwischen König Heinrich II. und Thomas Becket, welche in intensiver politischer Zusammenarbeit, ja nicht selten — nach der Deutung des Textes — in 'Kumpanei' begann, um als ein Einzelfall des Investiturstreits nach der Ernennung Beckets zum Erzbischof von Canterbury in erbitterte Feindschaft umzuschlagen und schließlich in der Ermordung Beckets zu enden. Das Interesse der Kirche an einer — nach mittelalterlichen Maßstäben — atemberaubend rasch vollzogenen Heiligsprechung Beckets liegt auf der Hand: sie war ein probates Mittel, die Monarchie in der politischen Auseinandersetzung vor ihren Untertanen, besonders aber vor dem Adel, ins Unrecht zu setzen. An dieses Publikum mußte man sich in Volkssprache wenden; aber offenbar waren die Ansprüche an die Exaktheit — Konsensfähigkeit — des Berichts zu hoch, als daß man sich auf die im kommunikativen Vollzug geleistete Übersetzung eines lateinischen Textes in französischer Sprache hätte verlassen können. Die seinerzeit gängige Praxis der Vorbereitung volkssprachlicher Predigten durch lateinische Exempel- und Vita-Sammlungen mußte also auch hier angesichts der spezifischen Pragmatik des Textes überschritten werden.

Die ersten geschichtliches Wissen vermittelnden Texte *in portugiesischer Sprache* sind, so hat man, ausgehend von wesentlich später entstandenen Manuskripten, induziert, schon im XI. Jahrhundert geschrieben worden. Man nennt sie *'livros de linhagens'* ('Genealogiebücher'), weil sie als große Listen der Generationsfolgen in verschiedenen Adelsgeschlechtern des westlichsten Königreichs der Iberischen Halbinsel konstituiert sind, welche an einschlägige Passagen aus dem Alten Testament erinnern. Im Prolog des ältesten *'livro de linhagens'* ist eine Antwort auf unsere Frage nach dem Motiv zur Verschriftlichung der Volkssprache formuliert. Bei den Adligen, ja selbst den Königen Portugals herrschte große Verwirrung über die eigenen Genealogien, mithin über ihre Besitz- und Herrschaftsansprüche:

> Damit die Adelssöhne von Portugal wissen, aus welchem Geschlecht sie stammen, und welche Gebiete, Ehrentitel, Klöster und Kirchensprengel ihnen angehören, und damit sie wissen, wie sie untereinander verwandt sind, lassen wir dieses wahrheitsgetreue Buch über die Genealogien jener Adligen schreiben, die aus dem Königreich Portugal kommen und sich dort aufhalten. Und man kann aus diesem Buch großen Nutzen ziehen und mit ihm großen Schaden vermeiden: denn viele kommen aus gutem Geschlecht und wissen das nicht — und nicht einmal die Könige wissen es und nicht einmal die hohen Adligen: denn wenn sie es wüßten, dann würde ihnen deshalb in der einen oder anderen Weise die Gnade ihrer Herren zuteil. Und andere verheiraten sich so, wie es ihnen nicht zusteht, ja heiraten sogar in sündiger Weise, weil sie ihre Herkunft nicht kennen.

Ein sozialhistorisches Problem bleibt hier freilich noch ungeklärt: wie konnte eine so allgemeine Unklarheit über genealogische Beziehungen beim portugiesischen Adel herrschen, während doch in anderen mittelalterlichen Königreichen Kleriker nur deshalb mit der — lateinischen — Fixierung von Stammbäumen beauftragt wurden, damit die Herrscher für die *Not- und Ausnahmefälle* und *vor Thronwirren* gefeit waren? Gewiß hängt diese Sondersituation mit dem Umstand zusammen, daß weite Gebiete des heutigen Portugal erst im XI. Jahrhundert gegen die Mauren erobert worden waren — und zwar nicht, wie das der Name *'Reconquista'* nahelegt, durch die frommen, vom Islam unterdrückten Christen der westlichen Halbinsel, sondern durch die Ritterheere, die aus Nordspanien vordrangen. Die Situation ist jener des anglonormannischen Hofs im XII. Jahrhundert durchaus vergleichbar und wies vermutlich aufgrund genealogischer Querbeziehungen zwischen den fünf Königreichen des spanischen Mittelalters noch eine viel höhere Komplexität auf.

Es gilt als ein Ehrentitel der spanischen Literaturgeschichte, daß in der zweiten Hälfte des XIII. Jahrhunderts *im Auftrag Alfons' X. von Kastilien* zwei — freilich Fragmente gebliebene — Chroniken entstanden, die in Umfang, Detailgenauigkeit und Reflexionsstand der Deutungspraxis nicht nur alles überbieten, was bis dahin und gleichzeitig an volkssprachlich-historiographischen Werken im christlichen Europa entstanden war, sondern sogar über den Standard der lateinischen Geschichtsschreibung hinausragten. Die Forschung weiß seit langem, daß die Qualität der alfonsinischen *Crónicas* der Zusammenarbeit einer wahrscheinlich von Alfons X. zusammengestellten und in Toledo installierten Equipe von islamischen, jüdischen und christlichen Gelehrten (aus Spanien und Frankreich) zu verdanken ist, denen eine damals einmalige Breite des Quellenmaterials vorlag, dessen synoptische Berücksichtigung erste Ansätze 'historischer Quellenkritik' notwendig machte. Kulturtypologisch gesehen, gehört die alfonsinische Historiographie also ganz eindeutig der Welt der Gelehrten an. Daß nun in den *Crónicas* Spezialisten-Wissen in einer Volkssprache artikuliert wurde, ohne daß sich ein einschlägiges primäres Rezipienten-Bedürfnis ausmachen ließe, hängt offenbar mit dem politischen Plan Alfons' X. zusammen, die von ihm für Kastilien auf der Iberischen Halbinsel — und zeitweilig für das ganze christliche Europa — vertretenen Hegemonie-Ansprüche mit einer 'kulturpolitischen' Offensive zu flankieren, deren Medium die kastilische Sprache sein mußte — und nicht das politisch indifferente Latein. Dem sogenannten 'alfonsinischen Corpus' gehören neben den volkssprachlichen Chroniken auch in kastilischer Sprache geschriebene Rechtssammlungen, Lehrbücher der Astronomie und Astrologie, ja sogar Traktate über ritterliche Spiele an. Wenn auch die Herrschafts-Projekte Alfons' X. am Ende seines Lebens mit einem Aufstand des Thronerben, des späteren Sancho IV., kläglich scheiterten, wenn sich auch nicht einmal für Kastilien eine seit dem XIII. Jahrhundert ungebrochene Kontinuität der Verwendung von Volkssprache zu gelehrten Zwecken nachweisen läßt, so kann man doch vermuten, daß die — in den siebziger Jahren neuerlich zu einem Politikum gewordene — Dominanz des Kastilischen unter den romanischen Sprachen auf der Iberischen Halbinsel eine späte Folge der 'Kulturpolitik' des Weisen Königs war.

Mit unserer Beispielreihe zu den verschiedenen Entstehungsbedingungen volkssprachlich-historiographischer Texte im hohen Mittelalter wollten wir zwei Prämissen neuphilologischer Mediävistik widerlegen: gegen die Behauptung, die ersten überlieferten Texte in den europäischen Volkssprachen seien Belege für eine beginnende Laien-Schriftkultur, setzen wir den Befund, *daß diese Texte je spezifisch motivierte Produkte der Kleriker-Kultur sind;* gegen die Tradition der Literaturgeschichtsschreibung, zwischen den volkssprachlichen Texten des XII. und des XV. Jahrhunderts eine Entwicklungslinie zu ziehen, wollen wir nun die These belegen, *daß sich die Volkssprache als schriftliches Medium der Laienkultur erst im XV. Jahrhundert konstituierte* — und zwar ohne Rückgriff auf die zuvor entstandenen punktuellen schriftlichen Fixierungen.

Der erste *sprachgeschichtliche Sachverhalt*, auf den wir zu diesem Argumentationszweck verweisen, mag in unserem Zusammenhang zunächst paradoxal anmuten. Wir deuten eine an der Wende vom XIV. zum XV. Jahrhundert auftretende — und wahrscheinlich in historiographischen Texten mittels der Entwicklung von Verben zur Bezeichnung der Tätigkeiten des Geschichtsschreibers besonders markant hervortretende — wachsende Abhängigkeit volkssprachlicher Diskurse von der Syntax und vom Lexikon der lateinischen Sprache als erstes Symptom des Konstitutionsprozesses hin zum unabhängigen Medium der Laien-Schriftlichkeit. Das Lateinische war nicht nur das naheliegendste — wo nicht sogar das einzige — Modell, an das man sich bei der bewußten Förderung volkssprachlicher Schriftlichkeit halten konnte, der Gebrauch der Volkssprache in den Kanzleien des späten Mittelalters war ja auch auf Funktionen zugeordnet, zu deren Realisierung man bis dato selbstverständlich auf die lateinische Sprache zurückgegriffen hatte. Die bekannten Renaissance-Traktate 'zur Verteidigung der Würde von Volkssprachen' (Dante, Du Bellay) reflektieren durch den Nachweis ihrer Eignung für die Erfüllung von traditionellen Funktionen der lateinischen Sprache eine in Zentraleuropa gut hundert Jahre zuvor beginnende Entwicklung. Gewiß waren die nun im Laien-Milieu entstehenden Texte viel weiter von der Gestalt der Volkssprachen im alltäglich-mündlichen Vollzug entfernt als die punktuellen Grenzüberschreitungen der lateinischen Schriftkompetenz von Klerikern hin in den Raum der Volkssprachen während des XII. und XIII. Jahrhunderts; man kann die Situation jener hochmittelalterlichen Kleriker — noch einmal — mit der des Mundartdichters vergleichen, jene des Kanzleischreibers — mutatis mutandis — mit dem Dilemma des an die medizinische Fachterminologie gewöhnten Arztes, der seine Diagnose in Alltagssprache verständlich machen möchte. Martijn Rus hat gezeigt, daß spätmittelalterliche Geschichtsschreiber in dieser Problemlage einen 'Diskurs ohne eigene Identität' konstituierten, der gleichsam zum Kreuzungspunkt von bereits unter anderen Funktionen institutionalisierten Diskursen wurde.

Solche Bemühungen um eigenständige Schriftlichkeit im Medium der Volkssprache und im Milieu der Laien, die Ablösung der Kleriker als Schrift-Spezialisten also, war begleitet von einem markanten *Wandel der Funktionen und 'weltanschaulichen Implikationen'* von Historiographie. Entschieden diesseitsbezogene Bedürfnisse und Prämissen traten an die Stelle des christlich-kosmologischen Sinnhorizonts der Gattung. Statt den gottgegebenen *ordo* erweisen zu wollen, ging es Herrschern und Hofhistoriographen nun darum, über Geschichtsschreibung eine Vorform von 'Nationalidentität' zu stiften; statt Anzeichen für das Nahen des Jüngsten Tages auszumachen, notierten Kaufleute oder ihre Schreiber in '*Journalen*' — 'von Tag zu Tag' — ihre Einnahmen, Ausgaben, Verträge, Verhandlungen, aber auch ihre Beobachtungen über das politische Zeitgeschehen, und verschafften sich so eine nicht mehr religiös-spekulative Basis für handlungsrelevante Kurzzeit-Prognosen. Lebensbeschreibungen waren nun nicht mehr — wie die Heiligenviten — einzig Konkretisation und Beleg für das Walten göttlicher Gerechtigkeit in der Welt, und sie gingen auch nicht mehr auf im Herrscher- und Mäzenatenlob: eine neue Faszination durch das Thema 'Biographie' war gewiß auch Medium für die Genese eines religiöse Vorgaben ausblendenden Interesses am Menschen und an den Möglichkeiten menschlicher Subjektivität. Jenes frühneuzeitliche Interesse an Subjektivität, auf das wir anspielen, ist nicht kongruent mit den sattsam bekannten Diskursen der 'Selbstfeier des Renaissance-Menschen' im Stile Ulrichs von Hutten; vielmehr schlagen neue Erfahrungsmöglichkeiten des Menschen — über den Menschen —, welche die christliche Kosmologie jahrhundertelang tabuisiert hatte, nun die Aufmerksamkeit von Autoren und Lesern in ihren Bann.

Die Konstituierung der Volkssprachen als Medien der Schriftlichkeit ist von Beginn Vorzeichen und Symptom für den *Herbst des Mittelalters*. Sozialstrukturell ist sie als Lösung für eine Krise zu sehen, mit der eine funktionale Insuffizienz der überkommenen Ständegesellschaft und der ihr eigenen Form der Arbeitsteilung überwunden wird; mentalitätsgeschichtlich gesehen, wird durch die neue Schriftlichkeit der Sinnhorizont der christlichen Kosmologie zwar noch nicht problematisiert oder gar negiert, aber doch in deutliche Distanz zum Raum ihres Vollzugs gesetzt. Alain Chartier, der in seinem *Quadrilogue invectif* zu Beginn des XV. Jahrhunderts nach Gründen für jene zeitgeschichtlichen Erfahrungen sucht, welche moderne Geschichtswissenschaft die 'Krise des Spätmittelalters' nennt, entwirft als Erklärung zuerst eine *Entwicklungslinie* — die zunehmende Durchbrechung von Verhaltensregeln und Grenzen der feudalen Gesellschaft durch die Mitglieder aller Stände; danach versucht er die Behauptung zu belegen, daß diese Krise aus dem Lauf der Gestirne schon seit langem hätte vorhergesehen werden können; und erst am Ende deutet er die Kriege und das Leiden seiner Zeit als göttliche Strafe — eben für das Übertreten der religiös überdeterminierten Strukturen der feudalen Gesellschaft. Zukünftige Bezugspunkte für seine Reformvorschläge sind das 'französische Königreich', der 'Staat', das 'Gemeinwohl' — die Gemeinschaft der Gläubigen oder gar der Jüngste Tag kommen kaum in den Blick.

4. Archäologie der Kommunikation und kommunikativer Alltag der Gegenwart

Wir haben diese Überlegungen begonnen und begründet als eine Warnung vor der Projektion von unserer Gegenwart adäquaten Begriffen und Strukturmodellen in die kommunikativen Welten fremder Kulturen. Die zur Illustration unserer Thesen skizzierten mittelalterlichen Beispiele könnten — mindestens probeweise — eine Umkehrung der Zielrichtung dieser Warnung nahelegen: projizieren wir nicht — mindestens — in unserer wissenschaftlichen Praxis nostalgische Wunschträume von Intellektuellen auf den kommunikativen Alltag unserer Gegenwart? Vor beinahe zwei Jahrzehnten hat Jürgen Habermas in seinem Buch über den 'Strukturwandel der Öffentlichkeit' gezeigt, daß ein Funktions- und Strukturwandel der Institutionen politischer Kommunikation durch das Festhalten am aufklärerischen Begriff der 'Öffentlichkeit' verdeckt geblieben war. Müßte man sich nicht ebenso fragen, ob die Schriftkompetenz in den westlichen Industriegesellschaften sich seit einigen Jahrzehnten wegbewegt von jenem *Zustand lückenloser Alphabetisierung*, welcher Endpunkt der mit der Konstitution der Volkssprachen als schriftlichen Medien beginnenden Entwicklung war, ob sie nicht wieder hintendiert zu einem arbeitsteiligen Modell, das dem Status der Schriftlichkeit im Hochmittelalter nicht unähnlich sein könnte? Und ist nicht auch, was Grundelemente des historischen Wissens angeht, die frühneuzeitliche Errungenschaft, *Geschichte in Entwicklungsbewegungen denken* zu können, mit der Krise — und dem Ende? — des Fortschrittsglaubens obsolet geworden? Fast hat es den Anschein, als gewöhnten wir uns — freilich außerhalb unseres Alltags als Geschichtswissenschaftler — wieder daran, Zeitgeschichte ausschließlich auf Vorzeichen des Weltendes zu befragen.

Wenn man das Spiel solcher Parallelisierungen weiterführte, brächte man es problemlos auf einen pathetischen Schlußpunkt zu diesen Überlegungen. Aber es geht uns nur darum zu zeigen, daß scheinbar allzu aufwendige theoretische Vorüberlegungen, deren Gewinn für die Aufgaben historischer Rekonstruktion zunächst gar nicht leicht zu verdeutlichen ist, *auch* dazu beitragen können, den Praxisbezug einer 'Archäologie der Kommunikation' zu sichern.

Anmerkungen:

* Das historische Material, anhand dessen das Phänomen der 'Schriftlichkeit in mündlicher Kultur' illustriert wird, war Gegenstand der literaturgeschichtlichen Teamarbeit, aus der die Darstellung der mittelalterlichen Historiographie für den 'Grundriß der romanischen Literaturen des Mittelalters' (Band XI) entstanden ist. Deshalb sind Autoren ('Urheber') dieses Beitrags auch Ursula Link-Heer und Peter-Michael Spangenberg, mit denen gemeinsam ich *GRLMA* XI als Herausgeber betreute, und alle Autoren jenes Buches, das Anfang 1984 erscheinen wird: R. Howard Bloch (Berkeley), Joseph J. Duggan (Berkeley), Alfred Ebenbauer (Wien), Albert Gier (Heidelberg), Friederike Hassauer-Roos (Bochum), Heinz Hofmann (Bielefeld), Juliane Kümmell (Konstanz), Jean-Louis Kupper (Lüttich), Thomas Luckmann (Groningen), Gert Melville (München), Jörn Rüsen (Bochum), Martijn Rus (Groningen), Brigitte Schlieben-Lange (Frankfurt), Wolf-Dieter Stempel (Hamburg), Lothar Struß (Lüneburg), Claude Thiry (Lüttich), Dagmar Tillmann-Bartylla (Siegen).

Literatur:

Berger, P. L. & Luckmann, Th. (1971²) *Die gesellschaftliche Konstruktion der Wirklichkeit — eine Theorie der Wissenssoziologie.* Frankfurt.
Cerquiglini, B. (1982) "Für ein neues Paradigma der historischen Linguistik: am Beispiel des Altfranzösischen", in: ders. & H. U. Gumbrecht (Hgg.) (1982) *Der Diskurs der Sprach- und Literaturgeschichte.* Frankfurt, 449—463.
Costa Lima, L. (1982) "Soziales Wissen und Mimesis: Der 'Wirklichkeitsgehalt' literarischer Texte als Grundproblem der Literaturgeschichte", in: B. Cerquiglini & H. U. Gumbrecht (Hgg.) (1982) *Der Diskurs der Sprach- und Literaturgeschichte.* Frankfurt, 517—536.
Foucault, M. (1969) *L'archéologie du savoir.* Paris.
— (1971) *L'ordre du discours.* Paris.
Gumbrecht, H. U. (1979a) "'Faszinationstyp Hagiographie' — ein historisches Experiment zur Gattungstheorie", in: C. Cormeau (Hg.) (1979) *Deutsche Literatur im Mittelalter — Kontakte und Perspektiven. Hugo Kuhn zum Gedenken.* Stuttgart, 37—84.

— (1979b) " 'Das in vergangenen Zeiten Gewesene so gut erzählen, als ob es in der eigenen Zeit wäre'. Versuch zur Anthropologie der Geschichtsschreibung", in: R. Koselleck & J. Rüsen (Hgg.) (1982) *Darstellungsformen der Geschichte*, Theorie der Geschichte IV. München.
— (1980a) "Erzählen in der Literatur / Erzählen im Alltag", in: K. Ehlich (Hg.) (1980) *Erzählen im Alltag*. Frankfurt, 403—419.
— (1980b) "Über den Ort der Narration in narrativen Gattungen", in: E. Lämmert (Hg.) (1983) *Erzählforschung*. Stuttgart.
Jauß, H. R. (1979) "Zur historischen Genese der Scheidung von Fiktion und Realität", in: D. Henrich & W. Iser (Hgg.) (1982) *Funktionen des Fiktiven*, Poetik und Hermeneutik X. München, 423—433.
Habermas, J. (1962) *Strukturwandel der Öffentlichkeit*. Neuwied.
Kuhn, H. (1980) *Entwürfe zu einer Literatursystematik des Spätmittelalters*. Tübingen.
Marquard, O. (1981) "Frage nach der Frage, auf die Hermeneutik die Antwort ist", in: *Philosophisches Jahrbuch* 88 (1981), 1—19.
Schütz, A. & Luckmann, Th. (1975) *Strukturen der Lebenswelt*. Neuwied.
Zumthor, P. (1979) *Parler du moyen âge*. Paris.

Aleida Assmann

Schriftliche Folklore.
Zur Entstehung und Funktion eines Überlieferungstyps

1. Muttersprache und Vatersprache

Reden und Schreiben sind durch eine Welt voneinander getrennt. Der amerikanische Denker H. D. Thoreau, der sie als Muttersprache und Vatersprache gegeneinander absetzte, hatte dabei vor allem den entwicklungspsychologischen Abstand zwischen beiden im Auge: die Muttersprache ist angeboren oder doch zumindest Werkzeug und Ziel der primären Sozialisation, die Vatersprache bedingt eine zweite Geburt und prägt die Phase der sekundären Sozialisation.[1] Mündlichkeit und Schriftlichkeit haben in ihrer Formation als polare Begriffe immer wieder zu affektbeladenen, antithetischen Setzungen geführt, ob man nun das Heil bei den Müttern oder bei den Vätern suchte. Unser romantisches Erbe hat die Neigung — gegen Thoreau — zur ersteren Alternative gestärkt, die beide Begriffe in ein Raster von Natürlichem vs. Künstlichem, Echtem vs. Verfälschendem, Authentischem vs. Nichtauthentischem einreiht. In dieser verbreiteten Perspektive gilt Mündlichkeit, die unmittelbare, natürliche und lebendige Muttersprache als universaler Besitz, Schriftlichkeit dagegen untersteht als abgeleitete, konstruierte und fixierende Vatersprache exklusiver kultureller Verfügungsgewalt. Die eine dient spontaner Artikulation, die andere ist ein Herrschaftsinstrument. Die Stimme stiftet Gemeinschaften, indem sie alle in Rufweite versammelt, die Schrift zerstreut und stellt die Distanzen, die sie in unpersonaler Kommunikation überbrücken will, allererst her. Schriftlose Kulturen wurzeln in einem festen Traditionsfundament und bestehen in Kontinuität, schriftkundige dagegen existieren in einem geschichtlichen Raum und fallen rastlosem Fortschrittsdenken anheim.

Es kann nicht ausbleiben, daß solche Konnotationen wissenschaftsmächtig werden; und es ist interessant, zu verfolgen, wie man seit Beginn dieses Jahrhunderts in zwei Disziplinen, der Sprachwissenschaft und der Volkskunde, in dieser Hinsicht zu gegensätzlichen Bestimmungen gelangte. In Saussures einflußreichem *Cours de linguistique générale* wird die Wiedergewinnung der gesprochenen Sprache als einzig legitime Basis des Fachs gefordert: "Für uns ist die Befreiung vom Buchstaben ein erster Schritt zur Wahrheit." Saussure ist vom Primat wie der Eigenständigkeit der Mündlichkeit, des Lautes vor dem Buchstaben, überzeugt: "In der Sprache gibt es also unabhängig von der Schrift eine Überlieferung, die mündliche, und diese ist zuverlässiger als die schriftliche." (S. 38, 29) In der Volkskunde gelangte man etwa zwei Jahrzehnte später zur entgegengesetzten Einsicht. Allerdings war die Ausgangslage hier genau umgekehrt, denn ebenso wie der Ethnologe interessiert sich der Volkskundler ja "besonders für das, was nicht geschrieben ist, nicht so sehr, weil die von ihm untersuchten Völker nicht schreiben können, sondern weil das, wofür er sich interessiert, sich von allem unterscheidet, was die Menschen gewöhnlich auf Stein oder Papier zu fixieren lieben." (Lévi-Strauss 1967, S. 40) 'Folkloristische Verbreitungsform' ist für ihn weitgehend gleichbedeutend mit 'nur-mündlicher Tradierung' (Bausinger 1966, S. 23). Die These des schwedischen Folkloristen A. Wesselski, der die Möglichkeit eines Fortbestands der Volksüberlieferung unabhängig von der fixierenden und erneuernden Wirkung des Schrifttums schlechterdings bestritt[2], mußte ihn deshalb in dauernde Alarmbereitschaft versetzen. Besonders in der deutschen Wissenschaftstradition, die sich der genetischen Perspektive verschrieben hatte und mit Akribie Herkunftsfragen verfolgte, galt es nun, zweifelhafte Stationen im Überlieferungsgang in Gestalt "literarischer Ahnen" oder "literarischer Deszendenz" aufzuspüren. Das einst so weite Feld oraler Produktivität erschien plötzlich allenthalben von einem Limes der Schrift begrenzt.

An diesem Punkt soll die Kette der hier zu entfaltenden Überlegungen anknüpfen, denn trotz solcher provokanten und dezidierten Vorstöße ist das Problem von Folklore[3] und Literatur noch keineswegs scharf genug in den Blick gefaßt. Einer angemessenen Beurteilung dieses Verhältnisses stand vor allem zweierlei im Wege: zum einen die Präokkupation mit Fragen genetischer Herleitung, wodurch die Ebene der Tradierung und Realisierung, der eigentlichen Existenzform, vernachlässigt wurde, zum anderen war es die (weiterhin verbreitete) bedenkenlose Gleichsetzung von 'literarisch' und 'schriftlich' einerseits, von 'folkloristisch' und 'mündlich' andererseits. Dabei haben bereits 1929 die russischen Formalisten P. G. Bogatyrev und R. Jakobson für eine synchron funktionalistische Betrachtungsweise des Oppositionspaares Folklore — Literatur plädiert, und sie waren es auch, die am Beispiel mittelalterlicher Abschreibekonventionen auf folkloristische Verfahren innerhalb der Schrift aufmerksam gemacht haben (S. 912). Auf dieser Basis kann als leitende These formuliert werden, daß sich die spezifisch literarische sowenig wie die folkloristische Existenzform von Texten zwingend aus den Bedingungen von Schrift oder Gedächtnis erklären läßt. Gewiß, Oralität stellt prototypisch ein "störungsanfälliges und geringwertiges Übermittlungsverfahren" dar, Schrift dagegen konserviert und kann die Stabilität eines *monumentum aere perennius* gewähren, aber es wäre irreführend, wollte man "die Variablen des Vermittlungsprozesses zu Gattungsmerkmalen" verfälschen (Moser 1976, S. 217 f.). Ob ein Text perenniert oder nicht, darüber entscheidet allein der Gebrauch, den man von ihm macht. Variable Texte sind im Bereich der Schrift grundsätzlich ebenso möglich wie monumentalisierte Sprachfiguren im Schutz des Gedächtnisses. Folklore und Literatur müssen deshalb als gegensätzliche, kulturhistorisch institutionalisierte Textverwendungstypen verstanden werden.

2. Folklore und Literatur als gegensätzliche Texttypen

Zum Diskussionsstand

Folklore und Literatur bilden ein bereits aus ganz unterschiedlichen Perspektiven thematisiertes Gegensatzpaar. Abgesehen von einzelnen Stimmen, die für ein Kontinuum plädieren und in diesem Punkt jegliche Kategorisierung ablehnen (Oprişan 1976, S. 117; Alsheimer 1971, S. 9, 54 ff.) lassen sich in dieser Diskussion vier Richtungen unterscheiden. 1. *Evolutiv*: Folklore und Literatur — in romantischer Terminologie: Natur- und Kunstpoesie — sind durch die Wasserscheide eines kulturellen Sündenfalls (= Industrialisierung) voneinander getrennt. "Der Garten alter Poesie ist verloren", das Ende der Folklore ist absehbar (J. Grimm). Dieser Prozeß ist auch als ein durch viele Zwischenstadien mediatisierter zu beschreiben: vom Mythos (= in mündlicher Tradition verankertes Gruppenbewußtsein) führt der Weg über Sage, Legende und Märchen zur schönen Literatur (= in schriftlichem Einzelbewußtsein verankert) (Szövérffy 1971). 2. *Qualitativ*: Folklore und Literatur existieren nebeneinander im Verhältnis von schöpferischem Volksgut und individueller Leistung (W. Grimm). Zur Folklore gehören Epitheta wie primitiv, naiv, formelhaft, typisiert, ambitionslos, kunstlos; zur Literatur die entsprechenden Antonyme mit Qualitätsnormen wie: Stringenz der Darstellung, Größe des Konflikts, Konsistenz des Stils (Kosack 1971). 3. *Kommunikationstheoretisch*: der Unterschied zwischen 'künstlerisch' und 'nicht-künstlerisch' verweist nicht auf immanente Texteigenschaften, sondern hängt allein "von den Verkehrsverhältnissen des Expedienten und des Rezipienten" ab. Für Folklore ist der natürliche, lebendige, mündliche Kontakt mit Rückkoppelungsmöglichkeiten konstitutiv, für Literatur das kontaktfreie, technische, einlinige Verfahren (Čistov 1976). 4. *Funktionsgeschichtlich*: Folklore und Literatur werden in engster Verbindung von Form und Funktion beschrieben; Folklore bezeichnet Brauchtumsgestalten mit kollektiven Inhalten und Sprachbindungen, die im Lebensvollzug verwurzelt sind, Literatur befördert zivilisatorisch isolierte Bedürfnisse und drängt zur Autonomie in bewußter Sprachgestalt (Kuhn 1960). — Obwohl sich nicht alle Perspektiven gegenseitig ausschließen müssen, soll hier die funktionsgeschichtliche Orientierung besonders berücksichtigt werden, die Texte weniger nach internen Kriterien als unter dem Gesichtspunkt ihrer Verwendung und kulturhistorischen Situierung beurteilt.

Die Anfänge schriftlicher Folklore

Wie dies bereits Bogatyrev und Jakobson andeuteten, lassen sich die Besonderheiten schriftlicher Folklore an der Praxis der mittelalterlichen Abschreiber exemplarisch veranschaulichen. Inzwischen ist wiederholt bestätigt worden, daß die "Subliteratur des Mittelalters" ... "als volksläufig ansehbares Erzählgut innerhalb gedruckt vorliegender Literatur" gelten kann (Brückner 1974, S. 13). Es empfiehlt sich deshalb, zu diesen Anfängen zurückzukehren. Oberbegriff solcher literalen, nicht-literarischen Produktion ist die Kompilationsliteratur. Bei dieser seit "der Spätantike sehr beliebten und angesehenen literarischen Gattung" (Curtius ^{4}1963, S. 451) handelt es sich um Bücher aus Büchern, in denen diverse Materialien immer wieder neu zusammengestellt, weitergegeben, gelesen und verbraucht zu werden bestimmt waren. Ihre massenhafte Verbreitung dauert bis ins 18. Jahrhundert an.[8] Aus diesem äußerst vielgestaltigen Korpus sollen zwei Textsorten besonders hervorgehoben werden: die religiös-didaktischen Exemplasammlungen und die frivol-unterhaltenden Schwanksammlungen. — Bei den Exempla handelt es sich um einen Fundus von Erzählstoffen, teils aus antiker und christlicher Schrifttradition, teils aus mündlicher Überlieferung, der zur

III. Überlagerungen und Übergänge

Wende des 13. Jahrhunderts in diversen Mönchshandschriften erstmalig in kompilierter und gegliederter Form eine schriftliche Gestalt gewinnt. Die erste Welle der Exempelproduktion steht im Zusammenhang mit Erneuerungsbewegungen der Predigt in Richtung auf eine volkstümlichere Form, wie sie vor allem durch die Franziskaner und Cistercienser betrieben wurde. Eine zweite Welle fällt in die Zeit der Gegenreformation, als die mittelalterlichen Sammlungen exzerpiert und um neue Materialien vermehrt in auflagenstarken Kompilationen auf dem Markt erschienen. Bedeutung und Gebrauch der Exempel sind indes nicht konfessionell gebunden gewesen; protestantische Prediger waren nicht weniger fabulierfreudig und wußten sich dieses wirksamen Mediums zu vielerlei Zwecken zu bedienen.

Schwerer erklärt sich das abrupte Aufkommen einer gedruckten Schwankliteratur. Während die Exempelkompilationen immer in engem Bezug zur homiletischen Praxis standen und zur Weitergabe aus berufenem Munde bestimmt waren, begegnet uns in den Schwanksammlungen ein ganz neuartiger, mit der traditionellen Hochliteratur konkurrierender literaler Produktionstyp, der zur Endabnahme für ein (vor-)lesefreudiges Publikum bestimmt war. Mit der Mitte des 16. Jahrhunderts etabliert sich im Druck eine anspruchslose Unterhaltungsliteratur. Seit der Publikation von Jörg Wickrams *Rollwagen* im Jahre 1555 folgen regelmäßig Neuerscheinungen auf diesem offenbar doch einigermaßen lukrativen Gebiet, inhaltlich alle engstens aufeinander bezogen, doch niemals ohne die erklärte Absicht, alles bisher Dagewesene zu überbieten. Solcher Produktionseifer ist von Anfang an nicht ohne kritische Mißbilligung geblieben: "Georg Wickram von Colmar hat mit seinem Rolwagen, den er auff die pan gefüert, ursach geben, das ain jeder nar auf seinem karen auch hinnach wil fahren." (Bolte 1899, S. 469). Die Autoren dieser Sammlungen haben zum größten Teil ein Studium absolviert, sich aber nur selten einen Platz in der höheren Beamtenhierarchie sichern können. Es sind vorwiegend junge Männer protestantischer Herkunft in unstabilen Verhältnissen mit Verbindungen zu Druckereien oder Verlegern in Straßburg, Augsburg oder Frankfurt. Die so plötzliche Verschriftlichung von Schwankstoffen läßt sich mit einem Abbau unterschiedlicher Barrieren in Zusammenhang bringen. 1. Zeugnisse einer passiven wie aktiven Alphabetisierung mehren sich: "Dan vor Zeiten hab manß für ain herrlichs ding gehalten, was einer nur schreiben und lesen hat kinden, dasselb sei jetz gemain, und kinds ain jegclicher paur schier." Mit der Barriere des Lesens, so heißt es, sei auch die des Schreibens gefallen: "Wan es gelten solt auß lauter weibertheding oder kindermerlin, also wurd jeder paurenknecht, er loß nur auf und merkh, was er ain winter für schandbaren wort und unzüchtigcait her, so hat er schon ein buch."[5] Dieser neue Autorentyp, auf den die eingesessenen Literaten mit Verachtung blicken, zeigt sich in der Regel als ambitionsloser Novize ("das ich noch jung und kain wolbeleßner historicus bin"; "dann ich kain poet nicht bin"), der seine Aufgabe in der Popularisierung von Stoffen sieht, die er dem "gemeinen und unbelesenen Laien" verständlich machen will. Eine spekulative Ausnützung des derzeitigen Publikumsgeschmacks, verbunden mit der Hoffnung auf materielle Konsolidierung in einer persönlichen Notsituation, wird man ihm in vielen Fällen unterstellen dürfen. 2. Als eine ideelle Barriere, die die Ausbildung einer eigenständigen Unterhaltungsliteratur verwehrt hat, kann sicher auch die jahrzehntelange Präokkupation mit konfessionellen Streitfragen angesehen werden. Bolte weist mit Recht darauf hin, daß das erste Exemplar der Schwankserie in das Jahr des Augsburger Religionsfriedens fällt. 3. Aber auch materielle Voraussetzungen haben die Erschließung neuer Lesestoffe und -gewohnheiten begünstigen mögen. U. a. anhand einer Untersuchung von Kornpreisen haben Wirtschaftshistoriker den zeitlichen Abschnitt zwischen 1550 und 1620 als eine Phase wirtschaftlichen Wohlstandes bestimmen können, was zeitlich genau mit der Hochkonjunktur der Schwankliteratur zusammentrifft. Solche Wohlstandsimpulse ziehen in der Regel eine kulturelle Angleichung an Privilegien der nächsthöheren Schicht nach sich. Die Stoffe der Schwankliteratur, ehemaliges Gut mündlicher Erzählgemeinschaften, waren in literaler Gestalt bisher Exklusivbesitz elitärer Minderheiten: im 13. und 14. Jahrhundert als Fabliaux bei Boccaccio und Chaucer literarische Schöpfungen für ein höfisches Publikum, Anfang des 15. Jahrhunderts als lateinische Facetien ein kulinarisches Vergnügen für einen kleinen Kreis von Humanisten. In der Eroberung der Schwankstoffe als anspruchsloses Lektüreangebot für ein breiteres städtisches Publikum läßt sich vielleicht eine derartige durch vorübergehenden wirtschaftlichen Aufschwung getragene Angleichung an kulturelle Privilegien der nächsthöheren Schicht feststellen.

Differenzmerkmale

Die volkskundliche Forschung hat nicht versäumt, das reichhaltige Material beider Textgruppen, Exempel wie Schwänke, für die Erstellung von Motivinventaren und die Ermittlung von Überlieferungssträngen von Erzählstoffen zu verarbeiten. Hier soll es dagegen auf die Differenzmerkmale befragt werden, die den folkloristischen Texttyp in seinen spezifischen Produktions- und Rezeptionsbedingungen vom literarischen abheben. Wir wollen auf fünf Punkte gesondert eingehen und sie im anschließenden dritten Teil unter verschiedenem Akzent illustrieren.

1. *Das Werk als offene Einheit.* — Durch die Schriftlichkeit wird heterogenes Material homogenisiert und damit eine Basis zur Konstitution übergreifender Sinnzusammenhänge geschaffen. Von dieser Möglichkeit macht die schriftliche Folklore jedoch nur sehr begrenzten Gebrauch. Bereits der Terminus 'Kompilationsliteratur' macht deutlich, daß es sich hierbei weniger um ein Werk als um ein Stückwerk handelt. Die Handschrift oder Edition stellt eine Sammlung in sich geschlossener Texte dar, ob es sich nun im einzelnen um Chronikerzählungen oder Wunderberichte, um Schwänke oder Exempla, um Sentenzen oder Tatsachenberichte handelt. Die Freiheiten des Kompilators in der Textkomposition sind nahezu unbeschränkt: er wählt aus unterschiedlichen Vorlagen aus, ordnet nach eigenem System und erweitert den Bestand durch neue Materialien. Er vereinigt schriftliche und mündliche Tradition; in der Rubrik 'Audivi' oder 'Dicitur' kann eine Sammlung überlieferter Stoffe weitergeschrieben, um neue, auch eigene Erfahrungen, Belege, Begebnisse angereichert und up to date gebracht werden. Gelegentlich wird dem Käufer eines solchen Werks sogar empfohlen,

er möge "Papier darzwischen schiessen lassen, da man denn gar leichte, entweder aus andern Büchern, oder aus der Erfahrung, mehr Exempel unter iedweden Titul herzu tragen kan" (zit. nach Brückner 1974, S. 111 f.). Durch diese Form der Verlängerung, Erneuerung und Adaptation des Alten sichern sich die Neuauflagen ihren Absatz. Es entsteht geradezu ein Überbietungszwang (der sich auf den Titelblättern allerdings oft eindrucksvoller darstellt, als es durch die Textsubstanz gerechtfertigt wäre); so wird aus dem *Speculum Exemplorum* (1481) mit seinen 1266 Beispielen das *Magnum Speculum Exemplorum* (1603) mit 1352 Beispielen.

2. *Variantenstatus.* — Was für die Gesamtkomposition gilt, betrifft auch die Textgestaltung im einzelnen: die im literarischen Bereich undenkbare Antastbarkeit der Texte. Im folkloristischen Gebrauch gibt es keine kanonische Wortlautgebundenheit. Der inhaltliche Kern kann aufgeschmolzen und in eine neue Form gegossen werden. Die Verbreitung dieses Materials über regionale und kulturelle Grenzen hinweg erfordert eine hohe Flexibilität und Anpassungsleistung in der Ausgestaltung durch den Kopisten; er kann den moralischen Ernst seiner Themen vertiefen, aber auch gänzlich tilgen, er kann Begebenheiten in eine andere Anschauungswelt überführen, er kann einzelne Episoden mit großer Sorgfalt ausmalen oder auch einfach übergehen.[6] Mit der Tätigkeit des Kopierens und Exzerpierens ist das Verkürzen und Verlängern vereinbar, von Fehlern und Entstellungen ganz zu schweigen. Chaucers Mahnworte an seinen Schreiber Adam, dem er Eigenmächtigkeit und Nachlässigkeit vorzuwerfen hat, verweisen unmißverständlich in ein literarisches Milieu: "after my making thou wryte trewe!" (Skeat, Hg. S. 118) Wo dagegen der Text nicht als unveränderliches Unikat, sondern als Variante zu existieren bestimmt ist, wird man bei einem kritischen Textvergleich dieselben Erfahrungen machen können wie im 17. Jahrhundert der Jesuit Knellinger, der sich über die Sorglosigkeit eines "frey aukauffenden Erzehlers" verwundert. Dieser habe nämlich etliches gestrichen, andererseits "gewaltig vil, so in der Histori nicht befindlich, nebenher lauffen lassen." (Moser-Rath 1964, S. 71)

3. *Autor und Autorität.* — "Die Bücherschreiber sind zum theil wie die Guckguck, einer guckt den andern nach, und wenn man einen hört, so hört man sie fast alle." (*Ars Apophtegmatica* no. 3542) Harsdörffers zynische Bemerkung kennzeichnet treffend die Hersteller schriftlicher Folklore. Die Dauerhaftigkeit ihres Materials wird nicht wie im literarischen Überlieferungsmodus durch Hypostasierung von Autoren garantiert, sondern umgekehrt durch Obliteration von Autoren. Gewiß hat es jeder Kompilator mit Autoren zu tun, aber diese verbürgen ihm weniger individuelle Schöpfung als Autorität. Die Technik der Beweisführung weist von Autorität zu Autorität, je mehr Gewährsmänner man anführen kann, desto besser. Die Nennung eines Namens soll die Glaubwürdigkeit der Überlieferung erhärten und nicht, wie im literarischen Fall, den Text in seinem Aussagecharakter individualisieren. Bei Anspruch auf universale Bezeugung und Allgemeingültigkeit verliert die enge Beziehung von Text und Autor ihre Bedeutung. Die Namen also bleiben in gewissem Sinne austauschbar, weil substantielle Invarianz die einschränkende Verbindung von Text und artikulierendem Subjekt geradezu verbietet.

4. *Unikat und Serie*. — Die Modalität der Dauer von Texten ist abhängig von ihrer Kulturfunktion; sie persistieren nicht eo ipso, sondern immer nur "dank einer bestimmten Zahl von Trägern und materiellen Techniken gemäß bestimmten institutionellen Typen" (Foucault 1973, S. 180). Sicherlich ist auch jeder literarische Text bestimmten historisch bedingten Produktionsmustern verpflichtet, jedoch verliert er dadurch noch nicht den Status des Unikats im Sinne eines integralen Einzelexemplars. Bei Texten schriftlicher Folklore ist dieser individuelle Akzent nivelliert, als Glieder einer Serie löst ein Text den vorangegangenen nicht nur ab, er löscht ihn auch aus. Folklore und Literatur erschließen sich gegensätzliche Quellen der Produktivität: den literarischen Text prägt in seinem Traditionsraum die Geste des Widerspruchs, den folkloristischen die der Wiederholung. Diese Tendenz zur Vervielfachung ergibt sich aus der Abwesenheit des dialogischen Elements wie aus der Abwesenheit eines kanonischen Textes. Boccaccios *Decamerone* etwa, der in gewisser Hinsicht eine Summe im Stoffgebiet der Schwankliteratur zieht, wirkt literarisch ebenso prohibitiv wie folkloristisch produktiv. In literarischer Sicht erscheint die unhintergehbare Endgestalt des Textes, die nur in einer irgendwie rivalisierenden Gesamtkonzeption als Impuls erneut zum Tragen kommt; in folkloristischer Sicht erscheint der Text als unerschöpfliche Quelle für Neufassungen des sattsam Bekannten. Die Bürde der Dauer, die der literarische Text als Einzelexemplar trägt, verteilt sich in folkloristischer Überlieferung auf eine Reihe, deren Glieder Verfall und Ersetzung heißen. In diesem Mechanismus stößt sich die Individualität der Textgestalt ab und produziert ihre eigene Konstanz als Dauer im Wandel.

5. *Gebrauchscharakter*. — Wenn hier vom Gebrauchscharakter die Rede sein soll, ist es wichtig, vorauszuschicken, daß sowohl literarische wie folkloristische Texte zur Kategorie der 'Wiedergebrauchsliteratur' gehören und nicht wie Sachtexte (z. B. Rechtstexte oder Instruktionsliteratur) zur Gebrauchsliteratur im engeren Sinne. Dennoch zeigen sich gerade in pragmatischer Hinsicht grundlegende Unterschiede. Die Artikulationen der Folklore sind Brauchtumsgestalten und besitzen als solche einen festen Ort im Lebensvollzug, gleichgültig, ob es sich dabei um Lieder, Schränke oder Texte handelt. Hinter jeder Gattung steht prinzipiell eine rekonstruierbare Praxis. Die anhaltende Nachfrage nach Exemplasammlungen zum Beispiel erklärt sich durch einen bestimmten volkstümlichen Predigtstil und die Verwendung solcher Kompendien als homiletische Hilfsbücher. Für Predigten aller konfessionellen Schattierungen stellten sie die einschlägigen Materialien zur Förderung von Nachdruck, Anschaulichkeit und Kurzweil bereit, damit der Geistliche "seine Sachen, die er etwa reden oder schreiben will, wohl ausputzen" kann (nach Brückner 1974, S. 73). Die Gebrauchsorientiertheit solcher Werke zeigt sich vor allem in der übersichtlichen Aufbereitung der Textmasse. Als Klassifikationssysteme wurden dabei Gliederungen nach enzyklopädischen Sachgebieten, nach Artikeln des Glaubens oder alphabetischen Stichworten (von abstinentia bis zodomia) bevorzugt. Aber auch die ausschließlich unterhaltenden Texte zielen auf eine direkte lebenspraktische Nutzanwendung. Oft ist eine solche Funktion im Titel der Schwanksammlungen signalisiert: *Wegkürtzer* als Angebot für lange beschwerliche Reisen, *Wendunmuth* als Therapeuticum für Melancholie, *Tafelkonfekt* zur Förderung festlich geselli-

ger Konversation. Oder es wird das ganze Spektrum möglicher Nutzanwendungen in der umständlichen Titelei entfaltet, hier ein Beispiel von Michael Saxse aus dem Jahre 1619:

> Alphabetum Historicum, Oder vierdter Theil des Christlichen Zeitvertreibers, Darinne auff einen jeden Buchstaben des A.B.C. viel mercklicher Historien eingeführet werden, die gar nützlich seynd zu gebrauchen, zu Hofe, in ehrlichen Gelacken und Gesellschafften, auff Reisen, in Herbergen, und allen Zusammenkunfften, zu vertreiben die Zeit, zu verhüten unnütze Geschwetze und sündliche Thaten, und anzureitzen zur Gottseligkeit und Tugenden, junge und alte Leute.

Sieht man sich Vorworte aus der Frühgeschichte des Romans an, wird man feststellen, daß sich noch ein Jahrhundert später auch literarische Texte ähnlich expliziten Gebrauchsbestimmungen verpflichten können. Trotzdem sperren sie sich dieser intimen Verflechtung in konkrete Lebenszusammenhänge; sie erheben weniger Anspruch auf einen Sitz im Leben als auf einen Sitz in der Literatur im Sinne eines spezialisierten, aus dem allgemeinen Kulturleben ausdifferenzierten Bereichs. Literatur in dieser engeren Bedeutung läßt sich keiner ritualisierten Lebenspraxis unterordnen, eher schafft sie ihre eigene Brauchtumsform: die Exegese. Mit der Literatur tritt die Hermeneutik auf den Plan; diese ist also weniger eine Folgeerscheinung der Schriftlichkeit schlechthin als vielmehr der kanonisierten Schriftlichkeit, für die literarische Texte neben kultischen oder normativen einen säkularisierten, von kollektiver Verbindlichkeit entlasteten Sonderfall darstellen.

Es sollte noch einmal betont werden, daß sämtliche hier zu Analysezwecken isolierten Kennzeichen schriftlicher Folklore aufs engste miteinander verflochten sind. Es handelt sich lediglich um unterschiedliche Manifestationen ein und desselben Produktionsgesetzes, das die "Folklore als eine besondere Form des Schaffens" bestimmt. Bogatyrev und Jakobson haben hierfür den Begriff der 'Präventivzensur' eingeführt. Er besagt, daß nur das erfaßt und tradiert werden kann, was zu einem gegebenen Zeitpunkt kollektivem Interesse und Bedürfnis entspricht, und was bei diesem Selektionsvorgang außer Gebrauch gesetzt wird, muß unweigerlich absterben. Diese Entwicklung muß keine fortgesetzte Verarmung bedeuten, verschiedene in Umlauf befindliche Varianten können mit dem Effekt der 'Selbstberichtigung' (Anderson 1951, S. 21) aufeinander einwirken, außerdem darf der Spielraum für Improvisationen und Innovationen nicht zu gering veranschlagt werden. Entscheidend ist nur, daß als Regulativ allein die mit dem Text aufs engste assoziierte Praxis gilt.

Es ließe sich einwenden, daß von Präventivzensur als einem universalen Gesetz jeglicher Textverarbeitung auch der literarische Bereich nicht ausgenommen ist. Jeder Leser macht, mit Novalis zu sprechen, aus einem Buch, was er will, vieles wird immer außerhalb seiner von subjektivem Interesse gesteuerten Aufmerksamkeit bleiben. Dies ist nicht allein ein individualpsychologisches Problem, sondern findet auch im diskontinuierlichen Rezeptionsschicksal von literarischen Texten seinen kollektiven Niederschlag. Warum ist der literarische Text dennoch gegen individuelles wie kollektives Zerlesen gefeit? Warum ist nur ihm die prinzipielle Möglichkeit integraler Wiederherstellung eigen? Die schiere Literalität ist noch kein widerstandsfähiger Harnisch, der vor verformenden Zugriffen und der Auszehrung durch die Zeit schützen könnte. Schutz in diesem Sinne bietet dem Text allein die Institutionalisierung als Literatur durch ein sich gegenüber der kanonisierten Form zur Pietät verpflichtendes Publikum. Nostalgische Reprise, historisches Bewußtsein und archivarisches Interesse sind genuin literarische Einstellungen, die den Text aus der Praxis lösen. *In* der Praxis zu stehen ist dagegen das Privileg des folkloristischen Textes.

3. *Literarisierung und Folklorisierung*

Bei der Gegenüberstellung von Folklore und Literatur als unterschiedliche Texttypen muß der Eindruck vermieden werden, es handle sich hierbei um starre und unüberbrückbare Gegensätze. Die aufgeführten Differenzmerkmale dienen eher der Markierung zweier Pole einer Gleitskala. Es handelt sich also nicht um eine strikte Typologie, sondern um ein Beobachtungsraster, das die Fluktuation von Texten auf dieser Skala registrieren hilft. Die grundsätzlich bewegliche Disposition eines Textes zwischen Literatur und Folklore soll im folgenden in beiden Richtungen näher verfolgt werden.

Literarisierung

Den Vorgang der Literarisierung illustriert eine von Chaucers *Canterbury-Geschichten.* Diese um 1387 entstandene und im Kontext der Rahmenkomposition einem Bettelmönch-Pilger in den Mund gelegte Erzählung handelt von der gerechten Strafe, die einen korrupten Gerichtsbüttel trifft. Der hat sich auf einen seiner üblichen Raubzüge begeben, als sich der Teufel, der in ähnlicher Mission unterwegs ist, zu ihm gesellt. Jeder interessiert sich für die Geschäftspraktiken des anderen. Dem Büttel ist jedes Mittel recht, arme wehrlose Menschen um ihr Hab und Gut zu prellen, der Teufel dagegen erhebt Anspruch nur auf das, was ihm aus vollem Herzen überlassen wird. Ein Fuhrmann unterwegs, der mit seinem Karren im Morast steckengeblieben ist, wünscht wutentbrannt Pferd und Wagen samt Heu zum Teufel. Dieser kann von dem Angebot aber keinen Gebrauch machen, denn was der Fuhrmann sagte und was er dachte, war zweierlei: "The carl spak oo thing, but he thoghte another." Anders das Opfer des Büttels, die arme Witwe, die in ihrer Bedrängnis den Erpresser aus vollem Herzen zum Teufel wünscht. Der zögert dann auch nicht, diesen Herzenswunsch umgehend zu vollstrecken.

Mit dieser Geschichte haben wir eines jener vom Mittelalter bis in die Barockzeit so favorisierten Exempel vor uns. Darunter ist weniger eine Gattungsbezeichnung als ein Funktionsbegriff zu verstehen (Schenda 1969, S. 81); konkretisiert in Form einer kurzen Erzählung oder Beschreibung, die die Wirksamkeit Gottes im menschlichen Wirken sichtbar machen soll. Im vorliegenden Fall wird nicht ohne Schadenfreude demonstriert, wie göttliche Gerechtigkeit über menschliche Gerichtsbarkeit triumphiert. Teufel wie Büttel sind Organe einer Jurisdiktion, und es gehört zur paradoxalen, schwankhaften und ständesatirischen Ausprägung dieses Exemplum, daß der Teufel als der 'humanere' der beiden Vertreter gezeichnet ist. Die Kontinuität des Erzählstoffs führt bis in die Gegenwart hinein. Die frühesten Belege, eine gereimte Version des volkssprachlichen Dichters Der Stricker und eine lateinische Prosafassung des Cisterciensermönchs Caesarius von Heisterbach, sind 150 Jahre älter als Chaucers Erzählung, wohl aber ohne direkten Einfluß auf diese geblieben. Die unzähligen Fassungen über einen so großen Zeitraum hinweg bieten ein reiches Material zur Illustration des Variantenbegriffs.[7]

Es sind vier Richtungen, in denen sich der Variationsspielraum der Geschichte vom Richter und Teufel ausbreitet.

Komposition: Sieht man einmal von sinnentstellenden Auslassungen ab, so bieten sich für die narrative Anlage drei strukturelle Möglichkeiten an: 1. die zweigliedrige Fassung (Beispiel Chaucer: ein leichtfertiger und ein aufrichtiger Fluch), 2. die mehrgliedrige Fassung, die eine klimaktische Reihe der Fluchobjekte inszeniert (Schwein — Rind — Kind — Büttel) und 3. die Rahmenfassung, die den Fokus auf das Schicksal des vom Gerichtsbüttel heimgesuchten Opfers richtet und die Begegnung von Büttel und Teufel als Episode eingliedert.

Motivik: Die austauschbaren Motive der Erzählung betreffen den Vorwand für Fluchausbrüche; ob es nun eine säumige Sau, ein steckengebliebenes Fuhrwerk oder ein greinendes Kind ist, bleibt für den Gang der Handlung ohne Konsequenzen.

Extension: Der Raum, auf dem das Geschehen ausgebreitet wird, reicht vom kargen Bericht in fünf knappen Sätzen bis zur fabulierlustigen Verserzählung. Für die Durchdetaillierung des Erzählstoffs bieten sich besonders Beschreibung (z. B. der Bekleidung des Teufels) und der Gebrauch direkter Rede an (in der Version des Hans Sachs z. B. rechtfertigt der Teufel sein Desinteresse an der ihm dargebotenen Sau damit, daß er sich in der Hölle nicht auch noch um Schweinefutter kümmern könne).

Akkommodation: Die Geschichte wird in unterschiedliches raumzeitliches und soziales Milieu verlegt. Je nach den Intentionen des Erzählers kann sie den Juristenstand, die Stadtknechte, die Landsknechte, die Reichen oder aber auch in anekdotischer Manier einen bestimmten Darmstädter Anwalt aufs Korn nehmen. Entsprechend wird sich der didaktische Impuls der Beispielerzählung verlagern. — Damit reduzieren sich die invarianten Elemente des Erzählstoffs 1. auf die Präsenz des Teufels, 2. auf die subtile Unterscheidung zwischen oberflächlichem und herzhaftem Fluchen und 3. auf die aus der Perspektive der Unterdrückten mit Befreiung erlebte Umkehrung von Jäger in Beute.

Das im zweiten Teil vorgeschlagene Untersuchungsraster erleichtert es nun, am Beispiel der chaucerschen Fassung auf bestimmte Aspekte der Literarisierung des Exempels im einzelnen hinzuweisen. — In den Beispielsammlungen und ähnlichen Kompilationen erscheint die Geschichte als eine unter vielen, ohne besonderen Bezug zu dem, was ihr vorangeht oder nachfolgt. Diese lockere, rein additive Fügung, die *das Werk als offene Einheit* ausweist, trifft für die literarische Erzählung nicht zu. Bei Chaucer bildet die Rahmenerzählung der Pilgergruppe ein architektonisches Beziehungsgefüge, in dem jedes Element seinen unverrückbaren Platz erhält. Das braucht nicht auszuschließen, daß Chaucer mit seiner Komposition durchaus den Geschmack eines Potpourri anstrebt, denn ihm liegt daran, mit den Porträts seiner Binnenerzähler und den ihnen zugeordneten Erzählungen einen repräsentativen Querschnitt durch die spätmittelalterliche Gesellschaft zu vermitteln. Aber sowohl in dieser umspannenden Konzeption wie in der Detailfügung, wo Kontraste, Variationen und Spiegelungen inszeniert werden, offenbart sich der literarische Charakter des Werks als geschlossene Einheit.

Was den *Variantenstatus* oder die festgeschriebene Endgestalt des Textes selbst angeht, so wissen wir bereits, wie sehr gerade Chaucer auf die Unverfälschtheit seines Wortlauts gepocht hat. Gegenüber dem in seiner individuellen Ausprägung kanonisierten Text stellen sich zwei spezifisch literarische Verhaltensweisen ein, die man im folkloristischen Bereich vergeblich suchen wird: Ethos auf der Seite des Autors und Pietät auf der Seite des Rezipienten.

Der Mönch Caesarius leitet seine Version des Exempels mit der Beglaubigung durch einen Augenzeugen ein: er selbst hat die Geschichte von einem Abt des Cistercienserordens vernommen, in dessen Diözese Bremen sich der Fall zugetragen haben soll. Auch Chaucer schmückt sich gern mit *Autoren und Autoritäten*, allerdings entpuppt er sich oft als ein perverser Plagiator, der Eigenes als Fremdes ausgibt. Oft ist eine Quellenangabe gerade dort zu finden, wo er eigene Wege geht, und dient also vielfach eher zur Legitimierung dichterischer Freiheiten. Seine Version von Büttel und Teufel verzichtet ganz auf eine derartige 'Außenstabilisierung', sie ist in den Bezugsrahmen der *Canterbury Tales* hineinverlegt. Sprecher wie Hörer werden damit zum Bestandteil des Textes. Mit dieser Perspektivierung des Erzählstoffs durch einen internen Situationskontext wird die Geschichte fiktionalisiert, d. h. aus ihrer fraglosen Verankerung in einer Erzähler wie Publikum übergreifenden Lebenswelt gelöst und in eine eigene Welt versetzt. Im Gegensatz zum Kompilator und Tradenten der Folklore ist der literarische Autor die alleinige Autorität seines Textes. Zu seiner Rolle gehört, daß er sich zurückziehen muß, um sich besser zeigen zu können.

Verfolgt man die Geschichte von Richter und Teufel in diachroner Sicht, so verliert die einzelne Fassung ihre besonderen Konturen und assimiliert sich dem *Typus* der populären Teufelserzählungen, in denen gerade auch das bestrafte Fluchen ein bevorzugtes Thema ist.[8] Aus einer derartigen Kontinuität löst sich die literarische Version, die durch unterschiedliche Verfahren auf semantische Dichte angelegt ist und dadurch zum eigenständigen *Unikat* wird. Zu solchen textimmanenten Qualitäten gehört die Figurencharakterisierung, die der Volkskundler in seinem Material vermißt, ebenso wie die situative Verankerung des Geschehens. Bei Chaucer kommt noch die Profilierung des strukturellen Erzählmusters hinzu, die stilisierte Parallelität der Missionen von Büttel und Teufel. Dieses Moment dramatischer Ironie, durch das seine Version unverwechselbar akzentuiert ist, kommt allerdings erst bei mehrmaliger Lektüre des Textes zur Geltung, stellt damit also eine spezifisch literarische Rezeptionsanforderung.

Bei der Geschichte von Richter und Teufel, die zur Kategorie der Exempla gehört, ist der *Gebrauchscharakter* des Textes gewissermaßen ausbuchstabiert, denn die wenigsten Beispielerzählungen verzichten auf eine explizite moralische Anwendung. Diese applicatio, die zur Grundausstattung des Exempels gehört, findet sich auch in Chaucers Version. Dort werden abschließend die Schrecken der Hölle ausgemalt, es wird vor Satan dem Verführer gewarnt und für zeitige Reue unter den Btütteln gebetet. Dieses didaktische Element entspricht im literarischen Text aber keiner direkten Publikumsadresse, sondern bleibt in den Erzählzusammenhang eingebunden. Innerhalb der Pilgergruppe werden nämlich Büttel und Mönch zu Adressaten und Opfern gegenseitiger Erzählstrategien. Der Konflikt zwischen Vertretern zweier rivalisierender Stände, die mit ihrem streunenden Unwesen als Schnorrer oder Erpresser der Gesellschaft jeder auf seine Weise zur Last fallen, wird im Erzählkontext satirisch dramatisiert. Durch diese Perspektivierung wird der didaktische Impuls des Exempels literarisch integriert und funktionalisiert. Denn die Invektive des Bettelmönchs kontert und überbietet der Büttel umgehend im Prolog seiner eigenen, nun auf den Mönch zugeschnittenen Erzählung, worin er sein Opfer ausdrücklich vom heiligen Gnadengesuch ausschließt. Die Moral des Exempels bleibt in der Polemik des Erzählerduells verhaftet.

Folklorisierung

Der beschriebene Weg läßt sich auch in umgekehrter Richtung zurücklegen. Dafür kann ein weiterer literarischer Text als Beispiel dienen, Daniel Defoes Roman *Robinson Crusoe*. Der Autor hat dieses Werk in gewissem Sinne bereits selbst 'folklorisiert', als er auf Drängen seines Verlegers in kurzen Abständen noch zwei Fortsetzungen folgen ließ: nach *The Life and Strange Surprising Adventures* im April 1719 erschienen im August desselben Jahres *The Farther Adventures* und ein Jahr darauf *Serious Reflections*. Um das rege Leserinteresse am Titelhelden ausnützen zu können, hat der Autor sein *Werk als offene Einheit* betrachtet, das beliebige Verlängerung zuläßt. Der erhoffte Erfolg blieb jedoch aus. Das große Geschäft mit dem literarischen Wurf blieb dem Verleger vorbehalten wie den Herstellern diverser Raubdrucke, die bereits im Erscheinungsjahr gleichzeitig mit den ersten Neuauflagen des 1. Bandes auf den Markt kamen. Diese außerhalb des Geltungsbereichs des Copyright in Dublin oder Amsterdam erschienenen Raubdrucke illustrieren jenen *Variantenstatus* des Textes, wie er für die Produkte mündlicher und schriftlicher Folklore charakteristisch ist. Kürzungen, inhaltliche Veränderungen und stilistische Glättung der spröden Prosa sollten die Absatzchancen des Bestsellers noch erhöhen. Entsprechende Variationen hat das inzwischen zum Klassiker avancierte Werk bis in die Gegenwart hinein erfahren. Auf die Bedürfnisse eines spezifischen Publikums oder Mediums zugeschnitten, etwa als Kinderbuch oder Filmskript, werden unterschiedliche Adaptationen fällig; eine Hörspielfassung führt gar zur Bereicherung des Stimmenspektrums die Figur eines treuen, ebenfalls den Schiffbruch überlebenden Hundes ein, der in beschränktem Umfang seinem Herrn als Dialogpartner dienen kann. Der literarische, in komplexen Raum-Zeitbezügen verwurzelte Robinson Crusoe, of York, Mariner gerinnt in diesen Varianten zum stereotypen Seeabenteurer, der mit hartnäckiger Anpassungsfähigkeit und technischem Geschick sein einsames Schicksal im exotischen Exil meistert.

Bei der Frage nach *Autor und Autorität* ist der Umstand von Bedeutung, daß auch Defoe sich einem folkloristischen Ausgangstyp verpflichtet. Die Einfache Form des 'Memorabile', von Jolles als "die Geistesbeschäftigung mit dem

Tatsächlichen" beschrieben, wird von ihm in die sich eben erst konstituierende literarische Gattung des bürgerlichen Romans transponiert. Das Memorabile präsentiert gegenwärtiges und augenzeugenbeglaubigtes Geschehen mit einem ausgeprägten Sinn fürs Sensationelle. Prägnantes Beispiel dafür sind die Tatsachenberichte, die wenige Jahre vor der Niederschrift des *Robinson Crusoe* das außergewöhnliche Schicksal des schottischen Matrosen Alexander Selkirk zum Stadtgespräch machten. Nach einer Auseinandersetzung mit seinem Kapitän war er auf einer unbewohnten Insel der Gruppe Juan Fernandez ausgesetzt worden und hatte dort bis zu seiner Bergung vier Jahre und vier Monate später auf wunderbare Weise überdauert. Der bedeutende Journalist Richard Steele, der den Heimgekehrten selbst interviewt haben will, schließt seinen Bericht mit den Worten: "This plain Man's Story is a memorable Example, that he is happiest who confines his Wants to natural Necessities." (Defoe 1972, S. 310) Hieraus wird deutlich, daß in einem aufgeklärten Zeitalter das Memorabile die Funktion des Exemplum fortzusetzen imstande war. Defoe, ebenfalls Journalist, schildert mit sicherem Gefühl für den herrschenden Zeitgeschmack ein paralleles Schicksal in epischer Breite. In seinem Vorwort übernimmt er die Rolle des fiktiven Herausgebers, der einen authentischen Lebensbericht nachdrücklich in die Tradition unüberhöhter, sensationeller Tatsächlichkeit stellt: "The editor believes the thing to be a just history of fact; neither is there any appearance of fiction in it." Die faktische Funktion des Textes braucht die didaktische jedoch keineswegs auszuschließen; er ist angelegt "to the instruction of others by this example, and to justify and honour the wisdom of Providence". Die Pose des Herausgebers ist fiktionstheoretisch überaus komplex: der Text wird entliterarisiert durch die explizite Trennung von Autor, und Autorität, als Autorität für das Geschehen bürgt nicht ein beliebiger Autor sondern die Wahrhaftigkeit der Historie; gleichzeitig ist die Selbstverleugnung des Autors eine eminent literarische Geste, die seine Position als Drahtzieher im Versteck absichert.

Defoe vereinigt in seinem Roman den Realismus eines Tatsachenberichts mit der thematischen Globalität eines Mythos. Innerhalb der literarischen Tradition hat der Text in seinem ersten Aspekt innovatorisch gewirkt, für die folkloristische Tradition wurde der zweite Aspekt produktiv. Besonders in Deutschland hat der Roman seit den zwanziger Jahren des 18. Jahrhunderts geradezu epidemisch gewirkt, oder mit dem Bild eines zeitgenössischen Rezensenten[9]:

> Der Crusoe ist der Stammvater vieler Kinder, worunter die meisten aus der Art geschlagen sind, und ihrem Hrn. Großpapa wenig Ehre machen."

Während die Kritiker monierten, daß hier ein literarischer Text zur Schablone für eine blühende *Serienproduktion* geworden war, stieß sich der breitere Publikumsgeschmack wenig an solchen Symptomen einer "Pathologie der Litteratur". Die Popularität der schlesischen, sächsischen, Leipziger, stayrischen, westphälischen, isländischen, böhmischen, dänischen, nordischen, österreichischen Robinsöhne dokumentieren den Trend einer "neuen Lesesucht", ein sich durchsetzendes Verlangen, "bloß zum Zeitvertreib zu lesen"; die sich in dieser Zeit etablierende Gattung des Romans sowie die sich abrupt verbreitende Leserschaft und verbesserte Distribution fördern neue Lesegewohnheiten: "die intensive Wiederholungslektüre wird durch die extensive Konsumlektüre zu ersetzen versucht". (Fohrmann 1979, S. 48) Der Name Robinson wird zu einem Markenzeichen, das für unterschiedlichste Inhalte firmieren kann und sich dabei zielstrebig seinen Ort im Produktions- und Konsumptionsmechanismus sichert. Das Werk wird zur Ware, der Markt zur Regulationsinstanz der Gattung, die in einer "Kette von Substituten" besteht. (a.a.O., S. 64) Jeder neue Robinson löst seinen Vorgänger ab und bietet darin wieder Anlaß für seine eigene Ersetzbarkeit.

Das Beispiel der Robinsonaden ist nicht nur für die Marktmechanismen schriftlicher Folklore instruktiv, es macht auch deutlich, wie ein literarischer Text durch einseitige Stilisierung ins Folkloristische changieren kann. Defoes eigenartige Synthese von ökonomischem Abenteuer und individuell erfahrener Heilsgeschichte, verknüpft durch das Motiv der felix culpa, wird in der Robinsonadenproduktion in seine Komponenten zerlegt. Die älteren Robinsonaden variieren das Abenteuerthema im Zusammenhang mit wirtschaftlicher Konsolidierung, sparen aber jeden Blick auf eine innere Entwicklungsgeschichte des Helden sorgfältig aus. Die jüngeren Robinsonaden wiederum verarbeiten den Stoff einseitig zu einem Erziehungsbuch, allerdings nicht in Form der Selbsterfahrung nach dem Muster puritanischer Autobiographie, sondern im Stil einer auktorial verankerten didaktischen Erzählung. Rousseau hat die Richtlinien einer derartigen Texttransformation am "Konzentrationsstoff Robinson" durch Auslassungen und Erweiterungen programmatisch niedergelegt; Campes *Robinson der Jüngere* löst dieses Programm, wenn auch mit unterschiedlicher Akzentsetzung, als pädagogisches Jugendbuch ein (a.a.O., S. 157—159).

Das Beispiel der Robinsonaden macht deutlich, daß das Phänomen schriftlicher Folklorisierung nicht auf mittelalterliche oder frühneuzeitliche Abschreibegewohnheiten einzuschränken ist. Das 'Volksläufigwerden' ist ein von unterschiedlichen Interessen gelenkter Ausfilterungsprozeß. Der literarische Prototyp der Serie wird Präventivzensuren unterworfen und damit in seiner Wertigkeit reduziert, wodurch gleichzeitig der folkloristische Text in seinem *Gebrauchscharakter* gewinnt, sei es als unterhaltende Lektüre für ein konfessionell indifferentes bürgerliches Publikum, sei es als aufklärerische Erziehungsschrift mit dem Ziel, die Jugend in die Normen der Gesellschaft einzuüben.

4. *Zur Dialektik von Folklore und Literatur*

Daß Folklore und Literatur korrelative Begriffe bilden, darüber ist man sich weitgehend einig; äußerst divergente Meinungen herrschen jedoch über die Natur dieses Verhältnisses. Dafür sollen hier nur drei Beispiele angeführt werden. H. Naumann vereint beide Begriffe in einem organischen Zyklus: die Folklore bildet die kollektive Matrix, den gemeinschaftlichen Nährboden, aus dem persönliche literarische Zeugnisse emporwachsen, die wiederum als "gesunkenes Kulturgut" in die Volkskultur eingehen können (vgl. Bausinger 1966, S. 17—19). Bei W. Steinitz gewinnt der Topos vom Ende der Folklore eine neuartige Resonanz. In der Folklore sieht er Reichtum und gleichzeitige Beschränktheit der Bauernkultur, ja, einen minderwertigen Ersatz für die nichtprivilegierten Schichten. Sobald die Klassengegensätze beseitigt sind und das arbeitende Volk in gleiche Rechte eingesetzt ist, wird das "literarische Prinzip, das bisher für die Kultur im Bereich der herrschenden Klasse charakteristisch war ... zum herrschenden Prinzip der Wortkunst." (Steinitz 1966, S. 7). Im geschichtlichen Verlauf wird Folklore notwendig von der Literatur usurpiert oder zumindest auf eine Randerscheinung zurückgedrängt. H. Bausinger erkennt in der Industrialisierung den Grund für eine "intensive Durchdringung der Volkskultur mit Gütern der Hochkultur." "In diesem in quirlige Bewegung geratenen kulturellen Feld" verwischen sich die Grenzen: "Folklore und Literatur rücken zusammen." (Bausinger 1966, S. 18, 19, 24).

Die Ununterscheidbarkeit und funktionale Einheit von Folklore und Literatur charakterisiert jedoch, so meinen wir, treffender als unsere zivilisatorische Spätstufe den Zustand einer archaischen Kulturgemeinschaft. Wo *eine* Volksgemeinschaft *ein* Epos besitzt, wie dies noch heute für bestimmte afrikanische Stämme gilt, das die Machtverhältnisse legitimiert, die kollektive Identität verbürgt und die Abgrenzung von Nachbarstämmen markiert[10], ist unsere Frage der funktionalen Differenzierung müßig. Verbindlich autorisierte Textgestalt und kollektiver Vollzug stehen sich hier nicht gegenseitig im Wege. Dieser Zustand wird jedoch in der Phase der Hochkultur mit ihrer erheblich differenzierten Arbeitsteilung und der technischen Errungenschaft schriftlicher Überlieferung bereits unwiederbringlich überwunden. Es ist ein Mißverständnis, anzunehmen, der Autonomieanspruch der Literatur wäre die späte Frucht romantischer Genieästhetik. Das literarische Prinzip, das sich gegen das 'Sitzen im Leben' sperrt und den Kampf gegen den Tod aufnimmt, ist eine unablösliche Wurzel der westlichen Kultur. Es beansprucht, die Grenzen des individuellen Daseins und alltäglichen Gebrauchs zu sprengen und dem Text die Weihe autonomer Dauer und Gegenwart zu verleihen. Sicher richtig ist jedoch, daß der Bruch zwischen Literatur und Folklore in keiner Epoche so kraß und schmerzlich empfunden wurde wie gerade in der Romantik. Im Erfahrungshorizont einer nicht hintergehbaren zivilisatorischen Schwelle, der Industrialisierung, richtet sich die nostalgische Sehnsucht auf eine Wiederherstellung der archaischen Einheit oder, wie man das poetologische Programm mancher Romantiker zusammenfassen könnte, auf eine 'Neue Mythologie' oder Wiedergeburt der Dichtung aus dem Geiste der Folklore.

Mündlichkeit und Schriftlichkeit sind für Folklore bzw. Literatur zwar prototypisch, aber keineswegs zwingend ausschließlich. Wie schon wiederholt betont wurde, dringen die Gesetzmäßigkeiten folkloristischer Kommunikation in die Schrift ein, nachdem Alphabetismus und der Zugang zu Gedrucktem nicht mehr Privileg einer Minderheit sind. Der Nachdruck, mit dem hier von schriftlicher Folklore die Rede gewesen ist, macht abschließend noch eine terminologische Klärung notwendig: es handelt sich um einen abgrenzenden Seitenblick auf die *Trivialliteratur*. Drei Aspekte sind dabei besonders hervorzuheben. 1. Die einschlägigen Untersuchungen sind sich darin einig, daß von Trivialliteratur erst seit dem späteren 18. Jahrhundert die Rede sein kann, jener Phase, die im Zuge der Industrialisierung gedruckte Literatur erstmalig für den Massengebrauch bereitstellt. Im Gegensatz zu Folklore und Literatur handelt es sich dabei also nicht um ein allgemeines Prinzip, sondern um ein *historisches Phänomen,* genauer:

um ein Epiphänomen und Surrogat sowohl zu Folklore wie zu Literatur. 2. Ein Charakteristikum der Trivialliteratur, die sie von Folklore und Literatur abhebt, ist ihr *Warencharakter*. Eine kleine Gruppe von Produzenten, die sich — zum Teil wider besseres Wissen — ausschließlich an Marktgesetzen orientiert, steht einer Masse von Abnehmern gegenüber, die diese Texte in starrem Konsumverhalten rezipieren. Diese rigorose Arbeitsteilung steht im Kontrast zum folkloristischen Kommunikationstyp, wo die Variantenbildung von aneignender Adaptation und Weitergabe zeugt. 3. Trivialliteratur ist auf eine einsame, private Rezeptionssituation zugeschnitten, sie bietet Ersatzbefriedigung und kompensatorisches Erleben an. Damit fördert sie die Isolation und *soziale Desintegration* ihrer Abnehmer. Folklore dagegen ist in kollektiven Brauchtumsformen und alltäglichen Praxisritualen verankert, ihre Rezeption vollzieht sich in einem sozialen Akt. Sehr deutlich bringen dies die Autoren der frühen Schwanksammlungen zum Ausdruck, die ihre Texte explizit für den geselligen Vollzug empfehlen: "gantz kurtzweylig zu lesen, auff Weg vnd Strassen, zu recitieren, vnnd zu erzelen, auch bey Gastungen, vnd sonst Gesellschafften." (Zit. nach Bolte 1893, S. 169)

Die Ausbreitung der Trivialliteratur mag auf Literatur wie Folklore modifizierend eingewirkt haben, etwa in dem Sinne, daß sich die Literatur, schwieriger und exklusiver geworden, 'nach oben' abgesondert hat, Folklore dagegen als Medium der Subkultur in den Untergrund gegangen ist. Als Grenzwerte einer Skala, auf der Texte gemäß ihrer Verwendung changieren können, bleiben sie jedoch eng aufeinander bezogen. Durch funktionale Integration in kollektive Brauchtumsformen kann ein literarischer Text folklorisiert werden, im Grenzfall sogar ohne jeden verändernden Zugriff, wie dies mit J. Bunyans *Pilgrim's Progress* geschah, als dieser allegorische Roman als populäre Bibel in der Mission massenhaft eingesetzt wurde; durch archivarische Isolation aus Brauchtumsformen und Stabilisierung in kanonischer Gestalt kann ein Text literarisiert werden wie in von Arnims und Brentanos Anthologie *Aus des Knaben Wunderhorn*, ebenso aber auch durch verfremdende Lösung aus Gebrauchskontexten, wie E. Jandls "found poem" über den Jantel, ein aus einem Schaufenster kopierter Werbetext, zeigt.

Neben solchen Bewegungen, die eine pragmatisch orientierte Rezeptionsgeschichte zu registrieren hat, ist aber vor allem das Nebeneinander von Folklore und Literatur als kulturhistorische Tatsache von Bedeutung. Ihr Verhältnis zueinander ist dialektisch im Sinne einer notwendigen gegenseitigen Bedingtheit. Der Einbruch von Literatur — als individuell geprägter, kanonisierter und in Pietät konservierter Verlautbarung — in das System einer Kultur bedeutet zugleich eine Depotenzierung ihrer kollektiven Normen und Überlieferungsinhalte. Was in einer archaischen Gemeinschaft ungeteilt im Mittelpunkt stand, wird durch die Ankunft der Literatur an die Peripherie verwiesen und auf der Schwundstufe der Folklore bewahrt. Dies ist jedoch kein einseitig usurpatorischer Vorgang. Es gehört zu den Entwicklungsgesetzen des zivilisatorischen Prozesses, daß sich — bereits im Zustand der frühen Hochkultur — die Kulturfunktionen zentripetal verzweigen, daß es mit dem Verlust der Mitte nur noch ausdifferenzierte Sonderfunktionen und spezielle Ressorts geben kann. Die

Kultur läßt sich dann nicht mehr einheitlich repräsentieren. Nachdem sich Folklore und Literatur von ihrer gemeinsamen Wurzel gelöst haben, regieren *beide* in je spezifischen Bereichen und mit eingeschränkter Verbindlichkeit.

Anmerkungen:

[1] "There is a memorable interval between the spoken and the written language, the language heard and the language read. The one is commonly transitory, a sound, a tongue, a dialect merely, almost brutish, of our mothers. The other is the maturity and experience of that; if that is our mother tongue, this is our father tongue, a reserved and select expression, too significant to be heard by the ear, which we must be born again in order to speak." Kap. "Reading" in Thoreau 1963, S. 73.

[2] Obwohl Wesselski (1931, S. 144—156) umgehend (Anderson 1935) und auch noch später (Ranke 1955) Ehrenrettungen der oralen Tradition provoziert hat, scheint sich die neuere Forschung doch wieder radikaler zu seiner These zu bekennen; stellvertretend Schenda 1976, S. 186: "Die romantische Theorie von der starken eigenständigen Überlieferung im Volke ist inzwischen als bürgerliche Ideologie entlarvt."

[3] Seit seiner Prägung durch einen englischen Gelehrten im Jahre 1846 hat der Begriff 'Folklore' ein wechselvolles Schicksal erfahren. Zunächst mit einem Hauch von Ursprünglichkeit und einem an die deutsche volkskundliche Tradition anschließenden mythengeschichtlichen Programm verbunden, erweiterte er sich zu einem allgemeinen Sammelbegriff für Formen nurmündlicher Überlieferung und damit zu einem deskriptiven Terminus für den Gegenstandsbereich der Volkskunde überhaupt (Bausinger 1980, S. 38, 53).

[4] Vgl. hierzu den Abschnitt "Der Typus Kompilationsliteratur" in Brückner (1974, S. 82 bis 102). Die Praxis des Exzerpierens und Kompilierens in Exemplasammlungen ist 1681 von dem protestantischen Pfarrer J. C. Udenius durch vier Gründe gerechtfertigt worden: 1. wegen "der Gedächtnis Hinfälligkeit", 2. wegen zu teurer Bücher, 3. wegen zu rarer Bücher, 4. wegen Zeitnot im späteren Amte" (Brückner 1974, S. 69). Auf die Popularität dieser Texte ist immer wieder mit Nachdruck hingewiesen worden: "The extensive currency given to these stories by their reception into these collections can hardly be imagined" (Crane 1883/84, S. 77). Entsprechendes gilt für die ausschließlich zur unterhaltenden Lektüre bestimmten Volksbücher und Schwanksammlungen: "Vermutlich hat es vor unserem Zeitalter der mechanischen Massenbeeinflussungsmittel überhaupt keine Periode der Beeinflussung der Volkserzählung in solchen Ausmaßen gegeben, als eben diese der Renaissance" (Schmidt 1963, S. 304).

[5] Die Zitate entstammen einer anonymen Schmähschrift gegen den Schwankautor Martin Montanus, die 1558, ein Jahr nach dessen *Wegkürzer*, ebenfalls in Augsburg erschien. (J. Bolte, Hg. 1899, S. 469, 461, 474).

[6] Röhrich 1969 hat verschiedene Dimensionen der Abweichungen unter Varianten registriert: sozialer Wandel (z. B. Verlagerung vom höfischen ins städtische oder dörfliche Milieu), geistesgeschichtlicher Wandel (z. B. vom Glauben zum Aberglauben), (Ent-) Historisierung, Funktionsverschiebung und Gattungswechsel, Literarisierung, Reduktionsformen (z. B. parodistisch oder redensartlich).

[7] Vgl. Taylor (1921) und Röhrich (1967, S. 251—278 und 460—471). Letzterer hat 18 Beispiele in seiner Anthologie abgedruckt und ausführlich kommentiert.

[8] In dem von Alsheimer (in Brückner 1974, S. 417 ff.) aufgestellten Katalog protestantischer Teufelserzählungen kommen für den beschriebenen Typus, der die Elemente 'Teufel' und 'bestraftes Fluchen' kombiniert, folgende Nummern in Betracht: 57, 159, 222, 247, 269, 297, 304, 412, 413, 502, 535, 543, 808, 822, 824, 843; direkte Varianten der Geschichte sind 433 und 524.

[9] Zitiert nach J. Fohrmann 1979, S. 4, dem ich auch die weiteren Informationen zum Thema Robinsonaden verdanke. — Er hat indessen plausibel machen können, daß keine notwendige und direkte Erbfolge zwischen dem englischen Ahn und seinen deutschen Nachfahren besteht,

denn es gibt seit Beginn des 18. Jahrhunderts einen Robinsonaden-Trend, in dem Defoes Roman lediglich den Kulminationspunkt darstellt. Von ihm stammt der zugkräftige Name, die narrativen Muster dagegen sind der längst etablierten pikaresken Erzähltradition, besonders den Simpliziaden und Avanturiers, entlehnt.

[10] Mündlicher Diskussionsbeitrag von H. Jungraithmayr während der Tagung.

Literatur:

Alsheimer, R. (1971) *Das* Magnum Speculum Exemplorum *als Ausgangspunkt populärer Erzähltraditionen*, Europäische Hochschulschriften Reihe 19, Bd. 3, Bern und Frankfurt.
Anderson, W. (1935) *Zu A. Wesselskis Angriffen auf die folkloristische Arbeitsmethode*, Acta et Commentationes Universitatis Tartuensis, Tartu.
Bausinger, H. (1966) "Folklore und gesunkenes Kulturgut", in: *Deutsches Jahrbuch für Volkskunde* 12, 15—25.
— (^{2}1980) *Formen der Volkspoesie*, Grundlagen der Germanistik 6, Berlin.
Bausinger, H. und Brückner, W. (Hgg.) (1969) *Kontinuität? Geschichtlichkeit und Dauer als volkskundliches Problem*, Berlin.
Bogatyrev, P. G. und Jakobson, R. (1929) "Folklore als eine besondere Form des Schaffens", in: *Donum Natalicium Schrijnen Nijmege*, Utrecht, S. 900—913; wiederabgedruckt in R. Jakobson (1979) *Poetik*, Frankfurt.
Bolte, J. (Hg.) (1893) *Valentin Schumanns* Nachtbüchlein *(1559)*, Bibliothek des litterarischen Vereins Stuttgart 197, Tübingen.
— (1896) *Jakob Freys* Gartengesellschaft *(1556)*, Bibliothek des litterarischen Vereins Stuttgart 209, Tübingen.
— (1899) *Martin Montanus* Wegkürzer *(1557)*, Bibliothek des litterarischen Vereins Stuttgart 217, Tübingen.
Brückner, W. (Hg.) (1974) *Volkserzählung und Reformation. Ein Handbuch zur Tradierung und Funktion von Erzählstoffen und Erzählliteratur im Protestantismus*, Berlin.
Chaucer, G. (1969) *Complete Works*, hg. W. W. Skeat, London.
Čistov, K. (1976) "Zur Frage der theoretischen Unterschiede zwischen Folklore und Literatur", in: *Folk Narrative Research*, Studia Fennica 20, Helsinki, S. 148—158.
Crane, Th. F. (1883/84) "Mediaeval Sermon-Books and Stories", in: *Proceedings of the American Philosophical Society* 21, 45 ff.
Curtius, E. R. (^{4}1963) *Europäische Literatur und lateinisches Mittelalter*, Bern und München.
Defoe, D. (1972) *Robinson Crusoe*, hg. A. Ross, Harmondsworth.
Fohrmann, J. (1979) *Abenteuer und Bürgertum. Zur Geschichte der deutschen Robinsonaden im 18. Jahrhundert*, masch.-schr. Diss., Bielefeld.
Foucault, M. (1973) *Archäologie des Wissens*, Frankfurt.
Jolles, A. (^{2}1958) *Einfache Formen. Legende, Sage, Mythe, Rätsel, Spruch, Kasus, Memorabile, Märchen, Witz*, Halle.
Kosack, W. (1971) "Der Gattungsbegriff 'Volkserzählung'", *Fabula* 12, 18—47.
Kuhn, H. (1960) *Zur Typologie mündlicher Sprachdenkmäler*, Bayerische Akademie der Wissenschaften, phil.-hist. Klasse, Sitzungsberichte H. 5, München.
Lévi-Strauss, C. (1967) *Strukturale Anthropologie*, Frankfurt.
Mohr, W. (1968) "Fiktive und reale Darbietungszeit in Erzählung und Drama", in: *Volksüberlieferung*, Festschrift K. Ranke, Göttingen, S. 517—529.
Moser, D.-R. (1976) "Kritik der oralen Tradition. Bemerkungen zum Problem der Lied- und Erzählungspopularisierung", in: *Folk Narrative Research*, Studia Fennica 20, Helsinki, S. 209—221.
Moser-Rath, E. (Hg.) (1964) *Predigtmärlein der Barockzeit. Exempel, Sage, Schwank und Fabel in geistlichen Quellen des oberdeutschen Raumes*, Fabula Supplement-Serie A 5, Berlin.
— (1973) "Gedanken zur historischen Erzählforschung", *Zeitschrift für Volkskunde* 69, 61—81.

Oprișan, I. (1976) "Einige Bemerkungen zur Untersuchung und Abgrenzung der Volksprosa vom ästhetischen Standpunkt", in: *Folk Narrative Research*, Studia Fennica 20, Helsinki, S. 115—123.
Raible, W. (1972) "Vom Autor als Kopist zum Leser als Autor. Literaturtheorie in der literarischen Praxis", in: *Poetica* 5, 133—151.
Ranke, K. (1955) "Der Einfluß der Grimmschen KHM auf das volkstümliche Erzählgut", in: *Papers of the International Congress of European and Western Ethnology*, Stockholm, S. 126—135.
— "Orale und literale Kontinuität", in: H. Bausinger, W. Brückner (Hgg.) 1969, S. 102—116.
Reckwitz, E. (1976) *Die Robinsonade. Themen und Formen einer literarischen Gattung*, Bochumer Anglistische Studien 4. Amsterdam.
Röhrich, L. (1967) *Erzählungen des späten Mittelalters und ihr Weiterleben in Literatur und Volksdichtung bis zur Gegenwart*, Bd. II, Bern.
— (1969) "Das Kontinuitätsproblem bei der Erforschung der Volksprosa", in: H. Bausinger, W. Brückner (Hg.) 1969, S. 117—133.
Saussure, F. de (^{2}1967) *Einführung in die allgemeine Sprachwissenschaft* (1901—1911), Berlin.
Schenda, R. (1969) "Stand und Aufgaben der Exemplaforschung", in: *Fabula* 10, S. 69—85.
— (1976) "Prinzipien einer sozialgeschichtlichen Einordnung von Volkserzählungsinhalten", in: *Folk Narrative Research*, Studia Fennica 20, Helsinki, S. 185—191.
Schmidt, L. (1963) *Die Volkserzählung. Märchen, Sage, Legende, Schwank*. Berlin.
Steinitz, W. (1966) "Arbeiterlied und Volkslied", in: *Deutsches Jahrbuch für Volkskunde* 12, 1 bis 14.
Szövérffy, J. (1971) "Levels of Individual and Group Consciousness in Storytelling. A Survey", in: *Fabula* 12, 8—13.
Taylor, A. (1921) "The Devil and the Advocate", in: *Publications of the Modern Language Association* 26, 35—59.
Thoreau, H. D. (^{7}1963) *Walden, Or, Life in the Woods (1854)*, New York.
Wesselski, A. (1931) *Versuch einer Theorie des Märchens*, Prager Deutsche Studien 45, Reichenberg i. B.

Brigitte Schlieben-Lange

Schriftlichkeit und Mündlichkeit in der Französischen Revolution[1]

Im folgenden möchte ich die These vertreten, daß die Französische Revolution die letzte Epoche der europäischen Geschichte ist, in der orale Traditionsformen, deren Vorhandensein neben der zunehmend an Bedeutung gewinnenden Schriftkultur in den vorangehenden 1 000 Jahren selbstverständlich ist (wobei das Nebeneinander der beiden "Kulturen" kompliziert wird durch die Ablösung des Lateinischen durch die Nationalsprachen und die Durchsetzung der Nationalsprachen gegenüber anderen Formen der Volkssprachen), eine entscheidende historische Bedeutung haben, um anschließend der Partialisierung, der negativen Bewertung und der historisierenden Archivierung anheimzufallen. Diese These möchte ich in drei Schritten entwickeln: Zunächst werde ich eine (metahistorische) Skizze der Implikationen von Schriftlichkeit und Mündlichkeit voranstellen, wobei es mir besonders auf die Erfassung von Zwischenformen ("Semi-Oralität")[2] ankommt; dann werde ich die an den Anfang meines Beitrags gestellte (kultur-)historische These in einige Einzelthesen entfalten. Und schließlich — dies ist der Hauptteil — werde ich verschiedene Formen der Semi-Oralität in der Französischen Revolution zum Beleg meiner Thesen genauer beschreiben.

1. Semi-Oralität

Die folgende Zusammenstellung charakteristischer Unterschiede von Mündlichkeit und Schriftlichkeit ist keineswegs originell. Sie ist jedoch die notwendige Voraussetzung für die Herausarbeitung der charakteristischen Züge einiger Zwischenformen zwischen Mündlichkeit und Schriftlichkeit, und gerade diese Zwischenformen, die ich (nach einem Vorschlag von Fritz Nies) unter dem Begriff "Semi-Oralität" zusammenfasse, sind in unserem Zusammenhang von entscheidender Bedeutung.

Wir wollen uns noch einmal vergegenwärtigen, daß die beiden Erscheinungsformen von Sprache, Rede und Schrift — in einigen Hinsichten grundverschiedene Konstitutionsbedingungen haben.[3] Ich möchte sie in Punkten zusammenfassen, die selbstverständlich miteinander zusammenhängen.

1.1 Grad der Situationsentbindung

Die Leistung von Sprache allgemein ist ja, dem Menschen zu ermöglichen, sich von Hier und Jetzt der Situation bis zu einem gewissen Grade unabhängig zu machen; man kann über Vergangenes und Zukünftiges sprechen, d. h. Tradition bewahren und Zukunft planen. Man kann über das sprechen, was an einem anderen Ort geschieht, und sei dieser Ort auch ein möglicher oder gar fiktiver. Diese Grundleistung menschlicher Sprache wird in der Schrift perfektioniert. Sie ist in dieser Hinsicht eine "vollkommenere Sprache". Die Vollkommenheit wird erkauft durch den Verlust der Situationsbindung. Die Situation des Autors kann abstrakt und leer werden. Die Verbindlichkeit des Geschriebenen, begründet über Permanenz, gerät zur Unverbundenheit mit Personen.

Im einzelnen ist die gesprochene Rede konstituiert durch *Gleichzeitigkeit* (Vergänglichkeit vs. Dauer) und durch *Gleichörtlichkeit*, (zumindest bis zur Erfindung von Telefon und Radio). Letzteres impliziert die Ausnutzung sprachlicher Möglichkeiten (lokale Deixis, Ostension, Gesten, Mimik, Intonation), für die in der Schrift keine Äquivalente bestehen und für die erst Übertragungsmöglichkeiten entwickelt werden müssen (z. B. Satzzeichen). Weiterhin ist die *Identität der beteiligten Personen* Voraussetzung von Mündlichkeit.

1.2 Dialoghaftigkeit

Die Grunderscheinungsform mündlicher Rede ist das Miteinandersprechen, man spricht für einen bekannten Partner, Produktion und Rezeption bilden im Dialog eine unauflösbare Einheit. Der Sprecher antizipiert die Verstehensmöglichkeiten des Hörers ("taking the part of the other"), der Hörer rekonstruiert die Intentionen des Sprechers. Beim nächsten Gesprächszug werden die komplementären Tätigkeiten eingesetzt. *Verständnissicherung* (Rückfragen, Rückversicherungen, Paraphrasen, Klärungen usw.) begleitet daher stets die Verfertigung mündlicher Rede.

Der Adressat schriftlicher Texte kann bekannt sein, er kann aber auch nur simuliert oder schließlich auch nicht mehr denkbar sein. Die Texte verlieren graduell an Merkmalen, die sich auf gewußte oder gedachte Eigenschaften des Hörers beziehen. Textproduktion und Textrezeption treten auseinander. Der einsame Leser kommt in das Dilemma zwischen unproduktiver Rezeptivität und nur durch den immer gleich bleibenden Text gesteuerter Produktivität der Interpretation.

1.3 Emotionalität/Personengebundenheit

Hier handelt es sich um ein Korollar der Bedingungen 1) und 2). Mündliche Rede ist unverwechselbar an eine Person mit ihrer — unwillkürlichen — Gestik und Mimik gebunden. Dem steht der entpersonalisierte, vom Leibhaftigen, Unwillkürlichen gefilterte Text gegenüber, den Konventionalität und Willkürlichkeit (arbiträre!) tragen.

1.4 Organisationsaufgaben

Die Planungs- und Organisationsaufgaben sind bei den beiden Erscheinungsformen von Sprache sehr unterschiedlich. Mündliche Rede muß kurzfristig geplant werden, ein Ungesagtmachen von Gesagtem ist nicht möglich. Folglich müssen Verfahren für diese Organisationsaufgabe entwickelt werden (Anakoluthe, Pausen, Füllsel, Gliederungssignale, Segmentierung). Demgegenüber können schriftliche Texte langfristig geplant werden. Entwürfe ermöglichen die Planung, Zurücklesen die Vergegenwärtigung von schon Geschriebenem. Radierungen und Streichungen tilgen Geschriebenes.

1.5 Das Gedächtnis

Texte, die oral tradiert werden, müssen im Gedächtnis von Individuen gespeichert werden. Dies erfordert bestimmte formale Eigenheiten (formulaic style). Die Schrift ermöglicht dagegen die Tradition unabhängig vom Bewußtsein einzelner Personen und damit auch die Freiheit der Form. Diese Freiheit der Form ist aber erkauft durch den Verlust des Gedächtnisses[4] und die partielle Unfreiheit des Rezipienten.

Nach unserer These sind besonders die Zwischenformen zwischen Mündlichkeit und Schriftlichkeit und die Verflochtenheit der beiden Medien für Zustandekommen und Ausbreitung der Revolution bedeutsam. Ich versuche nun, aufgrund der vorangehenden Skizze der wichtigsten Unterschiede von Mündlichkeit und Schriftlichkeit eine — ebenfalls metahistorisch gedachte — Charakteristik zweier Zwischenformen: des Vorlesens und des Protokolls zu entwickeln.[5]

Im *Vorlesen* wird ein andernorts und früher verfaßter Text reaktualisiert. Dabei unterschiebt sich die aktuelle Situation des Vorlesens zumindest partiell der aus dem Text rekonstruierbaren Situation des Erstautors. Die Parallelen der Textsituation und der Vorlesesituation fallen für den Hörer zusammen; der Vorleser kann sich mimisch, gestisch und ostensiv erlebbar machen. Der Vorleser substituiert sich partiell oder weitgehend dem Autor. Der neue "Autor" ist damit wieder lebendig, greifbar und in eine Handlungssituation eingebunden. Der Vorleser kann sich durch die Art des Vortrags aber gerade auch vom Text distanzieren, ihn als fremden erkennbar machen.[6] Es gibt verschiedene Stufen der Re-Situierung und der Re-Dialogisierung, vom zeremoniellen Re-Zitieren eines unveränderbaren Texts bis zur offenen Dialogsituation. Neigt eine Vorlesesituation zu diesem zweiten Endpunkt der Skala, so übernimmt der Vorleser die Verpflichtungen des Sprechers, nämlich Rückfragen zu beantworten, Mißverständnisse zu klären und "seine" Intentionen darzulegen. Er kann seine Situationsdeutung und seine Intentionen dem fremden Text unterlegen. Für die Zuhörer verbindet sich der Eindruck des Texts mit der Person des Vorlesers. Diese Identifizierung und Personifizierung geht in die Virulenz des Texts ein. In dem Maße, wie sich die Vorlesesituation von der bloßen Reaktualisierung eines Texts auf die Seite der gemeinsamen produktiven Reinterpretation verlagert, greifen Verfahren gemeinsamer Informationsverarbeitung. Eine "neue", aktuelle Interpretation wird erarbeitet und Konsens darüber gesichert. Eigene Erfahrungen der einzelnen Beteiligten und gemeinsame (orale) Traditionen gehen in die neue gemeinsame Interpretation ein. Hier ist die Nahtstelle zu der Form der Erinnerung in oralen Kulturen: Gedächtnis wird personifiziert; das für das Gegenwartsverständnis Wichtige wird bewahrt, der Rest vergessen. In "pragmatikgeladenen" Situationen ist der Schritt von der gemeinsamen Reinterpretation und Aktivierung gemeinsamer Erfahrungen und Erinnerungen zur gemeinsamen Aktion nicht weit.[7]

Bei der Zwischenform des *Protokolls* haben wir den umgekehrten Vorgang vor uns: während der Leser in der Vorlesesituation den Text oralisiert, verschriftet beim Protokoll der Hörer einen zuerst gesprochenen Text. Seine Hauptaufgabe besteht darin, dem Text eine feste Form zu geben, die die Grundlage aller weiteren "Lektüren" (Vorlesen und Lesen) ist. Die Spannweite der Möglichkeiten ist auch hier groß: sie geht von einer möglichst getreuen Verschriftung bis zum knappen inhaltlichen Résumé. Die Verschriftung folgt häufig festen Modellen, die die Informationen, die in die schriftliche Form Eingang finden, selegieren. Es stellen sich eine Reihe von Einzelaufgaben bei der Verschriftung: ein Teil der deiktischen Ausdrücke und Gesten muß in definitorische Ausdrücke übersetzt werden. Die Situation muß, soweit dies für das Textverständnis notwendig ist, beschrieben werden. Die für Interpretationen offene mündliche Form wird in eine möglichst zweifelsfrei und kohärent interpretierbare Schriftform überführt. Freilich ermöglichen die Protokolle die Aufbewahrung und Erinnerung von Reden, Dialogen usw., die andernfalls der Selektion der oralen Tradition zum Opfer gefallen wären, und stellen sie damit für spätere Interpretationen bereit, die unter anderen Gesichtspunkten als denen der Tradierung der als eigen empfundenen und zu eigen gemachten Geschichte stehen können.

2. Einige Thesen zum Verhältnis von Mündlichkeit und Schriftlichkeit in Aufklärung und Revolution

2.1 Wenn man die Kulturgeschichte Frankreichs im 18. Jahrhundert statisch betrachtet, so könnte man — zu Recht — feststellen, daß *nebeneinander zwei relativ getrennte Kulturen*[8] bestehen: eine reine Schrift- und Lesekultur, die in der Trägerschicht der Aufklärung angesiedelt ist, vor allem in Paris, in geringerem Ausmaß auch in den Provinzstädten, und andererseits eine (oder besser: mehrere) orale, ländliche Kultur(en). Die Träger der Schriftkultur wären die Käufer der Encyclopédie, die Leser von Diderot und d'Alembert; die Träger der oralen Kultur tradierten — quasi geschichtslos[9] — die lokalen Traditionen und würden allenfalls im Verlauf der winterlichen Veillées einmal Kolportageromane vorlesen. Für das — hier stark vereinfacht skizzierte — Nebeneinanderbestehen zweier relativ unverbundener Kulturen spricht vielerlei: einmal der Stand der Alphabetisierung, der aus der Enquête Maggiolo zumindest teilweise rekonstruiert werden kann[10], die Geschichte der Verbreitung verschiedener Gattungen von Literatur, die fürs 18. Jahrhundert relativ gut erforscht ist[11], und nicht zuletzt die zunehmenden Verständigungsschwierigkeiten zwischen *ville* (d. h. natürlich besonders der "Cité Révolutionnaire") und *campagne* im Verlaufe der Revolution, die einen bisher vernachlässigten ausgeprägten kulturhistorischen Aspekt haben dürften.[12]

2.2 Die Geschichte von Schriftlichkeit und Mündlichkeit im 18. Jahrhundert ist jedoch, dynamisch betrachtet, erheblich komplizierter. Man kann nämlich *zwei gegenläufige Tendenzen* feststellen: einerseits die Idealisierung des Dialogs (2.3), andererseits die Ausbreitung der Schriftkultur auf alle Lebensbereiche und gemäß dem universellen Anspruch der Aufklärung — tendenziell — auf alle sozialen Schichten (2.4). Die Verbreitung der Schriftkultur kann nur unter Zuhilfenahme oraler Traditionen erfolgen und marginalisiert diese im gleichen Moment (2.5).

2.3 Das 18. Jahrhundert ist, wie Habermas richtig gesehen hat[13], das Jahrhundert, in dem die bürgerliche Öffentlichkeit die repräsentative Öffentlichkeit des Absolutismus ablöst. Die literarische Öffentlichkeit des frühen 18. Jahrhunderts stellte die Organisations- und Kommunikationsformen bereit, in denen sich im späten 18. Jahrhundert die politische *Öffentlichkeit* artikulierte und ihre Forderungen aufstellte. *Dialog* und Diskussion als der Ort, an dem sich durch das Räsonnieren von Privatleuten Konsens und Vernunft herstellen, sind die idealen Kommunikationssituationen des 18. Jahrhunderts. Dieser Austausch fand vornehmlich mündlich statt: in den Salons, den Kaffeehäusern, den Clubs und Sociétés. Freilich gab es auch eine schriftliche Seite des Dialogs von Privatleuten: die ausgedehnte Briefliteratur, die Entstehung einer differenzierten Presse. Die Dialogform drang darüber hinaus auch in bereits bestehende literarische Genres ein. Die Dialogisierung überformte verschiedene Diskursuniversen (Literatur, Philosophie, Wissenschaft usw.). Idealiter aber fand der Dialog mündlich statt, und dieses Ideal wurde in die parlamentarische Öffentlichkeit der ersten Phase der Revolution hineingetragen. Man kann die Geschichte der Versammlungen der Französischen Revolution u. a. als Geschichte der Übertragung des Modells der räsonnierenden Privatleute der Clubs auf die Ebene der repräsentativen Demokratie (und deren Scheitern) schreiben. Gegenläufig zur Entwicklung einer neuen repräsentativen Öffentlichkeit entwickelte sich die Privatisierung der Konversation, wie sie in den Gesprächsbüchern um 1800 auftaucht. Das Ideal der Konsensusfindung im Dialog (Diskurs) überstieg jedenfalls die konkreten historischen Formen von Geselligkeit, Medien und politischen Gremien und hatte im Verständnis der Aufklärung universellen Geltungsanspruch: in der Konsensustheorie von Wahrheit, wie sie Habermas vertritt, ist sie noch heute virulent.[14]

2.4 Andererseits trifft auch die Charakterisierung des 18. Jahrhunderts durch Werner Krauss zu:

"... im achtzehnten Jahrhundert wird der Begriff und die Bedeutung der Literatur in einer bis dahin unvorstellbaren Weise erweitert: die Literatur hat nunmehr den Nenner für *alle* Bestrebungen des geistigen Lebens zu bilden."[15]

Diese *Literarisierung des 18. Jahrhunderts* hat zwei Aspekte: einmal ergreift sie alle Bereiche der Kultur, zum anderen soll sie — idealiter — alle Bevölkerungsschichten erreichen. Gerade auch dies meint ja Aufklärung. Was den ersten Aspekt angeht, so kann man feststellen, daß im 18. Jahrhundert die Buchproduktion in den verschiedensten Bereichen derart zunimmt, daß erstmals in der Buchgeschichte das Bedürfnis nach sekundärer Information übermächtig wird. Es entstehen Rezensionszeitschriften und Nachschlagewerke. Das 18. Jahrhundert war deshalb auch das "Siècle des Dictionnaires et des Compilations". Was den zweiten Aspekt angeht, die Literarisierung aller Bevölkerungsschichten, so bleibt dieses Motiv der Aufklärung auch in der Revolutionszeit (in allen Phasen) allgegenwärtig: die Bildungspolitik auch der Jakobiner war davon getragen. Freilich implizierte diese Literarisierung breiter Schichten auch eine Änderung der

Textverfahren: Vereinfachung der Argumentation, Stereotypisierung, auch Benutzung des Dialogs als leichter faßlicher, dem Mündlichen angenäherter Form. So ist der Dialog im späten 18. Jahrhundert ambivalent, einmal der Ort, an dem Vernunft im Konsens der räsonnierenden Privatleute sich einstellt, andererseits Verfahren der Elementarisierung für zu literarisierende Schichten.

2.5 Die *Durchsetzung von Schriftlichkeit* ist paradoxerweise gerade *auf Verfahren und Kommunikationsnetze angewiesen, die zum Bereich der Mündlichkeit gehören*. Von den Verfahren der Dialogisierung und Vereinfachung, die die Schrifttexte genuin mündlichen Texten, zumindest in der Intention, nicht immer in der Durchführung, stark annähern, war schon die Rede. Aber auch die Diffusionsnetze, über die Schriftlichkeit sich ausbreitete, gehörten ursprünglich dem Bereich der Mündlichkeit an, seien es die Clubs und Sociétés, in denen die Texte vorgelesen oder weitergereicht wurden, seien es die Kolporteure, die zunächst nur Trivialliteratur für ein vorwiegend oral geprägtes Publikum vertrieben, dann aber zu den wichtigsten Verbreitern der Aufklärungsliteratur wurden. Es kommt hinzu, daß die Zensur (wie immer, wenn sie herrscht) das Ausweichen auf mündliche Tradition nötig machte. Pointiert könnte man also sagen, daß der Aufschwung der Schriftkultur im 18. Jahrhundert ohne ein gut funktionierendes Netzwerk oraler Kommunikation nicht möglich gewesen wäre. Allerdings geht diese Ausnützung der Möglichkeiten oraler Kommunikationssysteme einher mit ihrer zunehmenden Marginalisierung. Am Anfang des 19. Jahrhunderts beginnt die Aufzeichnung von Dokumenten dieser oralen Kultur zum Zweck der Archivierung.

2.6 In der *Französischen Revolution* laufen all diese widersprüchlichen Tendenzen der Aufklärung zusammen und werden nun in der Einheit der Nation und der Egalität der Schichten als widersprüchlich erlebt. Die aus der Revolutionszeit überlieferten Dokumente sind gekennzeichnet durch ein *ständiges Oszillieren zwischen Mündlichkeit und Schriftlichkeit*. Es wird manchmal unausmachbar, ob im Einzelfall ein schriftlicher oder ein mündlicher Text am Anfang gestanden hat. Die Verschriftlichungen und Oralisierungen wechseln, mitgerissen von der allgemein empfundenen Beschleunigung der Zeit, und diese vielleicht auch mittragend, in schneller Folge. Das Zusammentreffen des *Ideals* des Dialogs mit der *Wirklichkeit* oraler Traditionsformen in historisch erstmals bedeutsamen Bevölkerungsschichten (beides als Ideal und Wirklichkeit bereits in der Aufklärung vorhanden) führten zu einer historisch in dieser Konzentration vielleicht einmaligen Wirksamkeit oraler Kommunikationsformen. Es entsteht in diesem Zusammentreffen eine neue Qualität: Die Nähe von *Diskussion und Aktion* wird zu einem der tragenden Elemente der Revolution.
Andererseits aber gerät das Ideal des politischen Diskurses, der zwangsläufig zum Konsens aller Vernünftigen führt, in seiner Institutionalisierung in die Aporie. Diese Aporie der institutionalisierten Öffentlichkeit und die Gewalttätigkeit der durch Vorlesen und Diskussion in die Wege geleiteten Aktionen waren die kulturellen Sackgassen der Revolution.

III. Überlagerungen und Übergänge

3. Mündlichkeit in der Französischen Revolution — Ideal und Wirklichkeit

Im letzten Teil soll an konkreten Beispielen die These erhärtet werden, daß in der Französischen Revolution mündliche Formen der Kommunikation eine wichtige Rolle spielten, genauer: daß das aufklärerische Ideal des Dialogs mit der Wirklichkeit der neu in die (Schrift)Kultur und Politik einbezogenen Schichten eine brisante Mischung einging.

3.1 Die Wirklichkeit: Stand der Alphabetisierung um 1790

Wir verfügen über ein einmaliges Dokument, das es uns ermöglicht, Aussagen über den Stand der Alphabetisierung im Frankreich des 18. und 19. Jahrhunderts zu machen: die Enquête Maggiolo. Maggiolo, Rektor der Akademie Nancy im zweiten Kaiserreich, führte nach seiner Pensionierung 1877 eine Umfrage in allen Gemeinden Frankreichs durch, in denen für vier chronologische Schnitte (1686—90; 1786—90; 1816—12; 1872—76) festgestellt werden sollte, wie viele Eheschließungsurkunden eigenhändig unterschrieben worden waren. Freilich läßt sich aus der Tatsache, daß jemand seinen Namen schreiben kann, noch nicht schließen, daß er über eine allgemeine Lese- und Schreibfähigkeit verfügt. Trotzdem sind die Daten sehr aufschlußreich; aufgrund der Auswertung von F. Furet und J. Ozouf[16] kann man feststellen, daß Frankreich während der drei ersten chronologischen Schnitte in zwei klar unterschiedene Teile zerfällt: den Norden mit einem relativ (d. h. 40—50%) höheren Alphabetisierungsgrad, den Süden (einschließlich Bretagne und Loiregebiet) mit einem entsprechend niedrigeren Alphabetisierungsgrad. Erst für den letzten Schnitt (1872—76) verliert die "Ligne Maggiolo" an Signifikanz. Für die uns interessierende Epoche kann man also, bei allen Vorbehalten gegenüber der Aussagekraft der Methode, die Existenz "zweier Frankreiche" feststellen, die sich kartographisch darstellen lassen (s. Karte nächste Seite).

Der Eindruck eines südlichen, ländlichen Frankreich, in dem der Prozentsatz an Lese- und Schreibfähigen sehr niedrig liegt, ja in dem häufig der Geistliche und — falls vorhanden — der Notar die einzigen Teilhaber an Schriftlichkeit, sind, läßt sich erhärten aus den Antworten auf die Enquête des Abbé Grégoire, über den Stand der "patois" in der ersten Phase der Revolution[17], insbesondere auf die Frage 36 über das Lesen auf dem Land:

> "aussi peu de gens du peuple savent-ils et mal lire et mal écrire. On lit dans ces Ecoles le Nouveau Testament non pas parce que ce livre est le meilleur mais parce qu'il est à meilleur marché, tout contrefait et rempli de fautes. Le catéchisme s'y enseigne mal et ce qui est bien terrible c'est que les maîtres donnent aux enfants l'exemple de tous les vices, car ils sont tous ou presque tous des coureurs, des ivrognes des vagabonds des voleurs etc. etc. etc. Le peuple lit donc très peu et les curés (excepté qu'ils lisent maintenant les nouvelles) lisent en général aussi peu que lui. Le peuple aurait sans doute le goût de la lecture et s'il avait des livres il y consacrerait beaucoup de moments qu'il ne peut consacrer à ses travaux précieux, mais des heures, un livret, quelqu'un de ces mauvais almanachs, c'est là toute sa bibliothèque" (de Certau et al., 1975, S. 208).

Daß selbst diejenigen, die lesen konnten, die schriftlichen Texte nach der Art mündlicher Traditionen behandelten, läßt sich an folgendem Bericht aus der Gironde sehen:

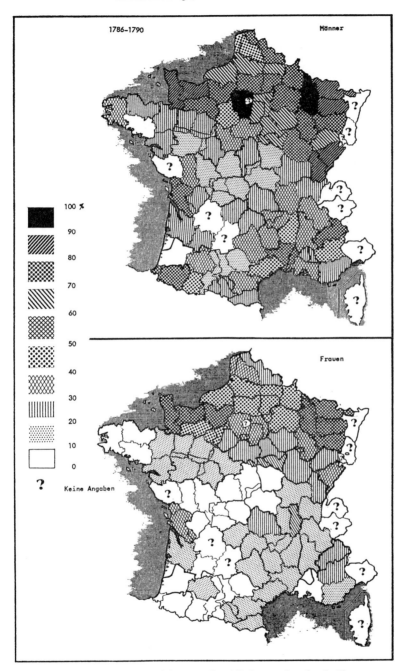

Anteile der eigenhändig unterzeichneten Eheschließungsurkunden in %

aus: Brigitte Schlieben-Lange, Traditionen des Sprechens, Stuttgart 1983, nach Furet/Ozouf 1977, Seite 60.

> "Ceux des gens de la campagne de ce district qui savent lire aiment volontiers la lecture, et, faute d'autre chose, lisent l'Almanach des Dieux, la bibliothèque bleue et autres billevesées que des colporteurs voiturent annuellement dans les campagnes. Il ont la fureur de revenir vingt fois sur ces misères, et, quand ils en parlent (ce qu'ils font très-volontiers), ils vous récitent pour ainsi dire mot à mot leurs livrets." (Gazier, 1880/1969, S. 146)

Die Interpretation der Antworten auf die Enquête durch de Certeau u. a. läßt das Bild einer fast vollständig oralen Kultur entstehen:

> "Fait significatif, presque toutes passent des sources écrites, seules demandées, aux sources orales, d'ailleurs évanouissantes, telle une rumeur à peine audible. Si l'idée de document est à Paris identifiée à celle d'écriture, en province l'objet visé à travers les sources est plus fort que cette contrainte: le patois ramène le document vers l'oralité. Une présence semble interdire ou effacer la perception des textes patois (écrits ou gravés) pour ramener l'idiome des campagnes du côté de la voix" (de Certeau et al., 1975, S. 72).

Neuere Versuche in Südfrankreich, die Unterbrechung der Schrifttradition im okzitanischen Bereich zwischen 1600 und 1800 aufzuhellen, bestätigen das Bild einer in vielen Gattungen differenzierten, jedoch fast vollständig oral tradierten Literatur.[18]

Für den Norden und insbesondere Paris stellt sich das Verhältnis von Schriftkundigen und Analphabeten völlig anders dar: für das revolutionäre Paris wird der Prozentsatz der Lesekundigen auf 60—75% geschätzt. Diese Unterschiede können einige grundlegende Mißverständnisse zwischen Paris und der Provinz im Verlaufe der Revolution erhellen. Andererseits darf man natürlich nicht übersehen, daß gerade auch in Paris die Revolution Schichten erreichte und von ihnen getragen wurde, in denen diese Lesefähigkeit relativ wenig verankert war und deshalb noch orale Kommunikationsformen, -situationen und -gewohnheiten dominierend waren: ich denke insbesondere an die Handwerksgesellen und an die Frauen (die der Enquête Maggiolo nach überall mit einer Generation Rückstand alphabetisiert werden).

3.2 Das Ideal: Der politische Diskurs und seine Institutionalisierung

Die Französische Revolution war u. a. mit dem Programm angetreten, daß das Ideal und die Formen von Öffentlichkeit, die sich im 18. Jahrhundert in Diskussionskreisen und Clubs herausgebildet hatten, zum Modell politischer Entscheidungsfindung werden sollten. Die Versammlung räsonierender Privatleute, keinem Gruppen- und Standesinteresse verpflichtet, würde im Diskurs zum vernünftigen Konsens kommen.[19] In der ersten Phase der Revolution ist dieses Modell für alle Abgeordneten verpflichtend. Es kann sogar unterstellt werden, daß die politischen Reden in dieser Phase, wiewohl schriftlich geplant und am Vorbild schriftlich überlieferter Texte entwickelt, ein Moment an "echter" Rhetorik enthielten, auf Konsensbildung und Entscheidungsfindung *in der* Versammlung- und Redesituation hin angelegt waren. Die Verfahren des Diskurses, die in *kleinen* Gruppen funktioniert hatten, wurden auf die *National*versammlung übertragen. Auf der Seite der Schriftlichkeit entsprach diesem Modell der freie Austausch der Meinungen in der nach Aufhebung der Zensur hervorschießenden Presse zum Zweck der Herstellung einer "opinion publique", die Vernunftcharakter haben sollte. Im Verlauf der Revolution stellte es sich jedoch heraus, daß die Übertragung des Modells scheiterte. Die Repräsentativität der Versammlungen war neu gegenüber der Präsenz aller Beteiligten in den Kleingruppen. Die Versammlungen (und ihre Comités) entwickelten eine Eigendynamik, die dem "repräsentierten" Volk nicht in jedem Moment und schließlich fast überhaupt nicht mehr vermittelbar war. Die Aushandlung eines vernünftigen Konsenses wich der Bildung von Gruppenidentitäten. Die Fraktionierungen suchten schließlich nicht mehr den rationalen Diskurs, sondern schafften konkurrierende Meinungen, zu denen die intendierte öffentliche Meinung auseinandergebrochen war, durch Todesurteile aus der Welt. Dem entsprach auf der Seite der Presse die Ersetzung der Argumentation durch die Meinungspresse und schließlich die partielle Wiedereinführung der Zensur in der Terreur.

Die Diskussionskreise, nach deren Modell die parlamentarische Öffentlichkeit allererst institutionalisiert worden war, gerieten zusehends in Konkurrenz zu dieser. In den Clubs als Geburtsort der "Fraktionen" wurden zunehmend die parlamentarischen Reden vorbereitet und erprobt. Clubs, Sociétés populaires und mit Fortschreiten der Revolution zunehmend die Sektionen der Commune von Paris verstanden sich als Korrektiv zur parlamentarischen Öffentlichkeit. So erzwangen die Sektionen den Ausschluß der Girondisten aus dem Konvent. Die Commune beschließt die Herausgabe eigener "Affiches" (Wandzeitungen), die als autorisierte Darstellung die Vielfalt der Meinungspresse korrigieren sollte. So wurde dem freien Austausch der Meinungen eine autorisierte Meinung entgegengesetzt:

> "Les séances du Conseil-Général ont un intérêt qui leur a mérité une place dans tous les journaux. Mais souvent les faits, soit erreur involontaire, soit mauvaise-foi, sont dénaturés d'une manière affligeante pour les bons esprits qui aiment la vérité toute entière". (Affiches de la Commune de Paris, no. 1, 14/6/1793)

Es geschieht also in der Konventzeit folgendes: der repräsentativen, vermittelten und vorgeplanten parlamentarischen Öffentlichkeit, die zusehends an Unmittelbarkeit verliert, werden die in anderen Diskussionszusammenhängen (Clubs, Sociétés, Sections) als die spontaner gewonnenen, authentischen und damit als die in gewisser Hinsicht weiterhin nach dem Modell des öffentlichen Diskurses gewonnenen Meinungen entgegengesetzt. Andererseits schaffen aber gerade diese als Korrektiv der zunehmend als steril empfundenen parlamentarischen Öffentlichkeit aufgefaßten Diskussionskreise den rationalen Diskurs selbst ab, indem sie ein Konstituens, das Argumentieren über Meinungen, durch die Einsetzung autorisierter Meinungen beseitigen.

3.3 Die Vermittlungsproblematik: Vom Protokollieren

Wir haben festgestellt, daß ein zentraler Faktor beim Scheitern parlamentarischer Öffentlichkeit in der Französischen Revolution die Übertragung des Modells des Diskurses in Kleingruppen auf das repräsentative Parlament war. Wir wollen uns also mit der damit auftauchenden Vermittlungsproblematik beschäftigen. An dieser Stelle geraten Protokoll und Vorlesen, die beiden eingangs charakterisierten Formen der Semi-Oralität ins Blickfeld. Sie stellen das Scharnier zwischen Lesepublikum und mündlicher Tradition dar.[20] Zudem haben sie, wie ich glaube, erheblichen Anteil an der Dynamik der Revolution.

Zur Vermittlung des mündlichen (wiewohl schriftlich vormodellierten) Diskurses im Parlament an Stadt und Nation war es zunächst nötig, ihn ins Medium der Schrift zu übertragen, dies einfach um die örtliche Entfernung und Nicht-Identität der beteiligten Personen zu überwinden. Diese Übertragung implizierte den Verlust an Unmittelbarkeit und an Aura der Personen; sie verlangte auch nach einer Selektion des Berichteten. Neben offiziellen und sehr getreuen Wiedergaben der Parlamentsreden im "Moniteur" finden sich auch zahlreiche kurze "Ergebnis"-protokolle in Zeitschriften, u. a. im "Journal de la Langue Française" von Domergue. Die Diffusionsinstanzen wurden also nach Möglichkeit vermehrt. Die Protokolle wurden wohl sehr zwiespältig gelesen: einerseits scheint ein sehr plastisches Bild der einzelnen Redner im "Volk" bestanden zu haben, was mit einer noch nicht verlorenen Fähigkeit zur Reaktualisierung von Geschriebenem und mit mündlichen Schilderungen zu tun haben mag; andererseits ließen die Verschriftlichungen das Bedürfnis nach Reinterpretation und nach Vereinfachung und Stereotypisierung der vertretenen Positionen entstehen. Die Wiedergaben der Reden erreichten am wenigsten die Provinz. Dort gelangten lediglich die Gesetzestexte und Dekrete an, also nur die Ergebnisse, ohne Protokolle, und dies ohne Übersetzungen oder mit unzureichenden Übersetzungen in die Minderheitensprachen. Die am wenigsten im Umgang mit abstraktem Schrifttum geübten Bevölkerungsgruppen waren also auf die knappsten und abstraktesten Verschriftungen verwiesen.

Neben diesen Protokollen der Parlamente gaben auch Comités, Sociétés Populaires und schließlich auch die Commune von Paris in Form der obenerwähnten "Affiches" Protokolle heraus. Daneben entstanden aber auch Protokolle der Sociétés und Tochterclubs in der Provinz, die sich gleichzeitig als Beiträge zum Diskurs in Paris verstanden: Die Protokolle wurden vielfach auch als Briefe an die als zuständig vermuteten Gremien in Paris gesandt. Die Vermittlung zwischen Stadt und Land scheiterte in beiden Richtungen: von der Stadt zum Land an der zunehmenden Abstraktheit der Protokolle und der damit einhergehenden Desituierung; vom Land zur Stadt dadurch, daß die Briefe, die sich als Argumente im rationalen Diskurs verstanden, zunehmend in den Sog der Fraktionierung und darauffolgenden gewaltsamen Vereinheitlichung der Meinung gerieten und entweder zum Beifall entwertet (s. Zitate in den Affiches) oder ad acta gelegt wurden.

3.4 Die Vermittlungsproblematik: Vom Vorlesen

In den seltensten Fällen wurden die Protokolle einsam gelesen: Komplementär zum Protokoll ist das gemeinsame Lesen oder Vorlesen eine bedeutsame Form der Semi-Oralität in der Revolution. Rudé nennt als die wichtigsten Diffusionsinstanzen des (schriftlich bereits einmal formulierten) "revolutionären Gedankenguts" die Plätze, Weinschenken, Märkte und Handwerksbetriebe.

> "Trotz alledem dürfte das *gesprochene Wort* — auf öffentlichen Versammlungsplätzen und Märkten, in Werkstätten, Weinschenken und Lebensmittelgeschäften — noch immer eine beträchtliche, wenn nicht überhaupt die größte Rolle bei der Verbreitung von Ideen und bei der Meinungsbildung gespielt haben." (Rudé, 1961, S. 279).

Nun dürften aber im Mittelpunkt solcher Verbreitung revolutionären Gedankenguts an öffentlichen Plätzen gerade Texte gestanden haben. Eine Schilderung Campes über die ersten Revolutionsmonate mag dies verdeutlichen:

> "Diese Affichen oder Bekanntmachungszettel sieht man in allen Straßen, besonders an den Seitenwänden aller Eckhäuser und an dem ganzen Gemäuer aller öffentlichen Gebäude, auf den Quais und sonstigen freien Plätzen, eine so unzählbare Menge, daß ein rüstiger Fußgänger und geübter Schnelleser den ganzen Tag, vom Morgen bis an den Abend herumlaufen und lesen könnte, ohne nur mit denjenigen fertig zu werden, welche man jeden Tag von neuem ankleben sieht. Vor jedem mit dergleichen Zetteln, die in großen Bogen, mit großer Schrift bedruckt, bestehen, beklebten Hause sieht man ein unendlich buntes und vermischtes Publikum von Lastträgern und feinen Herren, von Fischweibern und adligen Damen, von Soldaten und Priestern, in dicken, aber immer friedlichen und fast vertraulichen Haufen versammelt, alle mit emporgerichteten Häuptern, alle mit gierigen Blicken den Inhalt der Zettel verschlingen, bald leise, bald mit lauter Stimme lesen, darüber urteilend und debattierend." (Campe, 1961, S. 47 f.)

Die Vorlesesituation scheint mir in der Revolution eine zentrale Rolle gespielt zu haben. Texte, mit dem aufklärerischen Prestige der Schriftlichkeit und gleichzeitig greifbare Ergebnisse des (mündlichen) öffentlichen Diskurses werden in der gemeinsamen Informationsverarbeitung re-situiert, re-interpretiert, gewinnen durch diese Aktualisierung ihre Relevanz für das diskutierende Publikum. Die gemeinsame Interpretation nimmt häufig eine voluntaristische Wende, und Verständnissicherung schlägt um in Aktionsplanung. Die Rezipienten des vorgelesenen Texts werden über die Produktivität der Interpretation zu Subjekten neuer Handlungen.

Daß die Vorlesesituation eine zentrale Rolle in der Revolution spielte, läßt sich mit zahllosen Belegen erhärten. Neben den Erlebnisberichten wie dem oben zitierten von Campe geben die Protokolle vor allem der ländlichen Sociétés, die Enquête des Abbé Grégoire und vor allem die Diskussion um die Übersetzungspolitik Aufschluß über die Prozesse der Informationsvermittlung und der damit einhergehenden Aktionsplanung. Besonders aufschlußreich sind die Diskussionen über eine adäquate Übersetzungspolitik.[21] Da den Vorlesern, wie eingangs skizziert, besondere Funktionen (Übernahme der Rolle des Autors; Resituierung; Verständnissicherung usw.) zukommen, entstand zunehmend die Vermutung, daß gerade solche Gruppen Vorlesesituationen an sich bringen, die die Intentionen der Revolution nicht tragen: Geistliche; Notable. Zwei Möglichkeiten zur Verhinderung solcher Vorlesesituationen wurden erörtert: einmal die Bestellung von "lecteurs patriotes", also vertrauenswürdigen Vorlesern, zum andern die Anfertigung autorisierter schriftlicher Übersetzungen in die Minderheitensprachen. In der ersten Phase der Revolution ging man vor allem den zweiten Weg, wobei ein schwerwiegendes Mißverständnis zwischen Paris und der Provinz gerade darin besteht, daß die Übersetzungen für ein reines Lesepublikum geplant werden, wie es in der Provinz eben nicht besteht. So setzt sich in der Terreur, gemäß dem Vorschlag von Barère[22], eine pädagogische Variante des "lecteur patriote" durch. Ein instituteur sollte in jede Gemeinde entsandt werden, der vorlesen, patriotisch unterweisen und Französisch unterrichten sollte. Durch die beiden neuen Funktionen war der jeweilige instituteur auch in seiner Rolle als Vorleser mit all ihren Implikationen festgelegt.

Neben diesen Zeugnissen für Vorlesesituationen und Diskussionen über das richtige Vorlesen läßt sich auch den Texten der Revolutionsepoche selbst entnehmen, daß viele von ihnen für das Vorlesen bestimmt waren. So enthält z. B. die "Feuille Villageoise", die Zeitschrift von Paris für das Land, zahlreiche Hinweise auf Vorlesesituationen (I, S. 123, 240, 241, 359 usw.) Bereits der Ankündigungsprospekt enthält klare Vorstellungen über die Vermittlungssituation:

> "Il nous semble que les riches Propriétaires les Fermiers aisés, les Curés Patriotes, les Médecins & les Chirurgiens, qui, depuis la renaissance de nos Loix, ont contribué si bien à propager l'esprit public dans les Campagnes, auront un moyen de se rendre plus utiles aux Paysans, leurs Concitoyens, en leur procurant, en leur faisant eux-mêmes la lecture de ce Journal. Ils pourront les assembler le Dimanche & les autres jours de Fête, afin que le travail de l'instruction ne nuise aucunement à celui de la culture, & que les jours du repos soient consacrés en même temps aux solemnités religieuses & aux discussions intéressantes. Ces lectures publiques formeront une Communauté nouvelle & de petits Clubs campagnards, qui répandront les vérités & les vertus sociales dans ces cantons où les unes et les autres étoient si négligées, & où jusqu'ici l'on n'avoit vu que l'orgueil seigneurial & l'obstination rustique toujours en procès ou en défiance."

Daß auch andere Zeitschriften als Vorlesezeitschriften interpretiert wurden, zeigt ein Bericht von Paganel (1815) über die Lektüre des *Père Duchesne* von Hébert während der Terreur: viele lasen ihn demonstrativ, um sich von Verdacht zu reinigen; überall sah man den "orateur, fumant sa pipe" vom Titelblatt schauen. Der Herausgeber Braesch versieht "orateur" mit einem *sic*; es ist nicht ohne Ironie, daß sich in dem Bericht über das einsame Lesen der gebildeten Suspekten doch die Nennung der "richtigen" Rezeptionssituation durchsetzt.[23]

Durch die verschiedenen Formen der Übertragung und ihre Wiederholung entsteht der Eindruck der ständigen Oszillation von Mündlichkeit und Schriftlichkeit in der Revolution. Man nehme etwa das Beispiel einer Sitzung in einer ländlichen Société populaire, auf der bestimmte Beschlüsse gefaßt werden. Diese werden in einem Protokoll schriftlich festgehalten und als Brief (verstanden als Diskussionsbeitrag) an die Commune in Paris geschickt. Dort wird der Brief vorgelesen und diskutiert, erscheint am nächsten Tag wieder schriftlich in den Affiches der Commune, wird neuerdings vorgelesen und diskutiert. Dadurch bekommen die Texte eine seltsame Instabilität, werden unwirklich zwischen der Welt der Schriftlichkeit und der der Mündlichkeit.

3.5 Die Oralisierung der Literatur: Der Dialog

Das Zusammentreffen der bisher entwickelten Stränge: die Aufklärung (die Ziel der revolutionären Bildungspolitik ist) von bisher in einer oralen Kultur lebenden Bevölkerungsschichten, die an die Form und die Verfahren mündlicher Texte gewöhnt sind (1), die Idealisierung des Dialogs und seine Erprobung in konkurrierenden Foren (2), und schließlich die Häufung des Wechsels der Medien und der daraus resultierende Eindruck der Instabilität (3+4) führen zu einer kurzfristigen Umgestaltung literarischer Formen, die man, bei allen Vorbehalten, als eine Phase der Re-Oralisierung der Literatur bezeichnen könnte. Eine Erscheinungsform dieses Phänomens ist die umfassende Dialogisierung der Texte. Dies ist freilich ein Erbe der Aufklärung, wird aber in der Revolution noch weiter verallgemeinert. Neben der Funktion der Dialoge, die in der Aufklärung vorherrscht, nämlich der literarischen Kommunikation die Form des rationalen Diskurses zu geben und dadurch sein Verfahren vorzuführen, tritt nun eine andere Funktion in den Vordergrund, nämlich komplizierte Sachverhalte politischer und wissenschaftlicher Natur in einer den gewohnten Erklärungsmustern angenäherten Form an das bisher nicht lesende Frankreich heranzutragen. M. Giesecke hat für die ersten gedruckten Fachtexte in Deutschland die Funktion der dort eingestreuten Dialoge sehr einleuchtend erklärt.[24] Ähnliches scheint mir hier vorzuliegen. So enthält z. B. die Feuille Villageoise Dialoge über die Menschenrechte, über die Steuern (Etienne Bonnetête, lesender Bauer, erklärt den nicht-lesenden Bauern die neue Steuergesetzgebung — wobei gleich die Aktualisierungsform des Textes mit vorgegeben wird), über Geographie, über den freien Handel usw. Für die Verbreitung, Vereinheitlichung und Popularisierung des revolutionären Gedankenguts werden dialogische Formen uminterpretiert oder neu entwickelt. Der Revolutionskatechismus nimmt den autoritären Dialog auf; ein revolutionäres Wörterbuch bettet systematisch in Anekdoten Dialoge über konkurrierende Definitionen ein.[25] Ich gebe ein Beispiel für dieses Verfahren:

> Huguenotte (H s'aspire)
> Une jeune fille, née calviniste, étoit depuis peu au service d'une bonne vieille. Celle-ci s'écria un jour à haute voix: où est la *Huguenotte?* La jeune fille accourut et dit d'un ton sec: Citoyenne! si tu prétens me mépriser en m'appelant comme ça, dès ce moment je te quitte. Je suis Française et non pas *Huguenotte.* Il n'est plus tems que les pauvres Réformés soient la victime des Prêtres et des *Seigneurs.* Il est libre à chacun de ..... Que dis-tu là, ma fille? l'interrompit la vieille; ne sais-tu pas encore que cette machine que je viens de voir dans ce coin-là, s'appelle *Huguenotte?* C'est ce que je demandois — Ah! quel vilain nom! — Et bien, ma fille, je sens que tu as raison; et pour te faire plaisir, je ne l'appelerai désormais que: petit fourneau.
> *Huguenot, huguenotte:* nom que l'on donnoit aux Calvinistes.
> *Huguenotte:* petit fourneau de terre ou de fer, avec une marmitte dessus, propre à faire cuire quelque chose à peu de frais.

Auch Texte, die nicht auf der Oberfläche Dialoge sind, sind doch häufig dialogisch strukturiert. Ein Meister dieser Technik in verschiedenen Variationen (erzählter Dialog mit einem fingierten Gesprächspartner, dialogisch strukturierte Selbstverständigung, Dialog mit dem (Zuhör)-Publikum) ist Hébert in seinem Père Duchesne. Diese Mimesis gesprochener Sprache geht bis in Einzelheiten, z. B. die Voranstellung von Zusammenfassungen, die das Verständnis leiten und strukturieren sollen, und schließlich die Anverwandlung eines ausschließlich oral gebrauchten Jargons, der freilich auch wieder stilisierten Sprache der Sans-Culotten von Paris.

3.6 Die Oralisierung der Literatur: Die Instabilität der Form

Es gibt in der Französischen Revolution eine Reihe von literarischen Erscheinungen, die als typisch für orale Literatur gelten.

Das betrifft insbesondere die Instabilität der Form, wobei jede "Aufführung" ein Textexemplar eigenen Rechts hervorbringt. Es wäre zu fragen, welche Ebenen des Texts diese Instabilität besonders betrifft, ob lediglich die formale oder auch die semantische und schließlich auch die illokutive.²⁶ Dies dürfte wohl nach Gattungen verschieden sein.

Das Theater löst sich aus starren Formen, gibt der Improvisation und der Diskussion Raum, nähert sich damit also Vorlesesituationen an.

Es läßt sich feststellen, daß die berühmtesten Lieder der Revolution in zahlreichen konkurrierenden Fassungen überliefert sind, während sich eine endgültige Fassung erst relativ spät durchsetzt. Diese wird jedoch sofort wieder die Basis für neue Kontrafakturen. Die Liedersammlungen der Revolution enthalten unterschiedliche Texte zu der gleichen Melodie (z. B. 6 Fassungen des Ça ira), und die Affiches der Commune verzeichnen neue Texte zu bereits etablierten Liedern (Zur Marseillaise am 7/7/93, 23/9/73, 1/10/93 usw.; zur Carmagnole am 30/9/73). Eine solche Fluktuation kennt man sonst nur an oral tradierten Liedkorpora, z. B. dem spanischen Romancero.

In diesem Zusammenhang läßt sich auch die Fluktuation und die damit verbundene Offenheit zwischen den Gattungen feststellen. Lieder werden aus Theaterstücken isoliert und so weitertradiert (und verändert); Theaterstücke werden als szenische Darstellungen zu Liedtexten verfaßt.

Es zeigte sich jedoch auch sehr bald die Tendenz zur Fixierung der Liedtexte, insbesondere im Zusammenhang der Revolutionsfeste. Diese enthielten anfangs Elemente einer spontanen Unmittelbarkeit, die sie oralen Traditionen zugleich annäherte und entfernte, annäherte, insofern die Gleichzeitigkeit, Gleichörtlichkeit und Identität der Personen sowie der Ausbau der nicht-sprachlichen Komponente, wie sie charakteristisch für mündliche Kommunikation sind, konstitutiv dafür waren; entfernte, insofern der Gegenstand der Feier gerade die Überwindung der Geschichtslosigkeit oraler Kulturen und neuer Bevölkerungsgruppen war. In den Affiches der Commune von Paris befinden sich Besprechungen einzelner Feste, in denen besonders der spontane Charakter dieser Feste hervorgehoben wird, woraus man schließen kann, daß er wohl problematisch war. Diese Elemente der Unmittelbarkeit verloren sich jedoch zusehends: Arrangements und Texte wurden fixiert; die Feste gerieten zur statuarischen Selbstfeier, deren Selbstdarstellungsform zelebrierte Mündlichkeit war.²⁷

Das Scheitern der Institutionalisierung der parlamentarischen Öffentlichkeit fällt zeitlich etwa zusammen mit dem Scheitern des Fests. Beide Idealformen von Mündlichkeit sind bereits mitten in der Revolution in die Aporie geraten.

Die Bedingungen dafür, daß orale Verfahren und Traditionen in der Französischen Revolution die Literatur und andere Textbereiche überformten und dadurch gerade auch zusammenschlossen und weiterhin geschichtsmächtig wurden, sind in dem Zusammentreffen von Idealisierung des Dialogs und Wirklichkeit noch weitgehend oral geprägter Bevölkerungsschichten zu sehen. Das beginnende 19. Jahrhundert wandte sich von dieser Vermischung mündlicher und schriftlicher Traditionen ab. Die Literatur wurde entdialogisiert, die epischen Langformen sind ein dezidiertes Bekenntnis zur Schriftkultur. Zeugnisse oraler Kultur wurden gesammelt und archiviert und damit dem Bereich des endgültig zur Vergangenheit Gehörigen zugewiesen. Mündliche Traditionen und mündlich strukturierte Literatur gerieten für lange Zeit in den Bereich partialisierter und klandestiner Gegenkulturen. Ein Konzept für eine dialogisch strukturierte und orale Verfahren nachempfundene Pädagogik und Ästhetik hat seit der Französischen Revolution nicht mehr umfassende Bedeutung gewinnen können.[28]

Anmerkungen:

[1] Die Idee zu diesem Aufsatz ist in einer Diskussion der von Hans Ulrich Gumbrecht und mir geleiteten Sektion "Sprache und Literatur in der Französischen Revolution" auf dem Romanistentag 1979 in Saarbrücken entstanden. Ich danke allen Teilnehmern sehr für die dort erhaltenen Anregungen und ebenso den Teilnehmern der Diskussionen in Bielefeld und Hannover. Schließlich schulde ich H. U. Gumbrecht und G. Schneider sowie meinen Studenten Alexander Raab und Sylvia Radler besonderen Dank für ihre Kritik. Über die Diskussion, die diesem Aufsatz zugrunde liegt und die zahlreiche weiterführende, von mir nicht aufgegriffene, Aspekte enthielt, informiert die Protokollnotiz von H. U. Gumbrecht in Schlieben-Lange, ed., 1981.

[2] Der Begriff der "Semi-Oralität" wurde in der oben erwähnten Diskussion von Fritz Nies eingebracht.

[3] Die Unterschiede von gesprochener und geschriebener Sprache haben in verschiedenen Epochen der Geschichte der Linguistik eine große Rolle gespielt. Neben den grundlegenden Äußerungen von H. Paul und F. de Saussure sind besonders wichtig die Entwicklung einer Theorie der Schriftsprache in der Prager Schule (Havrànek, Vachek) und die Untersuchungen zum gesprochenen Deutsch in einigen neueren Projekten, wobei sich hier der Schwerpunkt zunehmend auf Verfahren der Gesprächsführung verlegte. Vgl. Betten, 1977/78, und als gute Zusammenfassung konstitutiver Unterschiede Söll, 1974.

[4] Zu diesem interessanten Zusammenhang vgl. die Hinweise bei Giesecke, 1979, S. 278 ff.

[5] Ehlich entwickelt in diesem Band einen Vorschlag zur Einengung des Textbegriffs und zur Darstellung unterschiedlicher Arten von Textübermittlung. Sein Verfahren ist sehr gut geeignet, die Charakteristika von Vorlesen und Protokoll hervortreten zu lassen, die für meine Argumentation wichtig sind, nämlich die Vielfalt der beteiligten Personen und die — möglichen — Oszillationen des Texts.

[6] Hinweis von H. U. Gumbrecht.

[7] "Pragmatik-geladene" Situationen sind wissenssoziologisch als solche zu beschreiben, in denen es die Funktion der Kommunikation ist, interpretationsrelevantes Wissen in motivationsrelevantes Wissen zu überführen. Vgl. Gumbrecht, 1978.

[8] Eine solche These bedürfte einer Diskussion der Zwei-Kulturen-Theorie, vgl. Maas, 1980.

[9] Zur Gleichsetzung von Oralität und Geschichtslosigkeit im Frankreich des 18. Jahrhunderts, vgl. de Certeau et al., 1975.

[10] Vgl. dazu Furet/Ozouf, 1977.

[11] Vgl. dazu zusammenfassend Gumbrecht et al., ed., 1981.

[12] Vgl. Schlieben-Lange, 1981.

[13] Vgl. Habermas, 1976[8]. Die Verbindlichkeit des Ideals der Öffentlichkeit in der politischen Auseinandersetzung wurde in der Diskussion von L. Hölscher entschieden in Frage gestellt. Vgl. dagegen die Rekonstruktion der Geschichte dieses Ideals in Gumbrecht, 1978, anhand von Parlamentsreden in der Revolution und in Spangenberg, 1981, anhand der Revolutionszeitschriften. Zum Scheitern der Projektion der interaktiven Normen auf die politische Konsensfindung vgl. die Thesen bei Luhmann, 1980, Kapitel 2.

[14] Habermas, 1973.

[15] Krauss, 1960, S. 33.

[16] Vgl. Furet/Ozouf, 1977, und Quéniart, 1981.

[17] Vgl. Gazier, ed., 1880/1969.

[18] Vgl. z. B. Gardy, 1978.

[19] Vgl. Gumbrecht, 1978.

[20] Es darf nicht übersehen werden, daß es sich bei Protokoll und Vorlesen gerade um die im Ancien Régime üblichen alten Übermittlungsformen handelt (Hinweis von E. Eggs), die aber in der Revolution eine neue Funktion bekommen.

[21] Vgl. Brunot, 1937/1967; Schlieben-Lange, 1979 und 1981.
[22] Vgl. die Interpretation von Trabant, 1981.
[23] Braesch, ed., 1922—1938.
[24] Vgl. Giesecke, 1979, S. 284.
[25] Es handelt sich um das unveröffentlichte "Dictionnaire républicain et révolutionnaire", dessen Edition ich vorbereite. Vgl. Schlieben-Lange, 1980.
[26] Vgl. dazu Ehlich, in diesem Band.
[27] Die Funktion der Revolutionsfeste ist sicher erheblich komplexer, vgl. Ozouf, 1976, Gumbrecht, 1978.
[28] K. Ehlich hat in der Diskussion nachdrücklich auf den Zusammenhang von Oralisierung der Kultur und sozialen Bewegungen hingewiesen (Reformation; Russische Revolution; revolutionäre Bewegungen in Lateinamerika). Dieser Zusammenhang bedürfte einer genaueren Untersuchung.

Literatur:

Betten, Anne (1977/1978) "Erforschung Gesprochener Deutscher Standardsprache", in: *Deutsche Sprache* 5, S. 335—361; 6, S. 21—44.
Braesch, F. (ed.) (1922—1938) *Le père Duchesne d'Hébert*, Paris.
Brunot, Ferdinand (1937/1967) *Histoire de la langue française*, Bd. IX, 1 und 2, Paris.
Campe, Joachim (1961) *Briefe aus Paris — während der Französischen Revolution geschrieben* (ed. H. König), Berlin.
Certeau, Michel de u. a. (1975) *Une politique de la langue: La Révolution française et les patois*, Paris.
Furet, François/Ozouf, Jacques (1977) *Lire et écrire. — L'alphabétisation des Français de Calvin a Jules Ferry*, Paris.
Gardy, Philippe (1978) *Langue et société en Provence au début du XIX siècle: Le Théatre de Carvin*, Paris.
Gazier, A. (ed.) (1880/1969) *Lettres à Grégoire sur les Patois de France*, Paris/Genf.
Giesecke, Michael (1979) "Schriftsprache als Entwicklungsfaktor in Sprach- und Begriffsgeschichte", in: R. Koselleck (ed.): *Historische Semantik und Begriffsgeschichte*, Stuttgart, S. 262—302.
— (1980) "'Volkssprache' und 'Verschriftlichung des Lebens' im Spätmittelalter — am Beispiel der Genese der gedruckten Fachprosa in Deutschland", in: H. U. Gumbrecht: *Literatur in der Gesellschaft des Spätmittelalters*, Heidelberg 1980, S. 39—70.
Gumbrecht, Hans Ulrich (1978) *Funktionen parlamentarischer Rhetorik in der Französischen Revolution*, München.
— (1981) Protokollnotiz zur Diskussion der Sektion 'Sprach- und Literaturgeschichte in der Französischen Revolution', in: Schlieben-Lange (ed.) (1981), S. 124—126.
Gumbrecht, Hans Ulrich u. a. (ed.) (1981) *Sozialgeschichte der Aufklärung in Frankreich*, 2 Bde., München-Wien.
Habermas, Jürgen (1976[8]) *Strukturwandel der Öffentlichkeit*, Neuwied.
(1973) "Wahrheitstheorien", in: H. Fahrenbach (ed.) (1973) *Wirklichkeit und Reflexion*, Pfullingen, S. 211—265.
Krauss, Werner (1960) "Über den Anteil der Buchgeschichte an der literarischen Entfaltung der Aufklärung", in: *Sinn und Form* 12, S. 32—88; 270—315.
Maas, Utz (1980) "Kulturanalyse", in: *OBST* 16, S. 118—162.
Ozouf, Mona (1976) *La fête révolutionnaire 1789—1799*, Paris.
Quéniart, Jean (1981) "Alphabetisierung und Leseverhalten der Unterschichten in Frankreich im 18. Jahrhundert", in: H. U. Gumbrecht u. a. (ed.) (1981), S. 113—146.
Rudé, Georges (1961) "Die Massen in der Französischen Revolution", München.
Schlieben-Lange, Brigitte (1979) "Das Übersetzungsbüro Dugas (1971/92)", in: R. Kloepfer (ed.) (1979) *Bildung und Ausbildung in der Romania* II, München, S. 513—526.
— (1980) "'Tu parles l'ancien langage'..." Vortrag auf dem Congrès de Linguistique Romane, Palma 1980.

— (1981) "Die Französische Revolution und die Sprache", in: B. Schlieben-Lange (ed.) (1981), S. 90—123.
— (ed.) (1981) *Sprache und Literatur in der Französischen Revolution* (= LiLi 41), Göttingen.
Söll, Ludwig (1974) *Gesprochenes und geschriebenes Französisch*, Berlin.
Spangenberg, Peter-Michael (1981) "Opinion publique und ordre naturel. Ein Aspekt aus der Pressegeschichte der Französischen Revolution (1788—1792)", in: B. Schlieben-Lange (ed.) (1981), S. 15—26.
Trabant, Jürgen (1981) "Die Sprache der Freiheit und ihre Feinde", in: B. Schlieben-Lange (ed.) (1981), S. 70—89.

IV. Oralität im Rückzug

H. Jungraithmayr

Ornamentalisierung und Dramatisierung mündlicher Rede in Afrika: Das Ideophon

1. Im folgenden wird der Versuch gemacht, eine Wortart zu charakterisieren, die einerseits Gemeingut der meisten afrikanischen Sprachen ist, andererseits den Sprachen unseres Kulturkreises fremd ist. Das sogenannte Ideophon oder Lautbild steht in seiner Form und Funktion so sehr am Rande der klassischen grammatischen Kategorien, auch in afrikanischen Sprachen, daß seine Definition noch beträchtliche Schwierigkeiten bereitet. Es ist auch fraglich, inwieweit es für den in traditioneller Weise geschulten Europäer überhaupt möglich ist, Feinheiten in der stilistischen Struktur afrikanischer Sprachen hinreichend zu erfassen. Dieser innerste Bereich einer Sprache erschließt sich nur ganz wenigen: ein Vertrautsein mit den geistigen und sozialen Wertvorstellungen der Kultur eines Volkes ist Grundvoraussetzung. Im 19. und in der ersten Hälfte des 20. Jh. sind von Missionaren, Kolonialbeamten und Sprachforschern umfangreiche Materialsammlungen in Form von Grammatiken, Wörterbüchern und Texten angelegt worden. Diese vielfältigen Zeugnisse von heute im Schwinden begriffenen Sprachkulturen im Afrika südlich der Sahara behalten ihren Wert, darüber kann es keinen Zweifel geben. Sie bilden die Grundlage der heute entstehenden nationalen Schriftkulturen. Auf der anderen Seite müssen wir auch nüchtern die Frage stellen, ob bisher der Welt nicht wesentliche Bereiche afrikanischer Sprachen unbekannt geblieben sind. Die normale Methode war — und ist z.T. bis heute — die des Abfragens von Wörtern und grammatischen Formen bzw. die der Nachschrift von Erzählungen und anderen Texten, die der afrikanische Gewährsmann in langsamer, sozusagen gezähmter und somit für ihn gänzlich unnatürlicher Diktion vorspricht. Solcherart diktierte und danach analysierte Sprache ist aber nicht lebendige Sprache. Es fehlt ihr die Spontaneität — und damit das Beste, was freie gesprochene Rede besitzen kann. Und — um vorzugreifen — das Ideophon gedeiht nur in der natürlichen spontanen Rede. Erst die Tonbandaufnahme — in bescheidenerem Maße auch schon ihre Vorläuferin, die Phonogrammaufnahme — hat uns in der Beobachtung sprachlichen Verhaltens einen entscheidenden Schritt vorangebracht: sie vermag eine uneingeschränkt lebendige Rede auf Dauer festzuhalten; darüber hinaus ist sie für den Zweck der Beschreibung und Analyse jederzeit und beliebig oft reproduzierbar.

2. In einem Märchen der Amasi im Westkameruner Waldland habe ich 1971 zahlreiche Lautbilder beobachtet. Der Erzähler, Victor Masamba Timbu, damals 23 Jahre alt, war noch fest in den Wertvorstellungen seiner traditionellen Gemeinschaft verankert, sprach aber auch recht gut Englisch. Der Inhalt des Märchens kann folgendermaßen zusammengefaßt werden:

> Ein Jäger verirrt sich im Wald, er kommt an das Haus einer Hexe; darauf flieht er in sein Dorf, heiratet dort die schönste Frau, hinter der sich aber die Hexe verbirgt. In den Wald zurückgekehrt, will sie ihn töten. Seine Hunde und sieben Vögel retten ihn. Zuvor schon hatten ihm sieben Sterne, die der Nase der Hexe entsprungen waren, zur Flucht verholfen. Schließlich zerreißen die Hunde die Hexe; ihr Blut, das den Jäger berührt, macht ihn zum ersten sterblichen Menschen. So kommt der Tod in die Welt.

Aus diesem mündlichen Text stechen wie Signale zahlreiche Lautbilder hervor. Einige davon sind z. B. *tschìdìrímpòng, gédé-gédé-gédé-gédé, shùngò-shùngò-shùngò, tsà-tsà-tsà-tsà-tsà-tsà*. Diese besonderen Wörter unterstreichen die Dramatik des Geschehens auf sinnfällige Weise. So zeichnet *tschìdìrímpòng* das holpernde Rollen eines Kopfes lautlich nach. Je besser der Erzähler, desto geschickter weiß er seine Geschichte mit diesen außergewöhnlichen Wörtern, diesen laut gewordenen, zum Laut gewordenen Bildern auszuschmücken.

Formal sind u. a. folgende Merkmale zu beachten:

a) die zitierten Lautbilder sind ein- oder zweisilbig;
b) Zu ihrer beabsichtigten Wirkung gehört eine mehrmalige Wiederholung des Grundwortes; also das Prinzip der Reduplikation;
c) Abgesehen von *tschìdìrímpòng*, das nicht unbedingt typisch zu nennen ist, werden jeweils alle Silben auf ein und derselben Tonebene gesprochen; entweder hoch *(gédé* . . .) oder tief *(tsà* . . ., *shùngò* . . .).

3. Bevor wir den Versuch machen können, allgemeine Aussagen über Form und Gebrauch des Ideophons zu machen, sollen weitere Beispiele aus anderen afrikanischen Sprachen vorgeführt werden.

3.1 Hausa

Beim Anblick eines schwer bekleideten oder auch mit Waffen ausgerüsteten Reiters, der sein Pferd besteigt, drängt sich dem Hausa das Wörtchen *dùngùngùn* auf, so daß der beschreibende Satz lautet: *Gàlàdimà yá háu dókì dùngùngùn*. Eine direkte Übersetzung dieses Ideophons ist unmöglich, man kann es höchstens durch "schwergerüstet" umschreiben. Spricht man von jemandem, dessen Kleider auf dem Boden schleifen, sagt man: *Yánà tàfíyà bìkìkì*, was wiederum unübersetzbar ist: "er geht bikiki". Manche Ideophone sind allein durch den Ton in ihrer Bedeutung unterschieden. So heißt *Yá bíyá nì kúđínà k'yál-k'yál* "er gab mir mein Geld auf Heller und Pfennig zurück", es wird also damit die Eigenschaft der Genauigkeit und Korrektheit abgebildet; mit Tiefton gesprochen, also *k'yàl-k'yàl*, intensiviert es das Strahlen eines Dings bzw. der Sterne: *Yánà wàlk'iyà k'yàl-k'yàl*. — Ein großer, korpulenter Mensch ist ein *mùtûm tùntùrûm*. Ein Gedränge von vielen Menschen an einer engen Stelle wird durch *tùrmútsúmùtsù* charakterisiert. Ein mit Menschen überfüllter Markt ist *tùntsúm: kàsúwá tá yí tùntsúm dà mútàné*. Das gleiche Bild stimmt auch, wenn sich jemand den Mund mit Kolanüssen vollgestopft hat: *Yá cikà bàkínsà tùntsúm dà gòrò*. Hausa-Ideophone sind in ihrer Mehrheit konsonantisch auslautend, während alle anderen Wortarten des Hausa auf Vokal enden; so lauten z. B. feminine Substantive auf -*a* aus: durch Anfügen eines solchen Suffixes -*a* und Adjustierung des Tons an das in dieser Wortart erwartete Muster entsteht auf der Grundlage von *tùntsúm*, das nach den obigen Beispielen den Eindruck des "Prall Gefüllten und Vollen" vermitteln soll, die Bezeichnung für ein stattliches, vollentwickeltes Mädchen: *tùntsúmá*. Das entsprechende Adjektiv auf ideophonischer Grundlage lautet *tùntsúmémè*, pl. *tùntsún-tùntsùn*.

Für das Hausa können wir also hier schon festhalten, daß das Ideophon wohl eine selbständige Wortart darstellt, von der aber auch andere Wortarten — Adjektiva, Adverbia, Substantiva, Verben — abgeleitet werden können.

3.2 Im *Ewe*, der Hauptsprache Togos, gibt es nach D. Westermann (1927) an die 40 Lautbilder, die allein den menschlichen Gang beschreiben; z. B.

bìà-bìà	eine schwächliche Person, die schlotternd geht;
bòbò-bòbò	die Art, wie ein korpulenter, schwerfälliger Mensch geht;
búlá-búlá	achtlos, ohne etwas zu sehen, gehen;
báfó-báfó	dies charakterisiert den Gang eines kleinen Menschen, dessen Körperteile sich beim Gehen lebhaft bewegen;
gblùlù-gblùlù	so geht jemand, der wie ein Büffel vor sich hinstiert.

Westermann hat wohl als einer der ersten Afrikanisten den Versuch unternommen, für das Ewe und andere Sprachen Ghanas Regeln aufzustellen, nach denen ein systematischer Zusammenhang zwischen der lautlichen Gestalt und der Bedeutung der Ideophone als in hohem Grade wahrscheinlich anzunehmen ist. Der Terminus 'Lautbild' geht übrigens auf Westermann zurück. Er verstand darunter

> "einen Lautkomplex, der für das Empfinden der Eingeborenen eine unmittelbare lautliche Reaktion auf einen empfangenen Sinneseindruck darstellt, der also einem inneren Gefühl unmittelbaren und adäquaten Ausdruck verleiht." (op. cit., S. 319).

Weiter:

> "Lautbilder geben Eindrücke aller Sinne wieder, oft in Abschattungen und in einer Sinnfülle, die unsere Sprache bestenfalls annähernd ausdrücken kann. Ihre Zahl ist Legion, selbst bei langem Sammeln fängt man nur einen Bruchteil ein." (S. 321).

Für die Bedeutungsschattierungen der Lautbilder stellte Westermann die folgenden Faktoren als bestimmend im Ewe fest: Reduplikation, Tonhöhe, Vokalquantität, Vokalqualität, Muskelspannung der Konsonanten. Es würde hier zu weit führen, wollten wir für alle diese Merkmale Beispiele zitieren. Es muß genügen, daß wir Westermanns Schlußfolgerungen wiedergeben*:

---

* Westermann weist mit Recht auf die Gefahren hin, die in einem solchen Vorgehen liegen. Schließlich sind auch die Laute afrikanischer Sprachen durch die jahrtausendealte Sprachgeschichte hindurch nicht unverändert geblieben, so daß der ursprüngliche Sinn eines Lautes durch Lautwandel verdunkelt worden sein kann. Die große Konsequenz und vor allem auch die lebendige Produktivität, mit der die von ihm beobachteten Prinzipien immer noch spontan ihre Anwendung finden, haben ihn aber von der grundsätzlichen Richtigkeit der Annahme solcher Laut-Sinn-Beziehungen überzeugt. Ein Beispiel mag für viele stehen:
àmì lá vɛ́ná lílílí (Hochton) "das Öl duftet angenehm";
àmì lá vɛ́ná lìlìlì (Tiefton) "das Öl duftet unangenehm".

Ein Lautbild ist demnach charakterisiert durch eines oder mehrere der folgenden Merkmale: Hochton
Kurzvokal
Heller Vokal
Stimmloser Konsonant,
wenn es etwas Kleines, Feines, Straffes, Hartes, Festes, Helles, Rasches, scharfen, angenehmen Geschmack, angenehmen Geruch, intensive Farben oder etwas Energisches, Frisches, Genaues charakterisieren soll.

Seine Merkmale sind aber die folgenden: Tiefton
Langvokal
Dunkler Vokal
Stimmhafter Konsonant,
wenn es etwas Großes, Plumpes, Unförmiges, Weiches, Schlaffes, etwas Dunkles, Langsames, Geschmackloses, Fades, einen unangenehmen Geruch, stumpfe Farben, etwas Dumpfes, Wirres bezeichnen soll.

3.3 W. Samarin, der heute wohl beste Kenner der Materie, hat im *Gbeya* etwa 5 000 Ideophone gesammelt; allein für die unterschiedlichen Empfindungen, die man hat, wenn man über die Borsten von Bürsten streicht, gibt es nach ihm 18 Ideophone. Vgl. z. B.

vuŋu-vuŋu   "wie die behaarte Seite eines Tausendfüßlers";
vaŋa-yaŋa   "wie Bartstoppeln im Gesicht eines Europäers";
veŋem-veŋem   "wie der Juckreiz, den man auf der Haut verspürt, auf die der Blütenstaub einer bestimmten Pflanze fällt";
haka-yaka   "wie der Rücken eines Krokodils", usw.

3.4 Zulu

Nach Doke und Vilakazi (1958) besitzt das Zulu mindestens 2 600 Ideophone. Von Doke (1935) stammt auch die Bezeichnung "Ideophone". Andere Namen im englischen Sprachgebrauch sind *descriptive radical, descriptive adverb, intensive interjection, mimic noun, phonesthetic particle, word picture*. Derek Fivaz (1963) hat die Zulu-Ideophone einer gründlichen statistischen Analyse unterzogen, die unter anderem die Beobachtung ergeben hat, daß die überwältigende Mehrheit der Ideophone auf einer tiefen Tonebene gesprochen werden; u. zw. 81%, d. s. 1435 der zweisilbigen, 72%, d. s. 148 der dreisilbigen, und 93%, d. s. 326 der viersilbigen. Die gleiche Beobachtung habe ich an einem kleinen Korpus von Ideophonen machen können, die mir für die tschadohamitische Sprache der Ron-Daffo in Nordnigeria zur Verfügung stehen.

3.5 Ron-Daffo

Von insgesamt 39 sind hier 31 — d. h. 80% — tieftonig; z. B.

sí tá' wúúri wàràngàl   "sie bauten ihr Haus 'kugelrund'";
á pák lá hìrìmbìl-hìrìmbìl   "er kam herauf (mit breitem Rücken und einer schweren Last darauf") — (das Ideophon wäre ein anderes, trüge er die Last nicht auf dem breiten Rücken, sondern auf dem Kopf!).

Es hat somit den Anschein, als wäre auch in diesen Sprachen — wie im Ewe — der Tiefton mit Großem assoziiert.

4. Allgemeine Aussagen

4.1 Die Lautstruktur eines Ideophons unterscheidet sich in der Regel von der Lautstruktur der übrigen Sprache bzw. ihrer Teile; so lauten z. B. im Hausa im wesentlichen nur Ideophone auf eine geschlossene Silbe aus.

4.2 Die Tonhöhe hat eine entscheidende Funktion, einmal in der Rhythmik des Bildes, zum anderen für die Feinschattierung der Bedeutung: so werden z. B. im Ewe alle drei Tonebenen — hoch, mittel und tief — bei einigen Ideophonen angewandt:

— — — *wòlè vìvím ŋáné-ŋáné* (Hochton) "es schmeckt zucker-süß";
— — — *wòlè vìvím ŋànà-ŋànà* (Tiefton) "es schmeckt säuerlich-süß";
— — — *wòlè vìvím ŋānā-ŋānā* (Mittelton) "es schmeckt süß-säuerlich" (wie etwa ein Apfel).

Auch der Kontrast Groß-Klein wird, wie wir gesehen haben, durch Ton-Kontrast verdeutlicht; z. B.

groß: *Wó tù wó fé xɔwò nògò-nògò-nògò* (Tiefton) "sie bauen ihr Haus ganz rund";
klein: *Wó tù wó fé xɔwò nógóié-nógóié* (Hochton) "sie bauen ihr Haus ganz rund".

Des weiteren können durch den Tonwechsel auch unterschiedliche Objekte und Sachverhalte angesprochen werden:

Hausa: *k'yál-k'yál* "auf Heller und Pfennig";
k'yàl-k'yàl "im hellen Glanz erstrahlend".

4.3 Diese produktive Elastizität erstreckt sich nicht nur auf Töne und Tonmuster, sondern ebenso auf Konsonanten und Vokale. So kann z. B. im Avatime, einer Togorestsprache, die Grundbedeutung "Gefäß mit Öffnung" durch variable Stimmhaftigkeit der Konsonanten modifiziert werden:

dódo bezeichnet dabei eine große Öffnung,
tóto bezeichnet dabei eine kleine Öffnung.

4.4 Die Reduplikation, Bestandteil der meisten Ideophone, kann sich auf das gesamte ideophonische Wort oder nur auf einen Teil erstrecken:

total: *naŋa-naŋa*   partiell: *dùngùngùn*
k'yál-k'yál   *fyàlàlàl* (Daffo: "leicht von Kleidern")
                              vàŋa-yàŋà

4.5 Ideophone haben im allgemeinen so spezifische Bedeutungen — komplex vor allem deshalb, weil sie einen umfassenden sozio-kulturellen Kontext implizieren —, daß sie kaum übersetzbar sind; man kann sie bestenfalls nachempfinden und sie dann in der Zielsprache "nachschöpfen". Manchmal stehen uns z. B. im Deutschen idiomatische Wendungen zur Verfügung, wie z. B. "blut-jung", "schneeweiß", "kohlrabenschwarz", "giftgrün".

IV. Oralität im Rückzug

4.6 Das Ideophon ist *syntaktisch* strengen Restriktionsregeln unterworfen. P. Newman (1968) konnte für das Hausa und Tera den Nachweis erbringen, daß Ideophone fast ausschließlich in affirmativen deklarativen Sätzen vorkommen.

So kann man im Hausa z. B. wohl affirmativ sagen
yá fá'dì shàràp "Er fiel der Länge nach hin",
aber diesen Satz nicht in eine Frage kleiden, etwa
*yá fá'dì shàràp? "Fiel er der Länge nach hin?"

Man kann auch nicht befehlen "Spring wie ein Blitz auf!" **tàshì fàràt!*, wohl aber die Aussage machen *yá táshì fàràt* "er sprang wie ein Blitz in die Höhe".

4.7 Da wir über den Ursprung der Ideophone nur spekulieren könnten, will ich mich hier auf wenige Andeutungen beschränken.

Der amerikanische Linguist Sapir spricht an einer Stelle von der *psychologischen Realität des Phonems*. Damit ist die in vielen Sprachen (noch) zu beobachtende Tatsache gemeint, daß oft mit sogenannten hellen Vokalen Helles, mit dunklen Vokalen Dunkles, Schwarzes usw. bezeichnet wird. So heißt im Gisiga der Tag *pásà*, die Nacht *dúvúdú*. Im Hausa ist *dùnhú* die Bezeichnung für sehr schwarze Personen oder Pferde; *k'ùùðúðú* bedeutet "Melancholie".

In vielen afrikanischen Sprachen liegen den nicht-ideophonischen Wortarten — wie dem Verb, dem Substantiv und dem Adjektiv — oft ideophonische Wurzeln zugrunde: z. B. im Hausa eine Wurzel *tsu-* oder *tsi-* für Kleines, Junges, Unreifes etc.; z. B. (nach Bargery 1934):

tsúrút, tsírít	"emphasizes smallness";
tsúgùndá	"squat down";
tsùngwíyàa	"pinch off a small quantity of anything";
tsíyàyée	"become weak";
tsùmbée	"a person who seems stunted";
tsúugèe	"person without much flesh on the buttocks";
tsúudúudúu	"smallness of a house, a doorway, of mouth of a pot";
tsúgúllée	"precocious sexual indulgence".

Weitere ideophonische Wurzeln im Hausa sind:

'ba-	"brechen",
ri-	"zuerst, viel, groß sein";
mur-	"drehen";
tu-	"stoßen"; "ausreißen"; "voll, groß sein";
lu-	"Weiches", "Reifes";
saN-	"Großes (Lebendiges)".

In ganz Westafrika scheint (nach Westermann 1927, 319) eine ideophonische Wurzel für "langsam, sachte, leise" verbreitet zu sein: *dèe* (Twi); *dè* (Igbo) "weich werden", *lè* (Mende) "langsam, vorsichtig". Hausa *lu-* (s.o.) würde dem entsprechen.

Hier drängt sich die Frage auf, wieweit in diesen ideophonischen Wurzeln vielleicht eine sehr frühe afrikanische Sprachschicht verborgen ist, die durch spätere Wanderungen und Sprachmischungen verschüttet wurde. In der Bantusprache der südafrikanischen Zulu ist *cikí* ein Ideophon für "fullness", auf der anderen Seite heißt im westafrikanischen Hausa, das dem hamitosemitischen Sprachstamm zugerechnet wird, *cikà* "füllen"! Ginge man solchen Fällen weiter auf den Grund, käme vielleicht manches gemeinafrikanische Sprachgut zum Vorschein, und zwar über die heutigen — erst in jüngerer Zeit entstandenen — Sprachverwandtschaftsgrenzen hinweg. Es wäre, von daher gesehen, nicht auszuschließen, daß die Wissenschaft eines Tages die Ideophonie-Forscher ("Ideophonisten" oder besser "Ideophoniker"?) die Prähistoriker der afrikanischen Sprachgeschichte nennen wird.

5. Auf die dramatische und poetische Funktion des Ideophons machen besonders Fortune (1962) und Kunene (1978) aufmerksam. Fortune (1962) unterscheidet grundsätzlich zwischen "ideophonic speech" und "more normal speech":

> "... we are led to distinguish two quite different styles. In ideophonic speech verbs are replaced more or less entirely by ideophones. Most things can be expressed in either way, either verbally or ideophonically. But whereas the verbal utterance is rather matter-of-fact, in construction highly structured and exact in its use of concordial agreements spread over the utterance, ideophonic speech expresses itself in varying degrees of freedom from normal constructions to achieve vivid and arresting descriptions."

Kunene (1978, S. 3) trifft daraufhin die Unterscheidung zwischen

> "two distinct types of predicate in the Bantu languages, namely the *narrative* and the *dramatic*. The speaker-turned-actor represents to, or re-creates or dramatizes for, his audience, by means either of the ideophonic alone (i. e., linguistically), or of ideophone and gesture (i. e. linguistically and by imitation simultaneously) or by gesture alone, the event or situation which he wishes them to observe."

Für Senghor (1967) ist das "beschreibende Wort" integraler Bestandteil der rhythmisch-poetischen Struktur afrikanischer Erzählungen: "... die dramatische Spannung entsteht aus der Wiederholung, der Wiederholung einer Einzelheit, einer Geste ..." (1967, S. 169).

Die Dramatisierung mündlicher Rede geschieht gemeinhin auf suprasegmentaler und paralinguistischer Ebene: Artikulation, Mimik und begleitende Gestik etwa sind solche Intensifikatoren. Im traditionalen Afrika dagegen steht mit dem Ideophon eine *Wortgeste* zur Verfügung, die nicht begleitend zur Rede hinzutritt, sondern sie von innen her durchdringt. Literaturtheoretisch bedeutsam erscheint am Phänomen der Ideophonie besonders der poetische Aspekt. Das Ideophon gedeiht vor allem in der zeremoniellen Kommunikation, der kunstvoll ausgestalteten, dramatisierten "Aufführung" traditioneller Erzählungen. Im Ideophon haben wir vielleicht den eindeutigsten Fall eines ausschließlich oralen Kunstmittels vor uns. Wichtig erscheint weiterhin die enge Solidarität zwischen poetischer und expressiver Funktion, die sich am Ideophon beobachten läßt. Das Ideophon bringt die emotionale Beteiligung des Sprechers an dem von ihm berichteten Geschehen zum Ausdruck und verleiht seiner Rede dadurch eine Kraft und einen Glanz, der sie aus alltäglichem Sprechen heraushebt.

6. Schluß (oder Abgesang)

Wie in Europa das lebendige, unmittelbare und anschauliche Denken und Reden vor der Übermacht begrifflich gefilterter und schriftlich fixierter Aussage zurückgewichen und bei vielen Menschen heute ganz verlorengegangen ist — Paul Gaechter (1970) beschreibt diesen Vorgang anschaulich für Irland —, so nimmt auch in Afrika mit dem unvermeidlichen Vormarsch von Schule und westlicher Denkweise die Fähigkeit immer mehr ab, Ideophone in Unterhaltungen oder Erzählungen mit spontaner Lebendigkeit zu gebrauchen. Die Schrift ist der Feind Nummer 1 des Ideophons und bestätigt hier in besonders alarmierender Weise Platos im *Phaidros* geäußerte Warnung:

> "Diese Kunst (des Lesens und Schreibens) wird wegen der Vernachlässigung des Gedächtnisses Vergeßlichkeit in den Geistern jener hervorbringen, die sie erlernen. Denn im Vertrauen auf das Geschriebene wird man sich von außen her durch fremde Zeichen erinnern lassen und nicht mehr selbständig von innen her."

So liegt uns z. B. jetzt eine schriftliche Fassung des Ewe-Dramas *Fia Yi Dziehe* von F. K. Fiawoo (1973) vor; darin findet sich kaum ein Ideophon. Sobald es aber auf die Bühne kommt, so hat man beobachtet, wird der Text von zahlreichen Lautbildern untermalt. Hierher gehört auch die wichtige Beobachtung, daß Verkehrssprachen besonders zum Verlust der Ideophonik neigen. Verkehrssprachen werden zum Wechselgeld für viele Menschen, die aber in dieser Zweitsprache nicht fühlen können.

Moderne Hausa-Sprecher, die auch des Englischen mächtig sind, schmunzeln nur noch über die Tatsache, daß im 1934 erschienenen Wörterbuch von Bargery noch Hunderte von Ideophonen und ideophonischen Adjektiven und Adverbien allein für "groß" verzeichnet stehen; sie könnten selbst kaum noch ein einziges davon spontan anwenden, sie haben auch kein rechtes Verständnis mehr dafür.

Die meisten modernen Afrikaner sehen in allem, das nicht schriftfähig ist, Überbleibsel der Primitivität. Nur wenige erkennen, daß es sich hierbei, wie es Ansre 1962 ausdrückte, um ein "storehouse of wit and experimentation" handelt. Das moderne Afrika, so steht zu befürchten, wird vielleicht dieses nuancierte und vielgestaltige Ausdrucksmittel, das heute noch viele seiner Sprachen im Überfluß besitzen, erst für sich und seine werdende Literatur entdecken, wenn die Quellen dafür längst versiegt sein werden.

Literatur

Ansre, G. (1962) *The Tonal Structure of Ewe*, Hartford.
Bargery, G. P. (1934) *A Hausa-English Dictionary and English-Hausa Vocabulary*, London.
Doke, C. M. (1935) *Bantu Linguistic Terminology*, London.
Doke, C. M. and B. W. Vilakazi (²1958) *Zulu-English Dictionary*, Johannesburg.
Fiawoo, F. K. (1973) *Tuinese. Fia Yi Dziehe*, Marburg.
Fivaz, D. (1963) *Some Aspects of the Ideophone in Zulu*, Hartford.
Fortune, G. (1962) *Ideophones in Shona*, London.
Gaechter, P. (1970) *Gedächtniskultur in Irland*, Innsbruck.
Jungraithmayr, H. (1964) "Form und Gehalt afrikanischer Sprachen", in: *Afrika Heute* 19, Bonn.
— (1981) *Gedächtniskultur und Schriftlichkeit in Afrika*, Frankfurt a. M.

Kunene, D. P. (1978) *The Ideophone in Southern Sotho*, Berlin.
Newman, P. (1968) "Ideophones from a Syntactic point of View", in: *Journal of West African Languages* V, 2, 107—117.
Samarin, W. (1965) "Perspective of African Ideophones", in: *African Studies* 24, 117—121.
— (1967) "Determining the Meanings of Ideophones", in: *Journal of West African Languages* IV, 2, 35—41.
Senghor, L. (1967) *Negritude und Humanismus*, Köln-Düsseldorf.
Westermann, D. (1927) "Laut, Ton und Sinn in westafrikanischen Sprachen", in: *Festschrift Meinhof*, Hamburg, 315—328.
— (1943) *Der Wortbau des Ewe*, Berlin.

Claudia Klaffke

Mit jedem Greis stirbt eine Bibliothek.
Alte und neue afrikanische Literatur

I.

Der Titel dieses Beitrags ist ein verkürztes Zitat von Amadou Hampathé Ba aus Mali und heißt wörtlich:

"Chaque vieillard qui meurt en Afrique est une bibliothèque inexplorée qui brûle."[1]

Die Bedeutung des Wortes Bibliothek, eine für uns fest definierte Einrichtung von Sammlungen schriftlicher Zeugnisse bekommt hier eine Variante: Bibliothek als Sammlung mündlich tradierter Kulturschätze, deren Reichhaltigkeit und Vielfalt bisher oft unterschätzt worden ist. Diesen Reichtum nicht verlorengehen zu lassen, heißt es zuerst einmal: zuhören. Chinua Achebe, einer der bekanntesten nigerianischen Schriftsteller der jungen Generation, drückte dies vor vier Jahren in einem Aufsatz so aus:

"Der Weiße hat in den letzten 400 Jahren eine Fülle von Mythen geschaffen, um den Neger zu entmenschen, Mythen, die Europa vielleicht psychologische, gewiß aber ökonomische Vorteile verschafft haben; der Weiße hat immer geredet, aber nie zugehört, weil er sich vorstellte, zu einem seelenlosen Tier zu reden." und weiter: Es gibt "eine gewisse zwiespältige Neugier des Weißen gegenüber den Afrikanern, eine Neugier, die entweder eine Quelle der Hoffnung oder der Verzweiflung sein kann. [...] Die Hoffnung geht dahin: Wenn die Neugier des Weißen gegenüber dem Schwarzen so groß ist, dann beginnt der Weiße eines Tages doch noch zuzuhören. Die Furcht aber sieht so aus: Da der Weiße sich ständig auf vielfältige Weise aus dem Dialog herausgeschlichen hat, wird er vielleicht fortfahren, es weiter so zu treiben."[2]

Das Zuhören muß auch die conditio sine qua non jeglicher literaturwissenschaftlichen Betrachtung sein, will sie zum echten Verständnis beitragen. Ein Problem liegt hier bereits in der Terminologie der Literaturwissenschaft. Die Ausdifferenzierung unserer wissenschaftlichen Einzeldisziplin darf nicht dazu verführen, begriffliche Trennschärfen unbesehen auf eine Kultur zu projizieren, die Leben und Kunst als Einheit auffaßt. Bei den afrikanischen "Literaturen" haben wir es mit umfassend kulturellen Phänomenen zu tun. Die orale Tradition umfaßt Sprache, Tanz und Musik als Ausdrucksformen; inhaltlich umfaßt sie den gesamten philosophischen Bereich, Ästhetik, Mythologie, Religion, Ethik, Geschichte, aber auch alle Geschehnisse des täglichen Lebens.

Aber auch bereits die Materiallage stellt ihre Probleme an die Erforschung mündlicher Traditionen. Die Vielfalt der afrikanischen Sprachen, das begründete Mißtrauen der Afrikaner den Weißen und der Technik gegenüber, die inzwischen erfolgte Verschmelzung von mündlicher und schriftlicher Tradition und die so entstandenen Mischformen verunklären den Gegenstand. Wir können die orale Kultur nicht mehr in ihren ursprünglichen Lebenszusammenhängen, sondern nur noch als Relikte in einer überfremdeten Umgebung zu fassen bekommen. Die nach Afrika exportierte Technisierung des täglichen Lebens, die innere und äußere Unruhe mit sich bringt, die Landflucht der Jungen, Arbeitslosigkeit und

Hungersnot, das Schwanken der philosophischen, sozialen und durch die Natur gegebenen Lebensgrundsätze durch das, was man moderne Zivilisation nennt, sind eine existentielle Bedrohung für eine Kultur, die wesentlich auf den Grundpfeilern des sozialen Zusammenhalts, der Zeit am Abend ohne technische Unterhalter und dem Leben nach den Gesetzen der Natur aufruht.

Die folgenden Bemerkungen stützen sich auf Beobachtungen an westafrikanischen Kulturen. Dies muß geographisch genauer umrissen werden. Die Trennung zwischen französisch-sprachigen und englisch-sprachigen Ländern ist nur bedingt aufrechtzuerhalten, da sie infolge der Kolonialgeschichte eine rein willkürliche ist. Wir beziehen uns auf Schwarzafrika südlich der Sahara, im Westen beginnend, etwa dem heutigen Senegal, nach Osten fortschreitend bis etwa nach Zaire. Manche Parallelen sind bis nach Ostafrika verfolgbar.

Die orale Literatur — so alt wie die Menschheit selbst, sagen die Afrikaner — ist eng mit der Geschichte des *Griots*[3] verknüpft. Er ist fahrender Sänger oder auch in seinem Heimatdorf ansässig und bestimmten Aufgaben oder Personen zugeordnet. Er ist Träger der Überlieferung, der künstlerischen Tradition wie der Geschichte; er ist Vermittler zwischen dem Ältestenrat oder dem König, zwischen dem Féticheur und dem Volk. Er stellt auch Verbindung zu den Verstorbenen her. Er hat vermittelnde Funktion bei Streitigkeiten, ist der Weise, der in schwierigen Situationen zu Rate gezogen wird. Er begleitet durch seine magische Kraft auch das Tun der Menschen, z. B. handwerkliche Spitzenleistungen, damit sie gelingen. Camara Laye beschreibt dies anschaulich in seinem Roman *L'enfant noir* (1953): Der Goldschmied, der von einer Frau Gold erhalten hat, damit er ihr ein Schmuckstück fertige, ist trotz seiner Kunst, die er mit Magischem mischt, nicht in der Lage, ein wirklich vollendetes Kunstwerk zu schaffen. Der Griot begleitet sein Tun, bis er seine Arbeit zu Ende geführt hat, und erst diese gemeinsame Anstrengung macht das Schmuckstück zum Kunstwerk mit segensreicher Wirkung für jene Frau. Vor allem aber und immer wieder ist der Griot Erzähler: Er singt, belehrt, unterhält. Abends, bei Sonnenuntergang, versammelt er die Leute um sich, meist unter dem Palaverbaum, dem zentralen Ort des Dorfes. Er wird bei seinem Vortrag keine phantastische Darstellung der Ereignisse geben, sondern eine realistische, realistisch freilich in einem uns ungewohnten Sinn: Er schließt das Wunderbare, das Legendäre, das Märchenhafte mit ein. Ein Griot sagte mir einmal:

"Vous savez, en Afrique, même la réalité se dit sous forme de légende."

Dies ist ein wesentlicher Zug der afrikanischen Literatur, der sich bis heute weitgehend auch in den schriftlichen Texten erhalten hat. Aimé Césaire beschreibt einmal die Situation des kolonisierten Schwarzen:

"Il était une fois, une fois de malheur, une fois de misère et de honte, un homme noir accroché à la terre noire..."[4]

Dieser authentische Erlebnisbericht wird von einem Betroffenen in die Eingangsformel des Märchens gekleidet.

Das zentrale Medium der mündlichen Tradition ist die gesungene oder gesprochene Erzählung, die unversehens zum Theaterstück werden kann: Die Grenze zwischen Singen und Sprechen ist fließend, ebenso diejenige zwischen

Prosa und Poesie, bzw. einer Art freier Verse. Oft begleitet sich der Griot selbst auf einem Musikinstrument, oder sein Vortrag wird von anderen musikalisch unterstützt. Die Musik verstärkt den Wortlaut der Erzählung. Wenn ein bestimmtes musikalisches Zeichen als Einleitung ertönt — und keine Erzählung beginnt ohne Einleitung — wissen die Afrikaner, welches Thema behandelt wird oder von wem die Rede ist. Manchmal führt dies so weit, daß jedes phonetische Zeichen auf dem Instrument (z. B. Trommeln oder Horn) dargestellt werden kann und auch verstanden wird. In dieser Weise funktioniert auch die Nachrichtenübermittlung innerhalb des Dorfes oder von einem Dorf zum anderen.

Der Griot erzählt Mythen über die Entstehung der Welt, die Trennung von Himmel und Erde, die Erschaffung der Menschen und der Tiere. Er erläutert Naturphänomene in Verbindung mit der Mythologie, spricht über Sonne und Mond, über den gesamten Kosmos, über Leben und Tod, über die einzelnen Stadien im Lebensablauf eines Menschen. So wachsen die Kinder von klein auf hinein in ihre Umwelt, in die mythologischen Denkweisen ihres Volkes, in das Verständnis und die Erfassung der sie umgebenden Dinge und Menschen. Somit steht der Gesamtbereich der Mythologie wie auch der Moral nicht außerhalb des täglichen Lebens. Literatur ist Ausdruck des Lebens als ein Ganzes. Das Problem von Gesetz und Anwendung stellt sich somit nur bedingt, die Identität vom Träger der Gesetzestradition und dem Anwender ist weitgehend gewahrt. Der Griot gibt oft handfeste Anweisungen zum Verhalten der Menschen untereinander, er ist Instanz. Die Vermittlung von Geschichte liegt ebenfalls in den Händen des Griot. Die Darstellung von Biographien der Helden, in denen Historisches und Legendäres ineinandergreifen, erfolgt oft in Balladenform. Die tapferen und weisen Taten werden besungen, die schlechten mit ihrer Bestrafung als Mahnung weitergegeben, Kriege werden beschrieben ebenso wie rühmliche Friedenszeiten, Naturereignisse, die den Einsatz aller forderten. Auch hier wieder die enge Verbindung von faktischer Geschichte und mythologischen, psychologischen und moralischen Zügen: Geschichtsvermittlung zum Lernen aus der Geschichte. Historische Chronologie ist dabei relativ. "Es war einmal", "einst lebte" sind ausreichende Zeitangaben. Dem liegt ein grundsätzlich anderes Zeitempfinden zugrunde. Nicht auf das Zählen der Jahre kommt es an, und auch nicht auf die Frage nach der Faktizität vergangenen Geschehens. Wichtig ist allein die Frage: Was bedeutet das, was damals geschah, für uns heute? Historisches und Individuelles ist nicht trennbar, bis heute nicht. B. Zadi Zaourou sagt in einem Gedicht (1975):

"Jamais mon peuple et moi n'avons été hors de l'histoire mais dans le ventre de l'histoire."

Das Ich, das hier als Bezugspunkt der geschichtlichen Überlieferung erscheint, ist aber immer als ein Kollektives gedacht. Die Einzelperson versteht und lebt ihre Individualität nur im gemeinschaftlichen Rahmen der Familie, Sippe, Dorfgemeinschaft. Damit ist auch eine individuelle Rezeption oraler Literatur von vornherein ausgeschlossen.

Das Besingen der Verstorbenen ist für die Afrikaner ein wichtiges Moment: Solange ein physisch Toter innerhalb der Familie oder des Stammes weiter benannt wird, d. h. von ihm gesprochen wird, er besungen wird, ist er nicht wirklich tot, sondern lediglich in eine andere Existenzform übergegangen. Im Reich der Ahnen lebt er aus der Lebenskraft der noch physisch Lebendigen weiter und kann nun seinerseits den Lebenden Kraft spenden. Dies gilt auch umgekehrt: Wird ein Kind geboren, kann es erst in die Seinskategorie des Lebenden aufgenommen werden, wenn es einen Namen hat, d. h. benannt wird. So hält sich Leben im gegenseitigen Nehmen und Geben.[5] Deshalb gibt es in der afrikanischen Literatur bzw. Geschichte immer wieder Könige und Herrscher, die nach ihrem Tode auf wundersame Weise zu Göttern, d. h. im Ahnenreich mächtigen Personen werden. Sie können ihre Lebenskraft freilich auch gegen die Lebenden einsetzen. Wenn der Griot über Leben und Tod spricht, berührt er den Bereich der religiösen Unterweisung. Auch sie läuft im Verbund mit den anderen Themen des täglichen Lebens ab, eng verknüpft mit den Stationen des natürlichen Ablaufs von der Geburt bis zum Tod. Hier mischen sich magische Züge ein. Der Unterricht in den rituellen Gebräuchen wird geheimgehalten, er ist nur für eine genau umrissene soziale Gruppe bestimmt.

Auch die Probleme des täglichen Lebens werden vom Griot thematisiert: Liebe, Eifersucht, Streit, Betrug, Diebstahl, Freundschaft ... Daneben dienen viele Themen zur Unterhaltung, freilich oft mit dem Anliegen der Vermittlung von Weisheiten. Sprichwörter und Rätsel kommen hier wie im täglichen Sprachgebrauch vor; sie werden in Erzählungen eingebaut oder im Spiel vermittelt mit je demselben Anliegen: spielend wird gelernt. So sagt zum Beispiel der Griot: "Löst das Rätsel"; das Volk: "Wir lösen es"; Griot: "Zu gleichen Teilen die Nahrung meines Vaters"; Lösung: Himmel und Erde. Oder: "Ein Mann, der nachts reich und tagsüber arm ist"; Lösung: der Schatten.[6]

Der Griot hat bei alledem eine soziale Sonderstellung. Er stammt einer besonderen Kaste ab, die Kenntnisse und Fähigkeiten werden von Generation zu Generation übertragen. Nicht jeder kann Griot werden. Er geht bei seinem Vater oder Onkel von Kind auf in eine strenge Schule, die Inhalte sind ihm besser vertraut als den anderen Kindern, in die rituellen Geheimnisse wird er in vorbestimmten Stadien seiner Ausbildung eingeweiht.

Jede Geschichte, sosehr auch ihre inhaltliche Struktur, ein äußerer formaler Rahmen, der Refrain, eine Grundmelodie oder Rhythmus durch die Tradition festgelegt sind, wird beim jeweiligen Vortrag durch den Griot und das Volk kollektiv neu geschaffen. Die Variationsbreite ist nur im Rahmen der gleichbleibenden Gesamtstruktur möglich. Die Kette der Ereignisse bleibt, die Gewichtung kann variiert werden, Hinzufügungen sind im Rahmen des konstanten Gesamtverlaufs möglich. Die Kunst der Ausführung zeigt die Größe des Vortragenden. Verfasser sind unbekannt — das Individuelle geht im Allgemeinen auf. Der Vortrag ist geprägt durch das Zusammenspiel zwischen Publikum und Solist; der Afrikaner kennt keine Bühne. Er gestaltet, er spielt, und er *ist* im selben Moment der Held seiner Geschichte, Chronist, Kommentator. Vortrag bedeutet Aktualisierung unter Wahrung der Tradition. Der Bereich des Theaters wird teils vom Griot mitversorgt, hat oft aber auch selbständigen Charakter. Es gibt Stücke aus dem sakralen Bereich mit Inhalten, die in ihrer rituellen Bedeutung nur zum Teil erfaßt werden, je nach sozialer Gruppierung. Daneben existiert ein Volkstheater, eine Art *commedia dell'arte*, lustige Stücke, deren Ausführung weitgehend dem Improvisationsgeschick der Teilnehmer und ihrer Lust am Spiel überlassen ist. Ich erlebte einmal eine Aufführung, die innerhalb eines Weihnachtsgottesdienstes als eine Art Krippenspiel begann und nach über drei Stunden, als lustiges Volksstück inzwischen, immer noch kein Ende fand. Die Leute saßen in der Kirche, griffen in das theatralische Geschehen vor dem Altar ein, wie es ihnen in den Sinn kam und lachten, lachten ... In der jüngsten Zeit lebt die Tendenz zu einer weitgehend improvisierten Theaterform wieder auf. Truppen mit entsprechendem Anliegen und auch Aufführungspraxis sind z. B. in der Elfenbeinküste keine Seltenheit.

Die sprachliche Form der oralen Tradition kann hier nur in einigen charakteristischen Merkmalen beschrieben werden. Die afrikanischen Sprachen bedienen sich einer Formelhaftigkeit, die schon auf bestimmte Inhalte schließen läßt, auch und gerade, wenn diese nicht explizit im Text aus- oder angesprochen werden. Sprichwörter, Rätsel, Einführungen, Refrains sind ein Teil dieses Formelschatzes. Metaphern gehören ebenso zum Text wie die nicht figurative Redeweise. Dieser sprachliche Reichtum, der sich bis in die Gegenwart erhalten hat, den jedoch die europäischen Sprachen weitgehend verloren zu haben scheinen, hat Auswirkungen auf das Verständnis des jeweiligen Textes: Es ergeben sich immer mindestens zwei Verständnisebenen, meist jedoch mehr. Eine sprachliche Aussage birgt semantische Vielfalt in sich. Nicht nur das Zeichen, sondern der gesamte Text ist polysem. Dies ergibt aber keinen enigmatischen Textcharakter, wie gern angenommen wird. Oft sind die verschiedenen Verständnisebenen angedeutet, manchmal fehlt jeder Hinweis. Mir sagte einmal ein Lehrer: "Wenn Sie unsere Sprache in Wort und Schrift vollständig beherrschen, kann ich mich dennoch mit meinem Nachbarn in Ihrem Beisein unterhalten, so daß Sie zwar jedes Wort und auch den Sinnzusammenhang verstehen, aber nicht bemerken, daß wir z. B. über Sie reden." Dieser Sprachcharakter, der die Alltagssprache wie die literarische auszeichnet, tendiert zur Parabel und zum Gleichnis. Immer ist die jeweils erzählte Geschichte gemeint, immer jedoch auch etwas über sie Hinausweisendes. Diese Vieldimensionalität des Textes illustriert die Totenklage eines Unbekannten aus Mali:

> Als mein Vater noch lebte,
> bebaute er das Feld, um uns zu ernähren.
> Jetzt ist er tot.
> Wir sind sehr traurig.
>
> In Bamba ist ein stehendes Wasser.
> Kein Weg führt hin,
> auf dem du hingehen kannst, zum stehenden Wasser.
> Wie kannst du das Wasser dort trinken?
>
> Ein Unglück ist uns geschehen.
> Ein jeder hüte sein Herz.
> Wenn das Herz böse wird,
> wird es nie wieder gut.

Der Anfang des Textes enthält die Totenklage. Im Mittelteil ist von ganz anderem die Rede, vom unerreichbaren Wasser, das man trinken möchte. Hier geht es um erstrebenswerte Dinge, die schwer oder unmöglich zu bekommen sind. Auch hier begegnet uns wieder eine versteckte Rätselform, denn die Wendung vom unerreichbaren Wasser ist wahrscheinlich so eine feste Formel, die weitere Bedeutungen in sich birgt. Setzt man nun diesen Textteil in Bezug zum ersten, wird der menschliche Verlust aus der zeitlichen Dimension enthoben: er gilt immer, nicht nur in der Zeit der Trauer um den Tod. Die Trauer wird im zweiten Teil vom geliebten Menschen ausgedehnt auf das Lebensnotwendige, Wasser, das auch oben schon angesprochen ist durch den Vater, der uns ernährte. Im dritten Teil schließlich werden die vorherigen Aussagen verallgemeinert. Die negativen Folgen des Unglücks betreffen auch die soziale Sphäre; in der Form einer moralischen Mahnung wird richtiges Verhalten zur Bewältigung signalisiert. Dreimal vier Zeilen, deren Aussagekraft von einer Paraphrase nur oberflächlich berührt werden kann.

II.

Im folgenden soll noch kurz auf die Entwicklung der schriftlichen Literatur Afrikas eingegangen werden. Am Anfang steht die Epigonenliteratur des 19. Jahrhunderts, auch Zöglingsliteratur genannt. Sie zeigt sich als diejenige des "guten Wilden" oder "glücklichen Primitiven", der beweisen muß, daß er es ebenso gut kann wie die Weißen, dem Europäer zur Befriedigung seiner exotischen Bedürfnisse. Eine Wende erfolgt 1921 mit dem Roman *Batouala* von René Maran, der den Prix Goncourt erhält. Mannoni schreibt seine Psychologie der Dekolonisation, die systematische Untersuchung der Welt der Afrikaner beginnt und damit ihre Befreiung aus dem Ghetto der jahrhundertealten Vorurteile, der geistigen und physischen Verfolgung.

1934 erscheint in Paris eine Zeitschrift, *L'Etudiant Noir*, in nur wenigen Nummern, die zu einem Markstein in der Geschichte der modernen afrikanischen Kultur wird: Zum ersten Mal wird hier der Begriff der Négritude proklamiert, einer nicht nur literarischen Bewegung, die über Jahre hinaus die tragende Rolle spielen sollte. Césaire, Damas und Senghor hatten sich zu gemeinsamer Arbeit zusammengeschlossen, zu einer Arbeit im Dienste ihrer Brüder, wie Césaire es kurz darauf formuliert:

"Ma bouche sera la bouche des malheurs qui n'ont point de bouche, ma voix la liberté de celles qui s'affaissent au cachot du désespoir."[7]

Das theoretische Gebäude dieser Bewegung lebt vom Antagonismus zwischen Europa und Afrika, Tradition und Moderne, Kolonisiertem und Kolonialherrn, Ursprung und Fortschritt, Unterdrücktem und Unterdrücker, Verfolgtem und Verfolger. In dieser Phase lebt der eine Begriff nicht ohne den anderen, sie bedingen sich gegenseitig und formieren sich zu einem Paar des Schreckens. Albert Memmi hat dies überzeugend nachgewiesen (1973). Die Négritude — so unterschiedlich ihre verschiedenen Vertreter sie auch verstehen — wird vor allem nach dem Krieg zu einer wesentlichen literarischen Bewegung. Dabei bringt ihr eine falsch verstandene Verwandtschaft zum Surrealismus vermehrtes publizistisches Prestige ein.

Einen Schriftsteller wie Césaire z. B. als Surrealisten einzustufen, hieße ihn politisch zu verharmlosen. Er benutzt Mittel des Surrealismus, vor allem die

Befreiung des sprachlichen Bildes, aber er stellt diese in einen neuen Dienst: in den Dienst Afrikas. Der Interpret, der dies Werk auf die Ziele des Surrealismus reduziert, hat sich aus der ernsthaften Befassung mit dieser Literatur, vor allem in ihrer politischen Dimension, "herausgestohlen", wie Chinua Achebe es nennt. Nicht änigmatische Unverbindlichkeit im politischen und humanitären Sinne, sondern Anklage gegen die Weißen heißt das literarische Programm der Négritude. Ihre Autoren fühlen sich der oralen Tradition Afrikas verpflichtet: die Sprache ist geprägt vom Nebeneinander von faktisch Wahrem und Legendärem sowie von der Schockwirkung einer extrem konkreten, logisch nicht auflösbaren Bildlichkeit.[8] Diese sprachliche Eigenart — sie ist ja nicht bloß stilistisch — ist auch mit der Überwindung der Négritude nicht vergessen. Seit mehreren Jahren verliert die Négritude an Gewicht, die literarische Landschaft Afrikas hat sich gewandelt, Eigenständigkeit breitet sich aus: Die Thematik hat sich nach Afrika hin gewendet, zu eigenen Problemen, die umfassend behandelt werden, weg von Europa, gegenwartsbezogen oder in die Zukunft weisend.

Bedenken wir noch einmal die historische Entwicklung afrikanischer Kultur, beginnend bei den oralen Traditionen. Wo Literatur nicht ein ausdifferenziertes Teilsystem, sondern vielmehr einen integralen Bestandteil des täglichen Lebens bildet, zeigt sich eine grundsätzlich andere Konzeption von Philosophie, Ästhetik, Ethik, Moral und, nicht zuletzt, von Geschichtsbewußtsein. Der Mensch, der in der oralen Tradition dieser Gesellschaften lebt und stirbt, hat ein (unbewußtes) Bewußtsein einer Einheit des Lebens, einer ganzheitlichen Daseinsverfassung.[9] Der Verlust dieser Einheit erfolgt durch unangemessene Industrialisierung, durch Zerstörung autochthoner Wirtschaftsstrukturen, durch sich wandelnde soziale Verhältnisse, historisch gesehen schon durch die Missionierung, vor allem durch die christliche, durch weiter fortschreitende Arbeitsteilung und sicher auch durch Verschriftung.

Das ganzheitliche Weltbild bildet einen Zusammenhang von Gesetzmäßigkeiten, der nicht unbedingt kausal bestimmt ist: z. B. Bedingtheiten durch Klima und Geographie, Naturkatastrophen, den Lebenslauf von der Geburt bis zum Tode. Dabei wird auch immer das Mysterium — das Geheimnisvolle, Götter und Mächte — mitgelebt, nicht als Erklärungshilfen für Verständnislücken, sondern als solche. Das Leben im Bewußtsein der Vielfalt der Dinge zugleich mit ihrem ganzheitlichen Verständnis prägt sich in der Vieldimensionalität der Texte aus.

Orale Literatur wird vom Moment ihrer Verschriftung an zu einem anderen Gebilde. Sie ändert gewissermaßen ihren Aggregatzustand: die Vieldeutigkeit und Lebendigkeit der spontanen Erzählung geht verloren, die Einmaligkeit des Berichts, ihre Situationsbezogenheit, das Mitwirken des Publikums, ihre Möglichkeit, immer neu zu werden mit jedem Vortrag. Mit der Verschriftung verändern sich auch die literarischen Gattungen. Man denke an die Form des Romans, heute in Afrika sehr verbreitet, einst als literarische Form unbekannt, da unabdingbar an Verschriftung gebunden. Aber auch das Problem der Verschriftbarkeit mündlicher Texte bleibt aktuell. *Soundjata* (1960) oder auch die *Contes d'Amadou Koumba* (1961) einschließlich ihrer Varianten und Fortsetzungen sind bereits Mischformen.

Mit der Verschriftung stellt sich das allgemeinere Sprachenproblem, das schon zur Zeit der Négritude von Bedeutung war. Denn Schreiben hieß zunächst, in der Sprache des Kolonisators schreiben und damit immer schon aus der eigenen in eine Fremdsprache übersetzen zu müssen. Überspitzt formuliert könnte man deshalb von der englisch- und französischsprachigen Literatur Afrikas als von Übersetzungsliteratur sprechen; Übersetzung freilich ohne existierendes Original. Solche Übersetzungsliteratur leidet unter dem Widerspruch, Inhalte, die gegen die Unterdrücker gerichtet sind, in eben deren Sprache ausdrücken zu müssen. Der Fluch der europäischen Sprachen findet sich schon bei Shakespeare im *Tempest* (I,2):

> "You taught me language: and my profit on't
> Is, I know how to curse. The red plague rid you
> for learning me your language!"

Bei Césaire (1969, 25) sagt Caliban zu Prospero:

> "Tu ne m'as rien appris du tout. Sauf, bien sûr à baragouiner ton langage pour comprendre tes ordres."

Zwar wird heute mehr und mehr Literatur auch in afrikanischen Sprachen publiziert, aber die oralen Traditionen Westafrikas sind nicht zu verschriften, ihr Absterben ist auch nicht durch Verschriftung aufzuhalten. Sie sind vielmehr an Strukturen gebunden, die sich heute sehr rasch wandeln. Man kann nur versuchen, mit technisch umfassenden Mitteln zu erhalten, was noch zu erhalten ist, und in einer Offenheit der Möglichkeiten bei den ungeheuren geistigen Kapazitäten dieses Kontinents hinzuhören auf das, was die Alten uns gelassen und die Jungen uns zu sagen haben.

Anmerkungen:

[1] Amadou Hampathé Ba, geb. 1899 in Bandiagara, Mali. Diplomat und Ethnologe, lebt heute in Abidjan/Elfenbeinküste, widmet seine Forschungen der oralen Tradition Westafrikas. Zit. nach M. Rombaut (1976), S. 9.

[2] Chinua Achebe, geb. 1930 im Iboland/Nigeria, heute Schriftsteller und Literaturwissenschaftler an der Universität Nsukka. Zit. aus dem unveröffentlichten Manuskript, vervielfältigt anläßlich des Festivals Horizonte, Berlin 1979, S. 3 f.

[3] Der etymologische Ursprung des Wortes ist unbekannt, es existiert lediglich eine ältere Form: guiriot. Vgl. Nouveau Dictionnaire étymologique et histoire (1971).

[4] A. Césaire (1942), S. 7.

[5] Vgl. Literaturangaben in Klaffke (1978).

[6] BILT (1979), S. 15.

[7] A. Césaire (1967), S. 30.

[8] Vgl. z. B. A. Césaire (1967): "Sa voix s'oublie dans les marais de la faim" (S. 12). "La grande nuit immobile, les étoiles plus mortes qu'un balafon crevé" (S. 14). "Le pain et le vin de la complicité, le pain, le vin, le sang des épousailles véridiques" (S. 16). "Son nez qui semblait une péninsule en dérade et sa négritude même qui se décolorait sous l'action d'une inlassable mégie. Et le mégisseur était la Misère." (S. 60)

[9] Vgl. z. B. M. Griaule (1948).

Literatur

Ohne Verfasser (1979) *BILT 1979*, 2. Berliner Literaturtage '79, herausgegeben anläßlich des Festivals Horizonte, Berlin.
— (1934 ff.) *L'Etudiant Noir*, Paris.
— (1971) *Nouveau dictionnaire étymologique et histoire*, Paris.
Assmann, J., Hardmeier, Chr. (1980) *Archäologie der literarischen Kommunikation*, 2. Rundbrief, Bielefeld.
Camara Laye (1953) *L'enfant noir*, Paris.
Césare, A. (1942) in: *Tropiques* 4, Paris.
— (1969) *Une tempête*, Paris.
— (1967) *Zurück ins Land der Geburt*, frz. u. dt. Deutsch von Janheinz Jahn, Frankfurt.
Chinua Achebe (1979) Unveröffentlichtes Manuskript, vervielfältigt anläßlich des Festivals Horizonte, Berlin.
Diop, Birago (1961) *Les Contes d'Amadou Koumba*, Paris.
Griaule, M. (1948) *Dieu d'Eau. Entretiens avec Ogotemmêli*, Paris.
Klaffke, C. (1978) *Kolonialismus im Drama: Aimé Césaire. Geschichte, Literatur und Rezeption*, Berlin.
Maran, R. (1921) *Batouala*. Véritable roman nègre, Paris.
Memmi, A. (1973) *Portrait du colonisé précédé de portrait du colonisateur*, Paris.
Niane, Djibril Tamsir (1960) *Soundjata ou l'épopée mandingue*, Paris.
Rombaut, M. (1976) *La poésie négro-africaine d'expression française*, Paris.
Shakespeare, W. (1969) *The Tempest*, London.
Zadi Zaourou, B. (1975) *Poèmes*, Bd. 1, Paris.

Georg Buddruss

Neue Schriftsprachen im Norden Pakistans.
Einige Beobachtungen

1.1 In den Nordgebieten Pakistans sind seit einigen Jahren Versuche im Gange, einzelne der bisher schriftlosen "Stammesidiome" des Hindukusch und Karakorum in den Rang von Schriftsprachen zu erheben. Man kann heute dort einzelne Prozesse der Verschriftlichung gleichsam in statu nascendi beobachten. Die Quantität des Geschriebenen und Gedruckten ist noch gering und relativ leicht überschaubar. Andererseits sind die Sprachen, um die es dabei geht, noch sehr wenig erforscht, für keine gibt es auch nur annähernd befriedigende grammatische und lexikalische Darstellungen, sondern allenfalls fragmentarische Feldnotizen früherer britischer Verwaltungsbeamter oder späterer Reisender. Beim gegenwärtigen Stand der Forschung soll deshalb nicht in erster Linie nach generell gültigen Phänomenen der Verschriftlichung gefragt werden. Es geht mir darum, einige empirische Beobachtungen zu den kultur- und situationsspezifischen Bedingungen und Erscheinungsformen des Entstehens von Schriftsprachen in diesem Gebiet mitzuteilen.

1.2 Die Nordregion Pakistans zwischen der afghanischen Grenze im Westen und Norden, Kaschmir im Osten und der chinesischen Grenze im Nordosten, gehört immer noch zu den wirtschaftlich rückständigsten Gebieten des Landes. Der Lebensstandard der Bevölkerung, die hauptsächlich von Ackerbau und Viehhaltung in kleinen Dorfgemeinschaften lebt, ist niedrig, auch wenn nicht für alle Bezirke genauere statistische Angaben greifbar sind (Ahrens und Zingel 1978, S. 327 f. 665). Lange Zeit war das Gebiet, wegen der Wildheit und Raublust seiner Bewohner gefürchtet, relativ isoliert und nur mühsam erreichbar. Seit der Eröffnung des Karakorum Highway (1978), der Karachi und China verbindet, hat wenigstens für einige Teile eine neue Epoche der Erschließung begonnen. Einzelne wichtigere Zentren des Raumes sind bei gutem Wetter jetzt auch von Islamabad oder Peshawar aus mit kleinen Flugzeugen zu erreichen.

1.3 Die Sprachenkarte des Gebietes ist außerordentlich bunt. Die meisten Sprachen gehören zu den sogenannten "Dardsprachen", die genetisch dem nördlichen Indo-Arischen zuzurechnen sind. Obwohl historisch verwandt mit den Neuindischen Sprachen der Ebenen Indiens und Pakistans, zeigen sie, offenkundig wegen ihrer langen relativen Isolierung, auffällige Altertümlichkeiten, aber auch viele geneuerte Sonderentwicklungen. Weiterhin wird in Teilen des nördlichen Gebirgsraumes das nicht-indogermanische Burushaski gesprochen, dessen Verwandtschaftsverhältnisse nicht geklärt sind; ferner findet man ostiranische Sprachen und im Osten des Gebietes, in Baltistan, das Balti, einen archaischen Dialekt des Tibetischen.[1]

Obwohl gedruckte Texte jetzt auch in Balti, Burushaski und dem ostiranischen Wakhi vorliegen, will ich mich hier auf das Dardische beschränken, mit dem

IV. Oralität im Rückzug

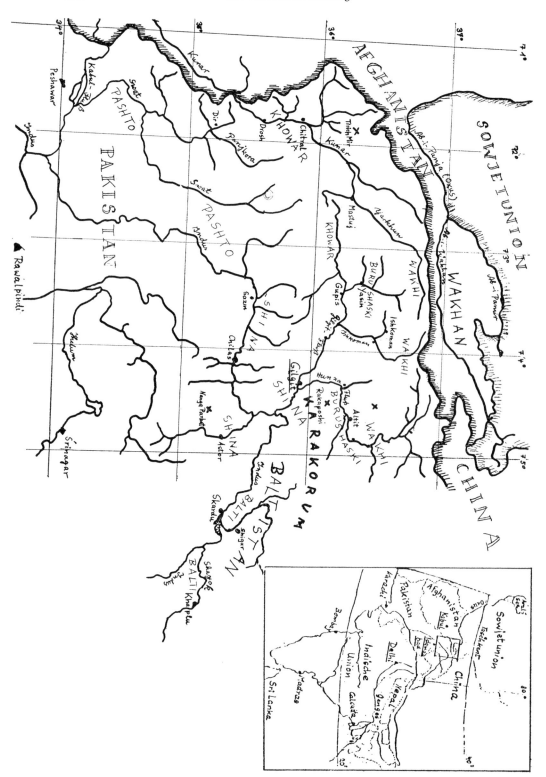

ich mich am ausführlichsten beschäftigt habe. Einige der Dardsprachen werden nur auf kleinen Sprachinseln in wenigen Dörfern gesprochen.[2] Die beiden größten Vertreter des Dardischen sind das Khowar und das Shina. Nur für diese beiden Sprachen sind Versuche zur Verschriftlichung unternommen worden.

Khowar wird im ehemaligen Fürstentum Chitral und in Teilen des oberen Gilgit-Tales von etwas mehr als 100 000 Sprechern gesprochen (Jettmar 1975, S. 414). Die Sprache ist bemerkenswert einheitlich und kennt kaum nennenswerte Dialektunterschiede.

Die Zahl der Shina-Sprecher kann nur sehr grob auf etwas über 200 000 geschätzt werden. Die Sprache ist über ein weites Gebiet mit vielen Enklaven verbreitet (Jettmar 1975, S. 187 f.) und zerfällt in mehrere stark divergierende Dialekte. Am relativ besten bekannt in der westlichen Forschung ist der Dialekt im Gebiet der Kleinstadt Gilgit (nördlich des Nanga Parbat), des traditionellen Zentrums des Shina-Sprachraumes.

In beiden Sprachen gibt es eine reiche orale Überlieferung: Frühlings-, Fest-, Hochzeits- und Liebeslieder, Totenklagen, Schamanengesänge, historische oder legendäre Traditionen, Mythen, Sagen und Märchen. Von all dem sind der westlichen Forschung nur bruchstückhafte Aufzeichnungen sehr unterschiedlicher Qualität und Genauigkeit bekannt.[3] Eine systematische Sammlung konnte bisher nie unternommen werden. Neuerdings haben der Ethnologe K. Jettmar und der Tibetologe K. Sagaster eine Shina-Version des tibetischen Gesar-Epos nachgewiesen. Die wissenschaftliche Bearbeitung steht noch aus.

1.4 Die dardischen Sprachen sind untereinander etwa so verwandt wie Französisch und Italienisch. Sprecher verschiedener dardischer Muttersprachen brauchen zur Verständigung eine lingua franca. Als Verkehrssprache fungierte früher, vor allem im Westen des Gebietes, das Persische. Heute übernimmt, je nach Region verschieden, das Pashto, die Sprache der von Süden eindringenden Pashtunen (Pathanen), diese Rolle, in zunehmendem Maße aber vor allem das Urdu, viel seltener, je nach Bildungsgrad des Sprechers, auch das Englische.

Urdu ist zur "Nationalsprache" erklärt worden, die als Brücke über den verschiedenen Regionalsprachen dienen soll. Verbreitung des Urdu zur Förderung der nationalen Integration Pakistans ist eines der wichtigsten Ziele der Erziehungspolitik. Bald nach der Entstehung Pakistans wurden auch die Nordgebiete mit einem Netz von Elementarschulen überzogen, das zunehmend enger wird. In den wichtigen Zentren wie Chitral und Gilgit gibt es auch höhere Schulen und Colleges. Auf den Grundschulen wird zunächst in der jeweiligen Muttersprache unterrichtet. Die Muttersprache ist aber nur Unterrichtsmedium, nicht Lehrobjekt. Auf den höheren Stufen wird dann Urdu, wenn der Gebrauch in Wort und Schrift ausreichend geübt ist, auch als Unterrichtssprache verwendet, in den Colleges für einige Fächer auch das Englische. Trotz der Möglichkeiten zum Schulbesuch ist die Analphabetenquote immer noch sehr hoch. Allgemeine Schulpflicht gibt es nicht. Sehr häufig wird die Schulausbildung vorzeitig abgebrochen, weil die Arbeitskraft der Kinder gebraucht wird. Der Lehrerberuf hat geringen sozialen Status. Die Aufwendungen für das Erziehungswesen waren in Pakistan immer relativ niedrig (Zingel 1973, S. 331). Den größten Teil der Mittel absorbieren die einseitig auf die akademische Ausbildung ausgerichteten mittleren Bildungsstufen.

Nach dem *Census of Pakistan* von 1961 hatten in Chitral nur 3,6% der Bevölkerung Urdu-Kenntnisse, rund 97% wurden als Analphabeten klassifiziert (Ahrens und Zingel 1978, S. 551—58). Inzwischen dürften sich die Verhältnisse leicht gebessert haben, vor allem in der jungen Generation. Für die Stadt Gilgit ergab eine eigene Stichprobe von 1980, daß etwa 5% der Bevölkerung lesen und schreiben können. Der Anteil der Jugendlichen ist dabei deutlich höher als der der älteren Generation. Unabhängig von der Schulbildung nimmt auch die Verbreitung des Urdu zu. Auch Analphabeten lernen im täglichen Gebrauch ein vereinfachtes, oft agrammatisches "gebrochenes" Urdu, das wenigstens eine notdürftige Verständigung mit anderen Pakistanis ermöglicht. Daß umgekehrt Pakistanis der Ebene und der großen Städte Khowar oder Shina zu lernen sich bemühen, scheint so gut wie überhaupt nicht vorzukommen.

2.1 Vor diesem Hintergrund sind nun die Versuche im Khowar- und Shina-Gebiet zu betrachten, die Schriftlichkeit nicht nur auf das Urdu zu beschränken, sondern auch die Muttersprache in sie einzubeziehen. Ich habe, finanziell unterstützt von der Deutschen Forschungsgemeinschaft, auf zwei Reisen 1975 und 1980 diese Versuche studieren können und alle mir erreichbaren gedruckten Texte in diesen beiden Sprachen oder größere Auszüge daraus mit Hilfe der Autoren oder anderer muttersprachlicher Informanten gelesen und in phonemische Schrift transkribiert. Eine Auswahl daraus werde ich später mit Übersetzung, Glossar und grammatischer Skizze herausgeben. Außerdem brachten Gespräche mit einzelnen Initiatoren der Verschriftlichung empirische Aufschlüsse darüber, wie sie selbst ihre Absichten und Probleme verstehen. Dabei ergaben sich Gemeinsamkeiten wie auch einige Unterschiede zwischen den Verhältnissen im Khowar und im Shina. Im Khowar ist die Produktion von Gedrucktem umfänglicher und vielseitiger als im Shina. Dafür hatte ich im Shina-Gebiet 1980 in Gilgit das besondere Glück, über einen Monat mit einem besonders klugen Gesprächspartner arbeiten zu können, dem 35jährigen hochbegabten und hochsensiblen Muhammad Amin Zia. Er hat es sich zur Lebensaufgabe gemacht, für seine Muttersprache Shina die Grundlagen einer literarischen Entwicklung zu schaffen und war sich aller Schwierigkeiten und unvermeidlichen Traditionsbrüche bewußt, die sich allgemein und in seiner besonderen Situation bei dem Versuch ergeben, eine orale Kultur in die Schriftlichkeit zu führen.

2.2 Von wem gehen die Bemühungen um die Verschriftlichung der Muttersprache aus? Die erste Initiative im Khowar-Gebiet kam kurz nach dem ersten Weltkrieg von einem Angehörigen der regierenden Dynastie des damaligen Fürstentums Chitral. In der Amtssprache seines Staates, dem Persischen, ließ er ein "Khowar-Alphabet" und eine Schreibanweisung drucken. Diesem Unternehmen scheint jedoch keinerlei Erfolg beschieden gewesen zu sein.[4] Die Produktion von gedruckten Khowar-Texten kam erst in den 60er Jahren in Gang, als in Peshawar die illustrierte Zeitschrift *Jamhūr-e Islām* ("Volk des Islam") gegründet wurde. Zu den führenden Mitarbeitern gehörte ein Angehöriger der ehemals herrschenden Dynastie, Prinz Husām-ul-Mulk.[5] Hauptsächlich aber kamen

Beiträge für die Zeitschrift aus den Kreisen einer neu entstehenden Mittelklasse: Verwaltungsbeamte in den unteren Rängen der Provinzregierung, Lehrer, College-Studenten, darunter auch auffallend viele Naturwissenschaftler. Selten sind Autoren, die allein einen traditionell-islamischen Bildungsgang durchlaufen haben, und ebenso Vollakademiker in höheren Positionen. Nur ein Universitätsprofessor ist unter ihnen: der auch international bekannte Geograph an der Universität Peshawar Israrud-Din. Er gibt ab 1976 nach dem Ende der Zeitschrift *Jamhūr-e Islām* das an ihre Stelle getretene Jahrbuch *Terich Mer* (benannt nach dem höchsten Berg Chitrals) heraus mit Texten in Khowar, Urdu, Pashto und Englisch. 1978 wurde eine "Gesellschaft für den Fortschritt des Khowar" gegründet.

Im Shina-Gebiet, in Gilgit, ist es noch deutlicher als im Khowar-Gebiet, daß die Initiative zur Verschriftlichung der Muttersprache von einzelnen Angehörigen des unteren Mittelstandes ausgeht, von schlechtbezahlten kleinen Büroangestellten, unteren Beamten und Lehrern, Ladenbesitzern im Bazar. Mein Hauptgesprächspartner, M. A. Zia, verdiente sich nach abgebrochener College-Ausbildung und nach gescheiterten Versuchen, im Journalismus Fuß zu fassen, seinen Lebensunterhalt mit einem kleinen Schilderladen, den er sich aufgebaut hatte. Zia hatte einen Kreis Gleichgesinnter um sich gesammelt, etwa 15 Personen, die sich zu den überall in der muslimischen Welt üblichen "Dichterwettbewerben" *(mushaira)* treffen, aber auch soziale Reformen zu praktizieren versuchen. So ignorieren sie bewußt die sozialen Schranken der in vier kastenartige Schichten gegliederten Gesellschaft der Shina-Sprecher (Jettmar 1975, S. 236 f.) und haben auch Angehörige der unteren Gesellschaftsgruppen *(Kamīn)* in ihren Kreis aufgenommen. Alle diese "Literaten" haben Urdu-Schulen durchlaufen und sind an das Schreiben und Lesen des Urdu gewöhnt. Einige von ihnen können auch ein wenig Englisch, doch gehören sie nicht zur vollendet englisch gebildeten Elite Pakistans. Viele von ihnen fühlen sich in ihren Brotberufen unglücklich und unter ihrem Wert beschäftigt. Am liebsten würden sie in schöner Begeisterung ganz ihrer Schriftstellerei leben. Aber dazu fehlt es an allen Voraussetzungen (vgl. 2.6).

Die Shina-Literatur in Gilgit beginnt mit Zia's Buch *Sān* "Die Weinzisterne" 1974 (150 Seiten). Zwar ist schon vorher, im Jahre 1963, ein Shina-Büchlein von Ahmad Mehrbān (1892—1957) mit dem Titel *guldasta-e Mehrbān* nachweisbar, das aber nur eine Sammlung in Gilgit bekannter schiitischer Trauergesänge enthält und damit nichts Neues bietet.

Abseits des Prozesses der Verschriftlichung der Muttersprache scheinen bisher die Vertreter der muslimischen "Geistlichkeit" zu stehen. Die einzige mir bekannte Ausnahme ist Bābā Chilāsī, ein "Heiliger" *(Pīr)* und reicher Landbesitzer, der vor einigen Jahren (undatiert) einen Band religiöser Gedichte mit stark arabisierender Diktion in dem bisher nahezu unerforschten Shina-Dialekt von Chilas (im Industal) unter dem Titel *Zād-e safar* "Wegzehrung" herausgebracht hat.

2.3 Technisch bietet die Verschriftlichung der Muttersprache keine großen Schwierigkeiten. Man bedient sich der arabischen Schrift, in der auch das Urdu geschrieben wird. Für einige wenige Konsonantenphoneme des Khowar und Shina, die dem Urdu unbekannt sind, muß man neue Zeichen einführen, indem man bestimmte Urdu-Buchstaben mit diakritischen Markierungen versieht. Wie das im einzelnen geschieht, ist im Khowar gut geregelt, aber noch nicht im Shina, wo einzelne Autoren eigene Wege gehen und es noch an Koordination mangelt. Allgemein kann man sagen, daß die Schreibung der Konsonanten aus phonologischer Sicht alle relevanten Oppositionen genügend berücksichtigt. Das gilt nicht für die Schreibung der Vokalphoneme, für die die Urdu-Schrift nicht ausreichende Möglichkeiten bietet. Der Gebrauch von Zusatzzeichen wird im Khowar wie im Shina sehr inkonsequent gehandhabt. Dadurch ergeben sich viele phonologisch unterdifferenzierte Schreibungen. So wird z. B. im Shina in der Schrift oft nicht zwischen Kurz- und Langvokal und Vokal mit steigendem Ton (hier mit Gravis bezeichnet) unterschieden. Die drei Formen des morphologischen Typus /the/ "tue": /the:/ "du wirst tun": /thè/ "getan habend" werden gleich geschrieben. Da auch graphisch meist nicht zwischen den Phonemen /i/:/e/ und /u/:/o/ unterschieden wird, ergibt sich eine große Zahl von Homographen. Das dürfte der Grund sein, warum Sprecher des Khowar und Shina ihnen unbekannte Texte in ihrer Muttersprache gewöhnlich weit langsamer, stockender und mühsamer lesen als Texte in der Fremdsprache Urdu.

2.4 Der Beginn der Verschriftlichungsversuche in der Nordregion von den 60er Jahren an ist ohne Zweifel im Zusammenhang mit dem sich steigernden regionalpolitischen Selbstbewußtsein der Landesteile Pakistans zu sehen. Die Bewohner der nördlichen Randgebiete gelten in den Augen vor allem städtischer Pakistanis meist als "Primitive" oder "Wilde". Fragt man einzelne der neuen "Literaten" im Shina- oder Khowar-Gebiet, warum man eine Schrift für die Muttersprache haben wolle, so erhält man immer die Antwort, man dürfe nicht hinter den anderen Bevölkerungsgruppen, den Pashtunen oder den Panjabis, oder die Shina-Sprecher sollten nicht hinter den Chitralis zurückstehen, um nicht als rückständig und unzivilisiert angesehen zu werden. Zia hat sich in der Einleitung seines Buches *Sān* zu dieser Frage geäußert. Er argumentiert mehr kulturphilosophisch und ist überzeugt von der These, Schriftbesitz und höhere Geisteskultur seien untrennbar verbunden. In seiner noch etwas unbeholfenen Shina-Prosa sagt er über die Beziehung zwischen Sprache und Denken (arabisch *zehn, aql*):

> "Wenn die Sprache mangelhaft ist, bleibt auch das Denken mangelhaft. Wenn die Sprache gefestigt ist, wird auch das Denken gefestigt. Deshalb hat die Sprache ein Recht darauf, gepflegt und entwickelt zu werden. Um der Sprache dieses Recht zuteil werden zu lassen, habe ich dies Buch in Shina geschrieben. Denn sobald die Sprache das Kleid der Schrift und des Druckes anzieht, kann eine literarische Bildung (arabisch *adab*) in dieser Sprache beginnen."

Er begründet dann, warum der Wortschatz des Shina für eine literarische Bildung nicht immer ausreiche und daß deshalb reichlich Wörter aus dem Urdu übernommen werden müßten, auch solche, die im Umgangs-Shina bisher nicht gebräuchlich waren.

> "Damit soll das Fundament einer literarischen Bildung gelegt werden, erfüllt von Gedankenreichtum, dem Gefühl der Freiheit und den Strahlen der Schönheit. In ihr soll der

Geist der Wirklichkeit des Lebens herrschen, der in uns Unruhe schafft, in unseren Herzen
den Schmerz wachhält und uns nicht einschläfert."

Zum Schluß deutet er an, daß ihm klar sei, sich mit seinem Buch auf ein
Wagnis eingelassen zu haben, und dankt

"allen Brüdern und Schwestern, die mit Ermutigung und Zuspruch mein Herz kühn gemacht haben, daß ein schwachherziger Mensch wie ich keine Furcht mehr hat, auf dem weiten und tiefen Ozean der literarischen Bildung ein ruderloses Boot zu besteigen."

Ein anderer, mehr praktischer Grund für das Schreiben der Muttersprache
ergibt sich aus den Erfordernissen des Radios. Die Regierung gestattet seit einigen
Jahren Radiosendungen in Khowar und Shina und hat die technischen Anlagen
dafür installiert. Der größte Teil der Sendezeit, nur 2—3 Stunden pro Tag, wird
mit dem Abspielen von Musikaufnahmen gefüllt. Für kurze Ansagen und für
Nachrichten, die von einer Urdu-Agentur übernommen werden, machen sich
die Radiosprecher ein Textgerüst in sehr ungenauer Schrift, das sie dann vor
dem Mikrophon mehr oder weniger amplifizieren. Diese Aufzeichnungen werden
nicht archiviert, sondern nach der Sendung weggeworfen. Nur ein paar Muster
für wiederkehrende Ansageformen werden aufgehoben.

2.5 Texte welcher Art sind es, die man in der Muttersprache schreibt? Zunächst
gilt: Die geschriebene Muttersprache wird nicht herangezogen für praktische
Leistungen der Administration. Die Beamten schreiben ihre Verwaltungspapiere,
die Lehrer ihre Schulakten und die Händler ihre Geschäftsbriefe weiterhin ausschließlich auf Urdu. Auch versucht man keine Verschriftlichung der heimischen
mündlichen Traditionen, die ja auch in anderen Kulturen, z. B. im deutschen
Mittelalter, immer erst spät einsetzt. Bei manchen der neuen "Literaten" ist eine
Abneigung spürbar, Überlieferungen aufzuzeichnen, die von Rückständigkeit,
"Lügen" oder Aberglauben zeugen, und die "einfache" Volksdichtung glaubt
man durch eine "höhere" Poesie ersetzen zu können. Eine Ausnahme bildet
Zia's schöne Sammlung von 340 Shina-Sprichwörtern mit Urdu-Übersetzung
(Zia 1978). Aber dies war eine Auftragsarbeit, angeregt durch das *Institute of Folk Heritage* in Islamabad.

An erster Stelle dessen, was in der Muttersprache geschrieben und gedruckt
wird, stehen Gedichte: Übersetzungen der persischen und Urdu-Klassiker, unter
den letzteren vor allem Muhammad Iqbals (den Zia sein größtes Vorbild nannte);
eigene Nachahmungen der Vorbilder in Form und Inhalt mit erotisch-mystischen Gedichten oder Preisliedern auf den Propheten; Verse zum Preis der
Heimat, für Gedenktage oder für den politischen Kampf; schließlich patriotische
Gesänge, die meist vom Radio bestellten "national songs".

Prosa fehlt im Shina-Gebiet noch völlig, abgesehen von der oben (2.4) zitierten
Einleitung Zia's zu seinem Gedichtband *Sān*. Für Zia war "literarische Bildung"
gleichbedeutend mit dem Schreiben und Verstehen von Gedichten. Prosa zu
schreiben, sagte er, falle ihm im Urdu viel leichter. Beim Dichten aber könne
er nur in der Muttersprache das voll zum Ausdruck bringen, was ihn bewege.
So hat er die Internationale auf Shina nachgedichtet, aber etwa marxistische Klassiker, die er auf Urdu liest, zu übersetzen, scheint ihm vorerst eine unmögliche
Aufgabe.

Im Khowar-Gebiet, wo die Entwicklung weiter fortgeschritten ist und mehr Druckmöglichkeiten gegeben sind, findet man dagegen eine einfache Sachprosa: Neben Übersetzungen aus der religiösen Literatur kleine Traktate moralischer Belehrung, Artikel zur politischen Information (eng an die Urdu-Presse angelehnt), Scherzerzählungen, Anekdoten und andere Ansätze zu einem einfachen Feuilletonismus. Für den westlichen Forscher am interessantesten sind dabei kleine volkskundliche Aufsätze von Heimatforschern über Sitten und Gebräuche, Speisen oder alte Werkzeuge in Chitral, also über Dinge, die heute allmählich in Vergessenheit geraten.

Prosa mit künstlerischen Ambitionen, etwa die in anderen Sprachen Pakistans und Indiens blühende Kurzgeschichte, scheint nicht nur im Shina, sondern auch im Khowar noch völlig zu fehlen.

2.6 Schon in der hohen Analphabetenzahl ist es begründet, daß diese neue Literatur nur von einem kleinen Kreis Gleichgesinnter gelesen wird. So war von den 500 gedruckten Exemplaren des Gedichtbandes *Sān* zwischen 1974 und 1980 kein einziges verkauft worden. Der Autor hatte 300 Exemplare an Freunde und Verwandte verschenkt. Fast alle Shina-Autoren sind zu arm, die Kosten für den Druck ihrer Gedichte aufzubringen. Viele sitzen auf Stößen ungedruckter Manuskripte. Eine Zeitschrift, wie für das Khowar, zu organisieren, ist bisher nicht gelungen. Die pakistanischen Kultusbehörden zögern mit Druckbeihilfen und bei Initiativen, die muttersprachliche Lektüre in den Schulunterricht einzuführen (in Chitral hatte es solche Versuche gegeben, die aber anscheinend im Sande verlaufen sind). Dabei mag die Furcht vor Regionalismus und Separatismus eine Rolle spielen, hatte doch, allerdings bei anderen Größenverhältnissen, seinerzeit der Kampf um die Anerkennung des Bengali als Nationalsprache einen der wichtigsten Streitpunkte zwischen Ost- und West-Pakistan abgegeben und zum Zerbrechen des Staates beigetragen.

Doch sind die Werke der neuen Literatur weiter verbreitet, als die Buch-, Auflagen- und Verkaufszahlen vermuten lassen könnten. Eine große Rolle spielt das öffentliche Vorlesen oder Vorsingen (die meisten Gedichte werden gesungen). Bei dieser Vorlesekommunikation treten außersprachliche Elemente wie Gestik, Mimik und individuelle Intonation, die im Schrifttext verlorengegangen waren, sekundär wieder in Erscheinung. Sehr beträchtlich wird der Kreis der literarischen Kommunikanten erweitert durch das Radio, wo die neuen Literaten reichlich Gelegenheit haben, aus gedruckten oder ungedruckten Werken vorzulesen. Die Aufnahmen werden in Abständen wiederholt gesendet. So lernen viele die neue Literatur kennen, die sie nie lesen würden oder könnten. Das Radio ersetzt weitgehend das Buch.

3.1 Auf die Frage, wie sich die geschriebene Dichtung von der oralen Poesie in Khowar und Shina unterscheide, sind präzise Antworten beim gegenwärtigen Stand der Forschung schon deshalb kaum möglich, weil wir von der mündlichen Überlieferung nur wenig kennen (vgl. 1.3). Deshalb sollen nur einige wenige Beobachtungen zur Charakterisierung der neuen Buchpoesie mitgeteilt werden, die bei den Publikationen der Texte ergänzt werden müssen.

Der Einfluß der "Volksdichtung" auf die neuen Literaten dürfte als sehr gering zu veranschlagen sein. Deutlich ist er zu greifen nur in der Metrik. Bei der Übernahme einer klassischen Gedichtform wie z. B. dem *Ghazal* (als Ghasel bekanntlich von Fr. Schlegel, Goethe, Rückert und Platen auch in die deutsche Literatur eingeführt) wird zwar im Khowar und Shina das Reimschema und die Nennung des Dichternamens am Schluß beibehalten. Aber die Metrik befolgt nicht wie in den klassischen Vorbildern eine geregelte Abfolge von langen und kurzen Silben, sondern zählt, wie in der oralen Dichtung, die Hebungen (mit vielen Freiheiten im Detail).

3.2 Die geschriebene Dichtung ist fast immer auf einen düsteren Ton der Hoffnungslosigkeit gestimmt. Die innenpolitische Labilität des Landes, die wirtschaftliche Misere, persönliche Enttäuschungen finden darin ihren Ausdruck. Israr-ud-Din (vgl. 2.2) sagt in einem Khowar-Gedicht (Terich Mer 2,48):

"Auf Wohlstand und Glück hab ich lange gehofft.
Aber hier ist alles treulos."

Zia nannte sich und die Dichter seines Kreises einmal, im Gespräch unversehens von Urdu ins Englische fallend, "poets of frustration." Die Stimmung der Resignation wird nur in den offiziell bestellten "national songs" notdürftig von Fortschrittsglauben und Optimismus überdeckt.

3.3 Ein Kennzeichen der Buchdichtung, das im Norden Pakistans neu zu sein scheint, aber der oralen Dichtung natürlich nicht notwendigerweise fehlen muß, ist die parteiliche Stellungnahme zu weltanschaulichen Kontroversen und Fragen der Tagespolitik.

Kurz nach 1960 wandte sich der Khowar-Dichter Bābā Ayūb[5] in einem Gedicht leidenschaftlich gegen die Einführung demokratischer Institutionen in die feudale Gesellschaftsordnung Chitrals und gegen andere Reformen, die ihm dem Geiste des Islam zu widersprechen schienen. Bābā Chilāsī (vgl. 2.2) warb im Streit vergangener Jahre um eine Verfassung Pakistans in seinen Versen für eine "Verfassung Gottes". Moderne Politiker, deren Frauen unverschleiert sind, ließ er wissen ("Wegzehrung" S. 182):

"Nackt gehen ihre Frauen auf allen Wegen.
Selbst ihre Männer empfinden nicht Scham.
Bei Gott, eine große Schande sind solche Männer!
In Wahrheit sind es nicht Männer, sondern Fliegen![6]
Sehe ich solche Muslims, wird mir das Gesicht
    gelb und mein Blut vertrocknet.
Aber Chilāsī, du bist ein Tor! Ärgere dich nicht!
Einige sind ja Beamte und andere Männer der Politik."

Zia hatte die Zeit nationaler Selbstbesinnung in Pakistan nach dem verlorenen Krieg von 1971 gefeiert (*Sān* S. 80):

"Von den Bergen kamen lächelnd hohe Wasserfälle.
Die Wunden deines Herzens, mein Land, sind heute verheilt.
Sanft wehend kommen nun die Windwogen des Glücks."

Damit ist die Bhutto-Ära gemeint, deren Reformen, z. B. die Abschaffung der letzten Fürstentümer in den Nordgebieten, Zia begrüßte (*Sān* S. 94):

"Früher waren die Augen der Arbeiter und Bauern voll Tränen.
In den Palästen wurde die Nacht zum Tage, die Hütten aber blieben immer dunkel.
Nun wurden Steuern, Fron und Fürstenmacht beseitigt.
Für Arm und Reich begann im Land in gleicher Weise die Gerechtigkeit."

Um so herber mußte dann die Enttäuschung über die spätere innenpolitische Entwicklung in Pakistan sein.

3.4 Von einem eigentümlichen Schweben zwischen Konventionen und persönlicher Betroffenheit zeugt Zia's Liebesdichtung. Er hat seinem Band *Sān* folgende Widmung vorangestellt:

"Diese verstreuten Gedanken widme ich ... Die Liebe zu ihr und der Schmerz der Trennung haben mich zur Dichtung geführt."

Hinter den Punkten verbirgt sich keine "imaginäre Geliebte", sondern der Name einer wirklichen Frau, den in Gilgit, wo jeder jeden kennt, viele zumindest ahnen werden. Vor- und außereheliche Liebesbeziehungen sind im Shina-Gebiet auch heute noch ein lebensgefährliches Abenteuer, fast immer dazu verurteilt, "unglücklich" zu enden. Es ist dies ein beliebtes Thema der Volksdichtung (vgl. Buddruss 1964).

Gäbe es diese Widmungszeilen und andere direkte Hinweise Zia's nicht, müßte man, wie in der persischen und Urdu-Dichtung (wie auch der in Khowar), im Zweifel bleiben, ob er in seinen vielen Liebesgedichten von weltlich-erotischen Stimmungen und Erlebnissen spricht, ob er den Rausch mystischer Gottesliebe besingt oder ob das eine in das andere bruchlos übergeht. Es wäre so, wie Rückert in vollendeter Verdichtung von Hafiz sagt:

"Hafiz, wo er scheinet Übersinnliches
nur zu reden, redet über Sinnliches.
Oder redet er, wenn über Sinnliches
er zu reden scheint, nur Übersinnliches?"

Aus Gesprächen mit Zia weiß ich, daß am Anfang seiner Dichtung ein irdisches, quälendes Liebeserlebnis stand, an dem er fast zerbrochen wäre, über das er aber "mit Gottes Hilfe" hinwegkam — und mit Hilfe seiner Verse. Doch schreibt er keine enthüllende Bekenntnisdichtung. Wie Schleier liegen über seinen Versen die Konventionen der hohen muslimisch-sufischen Poesie: die vielfältig variierten Bilder von Rose und Nachtigall, Falter und Kerze, vom Liebestod im Feuer, von der grausamen Geliebten, vom Liebenden als dem Kranken und Wahnsinnigen (Schimmel 1979, S. 491), dem in der Wüste umherirrenden Bettler, vom Weinhaus und Schenken. Die Übernahme dieser Konventionen dient einerseits der Tarnung und dem Schutz, andererseits aber auch der literarischen Sublimierung der individuellen Gefühlswelt. Der Traditionsbruch gegenüber der Volksdichtung wird dabei als nicht so scharf empfunden, weil auch in ihr einzelne dieser Bilder, wenn auch nicht in solcher Häufung und Intensität, zu finden sind als "abgesunkenes" Gut aus der hohen Buch-Poesie in Persisch oder Urdu. Doch ist es für Zia nicht die Volksdichtung, die Trost spendet, sondern die eigene Feder, die Tatsache, daß er schreiben kann, was ihn bewegt (*Sān* S. 128):

"Der Herbstwind griff in den blühenden Garten.
Die Krankheit der Liebe griff nach meinen Gliedern.
Du bist nicht da, nur die Erinnerung blieb.
Doch ich habe meine Feder und meine Hände.
Längs des Weges an meinem Haus ist alles voll Steine und Dornengestrüpp."

Zum Themenvorrat der sufischen Dichtung gehört auch "die ewige Geschichte von 'Schönheit und Liebe'" (Schimmel 1979, S. 326). Zia fügt sich auch in diese Konvention ein und schreibt darüber 6 Strophen mit reimenden Vierzeilern, von denen 3 Strophen zitiert seien (*Sān* S. 50), die vom Leid der Liebe reden:

1. "Immer gibt es die Geschichte von Schönheit und Liebe.
   Die Liebe ist im Staub, die Schönheit hoch erhaben.
   Im Schicksal der Liebe ist immer die Armut.
   Zu jeder Epoche hat die Schönheit ihren Pomp.
2. Die Schönheit ist die Gebetsrichtung *(gibla)*, Liebe ist das Gebet.
   Auf dem Leibe der Schönheit ist Liebe das Kleid.
   Auf die Liebenden werden immer Steine geworfen.
   Schönheit lebt im Vergnügen, die Liebe zerschmilzt in Leid.
3. Die Schönheit ist im Himmel, auf Bergen, in Gärten.
   Die Liebe irrt umher in heißen Wüsten.
   Die Schönheit ist Königin ihres Willens.
   Die Liebe verwirrt sich in tausend Knoten."

3.5 Am weitesten von seiner heimischen Tradition hat sich Zia entfernt, als er ein Gedicht "An meine Lebensgefährtin" in sein Buch *Sān* (S. 147 f.) aufnahm. Während er sonst über seine Vorbilder meist genau Rechenschaft zu geben wußte, konnte er für dieses Gedicht keinerlei Muster benennen. Er war sich des Wagnisses bewußt und rechnete mit Anfeindungen. Zwar mag in der Seelenmystik des islamischen Indien auch einmal die Braut oder die treue Ehefrau symbolhaft überhöht eine Rolle spielen (Schimmel 1979, S. 484 f.). Aber darum geht es in Zia's Gedicht überhaupt nicht, sondern um den Dank an eine treue, hingebende Partnerin. Nicht eine imaginäre oder reale Geliebte anzudichten, sondern öffentlich von der Ehefrau zu sprechen, das ist für die Shina-Gesellschaft ein eklatanter Traditionsbruch. Einige Sätze (das Original ist in gereimten vierzeiligen Strophen) seien zitiert:

"Du senktest deine Fröhlichkeit in den Ozean meiner Seufzer.
Meine Reisegefährtin, immer machtest du mich glücklich.
Eine Welt stellte sich gegen mich, du hieltest zu mir.
Du bargst mich unter dem Kopftuch deiner Bescheidenheit.
Du ertrugst meine Fehler mit großem Herzen.
Immer ergriffst du den Saum der Geduld.
Dich zu vergessen: unmöglich will es mir scheinen
    in beiden Welten (hier und im Jenseits).
In der Welt kennst du allein die Geheimnisse meines Herzens.
Du bist der Gärtner des Gartens, über den der Herbst kam.
Meine Reisegefährtin, wie soll ich dir je deine Treue lohnen?
Wie soll ich lohnen deine Gebete für mich? —
Das Wasser ihrer Tränen trinkend hält sie in Treue zu mir.
Sie ist es, die sagt: 'Ich bin deine Sklavin, du bist mein König, Zia.'"

3.6 In Abschnitt 2.4 wurde eine Aussage Zia's zitiert, in der neuen Dichtung müßten die "Strahlen der Schönheit" leuchten. Für Zia bedeutet das vor allem Kunst des Reimes und der Metapher. Besonders die jungen Shina-Dichter schwelgen in Metaphern. Manche von ihnen sind nicht leicht verständlich und bedürfen der Kommentierung. Sehr beliebt ist die Reihung von "Genitiv-Metaphern", wie sie in solcher Verkettung aus der Volksdichtung schwerlich zu belegen sein werden. Der Orientalist könnte manche Vorbilder dieses "blumigen Stiles" nachweisen, aber kaum für alle Einzelheiten. Nur wenige Beispiele aus Zia's Versen seien zitiert:

"Die Wolken der Erinnerung an dich sind am Himmel meines Herzens." —
"Auf den Mond der Jugend fielen die Wolken des Alters." —
"Ich bin der Fluß der Liebe, du bist für mich der Sturm." —
"Als die Gletscher meiner Gedanken schmolzen, wurde der Fluß meiner Tränen trüb." —
"Die Fackel deines Angesichts wird stets in meinem Herzen angezündet." —
"Wie eine Schlingpflanze hältst du den Baum meines Lebens umschlungen." —
"Halte diese Verse nicht für bloße Lieder, sie sind die Becher aus der Weinzisterne meines Herzens." —
"Ich habe die Perlen der Erinnerung an dich auf den Faden des Gedankens aufgefädelt." —

Zum Gedenken an die Helden, die 1948 den Anschluß Gilgits an Pakistan erkämpften, dichtet Zia:

"Gerüstet mit der Wegzehrung des rechten Glaubens,
das Licht des Korans im Herzen tragend,
schrieb ihr mit Blut auf die Erde Gilgits
den Namen Pakistan."

Beim Preis der Männer des Befreiungskampfes scheut Zia auch nicht "kosmische Hyperbeln":[7]

"Die Milchstraße am Himmel ist der Staub eures Mutes.
die helle Sonne ist die Beute eures Pfeils und Bogens."

3.7 Schließlich muß noch ein Kennzeichen der neuen schriftlichen Literatur erwähnt werden: Sie ist umstritten, lange bevor es professionelle Kritiker, Interpreten oder einen "Literaturbetrieb" gibt. Sie wird kontrovers diskutiert, wie es die mündliche Überlieferung wohl nie wurde, die man wohl immer als "gegeben" hinnahm, sieht man ab von neuesten Stimmen einiger weniger Progressiver, die mit Verachtung auf die rückständigen, abergläubischen Traditionen ihrer Heimat blicken.

So findet das muslimische Eifern des Bābā Chilāsī keineswegs überall Zustimmung. Gedichte mit engagierten politischen Aussagen rufen zwangsläufig Gegner aus anderen Parteien auf den Plan.

Zia's Gedicht an seine Ehefrau erregte den erwarteten Anstoß. Wie es heißt, war auch sie selbst darüber keineswegs glücklich, fühlte sie sich dadurch doch in eine Öffentlichkeit gezogen, wohin eine gute muslimische Frau, auch nach ihrem Selbstverständnis, am allerwenigsten gehört. Selbst der Titel seines Buches *Sān* wurde beanstandet. Man war sich (völlig zu Recht) nicht klar darüber, ob damit die wirklichen, heute offiziell verbotenen "Weinzisternen" des Gilgiter Raumes gemeint seien, oder ob auf den mystischen Wein der himmlischen Liebe angespielt werde (vgl. Schimmel 1979, S. 306). Auch bei der zweiten Interpretation würden orthodoxe Muslims solcher Wein-Mystik mit Mißtrauen begegnen.

Zia's Methaphernketten und seine anderen sprachlichen Kühnheiten wurden viel bewundert, aber anscheinend auch belächelt. Im Khowar-Gebiet wiesen mich Kenner der persischen Klassiker, die sie in traditionellen Schulen studiert hatten, achselzuckend darauf hin, wie sehr doch die modernen Verseschmiede an Qualität hinter ihren großen Vorbildern zurückblieben.

Zia's oben (2.4) zitierter Wunsch, die neue Literatur solle "Unruhe schaffen und nicht einschläfern", ist also nicht gänzlich unerfüllt geblieben. Vielleicht ist gerade ihre Umstrittenheit ein Zeichen, daß die geschriebene Dichtung wenigstens mancherorts lebt und nicht nur als ein Produkt von Einzelgängern und Sonderlingen einfach ignoriert wird, wie es zuweilen scheinen könnte. Ob freilich muttersprachliche Literaturen aus den jetzigen Anfängen heraus, bei aller Ungunst der äußeren Bedingungen, in den Nordgebieten Pakistans eine Zukunft haben oder nur eine flüchtige Episode bleiben werden, ist eine Frage, auf die erst künftige Generationen eine Antwort wissen werden.

Anmerkungen:

[1] Eine umfassende ethnographische und kulturhistorische Darstellung des Gebietes gibt Jettmar 1975.

[2] Die beste Übersicht über die Verbreitung der Dardsprachen und den Stand ihrer Erforschung bietet Fussman 1972.

[3] Die vollständige Aufzählung der weitverstreuten Belege ist hier nicht möglich. Zu Beispielen bei älteren Autoren (Biddulph, Leitner) s. die bibliographischen Angaben bei Müller-Stellrecht 1980, S. 171; Proben von Khowar-Liedern ebd. S. 230 ff. und bei Morgenstierne 1959. — Einige Shina-Lieder bei Snoy 1975, S. 228—30; Ghulam Muhammad 1905/1980; Buddruss 1964.

[4] Genaueres über die Geschichte der Khowar-Schrift und Proben aus der Khowar-Literatur enthält meine Monographie *Khowar-Texte in arabischer Schrift.*

[5] Mehr über ihn in der in Anm. 4 genannten Arbeit.

[6] Wortspiel mit den Shina-Homographen *mishe* "Männer" und *mashe* "Fliegen".

[7] Solche "Projektion des Makrokosmos in den Mikrokosmos" findet sich oft in der persischen Dichtung (vgl. z. B. Reinert 1973, 73).

Literatur:

Ahmad Mehrbān (1963) *Guldasta-e Mehrbān* (Schiitische Trauergesänge auf Shina), Lahore.
Ahrens, H. und Zingel, W.-P. (1978) *Interdependenzen zwischen gesamtwirtschaftlichem Wachstum und regionaler Verteilung in Pakistan,* Wiesbaden.
Bābā Chilāsī (o. J.) *Zād-e safar* ("Wegzehrung"), Abbottabad.
Buddruss, G. (1964) "Aus dardischer Volksdichtung", in: G. Redard (Hg.), *Indo-Iranica,* Festschrift G. Morgenstierne, Wiesbaden, S. 48—61.
— (1982) *Khowar-Texte in arabischer Schrift.* Akademie der Wissenschaften und Literatur. Mainz, Abhandlungen 1982. 1. Wiesbaden.
Fussman, G. (1972) *Atlas linguistique des parlers dardes et kafirs, I. cartes, II. commentaire,* Paris.
Ghulam Muhammad (1905/1980) *Festivals and Folklore of Gilgit,* Islamabad (reprint).

Israr-ud-Din (Hg.) (1976 ff.) *The Terich Mer. Chitral Students Association Peshawar University*, Peshawar.
Jettmar, K. (1975) *Die Religionen des Hindukusch*, Stuttgart.
Morgenstierne, G. and Wazir Ali Shah (1959) "Some Khowar Songs", in: *Asta Orientalia* 24, 29—58.
Müller-Stellbrecht, J. (1980) *Materialien zur Ethnographie von Dardistan (Pakistan). Teil II Gilgit. Teil III Chitral und Yasin*, Graz.
Reinert, B. (1973) "Probleme der vormongolischen arabisch-persischen Poesiegemeinschaft", in: G. E. von Grunebaum (Hg.), *Arabic Poetry. Theory and Development*, Wiesbaden, 71—105.
Schimmel, A. (1979) *Mystische Dimensionen des Islam*, Aalen.
Snoy, P. (1975) *Bagrot. Eine dardische Talschaft im Karakorum*, Graz.
Zia, M. A. (1974) *Sān* (Die Weinzisterne), Rawalpindi.
— (1978) *Saweno morye* (Worte der Weisen, Sammlung von Shina-Sprichwörtern), Islamabad.
Zingel, W.-P. (1973) "Das Erziehungswesen in Pakistan", in: *Internationales Asienforum* 4, 306 bis 331.

Hans Robert Lug

Nichtschriftliche Musik

1. Einleitung

Erst jüngst verscheuchte Gespenster sind musikhistorische Behauptungen wie die folgenden: Die Musik habe früher im Kreis der Künste eine minder bedeutende Rolle gespielt. Die Instrumentalmusik sei erst im späten Mittelalter entstanden. Das Barockzeitalter habe den Takt erfunden.

Erfaßt vom Verwandlungszauber der elektronischen Medien, hin und wieder nachdenklich gestimmt angesichts der Krisen in der zeitgenössischen "E-Musik" und vertrauter werdend mit außereuropäischen Klangwelten, zeichnet unsere Wahrnehmung neue Linien in das Bild unserer eigenen musikalischen Vergangenheit.

Davon vor allem soll auf den folgenden Seiten die Rede sein. Die Fruchtbarkeit musikethnologischer Forschung und ihre bisher schon reichen Erträge stehen außer Zweifel; wenn die Thematik hier dennoch von Europa aus angegangen wird, dann nicht in der unreflektierten Nachfolge eurozentrischer Geschichtsbilder — vielmehr in der Hoffnung, daß gerade das Bekannte bei konsequenter Beleuchtung aus der Schrift-Perspektive verborgene Konturen offenbare und Wesentliches aussage: zu nichtschriftlicher Musik allgemein wie auch zu unserer eigenen Geschichte und dem Standort, der uns gegenwärtig fordert.

Heben wir die Augen vom Papier auf, so beginnt ein Klingen jenseits von Halbtönen und Viertelnoten. Musikschrift als rationale Bannung des Ungreifbaren: in diesem Sinn wollen wir den schriftlichen Aneignungsprozeß in Umrissen durch die Jahrhunderte verfolgen; kleine Enklaven der Schriftlichkeit zunächst, die sich ausweiten und in Zeiten des Stilwandels neue Bereiche des bisher Schriftlosen in großen Wellen einbeziehen. Dieses wird dabei immer mehr abgedrängt, bis schließlich eine fast unumschränkte Schriftherrschaft entstanden ist, die sich just in unseren Tagen mit der neu-mündlichen elektronischen Herausforderung konfrontiert sieht. Einige dieser Etappen seien im folgenden skizziert und Charakteristika der "Überführung" markiert. Daß wir es dabei stets mit einem Feld mündlich-schriftlicher Wechselbeziehungen zu tun haben, muß uns bewußt bleiben, auch wenn es sich in der Darstellung nicht immer niederschlägt. Einstweilen sind wir froh, Spuren des Oralen in der Schriftmusik aufweisen zu können; die umgekehrten Wirkungen entziehen sich noch weitgehend unserem Einblick.

2. Die Entstehung des Schriftkanons

Den Zustand ungestörter Mündlichkeit der abendländischen Musik spiegelt die bekannte Aussage des Isidor von Sevilla († 630): "Nisi enim ab homine memoria teneantur soni, pereunt, quia scribi non possunt" (Wenn die Töne vom Menschen nicht mit dem Gedächtnis festgehalten werden, vergehen sie, weil sie nicht aufgeschrieben werden können).[1]

Das betrifft die Welt der histriones und ioculatores, der in alle Himmelsrichtungen versprengten fahrenden Sänger, Spieler und Gaukler der untergehenden römischen Zirkuskultur ebenso wie ihre nordeuropäischen Kollegen, die kleinen Musikanten der Landstraße ebenso wie die Virtuosen an den Herrschaftsresidenzen, die Melodien des Volkes ebenso wie die Heldenlieder der Barden und die Gesänge der Mönche und Priester in den Kirchen, wo sich gerade regionale Liturgien stabilisieren.

Drei Jahrhunderte später, in den sozio-kulturellen Umwälzungen der "karolingischen Renaissance", ändert sich das. Das liturgische Melodienrepertoire wird aufgezeichnet, wobei das neue Medium Notenschrift nicht auf ungeteilte Begeisterung stößt; die Fixierungswürdigkeit der Gesänge muß — per Legende — durch eine unantastbare Autorität und ehrwürdiges Alter gestützt werden: Papst Gregor dem Großen, heißt es, seien die Melodien vom Heiligen Geist eingegeben worden (die Abbildungen zeigen eine Taube, die sie dem Papst ins Ohr flüstert). Dieses Ereignis ist gut dreihundert Jahre rückdatiert und über jeden Zweifel erhaben.[2]

Die Notenschrift ("linienlose Neumen") gibt in ihrem Frühstadium nur den allgemeinen Bewegungsablauf wieder; exakte Tonhöhen sowie rhythmische Organisation bleiben einstweilen unnotiert. Ihre Realisation ergibt sich aus Selbstverständlichkeiten der usuellen Praxis sowie einer den acht Kirchentonarten genau zugeordneten Formelhaftigkeit des Melodiebaus. Welchen Grad der Fixiertheit diese Formelsysteme besaßen, ist noch weitgehend unklar; in Verbindung mit einem hohen Grad solcher "oraler Selbstverständlichkeit" wäre die linienlose Neumenschrift eine "exakte" Notation; je lockerer der Formelkanon, desto geringer die Exaktheit der Schrift (und damit unsere Hoffnung, durch Kennenlernen des Formelkanons linienlose Neumen lesen zu können — was einstweilen nur anhand späterer — liniierter — Parallelüberlieferung möglich ist).

Die einzigartige Entwicklung der abendländischen Schriftmusik ist bereits in ihrer Geburtsstunde dadurch programmiert, daß sie eine Doppelfunktion zu erfüllen hat: Memorierhilfe und administrativ motivierte Normierung.

Den ersten Aspekt teilt sie mit allen uns bekannten Musikschriften, seien sie so imaginativ gestaltet wie die der Tibeter oder so abstrakt wie die Buchstabenschrift der Griechen im Morgenrot der Ratio. Die Schrift dient als Gedächtnisstütze im Musikunterricht, und ihre vornehmste Aufgabe ist es, sich selbst so rasch als möglich überflüssig zu machen.[3]

Für die Zukunft entscheidend wird jedoch der Normierungsaspekt: In einer Zeit gesellschaftlichen Wandels und kirchlicher Gegensätze, insbesondere dem zwischen römischer Bischofs- und iroeltischer Mönchskirche, läßt der fränkische Hof die liturgischen Gesänge aufzeichnen und erklärt sie für die gesamte Reichskirche als verbindlich.

Ein ganzes Bündel von Schriftlichkeits-Charakteristika offenbart sich in dieser Maßnahme: Rettung bedrohten Überlieferungsguts in Zeiten der Umwälzung (Konservierungsaspekt); Herstellung einer "korrekten" Fassung dieser Überlieferungsmengen (Normalisierungsaspekt); zukünftige Verbindlichkeitserklärung für das gesamte Herrschaftsgebiet (Normierungs- oder Kanonisierungsaspekt).

Im individuellen Bereich bleibt die Memorierfunktion der Aufzeichnung gewahrt. Hat der Sänger den Melodienschatz erlernt, wird die Aufzeichnung für ihn überflüssig; zum Absingen dienen diese kleinformatigen Bücher noch nicht. Doch in ihrer Funktion als musikalischer Kanon einer auf Schrift gegründeten Religion ist die Schriftlichkeit der Musik mitnichten bloße Mündlichkeitsstütze, sondern wird selbst entwicklungszentral im Sinn einer "heiligen Schrift".

Zunehmend werden nun die aufgezeichneten Melodien als starres Repertoire mißverstanden; die anfangs noch selbstverständlichen Variationsspielräume[4] verengen sich; unter der fixierenden Wirkung der Schrift droht die Entwicklung einzufrieren. Die erste musikalische Grenzerweiterung, die Sequenz, muß sich folgerichtig mit dem Schein legitimieren, "nichts Neues" zu bringen. Man erreicht das durch den Kunstgriff, daß lange melismatische Girlanden, die bisher eine einzige Textsilbe ausschmückten, nunmehr Ton für Ton mit ergänzenden bzw. neuen Texten unterlegt werden; im Zug dieses Verfahrens gliedert man die Melodien auch in neue Sinnabschnitte und stattet sie gar mit Binnenwiederholungen aus: so entstehen völlig veränderte musikalisch-textliche Gebilde, ohne daß an der tradierten Tonfolge ein Deut hätte geändert werden müssen.

Ähnlich begegnet uns dieses "Unverrückbarkeitsprinzip" später bei den Anfängen der Mehrstimmigkeit; zweite und weitere Stimmen sind zunächst lediglich als Beiwerk und Ausschmückung der kanonisierten Hauptstimme verstanden. Die uns verwundernde, jahrhundertelang äußerst zögernde Entwicklung der schriftlichen Mehrstimmigkeit dürfte zu einem gewissen Teil auch auf das Konto des unantastbaren (und einstimmigen!) "gregorianischen" Kanons gehen.

Im "Cantus firmus" von Motetten und Messen erstreckt sich die Autorität des Kanons darüber hinaus noch weit bis in Zeiten, da "Neuheit" längst zur erstrebenswerten Kategorie geworden ist.

3. Zeitbild um 1200, I: Die Welt der Sängerdichter

Die Wende vom 12. zum 13. Jahrhundert zeigt uns ein bemerkenswertes Bild: Das Neben- und Ineinander einer nichtschriftlichen (weltlichen) Musikkultur in ihrer Hochblüte und einer (kirchlichen) Schriftkultur, die gerade die Tore zur mehrstimmigen Zukunft aufstößt.

* * *

Außerhalb der Kirchenmauern hat Musik wie eh und je nichts mit Schrift zu tun, was sie nicht hindert, immer bunter und vielgestaltiger zu werden. Der "Sängerdichter", der Barde, Skop oder Skalde, nimmt von alters her einen hervorragenden Platz in der gesellschaftlichen Rangordnung ein; das berichtet uns schon Strabo, und die Zeugnisse reißen durch die Jahrhunderte nicht ab.[5] Welch gewaltige Macht er über die Seelen der Sänger hat, beleuchtet etwa die Schilderung des Horant im Kudrun-Epos, der mit seiner Kunst Mensch und Tier verzaubert.[6]

Das 11. Jahrhundert bringt schließlich in Südfrankreich die dichterisch-musikalische Leitgestalt des Trobador hervor, dem sich wenig später in Nordfrankreich der Trouvère und in Deutschland der Minnesänger zur Seite stellen.

In der europäischen Minnesang-Kultur[7] der Kreuzzugszeit zelebriert das Rittertum die Kulmination einer jahrhundertelangen Entwicklung, seine Apotheose und seinen Abgesang. Die größten Sängergestalten besitzen in Status und Wirkung noch etwas von den alten Skops und Barden; die politischen "Sprüche" Walthers von der Vogelweide etwa verraten — letztmalig — das Bewußtsein der "dritten Macht im Land": Weisheit in geistlichen und weltlichen Dingen, jenseits der Sachzwänge von Staatsgewalt und Kirche.

Musikalischer Mittelpunkt sind die Liedmelodien der Sängerdichter; doch darf die Bedeutung der Instrumentalmusik nicht unterschätzt werden: das Instrumentarium nimmt die vielfältigsten Formen an, und die Spieler sind Legion; insbesondere der noch verhältnismäßig junge Streichbogen[8] scheint die Entwicklung maßgeblich beeinflußt zu haben. Im Gefolge der Kreuzzüge findet zudem eine orientalisch-mittelmeerisch-europäische Stilbegegnung statt wie nie zuvor. Wer die Instrumente einzeln und die Berichte über Ensembles[9] studiert, kann die Vorstellung, diese Musik sei "einstimmig" gewesen, nur für abwegig halten.

Unter den Musikern dieser hochmittelalterlichen europäischen Musikszene sind keine rigiden sozialen Demarkationslinien zu beobachten; vielmehr scheinen Wirtshausmusikanten und Hofkünstler lediglich polare Existenzen eines gemeinsamen sozio-kulturellen Kontinuums gewesen zu sein. Das deckt sich mit dem — bei aller Lückenhaftigkeit unserer Kenntnis — sich abzeichnenden Kontinuum der dichterisch-musikalischen Gattungen; zwischen Grund- und Oberschichtskunst finden sich wohl Stufungen, doch keine Barrieren.[10]

Daß uns von dieser schriftlosen Hochkultur überhaupt etwas erhalten ist, verdanken wir den Bewahrungsbemühungen konservativer Liebhaber, die — Jahrzehnte bis Jahrhunderte später — sammeln ließen, was von den alten Liedern noch nicht verklungen war. Oft enthalten die so entstandenen Handschriften von Trobador-, Trouvère- und Minnesänger-Liedern nur deren Texte, in einigen Fällen jedoch auch die Melodien. Die Notenschrift dazu borgte man sich aus der Kirchenmusik, deren Gesangstradition aufgrund ihrer jahrhundertelangen Schriftbezogenheit mit Sicherheit andere Prägungen aufgewiesen hat als der schriftlose Gesang außerhalb der Kirche. Die durch diese "Schrift-Übertragung" sowie durch die späte Aufzeichnung bedingten Deutungs- und Entzifferungsprobleme der Minnesang-Handschriften sind immens, und Generationen schriftkulturell geprägter Forscher haben das Ihre dazu beigetragen, den Zugang zu den Melodien unserer seither größten Sängerdichter zu erschweren.

Von ihrem hochmittelalterlichen Gipfel sinkt die nichtschriftliche europäische Musik in einem Jahrhunderte währenden — und regional sehr unterschiedlich verlaufenden — Prozeß allmählich durch das soziale Schichtengefüge ab und ist schließlich nur noch in den Grundschichten heimisch. Der Sängerdichter verschwindet langsam in der Namenlosigkeit und wird zum anonymen Volksliedschöpfer. Als Transformation in die Ordnungen des Stadtbürgertums sind die französischen Puys und die deutschen Meistersinger-Gilden zu betrachten, die sich auch in ihrem Selbstverständnis als Erben und Fortsetzer der Minnesangkultur verstehen; ihre "Goldenen Bücher", in denen die Melodien verzeichnet sind, dienen demgemäß nicht als Kompositions-, Distributions- oder Aufführungsmedium, sondern haben rein archivarische Funktion.

Trotz aller Umschichtungen darf man sich den Rückzug der nichtschriftlichen Musik nicht allzu rapide vorstellen. Bis in die Neuzeit hinein ist der reisende Spielmann der, wenn auch gesellschaftlich mehr und mehr absteigende, "Normalfall" des Musikers. Zahlenmäßig treten die Fahrenden ins Licht der Geschichte, wenn sie zu Hunderten und Tausenden auf den großen Reichstagen und Konzilien zusammenströmen.[11] Zeugnis für die Wertschätzung ihrer "schriftlosen" Kunstfertigkeiten geben die Berichte über das hohe Ansehen von Spielmannsschulen, insbesondere solchen des flandrischen Raums[12], ebenso wie die Tatsache, daß Fürsten und Könige oft Fahrende in ihre Dienste nehmen, ja ganze Trupps von der Straße weg als Hofkapelle engagieren.[13]

Über der Bewunderung, die uns angesichts der im ausgehenden Mittelalter so vehement aufblühenden schriftlichen Mehrstimmigkeit erfaßt, vergessen wir leicht, mit welch kleinen Inseln im gewaltigen Traditionsstrom wir es dabei zu tun haben, Laboratorien, in denen Zukunftskeime genährt werden. Trotz deutlicher Konkurrenz-Symptome läßt sich im übrigen der Stellenwert der gegenseitigen Befruchtung kaum hoch genug veranschlagen.

Mehr noch: Musikalische Schriftkultur ohne einen gehörigen Anteil "oraler Selbstverständlichkeiten", Spieltechniken, Intonationsweisen, Verzierungen usw. ist bis ins 19. Jahrhundert überhaupt nicht vorstellbar.[14] Und wo immer die Schriftlichkeit, ihrer eigenen Gravitation folgend, die Musik allzuweit in die Abstraktion drängte, hieß der Preis Lebensverlust, und der nächste, "nichtschriftlich" induzierte Stilwandel stand vor der Tür.

4. Zeitbild um 1200, II: Durchbruch der schriftlichen Mehrstimmigkeit

Gleichzeitig mit der Hochblüte der Minnesangkultur geschieht nun — mit der "Notre-Dame-Schule" — im Bereich der Schriftmusik das, was mit einer im historischen Bezugsfeld berechtigt erscheinenden Symbolik als "Kreuzigung der Musik" bezeichnet werden kann.

Schon um die Jahrtausendwende hatte Guido von Arezzo die vorher linienlos "im Raum" schwebenden Neumen durch Schaffung von Notenlinien dem Ton*ort* nach fixiert[15], wobei sich die Rhythmik weiterhin der subtilen Freiräume der nichtschriftlichen Musik erfreute; nunmehr erfaßt die Normierung auch die *Zeit*ebene: der musikalische Ablauf wird in kleine Maßeinheiten von identischer Länge unterteilt.

Die Ursachen erscheinen zwingend: Die verschiedenen Stimmen zeitlich kompatibel zu organisieren, war notwendige Voraussetzung schriftlicher Mehrstimmigkeit; und Mehrstimmigkeit in die Schriftmusik der Kirche hineinzunehmen, war — angesichts der immer bewegteren schriftlos klingenden Vielfalt außerhalb der Kirche — ein Gebot der Stunde, dem sich die Kirche nicht verweigern konnte, wollte sie nicht am Ruf der Zeit vorbei ins musikalische Abseits manövrieren.

An dem damals errichteten raum-zeitlichen Koordinatenkreuz hängt die europäische Musik bis in unser Jahrhundert.

Welche Höhen sie im Lauf dieser Zeit erreicht hat, zu welchen geistigen Leistungen sie in Verbindung mit ihrem schriftlichen Medium fähig war, ist allgemein bekannt und steht außerhalb jedes ernstzunehmenden Zweifels. Die "absolute" Musik, die großen Formen, das autonome Werk konnten anders nicht entstehen. Als edelste Frucht des Kreuzigungsprozesses erscheint indes die Erfassung und Durchdringung der Harmonik bis in ihre subtilsten Beziehungen: die irdische Inkarnation der Sphärenharmonie.[16]

Die Schattenseiten, die Tiefen dieses Entwicklungsweges werden dagegen gemeinhin nicht klar gesehen, ja weitgehend noch völlig ignoriert. Ihrer sich bewußt zu werden, ist jedoch eine dringende Gegenwartsaufgabe. Die Krise der abendländischen Musik ist zum großen Teil eine Krise der Schriftlichkeit; und wenn in den folgenden Ausführungen die Kehrseiten der großen Errungenschaften stark markiert sind, dann nicht um diese zu schmälern, sondern um zu einer nüchternen Standortbestimmung beizutragen.

Verglichen mit dem virtuell unendlichen Kosmos des organisch Klingenden wirkt besonders einschneidend die grobe Rasterung des Koordinatenkreuzes. Die Tonhöhen-Einteilung hat sich seit Guido im Prinzip nicht verändert: Auf den im Terzabstand gezogenen Linien läßt sich, mit Hilfe von Vorzeichen, eine in zwölf Halbtöne unterteilte Tonleiter darstellen. Die ein halbes Jahrtausend später erfolgende "Temperierung" der Halbtöne in zwölf exakt gleiche Abstände erscheint wie der faktische Vollzug der mathematisch-abstrakten Vorgabe des Notationsmediums, dem als weitere Konsequenz zu Beginn unseres Jahrhunderts die von der Tonalität emanzipierende "Gleichberechtigung" der zwölf Töne in der "atonalen" Musik folgt.

Die Zeitkoordinate wird zunächst, in der Notre-Dame-Schule, äußerst archaisch unterteilt; es gibt — bei ausschließlicher Dreierrhythmik — nur kurze und lange Noten. Eine charakteristische Janusköpfigkeit der Schrift tritt hier zutage: Die Komplexitätssteigerung, die mit der Mehrschichtigkeit der Stimmen erreicht wird, läßt sich nur erkaufen um den Preis einer radikalen Komplexitätsreduktion im Bereich der Rhythmik.[17] Auf diesem Gebiet war die einstimmige Neumenschrift bereits zu äußerst subtilen Notierungsmöglichkeiten vorgestoßen.[18]

Ein Jahrhundert später wird die zeitliche Rasterung erweitert und systematisiert; fünf verschiedene Notenwerte stehen nun zur Verfügung, und neben dem Dreier- wird auch der gerade Takt zugelassen. Der Erfinder dieses fernwirkenden Systems, das seither nur unwesentlich geändert werden mußte, Johannes de Muris, ist Mathematiker. Er entwickelt es für jene künstlerische Bewegung im "säkularen" Paris, die ihr Manifest kühn und zukunftsorientiert "Ars Nova" betitelt. Damit ist die musikalische "Neuzeit" begründet; die Schriftmusik hat den Traditionsbruch vollzogen.

In der Folgezeit wird mit den Möglichkeiten des Notationssystems bis in die abenteuerlichsten Konstruktivismen hinein experimentiert; die städtischen Gebildetenzirkel, die sich mit derlei Spielen die Zeit vertreiben, zelebrieren ihren Elitestatus, hoch erhaben über das rohe und dazu "altmodische" Getön der usuellen Normalmusik. Vieles an diesen Preziosen entspringt dem Absetzungswillen vom Gewöhnlichen, und die Verwunderung früherer Generationen darüber, daß "unsere" Musik mit derartigen Kompliziertheiten begonnen habe, entstammt einem Geschichtsbild, das sich die Allgegenwart des Usuellen und seinen noch lange hochkulturellen Stellenwert nicht vorzustellen vermochte.

Das "einstimmige" Lied, begleitet oder unbegleitet, bildete weiterhin Grundlage und Ausgangspunkt des musikalischen Schaffens; und wenn wir seine Spur nur mangelhaft verfolgen können, dann liegt das daran, daß zu seiner schriftlichen Fixierung selten Anlaß bestand — im Gegensatz zur mehrstimmigen Komposition, deren Existenz unabdingbar an Schriftlichkeit gekoppelt ist. Ein Streiflicht von der fortwirkenden Bedeutung des einstimmigen Liedes vermittelt uns das Werk des Dichterkomponisten Guillaume de Machaut, der sowohl die "monodische" Minnesang-Tradition fortführte wie auch die Ars-Nova-Mehrstimmigkeit meisterlich beherrschte; die Werke beider Schaffensbereiche ließ er in von ihm selbst autorisierten Sammelhandschriften aufzeichnen.

In dieser persönlichen Kontrolle beweist sich im übrigen Machauts Verständnis der gewandelten Bedeutung von Schrift; die Aufzeichnung hat nicht mehr mnemotechnische oder archivarische Funktion, sondern sie ist Auslöser zukunftsorientierter Distribution, d. h. sie begründet "Werk".[19]

5. Schriftlich-mündliche Dialektik: Schübe und Pendelbewegungen

Die Hereinnahme nichtschriftlicher Musik in die Schriftkultur erfolgt in mehreren Schüben, offenbar immer dann, wenn die Herrschaft des mathematisch-abstrakten Rastersystems übermächtig hervortritt und die "musikantischen" Elemente zu ersticken droht. Daß es sich um Impulse aus der Basismusik handelt, wird uns augenfällig, wenn wir beobachten, wie sich der jeweils neue Stil in seiner revolutionären Phase durch vitale Rhythmik, einfache Harmonik und sangliche, "homophone" Melodik vom vorangegangenen abhebt; die Zeitgenossen empfinden ihn jedesmal neu als "süß", gefühlvoll und lebendig gegenüber dem „gekünstelten" und schwerfälligen alten.

Die bedeutendsten Stilwenden dieser Art vollziehen sich um 1400, initiiert vom "nichtschriftlichen" England unter Führung von Meister Dunstable; um 1600 mit dem Beginn des Generalbaßzeitalters und seinem rhythmischen Puls; schließlich um 1750 mit dem "empfindsamen Stil", der die klassisch-romantische Epoche einleitet.

Die jahrhundertelangen schriftlich-mündlichen Dominanzwirren lassen sich besonders plastisch in Italien verfolgen. Nach einem Jahrhundert, in dem Schriftmusik plötzlich und anscheinend vorbereitungslos zum Steckenpferd der kulturellen Eliten avanciert war (die "Trecento-Kunst", impulsiert von und parallel zur französischen Ars Nova), verschwindet diese wieder von der Bildfläche und überläßt ihr Terrain letztmalig einer nichtschriftlichen Kunst: Im 15. Jahrhundert beherrschen die "improvisatori" (!) die Szene, Dichtermusiker, die sich beim Vortrag ihrer Schöpfungen selbst auf der Viola, Lira da braccio oder Laute begleiten. Ihre Wirkung auf die Zeitgenossen ist spektakulär, und Namen wie Serafino del Aquila oder Benedetto Chariteo bleiben generationenlang unvergessen: ein letztmaliges Auftreten des Sängerdichters in seiner oralkulturellen Mittelpunktsrolle; fast wirkt das wie eine Immunreaktion der "organischen" Musik gegen das Rastersystem.

Erst den Frottolisten gelingt es dann dank ihrer Supertechnik, dem Druckstock, die — mehrstimmige — Schriftmusik endgültig zu etablieren (ab 1501). Doch schon ein Jahrhundert später führt das solistische und wortbezogene "Barden-Prinzip" zur erneuten Stilwende: Der begleitete Sologesang (Monodie) hält nun, mit revolutionär-organischem Impetus gegen die konstruktivistischen Verkünstelungen des späten Madrigals anstürmend, Einzug in die Schriftmusik[20]; der Sängerdichter als Persönlichkeit allerdings ist durch die Gesetzlichkeiten des Mediums für die gesamte Druck-Ära in den nichtschriftlichen Untergrund verbannt.

6. Die Druck-Ära

Der Druck ist arbeitsteilig; er zementiert die schon vorher in der Schriftmusik angelegte Trennung von Komponist, Werk und Interpret. Die Komplexität der Teilgebiete wächst. Dichten, Komponieren, Verlegen, Drucken, Singen und Spielen werden hochdifferenzierte Spezialistentätigkeiten. Von nun an sind die Komponisten keine Dichter mehr, die Dichter keine Sänger und die Sänger keine Weisen.

Auch das Phantom "Kommerz" begleitet, narrt und lenkt seit jenen Tagen mit seinem schillernden Spiel die Musikproduktion; es ist kein Novum der Schallplattenära, wie die 32 Auflagen von Gastoldis "Balletti" bezeugen können. Ebenso empfand es damals wie heute mancher Connaisseur als degoutant, daß ihm derlei "Massenware" zumute, mit Tausenden von Mitmenschen das Niveau zu teilen.[21]

Viele der im "Untergrund" entstandenen und wirkenden Lieder treten für uns glücklicherweise dadurch ans Licht. Besonders zu Beginn der Druck-Ära unternehmen Komponisten und Verleger, vor allem in Deutschland, ausgedehnte Fischzüge im Bereich des nichtschriftlichen Liedes und präsentieren dem schier unersättlichen Publikum polyphon veredelte Fassungen dieser Stücke, teilweise "Evergreens", deren Existenz wir schon Generationen vorher in Berichten erwähnt finden. Durch "Rückprojektion" können wir so einige Konturen der nichtschriftlichen Musik vor der Druck-Ära gewinnen, wobei zu beachten ist, daß die Melodien beim Szenenwechsel leicht gewisse schriftbedingte Änderungen erfahren, etwa rhythmische Kürzungen und Dehnungen aufgrund satztechnischer Finessen.

Ähnliche Übergangsphänomene zeigen sich bei der Instrumentalmusik. Während der Handschriften-Ära hatten nur verschwindend wenige Beispiele den Weg in die Schriftlichkeit gefunden; der Druck produziert nun Spielstücke für einen wachsenden Markt hausmusizierender Amateure. Ebenso wie die Lieder- und Madrigaldrucke dienen diese Instrumentalkompositionen der Gestaltung bürgerlich-aristokratischer Geselligkeit, wobei die Notenkenntnis auch eine nicht zu unterschätzende Prestigefunktion besitzt; das zeigen uns die Bilddarstellungen mit ihren von nun an unverzichtbaren Notenblättern.

Daß sich die Druckerzeugnisse — von Repräsentationsdrucken und Kirchenmusik abgesehen, die nichtkommerziellen Gesetzen gehorchen — an einen Amateurmarkt wenden, ist wichtig festzuhalten: denn die Vorführ- und Virtuosenmusik ist weiterhin nichtschriftlich. Die Wirkung des Virtuosen bestand und besteht ja zum großen Teil darin, die Zuhörer mit "unerhörten" Kunststücken zu überraschen und zu beeindrucken. Kein Wunder, daß uns aus der Zeit der großen Lautenisten des 16. Jahrhunderts die Gewohnheit berichtet wird, bei besonders effektreichen Passagen dem Auditorium die Position der Hände zu verbergen und damit den Einblick in die Trickkiste zu verwehren.[22] Derlei Raffinement per Druck der Öffentlichkeit preiszugeben, wäre widersinnig gewesen; im übrigen hatte Musik oberhalb eines gewissen Virtuositätslevels auf dem Amateurmarkt ohnehin nichts zu suchen. Virtuosenmusik zu drucken, wurde erst lohnend, als im 19. Jahrhundert die Rechtslage dahin geregelt war, daß dem Verleger für Aufführungen Tantiemen zustanden. Erst allmählich schiebt sich also auf der Virtuosenszene das Notenblatt "objektivierend", von Aufführungsort und -zeit abstrahierend zwischen Musiker und Publikum.

7. Improvisation

In diesem Zusammenhang erscheinen einige Bemerkungen über den Stellenwert des Improvisatorischen in der Schriftmusik angebracht.

Die besonders im ersten Jahrhundert des Notendrucks in reicher Anzahl erscheinenden Verzierungslehren[23] zeigen, wie wenig das im Schriftbild Fixierte mit der realen Klanggestalt identifiziert werden darf. Vielmehr ist das Notierte oft und in verschieden großem Maß nur Vorgabe des Komponisten, die der Ausgestaltung durch den Musiker bedarf; dessen künstlerisches Format beweist sich darin, mit wieviel Stilempfinden, mit welcher persönlichen Gestaltungskraft er die notierte Grundstruktur zu umspielen, zu schmücken und aufzulösen, d. h. zu verlebendigen versteht.

Dies gilt nicht nur für die Melodie, sondern auch für die Realisierung der harmonischen Ebene. Der ganze Mittelbau zwischen Baß und Melodie wird im Generalbaßzeitalter nur durch Ziffern markiert und dem Continuo-Spieler zur Ausgestaltung überlassen.

Improvisation ist dem Musiker selbstverständlich, der in einer Musikwelt mit überindividueller, allgemein verbindlicher Tonsprache schafft. Die großen Musiker früherer Jahrhunderte waren auch Meister der "freien" Improvisation. Es sei an die Konflikte des 21jährigen Bach mit seiner Arnstädter Gemeinde erinnert, die sich durch sein allzu kühnes Orgelspiel "confundiret" fühlte.

Und wenn der greise Orgelmeister Reinken, nachdem er (1720) Bach improvisieren gehört hat, zu ihm sagt: "Ich dachte, diese Kunst wäre ausgestorben; ich sehe aber, daß sie in Ihnen noch lebet", so meint er damit die — aus dem Mittelalter herausragende — Stiltradition der norddeutschen Orgelschule, nicht die Improvisationskunst an sich. Denn diese stirbt so bald nicht; gerade ihr verdankt beispielsweise der junge Beethoven seinen frühen Ruhm.

Wir haben uns also ein Kontinuum zu vergegenwärtigen zwischen "freier" Improvisation und (obligater) improvisierender Ausgestaltung von Kompositionen. Dazwischenliegende Strukturierungen bilden etwa vorgegebene Themen, wobei die Freiheit der "Durchführung" durch Stilgrenzen sowie kanon- oder fugenartige Techniken stark gebunden werden kann.

Vor der Schwelle zur Komposition liegen weiterhin solche — meistens dem Baß zugewiesenen — Melodiegerüste, wie sie anscheinend schon den mittelalterlichen Spielleuten als Improvisationsbasis gedient haben, später hier und da in den "Basses danses" greifbar werden, in England mit "new descants upon old grounds"[24] auftauchen und schließlich zu Trägern von Virtuosenglanzstücken werden, etwa die allbekannte "Folia" bei Corelli. Auch Bachs berühmte d-moll-Chaconne für Violine ist nach diesem Prinzip gearbeitet. Solche Beispiele zeugen von der grünen Grenze zwischen Improvisation und Variation und erhellen die Zentralstellung der letzteren in der nichtschriftlichen Musizierpraxis.

Nur einen Schritt weiter finden wir Gebilde, die wir schon als "Komposition" bezeichnen, obwohl sie oft nur aus einer sparsamen Akkordfolge bestehen: manche langsamen Sätze in barocken Sonaten und Konzerten, die vom Komponisten als offenes Forum gestaltet sind, auf dem der Instrumentalist seiner Er- und Empfindungsgabe freien Lauf lassen kann; Refugien des organisch Rankenden zwischen bzw. vor den von rationaler Satztechnik regierten schnellen Partien. Von Corelli etwa sind derartige Sätze sowohl "offen" wie auch mit notierten Auszierungen erhalten.[25] Oft fällt so ein klärendes Licht auf das Verhältnis von barocker Komposition und Improvisation, wenn der überlieferte Notentext als "fixierte Optimalimprovisation" verstanden wird.

Die Funktion des Instrumentalisten und Sängers als "Mitkomponist" (bzw. "Innenarchitekt") schwindet nach 1750 rapide. Das "autonome Werk" erlaubt schließlich keinen Triller mehr, der nicht auf dem Papier steht. Mit den Formeln, Floskeln, Wendungen und Verzierungen stirbt auch die allgemeinverbindliche Tonsprache; die alleskontrollierenden Komponisten streben zum immer radikaleren Individualstil.[26] Der "Interpretations"bereich des Ausführenden verengt sich und läßt diesen etwa für einen Außereuropäer wie einen "Mann ohne Eigenschaften" erscheinen. Letzte Bastion der Virtuosenfreiheit ist die große Kadenz im romantischen Instrumentalkonzert. Sie gerät in die Dekadenz, als sich der fixierende Zugriff der Komponisten auch ihrer bemächtigt.

In fernwirkender Konsequenz dieser Entwicklung bringt unser Musikunterricht heute noch jene Opfer hervor, die ohne Notenblatt nichts spielen und nichts singen können. Man male sich Menschen aus, die kein Wort über die Lippen bringen, das nicht "im Buche" steht!

8. *Tondauern und Tonhöhen im Notationssystem*

Haben wir bei unseren bisherigen Betrachtungen das Improvisatorische so behandelt, als ob es potentiell exakt notierbar wäre, so müssen wir jetzt noch einen Schritt weiter gehen und unsere Aufmerksamkeit auf die Tonwelten richten, die "zwischen" den Linien des schriftlichen Rastersystems liegen.

Das Unbehagen an der groben Stufung, mit der das System im Bereich der virtuell unendlich variablen Tonhöhen und Tondauern operiert, die Empfindung, das "Unmeßbare" gehe dabei verloren, scheint alt zu sein und dürfte zum Teil die zögernde Rezeption der Notenschrift, insbesondere der mensurierten, außerhalb der romanischen Schriftzentren erklären. Dieses oft einer Verweigerung gleichkommende Phänomen mußte einer Geschichtsbetrachtung rätselhaft bleiben, die die Notationsentwicklung ausschließlich unter Fortschrittsaspekten verstand.

Besonders im rhythmischen Bereich sind die Mängel unserer Notenschrift immer fühlbar gewesen. Rhythmusinstrumente, in allen Jahrhunderten vielfältig bezeugt, sind als letzte von der Schriftlichkeit erfaßt worden und haben in diesem Rahmen eine gewisse schwerfällige Abstraktheit nie verloren.

Melodierhythmisch zeigt sich ein früher Durchbrechungsversuch der stereotypen Dreier-Potenzierungen der Ars Antiqua in der Erfindung des Petrus de Cruce (Ende des 13. Jh.), zwischen zwei "Taktpunkten" eine — bis zu neun — beliebige Anzahl von Tönen rhythmisch frei zu organisieren.

Wichtiger indes scheint die Erinnerung daran, daß innerhalb einer allgemeinen selbstverständlichen Tonsprache die notierten Tondauern als Annäherungswerte verstanden sein können, die im Rahmen des Usus organisch zu dechiffrieren sind. Als "jeu inégal" wird solche Praxis thematisiert in den Lehrbüchern der französischen Clavécinisten (Couperin, Rameau) und ihrer Schule. Beispielsweise sollen bei der Ausführung bestimmter Notenketten die Töne — hier in Quantz' Worten — "ungeachtet sie dem Gesichte nach einerley Geltung haben, dennoch ein wenig ungleich gespielet werden, so daß man ... die erste, dritte, fünfte, und siebente, etwas länger anhält, als die durchgehenden, ... doch muß dieses Anhalten nicht soviel ausmachen, als wenn Puncte dabey stünden."[27] Jedem geläufig ist solche "usuelle Ausführung" im übrigen beim Wiener Walzer; die charakteristische Vorziehung des zweiten Viertels ist nicht notierbar, alle drei stehen mathematisch gleich auf dem Papier.

Ähnlich schließt — vertikal — die Zwölfteilung der Oktave ein Universum an Zwischentönen aus. Stufenlos gleitende Intonation gilt uns gemeinhin als "orientalisches" Charakteristikum. In der Tat stellt etwa die südindische Spieltradition der Vina — die sich vor der Überlagerung durch die spätere, rationaler und stufiger geprägte nordindische Sitar-Schule bewahren konnte — ein besonders einprägsames Beispiel dar für eine Musik, die gerade von und in diesen Schwebungen, Beugungen und Verschleifungen lebt. Diese werden auch nicht als "Verzierungen" einer Tonschrittfolge verstanden und gelehrt, sondern von Anfang an in ihrer realen Klanggestalt vom Meister an den Schüler weitergegeben. Unvergeßlich ist mir das Erlebnis, wie ein Vina-Spieler anläßlich einer Demonstration vor Europäern sich mehrere Minuten lang mühte, aus einem kleinen Melodieabschnitt die Gerüsttöne zu abstrahieren — das Ergebnis war schließlich eine entzauberte siebentönige Folge, die kaum noch Ähnlichkeit mit der Originalgestalt zu haben schien.

In welchem Umfang solche Praktiken in der europäischen Musikgeschichte wirksam waren, ist schwer zu bestimmen. Im Traditionserbe der Zigeunergeiger findet sich dergleichen; es sei auch darauf verwiesen, daß Blasinstrumente früherer Epochen von der Bauweise her "tonbeugungs-freudiger" sind — auf einem Renaissance-Pommer ist die Erzeugung gerader Töne ungefähr so schwierig, wie auf seiner Nachfahrin, der modernen Oboe, das Hervorbringen gleitender. Der "saubere Ansatz" ist auch ein Gestaltungs- und Individualisierungsverzicht.

Als Nachklang und Ersatz der Tonhöhen-Subtilitäten läßt sich die Vibrato-Technik verstehen.

9. Herrschaft und Bedrohung des Systems

Bis zur Schwelle unseres Jahrhunderts hat die Macht des Koordinatenkreuzes derart zugenommen, daß nun alle ehedem mit ihm symbiotischen nichtschriftlichen Elemente abgestorben sind. (Die hier verlorengegangene Organik scheint wie in den Schriftbereich hineinverwandelt: Die großen Formen und die an ihnen entstehenden Werke sind so vielfältig plastizierbar und zu so titanischen Trägern hochemotionaler Psychodramen geworden, daß die mathematischen Bedingungen ihres Mediums jede Bedeutung zu verlieren scheinen. In der Tat bemerken auf das Rastersystem geeichte Ohren bis zum heutigen Tag nichts von dessen Limitiertheit — charakteristische Blendungsleistung eines selbstverständlich gewordenen Mediums.)

Auf solchem Höhepunkt seiner Herrschaft angekommen, sieht sich das Schriftsystem nun in doppelter Weise, von innen und von außen, bedroht.

Die innere Bedrohung entsteht dadurch, daß die Grenzen der Informationskapazität erreicht werden. War die Erfindung des Johannes de Muris vor der Einführung des Drucks im wesentlichen nur durch einige Vereinfachungen bzw. Normalisierungen modifiziert worden, so konnte das System die ganze Druck-Ära über praktisch unverändert beibehalten werden. Seine Konzeption erwies sich als tragfähig genug für die wachsende Komplizierung der Tonsprache sowie die verschiedenen Integrationen aus dem Oralbereich.

Das rapide Verschwinden der musikantischen Selbstverständlichkeiten im 19. Jahrhundert, das mit der Entwicklung des autonomen Werks einhergeht, erfordert nun eine Unzahl symbolischer und verbaler Ausführungsanweisungen hinsichtlich Dynamik, Tempo, Klangfarbe, Charakter usw. Im Zug der neuen Freiheiten wird das System bis an die Grenzen des Tonraums erforscht (Hilfslinien) und mit harmonisch (Vorzeichen) und rhythmisch (Fähnchen, Punkte, Taktwechsel) Unerhörtem experimentiert. Jenseits eines bestimmten Maßes wirkt jedoch die Abundanz von Informationen desintegrativ, ohne daß sich das Gefühl, mit der Notenschrift "nichts Neues" mehr ausdrücken zu können, verminderte.

Von außen wird die Begrenztheit des Systems grell beleuchtet durch das Heranbranden außereuropäischer Musik, die etwa in den Salons und auf den Weltausstellungen zunehmend ihre Reize offenbart. Deren Umsetzung in die abendländische Tonsprache kann nur mittels weitgehender Abstraktion erfolgen und wirkt dann oft wie ein fernes Echo ihrer Realgestalt; der Vielfalt der außereuropäischen Tonskalen steht das Zwölftonsystem hilflos gegenüber. Die Fremdheit der Welten tritt schmerzend zutage, wozu die normierte Klangfarbenpalette des klassisch-romantischen Orchesters noch ein Übriges tut.

Als schriftkulturelle[28] Reaktion finden wir neben den verschiedenen Historismen und Klassizismen Versuche, das Raster mathematisch zu erweitern oder es ganz zu sprengen. Zwischen "musikalischer Graphik", "Rahmennotation" und neuentwickelten, höherdifferenzierten Musikschriften wie "Klavarscribo" oder

"Equiton" tut sich ein Experimentierfeld auf, das in wenigen Jahrzehnten eine unübersehbare Masse neuer Zeichen hervorbringt.[29]

Besonders die Versuche zur exakten schriftlichen Erfassung minimaler Tonhöhen- und Zeitintervalle führen zu hochtechnisierten Notationssystemen (Millimeter-Raster u.ä.), die als beredte Dokumente einer traditionell schriftbezogenen Musikwelt im historischen Spannungsfeld zwischen Druck- und Computer-Ära gelten können. Als Vorboten des elektronischen Zeitalters weisen sie über das Ars-Nova-System hinaus und rufen uns gleichzeitig ins Gedächtnis, daß dieses auch eine "mathematische" Vorgeschichte hat: die aus der Antike überkommene Stellung der Musik im Quadrivium der Künste, ihre Verschwisterung mit Arithmetik, Geometrie und Astronomie.

10. Schicksal der nichtschriftlichen Musik in Europa

Das Stichwort der außereuropäischen Kulturen mahnt uns, nun die Geschicke unserer heimischen nichtschriftlichen Musik weiterzuverfolgen.

Die Stilrevolution um 1750 ist vom "Volkston" zentral geprägt. Besonders die Wiener Klassik bezieht ihre tragenden Elemente dorther; neuerlich nimmt das Lied eine Schlüsselstellung im Schaffen der Komponisten ein, wobei dem Volkslied urbildhaft stilformende Funktion zukommt.

In der Folge entstehen die großen Volksliedsammlungen, nicht zuletzt im Bewußtsein der Bedrohtheit dieses Kulturguts durch die sozialen Umwälzungen. Das Eindringen der Schriftkultur in den vordem schriftlosen "Untergrund" hat jedoch — im Verein mit den gleichzeitigen Volksbildungsbestrebungen und dem Rückgang des Analphabetentums — fatale Folgen für die bislang ungestörten oralen Traditionsstrukturen. Mit der Existenz der Liederbücher kommt es zu jener schriftlich induzierten Volksmusik, als deren Ausläufer wir Männergesangvereine und Mandolinenorchester kennen.

Gleichzeitig beobachten wir die Geburt der "Unterhaltungsmusik". Sie füllt gewissermaßen das Vakuum aus, das die "ernste Musik" hinterläßt, als sie sich vom Volkston löst, um in die Sternenwelten des autonomen Werks vorzustoßen. Gassenhauer, Salonmusik, Operette und Schlager werden nun zu einer zweiten Klasse von Schriftmusik — mit einem erstklassigen Markt. Die Abteilungen "U"- und "E"-Musik spalten bis heute die Funkhäuser.

Um die Jahrhundertwende ist nichtschriftliche Musik in Zentraleuropa praktisch tot. An der Peripherie noch nicht, daher können wir etwa in den slawischen, skandinavischen und iberischen Ländern die Blüte ihrer volkstongespeisten romantischen Nationalstile mit einer gewissen Zeitverschiebung beobachten.

Länger halten sich orale Traditionen auch in Subkulturen und Sprachinseln. In den jüdischen und Zigeuner-Gemeinschaften sind bis zur Vernichtung solche Traditionen noch kulturtragend gewesen; im jiddischen "stetl", später im Ghetto, hat sich — neben anderen mittelalterlichen Relikten, wie dem deutschen Sonderidiom — die identitätsstiftende Funktion des Liedes besonders greifbar erhalten, zusammen mit der zentralen Rolle des Sängerdichters. Des großen, 1942 im Krakauer Ghetto umgekommenen Liederschöpfers und Volkssängers Mordechaj Gebirtig sei hier gedacht.[30]

Bereits vor der Jahrhundertwende wurde damit begonnen, noch in Rückzugsgebieten lebendige mündliche Traditionen auf elektroakustischen Tonträgern festzuhalten.[31] Die auftraggebenden wissenschaftlichen Institute sahen und sehen ihre Aufgabe jedoch nicht darin, diese Aufnahmen durch neo-orale Medien (Rundfunk, Schallplatte) der Öffentlichkeit zu vermitteln; vielmehr sind sie ausschließlich damit beschäftigt, ihre Sammlungen in schriftkulturelle Medien zu überführen (Transkription in europäische Normal-Notenschrift bzw. in speziell entwickelte "deskriptive" Notationen, wissenschaftliche Literatur).[32] Eine große Chance der Anknüpfung wurde damit vertan.

Die volkstumsorientierte Jugendbewegung wiederum war zu technikfeindlich und mit ihren Liederbüchern zu glücklich, als daß sie derlei zu ihrem Anliegen gemacht hätte. Rundfunk und Schallplatte transportierten Schriftmusik der "U"- und "E"-Gattung. Wenig später bescheren uns die Nazis über die magischen Kanäle das oktroyierte Ersatz-Volkslied der Machart "Erika", dessen stilbildende Wirkung noch weit in die Wirtschaftswunder-Ära hineinreicht.

11. Das nichtschriftliche Lied in Amerika und die neo-orale Musik

Die Anknüpfung glückt in Amerika. Dank einer dezentralisierten Struktur der Rundfunksender und Plattenfirmen gelingt es einigen von diesen, mündliche Liedtraditionen unmittelbar, ohne Einschaltung der Schrift, in die neuen Medien zu überführen. Allgemein geringere Verschriftung der Kultur sowie die Existenz ausgedehnter ländlicher Regionen begünstigen das. Der weiße Strang dieser Entwicklung läßt sich vergröbernd als "Country & Western", der schwarze als "Blues" bezeichnen. "Hillbillies" und Blues-Barden werden so in den zwanziger- und dreißiger Jahren zu Ahnherren und -frauen der späteren weltweiten, von Amerika ausgehenden "Liederschwemme".[33]

Trotz mannigfacher Überschneidung und Wechselwirkung mit der parallellaufenden "Schlager"-Produktion (Hollywood; Tin Pan Alley) sollten die charakteristischen Unterschiede deutlich im Auge behalten werden: Der *Schlager* ist ein arbeitsteiliges schriftkulturelles Produkt. An ihm sind beteiligt: Texter, Komponist, Arrangeur, Sänger, Begleitmusiker; die Kommunikation unter diesen erfolgt mit Hilfe von Papier, "Star" ist der Sänger. Dagegen ist der *Sängerdichter* all das in einem; eventuell arbeitet er mit einer Band zusammen.

Varianten dieser Grundtypen sind bei der gegenwärtigen Kulturenüberlappung häufig, und dem Ungeübten fällt die Unterscheidung oft schwer, da er sich in beiden Fällen einem "Sänger" gegenübersieht. Die wenigen Jahrzehnte "elektro-oraler" Liedkultur haben indes schon klar gezeigt, daß der Sängerdichter der eigentliche Motor und Innovator der Entwicklung ist, schon weil er eine ganz anders dimensionierte Individualität einbringt als der Schlagersänger oder die hinter diesem stehenden "Macher".

Die Sternstunde des neu-mündlichen Liedes schlägt mit der elektrifizierten Vereinigung des Country- und des Blues-Strangs im Zeichen der neuen Medien Single-Schallplatte und Fernsehen: Mit dem Rock'n'Roll beginnt Mitte der fünfziger Jahre das, was amerikanisches Selbstverständnis schon jetzt als "Rock Era" bezeichnet.[34]

In den sechziger Jahren entsteht durch Einmünden des Folk-Strangs und die englische Rezeption unter günstigen sozialen und technischen Bedingungen jenes transatlantische Feedback, in dem sich die Wort- und Tonsprache des Rock gewaltig erweitert und ihre unabsehbare stilistische Integrationskapazität offenbart. Die Verzweigungen werden mit Namen wie Folk-, Space-, Raga-, Classic-, Jazz-, Kraut-[35] und Punk-Rock zu erfassen versucht.

Ermöglicht wurde diese Vielfalt besonders durch die europäischen Pioniere; dabei sind die Beatles bahnbrechend gewesen vor allem in der Eleganz der Stilverschmelzung sowie der Einbeziehung von bislang dem Schriftbereich angehörigen "Kunst"-Elementen, was sie zu Brückenbauern für die von Verständnisschwierigkeiten behinderte intellektuelle Welt prädestinierte. Komplementär dazu haben die Rolling Stones insbesondere bei der Entdeckung bzw. Wiederauffindung archaischer Musiziertechniken wahrhaft fundamental gewirkt. Daß die Hauptvorbilder beider Gruppen nicht Schlagerstars waren, sondern Sängerdichter der ersten Rock-Generation (Chuck Berry, Bo Diddley u. a.) sowie deren Vorläufer bis hin zu den Blues-Ahnen der dreißiger Jahre, wirft ein Licht auf die Grundlinien der Stilentwicklung innerhalb des verwickelten "Unterhaltungsmusik"-Dschungels.

Es könnten Zweifel aufkommen, ob sich der Schwellenübergang des Liedes aus dem Oralbereich in die neo-orale Medienlandschaft tatsächlich so bruchlos vollzieht wie hier dargestellt, ob nicht vielmehr substantielle Wandlungen dabei vonstatten gehen. Bei kritischer Beobachtung erweist sich jedoch als einzig wesentliche Änderung die Heraufhebung des Sängerdichters aus dem anonymen Untergrund in die Medienöffentlichkeit und seine potentielle Reinstitution als gesamtkulturelle Leitfigur, ähnlich seinem Status vor der Schrift-Ära. Potentiell deshalb, weil massive Hinderungen dem entgegenstehen wie die totale Unterworfenheit des Schallplattenmarktes unter kapitalistische Wirtschaftsstrukturen, schriftstrukturelle Bildungssituation, Kunstbegriff des kulturellen Establishments usw.

Für die Bruchlosigkeit spricht auch, daß die meisten der späteren Medienstars fernab von Tonstudios und Kameras begonnen haben, oft ohne elektrische Ausrüstung, gestützt nur von einer kleinen Anhängerschar. Später bleibt trotz Schallplatte und Video der Live-Auftritt künstlerischer Lebensnerv, eine — oft riesig amplifizierte — oralkulturelle Situation, bei der bestimmte Muster, trotz meist konventionell-abendländischer Konzertbetriebs-Organisation, immer wieder durchbrechen: Volksfestcharakter, Interaktion zwischen Musiker und Publikum sowie eine spürbare Tendenz zum neo-oralen, oder besser: "neu-sinnlichen Gesamtkunstwerk". Daß wir uns dabei in der Nähe des altgriechischen Verständnisses von "Mousiké" als Einheit von Wort, Musik und Tanz bewegen, sei am Rand vermerkt.[36]

Noch eins deutet darauf hin, wie Gesetzmäßigkeiten oraler Situationen in "neo-oralen" fortwirken. Das auf Schallplatte verbreitete Lied erweist sich nämlich — im Gegensatz zum gedruckten — in seiner weiteren Existenz als fixierungsfeindlich. Während der Druck nur das — zu "interpretierende" — "Werk" transportieren kann, in das allein sich künstlerische "Individualität" konzentrieren muß, transportieren die elektronischen Medien immer eine (oralkulturelle) Dreieinigkeit von Künstler, "Werk" und Aufführungssituation. Auf alle drei verteilt sich dabei Individualität — unwiederholbar, zur Verwandlung gezwungen.[37]

Solche Verwandlung geschieht nicht nur durch aneignendes Umsingen anderer Musiker[38]; oft nimmt sich der Autor selbst die größten Freiheiten. Bob Dylan, der einmal gesagt hat, er könne kein Lied zweimal auf die gleiche Weise singen, ändert bei jeder neuen Tournee die Klanggestalt seiner Lieder teilweise bis an die Grenze der Unkenntlichkeit. Das betrifft (in ungefährer Reihenfolge der Variabilität) Instrumentation, Phrasierung, Rhythmik, teils erheblich sogar Melodieführung und Harmonik; am konstantesten bleibt in der Regel der Wortlaut. Ähnlich verfährt Lou Reed, der meistverkannte amerikanische Minnesänger, mit seinen Liedern.[39]

Dementsprechend hilflos sind die Musikverlage in ihrer Bemühung, die auf der „Originalplatte" befindliche Klanggestalt in Noten zu bringen. Reagierten sie zu Beginn der Rock-Ära auf diese Umwertung der Werte (zuerst die "Aufführung", dann die Noten) noch in heilloser Verwirrung (viele der frühen "Klavierauszüge" sind schlicht abwegig), so meistern sie inzwischen die minutiöse Fixierung. Indessen ist damit außer einer beeindruckenden Massierung von schwarzen Noten und Balken kaum etwas gewonnen; nicht ohne Augenzwinkern bemerkt der Historiker, daß die angemessenste Form der Aufzeichnung wieder die in Neumen wäre, mit zugesetzten Akkordsymbolen.[40]

Fixierungsüberwindendes Potential offenbart schließlich auch die Elektroguitarre, das Charakterinstrument des Rock. Neben ihrer Tripelfunktion als Melodie-, Harmonie- und Rhythmusinstrument und ihrer chamäloiden Klangfarbenpalette verdankt sie ihre zentrale Stellung großenteils der Tatsache, daß sie einerseits (mittels Bünden) zwölftonig chromatisch eingerichtet ist, andererseits aber die Zwischenbereiche ausnutzt, die durch Ziehen, Beugen usw. relativ einfach und vielfältig zugänglich sind. Man kann sie verstehen als Pionierin der musikalischen Zukunftsaufgabe, das in der Schrift-Ära Erreichte einzugliedern in eine universellere Tonsprache, das Rasterskelett zu bergen in tönendem Fleisch und Blut. Welche Wirkungen sie in der nichtelektrischen Musik wachrufen wird, bleibt abzuwarten.

12. Ausblick

Kulturelle Erneuerungsbewegungen sorgen sich nicht um ihre wissenschaftliche Erfassung; umgekehrt tut Wissenschaft gut daran, zeitgenössische Umwälzungen aufs genaueste zu beobachten und ihr Begriffsinstrumentarium daran zu messen. Wer mitzuvollziehen in der Lage ist, was in unseren Tagen, nach massiver Überwindung der Sprachbarrieren als "Euro-Rock" zu entstehen sich anschickt, zunächst als neo-orales Implant auf "entmündlichtem" Kahlschlagsgebiet, der wird fundamentale Einsichten gewinnen können sowohl in das Werden musikhistorischer Epochen wie auch in Gesetzmäßigkeiten und Beziehungswelten oraler Kulturzusammenhänge. Was er hier in statu nascendi an der eigenen Hochkultur erlebt, kann ihm Verständnisschwierigkeiten überbrücken helfen, die ihm bei außereuropäischer Musik eventuell durch Kulturferne, -überalterung oder -abgesunkenheit im Weg stehen.

Umgekehrt wird an ursprünglich-oralen Kulturen abzulesen sein, wie sich in der neo-oralen "neo" bestimmt: Auswirkungen der schriftkulturellen Vorbereitungen und Vorbelastungen, Spezifika der elektronischen Amplifikation und Fixierung usw. Besonders aufschlußreich dürften die zu erwartenden Wechselbeziehungen mit den Revival-Strömungen der europäischen (insbesondere keltischen) Resttraditionen werden, weiterhin das Zusammentreffen mit der Alte-Musik-Bewegung und nicht zuletzt die kontrapunktischen Berührungen mit dem abendländischen Schriftmusik-Erbe und seinen Fortsetzungen.

Um so dringender scheint es geboten, den derzeitigen Zustand der rezenten Traditionen wissenschaftlich zu dokumentieren und aufzuarbeiten sowie die Schallarchive zu öffnen und auszuwerten. Zusammen mit einer gezielteren Befragung der Geschichtsquellen wird sich daraus weiterer Aufschluß über Konstanten und Eigenheiten nichtschriftlicher Musik ergeben; möglicherweise lassen sich die Maßstäbe vervollkommnen, die uns eine globale Landkarte der alten Musik zu zeichnen erlauben, ehe eine neue Weltmusik die Spuren verwischt.

Zu guter Letzt sei noch an eines erinnert. Besonders beim Lesen von Rock-Literatur beschleicht den Kundigen oft jenes Unbehagen, das aus einer — freundlich formuliert — gewissen Inadäquanz des schriftkulturellen Schreibens seinem nichtschriftlichen "Objekt" gegenüber herrührt. Seien wir gewärtig, daß sich auch Wissenschaft in neo-oralem Umfeld metamorphosiert und ihre Wohnung auf neue Weise im Reich des Mythos sucht.

Anmerkungen:

[1] Etymologiarum sive originum libri, III, 15; ed. W. M. Lindsay I, bei Gerbert Script.I, S.20a.
[2] Vgl. L. Treitler, Homer and Gregory: "The Transmission of Epic Poetry and Plainchant", in: *The Musical Quarterly* LX (1974), 333 ff.; H. Hucke, "Toward a New Historical View of Gregorian Chant", in: *Journal of the American Musicological Society* 33 (1980), S. 437 ff.
[3] Die "Verbindlichkeit" des Aufgezeichneten kann dabei gering sein. Bisweilen (so z. B. bei den frühen gregorianischen Kantorengesängen) handelt es sich eher um Gestaltungsbeispiele: nicht Stücke werden notiert, sondern "Aufführungen".
[4] s. Anm. 3.
[5] Dronke 1977, S. 5 f., Salmen 1960, S. 32 ff. Das gilt natürlich so nur für die großen Meister, nicht für die Menge der fahrenden "Entertainer".
[6] Mit weiteren Beispielen zitiert bei Gülke 1975, S. 122.
[7] "Minnesang" hier als europäischer Oberbegriff verstanden.
[8] Der Streichbogen scheint im 10. Jahrhundert aufgekommen zu sein und sich nach der Jahrtausendwende in Mitteleuropa verbreitet zu haben (W. Bachmann, Die Anfänge des Streichinstrumentenspiels, Leipzig 1962).
[9] S. Žák, Musik als "Ehr und Zier", Neuss 1979.
[10] Vgl. Dronke 1977, passim, insbesondere S. 8 ff., 203 ff.
[11] Vgl. Salmen 1960, S. 150 f.
[12] Salmen 1960, S. 180 ff.
[13] Dieser Fall (Herzog Farnese von Parma 1561): N. Pelicelli, Musicisti in Parma nei Seculi XV—XVI, in: Note d'Archivio IX (1932), S. 41—49.

[14] Näheres s. u. Abschnitte 7 und 8.

[15] Die Notwendigkeit dazu war entstanden, nachdem die zur Dechriffrierung der linienlosen Neumen notwendige Formelkenntnis immer mehr in Verfall gekommen war und sich dadurch erhebliche Unsicherheit ausgebreitet hatte. — "Dieser Guido von Arezzo gehört für die Erfindung der Notenschrift heut noch in die Hölle!" (Toscanini, zit. bei H. Taubman, Arturo Toscanini, Das Leben des Maestro, Bern 1951, S. 284). Guido hat das Liniensystem allerdings nicht erfunden, sondern vorhandene Ansätze praktikabel gemacht.

[16] Bezeichnenderweise wird die "irdische", dem äußeren Ohr vernehmbare Mehrstimmigkeit in dem historischen Moment rational und systematisch entwickelt, in dem die "sphärische" für das innere Ohr verstummt: Erstmals tut um 1300 ein Pariser Theoretiker die Realität der Sphärenharmonie als Mummenschanz ab, nachdem sie 1½ Jahrtausende lang eine unbezweifelte Stellung in den Traktaten innegehabt hatte (Johannes de Grocheo, ed. E. Rohloff 1943, S. 46, L. 26 ff.).

[17] Vgl. das Nachwort dieses Bandes, S. 273.

[18] Corbin 1977, S. 3.195—3.211, insb. 3.198 und 3.202 ff.

[19] Ähnlich läßt im deutschen Sprachraum ein Menschenalter später der "letzte Minnesänger" Oswalt von Wolkenstein seine Lieder in persönlicher Regie niederschreiben.

[20] Die unmittelbar vorausgegangenen französischen und englischen Lautenlieder besitzen in der Regel noch einen madrigalähnlich-polyphonen Zwittercharakter, d. h. sie haben meist eine mehrstimmige Aufführungsalternative, als deren Intavolierung die Lautenstimme verstanden werden kann.

[21] "Others taste nothing in print": Robert Jones, The Muses garden for Delights, London 1610, Vorwort.

[22] D. Poulton, John Dowland, London 1972, S. 187. — Von Paganini ist bekannt, daß er die Orchesterstimmen seiner Konzerte erst kurz vor der Aufführung verteilen und sofort danach wieder einsammeln ließ: aus Furcht vor Kopisten. Seine Soloparts bedurften ohnehin nicht der Aufzeichnung. Erst im Alter übergab er seine Werke dem Druck.

[23] R. Erig, Italienische Diminutionen, Zürich 1979. Diese Verzierungslehren sind auch deshalb von hohem Wert für die Forschung, weil wir sie als früheste Zeugen von oft jahrhundertealten Praktiken interpretieren können; sie erlauben daher Rückschlüsse auf die Spielmannsmusik des Mittelalters.

[24] W. Corkine, The Second Booke of Ayres, London 1612, Titel.

[25] Ein bekanntes "ausgeschriebenes" Beispiel ist auch das Einleitungs-Adagio aus Bachs g-moll-Sonate für Solovioline; ein unausgeschriebenes die beiden Überleitungsakkorde in der Mitte des 3. Brandenburgischen Konzerts.

[26] Schumann, Musikalische Haus- und Lebensregeln: "Die Beherrschung der Form, die Kraft klarer Gestaltung gewinnst du nur durch das feste Zeichen der Schrift. Schreibe also mehr als du phantasierst."

[27] Versuch einer Anweisung die Flöte traversiere zu spielen, Berlin 1752; Neudruck (Hg. A. Schering) Leipzig ²1926, S. 50. — Zur zeitlichen und räumlichen Verbreitung solcher Praktiken s. Fuller, Notes inégales.

[28] Als Reaktion anderer Art können gewisse Strömungen des Jazz verstanden werden.

[29] Systematische Übersicht bei Karkoschka 1966.

[30] Dis Ausrottung des nahezu gesamten russischen Bardenstandes durch Stalin beschreibt Schostakowitsch in: Die Memoiren des Dmitrij Schostakowitsch, hg. von S. Volkow, Frankfurt/M.-Berlin-Wien 1981, S. 272 f.

[31] Vgl. hierzu Béla Bartóks weitblickenden Aufsatz "Musikfolklore" vom Jahr 1919, in: B. Bartók, Musiksprachen, hg. von B. Szabolcsi, Leipzig 1972.

[32] Ausnahme: die UNESCO-Schallplattenreihe des European Folk Music Council. — Das 1914 gegründete Deutsche Volkslied-Archiv in Freiburg sammelte jahrzehntelang überhaupt keine Tonträger, sondern nur Transkriptionen in "Normal"schrift.

[33] Kontrastierend sei nochmals auf die Ausrottung der Barden in Rußland hingewiesen (s. Anm. 30). Totalitäre Systeme dulden keine "dritte Macht im Land". Auch unter den Nazis gab es keine Sängerdichter.

[34] Ich gehe auf Jazz hier nicht ein, obwohl manches für den Rock Typische in der Jazzgeschichte vorweggenommen erscheint, sowie jener ohne diesen nicht denkbar ist. Ausschlag-

gebend war mir dabei das im Jazz herrschende Übergewicht des Instrumentalen, das die zentrale Rolle des Wortes verschleiert.

[35] Angloamerikanische Bezeichnung für deutsche Rockmusik Anfang der siebziger Jahre.

[36] Zur Mousiké vgl. Wiora 1980, S. 134 f.

[37] Das bekannte "Nachspielen" oder Kopieren ist zu Lernzwecken nützlich, erlangt jedoch nie künstlerischen Rang und bleibt auch ohne jede medienmäßige Bedeutung.

[38] Extrembeispiel: die 26-Minuten-Version des Bo-Diddley-Klassikers "Who do you love" (1957) durch die Quicksilver Messenger Service (1969).

[39] Vgl. die "tropierte" Version von "Sweet Jane" auf "Take no prisoners" (1978) mit den vorangehenden seit "Loaded" (1970).

[40] Auch die Funktion der Schallplatte als "Beispiel, wie man es machen kann" ähnelt in verblüffender Weise den ersten Aufzeichnungen der gregorianischen Kantorengesänge (vgl. Anm. 3).

Grundlegende, mehrfach zitierte und weiterführende Literatur:

Bent, I. D., Hiley, D., Bent, M., Chew, G. (1980) "Notation", in: *The New Grove Dictionary of Music and Musicians*, London, Bd. 13.
Besseler, H. u. Gülke, P. (1973) *Schriftbild der mehrstimmigen Musik*, Musikgeschichte in Bildern, Bd. III. 5, Leipzig.
Corbin, S. (1977) *Die Neumen*, Köln.
Donington, R. (1980) "Ornaments", in: *The New Grove Dictionary*, Bd. 13 (mit Zeichentabelle).
Dronke, P. (1977) *Die Lyrik des Mittelalters*, München.
Ferand, E. (1938) *Die Improvisation in der Musik*, Zürich.
Fuller, D. (1980) "Notes inégales", in: *The New Grove Dictionary*, Bd. 13.
Gülke, P. (1975) *Mönche, Bürger, Minnesänger*, Wien-Köln-Graz.
Horsley, I., Collins, M., Badura-Skoda, E., Libby, D., Jairazbhoy, N. A. (1980) "Improvisation", in: *The New Grove Dictionary*, Bd. 9.
Karkoschka, E. (1966) *Das Schriftbild der neuen Musik*, Celle.
McLuhan, M. (1970) *Die magischen Kanäle*, Düsseldorf, 2. Aufl.
Mellers, W. (1965—67) "The New Troubadours: Reflections on Pop and Modern Folk Music", in: *Musicology* II, 3 ff.
Merriam, A. P. (1964) *The Anthropology of Music*, Northwestern University Press.
Salmen, W. (1960) *Der fahrende Musiker im europäischen Mittelalter*, Kassel.
Stäblein, B. (1975) *Schriftbild der einstimmigen Musik*, Musikgeschichte in Bildern, Bd. III. 4, Leipzig.
Van der Werf, H. (1972) *The Chansons of the Troubadours and Trouvères*, Utrecht.
Wiora, W. (1957) *Europäische Volksmusik und abendländische Tonkunst*, Kassel.
— (1975) *Ergebnisse und Aufgaben vergleichender Musikforschung*, Darmstadt.
— (1980) *Ideen zur Geschichte der Musik*, Darmstadt.
Außereuropäische Musik in Einzeldarstellungen. Edition MGG, München, Kassel, Basel, London 1980.
Internationale Gesellschaft für Musikwissenschaft — *Report of the Twelfth Congress Berkeley 1977*, Kassel, Basel, London 1981, S. 139—211: "Transmission and Form in Oral Traditions".
The World of Music, Vol. XXII Nr. 3 (1980). Sonderheft: *Towards a World History of Music*.

V. Nachwort

Aleida und Jan Assmann

Schrift und Gedächtnis

Das Konnektiv zwischen den beiden Polen unseres Themas hat einen doppelten Sinn: der Titel kann als Gleichung wie als Ungleichung gelesen werden. Die vorliegenden Untersuchungen stellen sich allerdings nicht mit gleichem Nachdruck beiden Alternativen. Ihr Tenor ist im wesentlichen das Oppositionsverhältnis zwischen beiden Formen des Bewahrens, sei es die Differenz von Memorieren und Buchstabieren als je spezifischen, voneinander unabhängigen Fixierungstechniken, sei es die tiefgreifende Verwandlung des Bewahrten im Umsturz von der Rede in Schrift.

Angesichts dieser einseitigen thematischen Option ist es notwendig, allem voran erst einmal den Titel als Gleichung ins Auge zu fassen. Schrift *und* Gedächtnis rücken als Funktionsäquivalent zusammen, wenn sie im Horizont — nicht traditionsstiftender und -erhaltender *Kultur* sondern — des sich in der Gegenwart erfüllenden *Lebens* gesehen werden. Beide stehen der unmittelbaren Präsenz des Augenblicks nach, beide stauen den Fluß lebendigen Sprechens auf, um ihn als sistierte Rede wieder-holbar zu machen. An der Gegenwart des Lebens haben beide keinen Teil, weder am Ephemeren als der Normalform bewußtlos-alltäglicher Routine, noch am Spontanen und Intimen als Höhepunkte erlebter Intensität. Das Unmittelbare ist das über den Augenblick hinaus Unmitteilbare; Schiller faßte diese Einsicht in sein berühmtes Distichon:

> Warum kann der lebendige Geist dem Geist nicht erscheinen?
> *Spricht* die Seele, so spricht, ach! schon die *Seele* nicht mehr.

und Heine hatte für solche Formen direkter gegenseitiger Vergewisserung den Terminus 'Augensprache' parat. Diesen Grenzbezirken der Kommunikation stehen Schrift und Gedächtnis in gleicher Mittelbarkeit gegenüber, weil das Leben als das schlechthin Flüssige eben in keine Formen der Verfestigung zu bannen ist.

Es gehört nun zu den nachhaltigsten und nachhallendsten Axiomen europäischer Kultur, daß diese Schattenlinie zwischen dem Flüssigen und dem Festen (zwischen Lebensvollzug und Lebenssurrogat oder Geist und Konserve), zwischen Rede und Schrift verläuft. Aristoteles hat hierfür die Formel gefunden, daß die Rede unmittelbar die Gedanken, die Schrift hingegen nur die Rede abzubilden vermöge (*Lehre vom Satz*, Philosoph. Bibliothek, Hamburg 1974). Die Rede wäre also ein offenbarendes, die Schrift dagegen, als mimesis der mimesis, ein verhüllendes und zu entschlüsselndes Zeichen. Während Platons entsprechendes Verdikt über die Kunst von jeher als kontrovers und fragwürdig galt, ist die Schrift das Stigma des Sekundären, Abgeleiteten, Nachträglichen noch nicht wirklich losgeworden (wenn auch Derridas 'Grammatologie' viel zur Konfusion eingefahrener Positionen geleistet hat). Die Hermeneutik hatte diese Linie noch wirkungsvoll verlängert. Ihr gilt Verstehen weiterhin als verflüssigende Rückverwandlung von Schrift in Rede, als Revitalisierung toter Buchstaben in lebendigen Geist. In Anerkennung der Unfaßbarkeit des flüssigen Kontinuums des Lebens (oder der Seele, oder des Geistes) wird man sich allerdings damit bescheiden, in den Manifestationen der Schrift wie des Gedächtnisses die immer schon gestockte Rede aufzufinden.

1. *Strukturelle Anamnese: Kultur als Besinnungsraum*

'Gestockte Rede' — als allgemeinste Bestimmung des Gegenstandes einer Archäologie der literarischen Kommunikation — ist sicherlich aufs Ganze der Sprachwirklichkeit gesehen eine Ausnahme. In aller Regel mündet der Strom der Rede ins Meer des Vergessens ein. Im Vollzug der Verständigung verfliegt die Sprache buchstäblich und verweist den mit ihr, ja in ihr Lebenden auf die Flüchtigkeit seiner Existenz. Die wohl schonungsloseste (und in dieser Grundsätzlichkeit vielleicht erst von Becketts *Warten auf Godot* erneut gestellte) Diagnose der menschlichen Natur stellt Pindar in einem berühmten Verspaar der 8. Pythischen Ode:

Tageswesen: was ist man? und was nicht?
Eines Schattens Traum ist der Mensch.

"Tageswesen" (epameros), d. h. dem Tage ausgeliefert, der aus uns macht, was er will; Wesen ohne Identität, die sich mit den Wechselfällen des Alltags wandeln und dem Strom der Zeit substanzlos und besinnungslos preisgegeben sind (Fränkel 1960). Aber offenbar ist die Determinierung durch den "Tag", die absolute Schwerelosigkeit nicht sein einziges Element. Der Mensch kann auf einen Grundbestand, der zum Bestehen bestimmt ist, nicht verzichten, und er muß sich dieses Vorrats im Austausch mit anderen vergewissern können, will er sich gegen den Sog des Vergehens behaupten und auf der Erde heimisch werden. Es ist diese unverzichtbare Ausnahme zeremonieller Kommunikation, die von Gedächtnis und Schrift bewahrt wird. Beides sind Konservierungsmedien, ob sie nun in Stein oder in die weichere Substanz des Herzens gravieren, wo viele Sprachen den Sitz des Gedächtnisses lokalisieren.

In diesem Traditionsgut wird ein Sinnvorrat auf Dauer gestellt, der als "symbolische Sinnwelt" (Berger/Luckmann 1970) die "ephemere" Verfassung des Menschen transzendiert und als Verweisungshorizont sinnhaften Handelns und Erlebens (Luhmann 1971) die — gleichwohl stets problematische — Identität einer Gruppe und ihrer Glieder absteckt. Diese Sinnwelt ist der Versuch, die quasi natürliche[1] Form des In-der-Zeit-Seins, wie sie Pindar in äußerster Prägnanz formuliert, zu durchbrechen, indem sie den "Tag" auf Kategorien einer Bedeutsamkeit hin durchsichtig und erträglich macht, die aus der kollektiven Erfahrung großer Zeiträume gewonnen und als eine zeitenthobene, gottgeschenkte Gegenwelt zum Alltag verstanden werden. Kultur ist die gemeinschaftliche Form des Ausbruchs aus den engen Zeitgrenzen des Alltags in eine andere Zeit festlicher Besinnung. Sie verdankt sich der Fähigkeit zu symbolischer Vergegenwärtigung, zu Abstand und Überblick, kurz: dem Gedächtnis. Die Funktion des Gedächtnisses ist fundamental für die Konstitution und Tradition symbolischer Sinnwelten; man hat sie sich analog zu seiner Funktion für die Konstitution personaler Identität auf individueller Ebene vorzustellen. In diesem Sinne sprechen wir, in Abwandlung eines Terminus von J. A. Barnes, auf den wir in anderem Zusammenhang noch zurückkommen[2], von *struktureller Anamnese*.

Solche Gedanken sind freilich nicht ganz so neu, wie sie vielleicht klingen: sie finden sich bereits in Hesiods Theogonie, deren Proömium den locus classicus der altgriechischen Musenvorstellung bildet. Für Hesiod nämlich sind die neun Musen die Töchter der Mnemosyne, womit in der mythologisch-personifizierenden Ausdrucksform seines Zeitalters nicht mehr und nicht weniger gesagt ist als: *Das Gedächtnis ist Ursprung und Fundament der Kultur*, Die Kultur verdankt sich dem Gedächtnis als der Fähigkeit, durch Erinnern des Bedeutsamen und Vergessen des Kontingenten und Inkonsistenten jenseits des wechselnden Alltags eine Sinnwelt aufzubauen, die dem einzelnen und der Gemeinschaft durch Be-sinnung zugänglich ist. Dies jedenfalls scheint sich als gemeinsame Auffassung aus den verschiedenen altgriechischen Aussagen zum Thema Kultur und Gedächtnis zu ergeben (Koller 1963, 153 f.). Man wird diese altgriechischen Vorstellungen und Formulierungen nicht unbesehen im Sinne anthropologischer Universalien verallgemeinern dürfen, wird aber andererseits auch nicht darauf verzichten können, diese Aussagen auch auf verwandte Phänomene im Kontext schwächer artikulierter Kulturen auszudehnen. Die einzigartige Bedeutung der altgriechischen Quellen für unsere Fragestellung liegt darin, daß die Griechen die magischen, "schamanistischen", orgiastischen und anderweitig irrationalen Wurzeln ihrer Kultur (Dodds 1951) beim Übergang in die Literalität nicht abgedrängt haben in das Schattendasein einer auf Distanz gehaltenen Subkultur (wie z. B. der kompromittierende Anteil an Heidnischem, der in den geistlichen Spielen des Mittelalters unversehens durchbricht), sondern es verstanden haben, die darin Gestalt gewordenen Bedeutsamkeiten, ästhetischen Schönheiten und anthropologischen Wahrheiten in die rationalen Formen des künstlerischen und wissenschaftlichen Diskurses zu überführen.[3]

Wie steht es nun mit der Schrift? Ihre "strukturelle", d. h. das Kultursystem im ganzen determinierende Bedeutung ergibt sich aus dem, was über das Gedächtnis als das grundlegende Prinzip aller Kultur im Sinne gesellschaftlicher Wirklichkeitskonstruktion bzw. Sinnkonstitution gesagt wurde. Dabei sind Schrift und Gedächtnis in keiner Weise gleichwertig: es gibt Kulturen ohne Schrift, aber es gibt keine Kulturen ohne Gedächtnis.[4] Die Schrift kann zwar das Gedächtnis nie ganz ersetzen, sie kann aber in unterschiedlichem Maße in unterschiedliche Funktionsbereiche einer "Gedächtniskultur" (P. Gaechter) eindringen und neue, andersartige erschließen. Das geht nie ohne tiefgreifende und strukturell relevante Veränderungen ab. Das Gedächtnis bildet als "lebendige" Kopräsenz des als bedeutsam Erinnerten einen weit in die Vergangenheit ausgedehnten *Besinnungsraum*. Die Schrift dagegen dient als ein vergleichsweise "totes" Prinzip der Aufbewahrung und Anhäufung von Daten, deren Bedeutsamkeit verschwindet und allenfalls fallweise rekonstruiert werden kann.[5] Andererseits ermöglicht die Schrift eine archivarische Kopräsenz, die dem Gedächtnis normalerweise nicht erreichbar ist. Die altorientalische Listenwissenschaft, die Onomastika, Thesauren, Glossare, Königslisten, Annalen, Götterlisten, Jenseitsbeschreibungen (mit Landkarten) und sonstige Inventarisierungen der Wirklichkeit können hiervon Zeugnis ablegen. In der Zeitdimension funktionieren Schrift und Gedächtnis tendenziell in entgegengesetzter Richtung. Das Gedächtnis bewahrt, was schon da ist, und reichert die Gegenwart mit Vergangenheit an, die Schrift fixiert Neues und öffnet die Gegenwart für die Zukunft. Der sich Erinnernde hat die Vorfahren, der Schreibende die Nachkommen im Blick. Schrift und Gedächtnis wirken so als zwei grundsätzlich verschiedene Formen der Orientierung und Aneignung von Wirklichkeit, der — mit dem treffenden Ausdruck von Dorothy D. Lee (1959) — "codification of reality".

Auf dieser strukturellen Funktion der Bewahrung beruht, was man das *Relativitätsprinzip der Literalität* genannt hat (Goody 1981, 99 n. 55). Nicht die "Verschiedenheit des menschlichen Sprachbaus", wie Humboldt und seine Nachfolger meinten, sondern die Verschiedenheit, die sich aus den unendlichen Möglichkeiten einer fortschreitenden Literalisierung des Besinnungsraums ergibt, ist nicht nur der greifbarste und augenfälligste, sondern wohl auch der entscheidendste Faktor für die Physiognomie einer Kultur. Dieses Prinzip haben I. Watt und J. Goody und haben andere im Anschluß an ihre bahnbrechende Arbeit, an verschiedenen Teilsystemen sozialen Handelns und Erlebens demonstriert (wie Recht, Religion, Geschichtsbewußtsein und sonstige Wissenssysteme, Wirtschaft, Verwaltung usw.), anhand deren das Ausmaß deutlich wurde, in dem die Schrift die Welt verändert hat.[6] Eigentümlicherweise ist aber gerade die Literatur dabei so gut wie ausgespart worden. Die eigentlich literaturwissenschaftliche Behandlung dieser Problematik dagegen hat sich, in anderer Weise einseitig, auf die Oralität konzentriert und sich mit der Aufzeichnung, Wiedergewinnung und Rekonstruktion "oraler Literaturen" beschäftigt (z. B. Finnegan 1970). Der vorliegende Band verlagert das Schwergewicht auf das Gebiet der Literalität. Ausgehend von dem inzwischen gewonnenen Neuland unserer Kenntnisse oraler Literaturen, fragt er nach den verändernden Auswirkungen der Literalität speziell auf die Literatur. Auf dem Boden verschiedener Kulturen, vor allem in den Phasen des "Übergänglichen" *(U. Hölscher)* versucht er, Vorposten neuer Erkenntnisse und Fragestellungen zu sichern. Nachdem wir gelernt haben, nicht in der Schrift, sondern im Gedächtnis das Fundament der Kultur, und damit auch der Literatur im weitesten Sinne zu erkennen (und nachdem die daraus folgende Anerkennung einer "oralen Literatur" trotz etymologischem Widersinn unabdingbar geworden ist), kann nun auch nach den spezifischen Merkmalen "literaler" und "semi-literaler Literaturen" gefragt werden.

Daß die Schrift, genau in dem von Platon teils erfahrenen, teils hellsichtig prognostizierten Sinne zerstörerisch wirkt, wo sie sozusagen im inneren Bereich struktureller Anamnese eingesetzt wird, ist unbestreitbar. Es ist der Verlust, mit dem das ebenfalls unbestreitbar Neue, erst durch Schrift Ermöglichte, erkauft wurde. Daß *Der Mann ohne Eigenschaften* ohne Schrift nicht denkbar ist, bedarf keiner Darlegung. Diese Bedingtheiten aber an den frühen Texten selbst dingfest zu machen und aus der Analyse der vielfältigen Übergangsphänomene zwischen Mündlichkeit und Schriftlichkeit das Neue in den Griff zu bekommen, das jeweils aus dem Geiste der Schrift entstanden ist, — ist das Anliegen dieses Bandes.

2. Oralität und Poetizität

1960 hatte Roman Jakobson in seinem berühmt gewordenen "Closing Statement" des Symposiums *Style in Language*[7] vorgeschlagen, eine "poetische Funktion" der Sprache zu isolieren und als "Einstellung auf die Nachricht selbst" von anderen Funktionen zu unterscheiden, die sich jeweils aus der Einstellung auf andere Faktoren seines Kommunikationsmodells ergaben. Nach der Funktion dieser Funktion zu fragen, liegt außerhalb von Jakobsons letztlich formalistischem Ansatz. Diese Frage ist aber gerade von Dichtern und Literaten seit dem 18. Jh.[8] und verstärkt in neuester Zeit gestellt worden. Peter Rühmkorf (1981) versucht in seiner "Naturgeschichte des Reims" für das Reimen in Assonanzen und Reduplikationen so etwas wie eine universelle anthropologische Basis aufzufinden, die er, wohl halb metaphorisch oder jedenfalls nicht streng physiologisch gemeint, die "menschlichen Anklangsnerven" nennt. Rühmkorf bezieht sein Material weniger aus im engeren Sinne literarischen Bereichen, sondern aus emotiv-expressiven Ausdrücken vorwiegend der Kindersprache, aber auch zahlreicher Einzelsprachen. Den Aspekt der "Haltbarkeit", die mnemotechnische Funktion der poetischen Funktion, bekommt Rühmkorf bei dieser Ausrichtung auf die "Natur" gar nicht in den Blick (was im Hinblick auf den Titel seines letzten Gedichtbandes *Haltbar bis Ende 1999* etwas verwundert). Dafür wird dieser Gesichtspunkt in Gert Kalows 1975 erschiener Abhandlung *Poesie ist Nachricht* in vehementer und substantiierter Weise vertreten. Kalow führt die poetische Formung der Nachricht auf das Bedürfnis nach Aufbewahrung und Überlieferung zurück und sieht darin eine akustische Fixierungstechnik, die er "Atemschrift" nennt.[9] Dieser Begriff entspricht ziemlich genau dem von E. Havelock (1963) vorgeschlagenen und am Beispiel der altgriechischen Dichtung eindrucksvoll exemplifizierten Begriff der "preserved communication". Haltbar gemachte ("eingemachte", wie man im Hinblick auf engl. "preserves" zu übersetzen versucht ist) Kommunikation ist die Objektivation dessen, was wir als "strukturelle Anamnese" beschrieben haben.[10] Die für die Identität einer Gesellschaft notwendigen Traditionsgegenstände müssen dem Gedächtnis erinnerbar sein, um von ihm aufbewahrt werden zu können.

Die beiden, vor allem von seiten der Dichter immer wieder vorgebrachten Gesichtspunkte, wir wollen sie den "partizipatorischen" (Rühmkorf) und den "mnemotechnischen" (Kalow) nennen, schließen sich keineswegs aus. Man muß sie, um die Rolle der poetischen Funktion im kulturellen Kommunikationsprozeß zu verstehen, nicht nur zusammenfassen, sondern um eine dritte Dimension ergänzen, die man im Anschluß an N. Luhmann die "semantische" nennen kann.[11] Die verschiedenen Aspekte einer oralen Stilistik weisen in diese drei Richtungen, ob sie nun vom mündlichen Erzählen (A. Olrik 1909) oder vom prototypischen Fall einer afrikanischen Trommelschrift (W. Ong 1977) gewonnen wurden:

1. *Mnemotechnik:* dem Gedächtnis des Tradenten schreibt sich die poetisch geformte Nachricht leichter ein. Die vielfältigen Erscheinungsformen der Wiederholung, *das* Grundprinzip mündlicher Komposition, gehören hierher: Reim (Alliteration, Assonanz . . .) und Metrum auf lautlicher, Parallelismus auf semantischer[12], formelhafte Wendungen auf syntaktischer und die Vervielfachung von Episoden auf "szenischer" Ebene.[13] Redundanz und Amplifikation sind unentbehrliche Hilfsmittel zur Konservierung — und das impliziert immer sowohl Einprägsamkeit als auch Reproduzierbarkeit (in dem von *K. Ehlich* entwickelten weiteren Sinne, der nicht unbedingt an den Wortlaut gebunden ist) von Nachrichten, die als für das Weltbild und Selbstverständnis einer Gesellschaft wesentlich auf Dauer gestellt werden sollen.

2. *Partizipation:* wo der Sinn in dieser Weise sinnlich verkörpert ist, verfehlt er nicht seine Wirkung auf das Publikum. Das sinnlich und erinnerlich Einprägsame ist zugleich das Suggestive, das gilt von der "carminativen Magie" der alten Sumerer[14] bis zu den Slogans moderner Konsumverführung. Die emotive Beteiligung der Zuhörer, die sich von der Faszination bis zu Rausch und Ekstase[15] steigern kann, wird maßgeblich durch die repetitive Strukturierung der Nachricht gelenkt. Am deutlichsten geht dieser psychagogische Aspekt der Dichtung aus der antiken Musiktheorie und Ethoslehre hervor, die die einzelnen Tonarten und Versrhythmen mit bestimmten psychischen Verfassungen (ethē) verbindet.[16] Zugleich erinnert diese Theorie höchst nachdrücklich daran, daß das Prinzip der Intensivierung der Nachricht durch Amplifikation wohl geradezu regelmäßig über die Ebene des rein Sprachlichen hinaus noch andere Codes (melodische, harmonische, rhythmische, choreographische, gestische . . .) ausarbeitet und in Anspruch nimmt. Der griechische Begriff der "Mousiké" bezeichnete eine Einheit aus Wort, Rhythmus und Harmonie.

3. *Repräsentation:* Gedächtnis des Vortragenden und Engagement der Zuhörer reagieren allerdings nicht nur auf stilistische Merkmale. Was beide in Bann hält, ist ein besonderer gemeinsamer Erfahrungsraum. Traditionelle mündliche Kommunikation hat auch etwas vom Geist einer Kommunion, sofern sie eine zeremonielle Vergegenwärtigung des gemeinschaftlichen Sinnvorrats inszeniert. Faszination durch die Form ist Ergriffenheit vom Thema, orale Stilistik mündet in orale Semantik, Ausdrucksstile sind hier besonders prägnanter Reflex von Erfahrungsstilen.[17] Dazu gehört die Standardisierung von Themen, die Schaffung überhöhter und schematisierter Figuren (Ong), ikonische Konstanz[18] (Ngal) und die eindeutige Polarisierung von Gut und Böse (Olrik). Solche Stereotypen des Inhalts verweisen auf Grundmuster gesellschaftlicher Wirklichkeitskonstruktion, wie sie für Gedächtniskulturen kennzeichnend sind. In diesem Sinne spricht Ong von "oraler Poetik" und Havelock von "homerischer Geistesverfassung". Die Stilistik oraler Tradition prägt nicht nur die Ausdrucks-, sondern die Wahrnehmungs-, Erlebnis- und Erfahrungsformen einer ganzen Gesellschaft. In der oralen Begehung (oral performance) treten daher die sinnhaften Grundstrukturen der gemeinsamen Erfahrungswelt für jeden mitvollziehbar hervor. Durch seine

Repräsentativität, d. h. die Stiftung immer wieder einlösbarer Identifikationsangebote, ist das Thema zugleich eindrücklich und unvergeßlich.

3. Literalität und Literazität

Verglichen mit der so vielfältig intensivierten und dramatisierten Nachricht mündlicher "musischer" Kommunikation muß das, was zuverlässig von der Schrift bewahrt werden kann, geradezu armselig erscheinen. Es ist aber nicht nur das komplexe Ausdrucksspektrum eines oralen Gesamtkunstwerks, für das keine Schrift der Welt adäquate Notationsmöglichkeiten bietet; selbst den rein sprachlichen Befund reduziert die Schrift auf ein Minimum und beraubt ihn seiner ursprünglichen Vitalität. Im Zuge fortschreitender Verschriftung von Gedächtniskulturen wirkt sich dieses reduktionistische Prinzip der Literalität sogar auf den Sprachgebrauch selbst aus. Am Beispiel der im Schwinden begriffenen Ideophone in afrikanischen Sprachen — es handelt sich dabei um ein expressives und lautmalendes Element — bestätigt *H. Jungraithmayrs* Beitrag Humboldts Diagnose, daß "der Buchstabe erstarrend auf die noch einige Zeit frei und mannigfaltig neben ihm fortbestehende gesprochene Rede" zurückwirkt.[19]

Im frühen Stadium einer schrifterfindenden oder -übernehmenden Kultur machen sich deshalb Schrift und Gedächtnis noch keineswegs den Rang streitig. Am Anfang rangiert die Schrift — das hebt *K. Ehlich* in der historischen Veranschaulichung seiner theoretischen Begriffsbestimmung der Einheit "Text" deutlich hervor — außer Konkurrenz zu bestehenden Tradierungskonventionen. Für das "Musische" ungeeignet, etabliert sie sich in einem anderen Bereich: dem "Prosaischen". Entsprechend die Nachrichten, die zunächst in Stein oder Ton oder auf Papyrus fixiert werden: Listen, Abrechnungen, Urkunden. Das sprachliche Repertoire beschränkt sich weitgehend auf Zahlen und Namen: Namen von Personen, Örtlichkeiten, Institutionen und (dies ist uns ungewohnt) auch Namen von Jahren.[20] Die ursprünglichsten Funktionen der Schrift dienen der Identifizierbarkeit. Auch solche wirtschafts- und verwaltungstechnischen Daten im Dienste des Alltags sind bewahrte Kommunikation, wenn auch nicht mehr Aktualisierung eines traditionellen Bestandes, sondern aktuelle Information für die Zukunft.

Erst in dem Maße, wie das neue Medium Schrift wendiger und sein Gebrauch geläufiger werden, dringt die Schrift in immer neue Anwendungsbereiche vor, die sie teilweise zuallererst erschließt, die also in der ihr vorausliegenden und nebenherlaufenden Oralkultur keine Entsprechung haben. Neben die — im weitesten Sinne — poetisch geformte mündliche Rede tritt ein neuer, spezifisch literarischer Texttyp: die Prosa. In Ägypten manifestiert sich die früheste Literatur in der geschichtlichen Situation einer allgemeinen Sinn- und Normenkrise als moralistische (sog. Auseinandersetzungs- und Weisheits-) Literatur (vgl. den Beitrag von *J. Assmann*). In Griechenland sind die frühesten literalen, d. h. von der Schrift formal bestimmten literarischen Texte die Prosaschriften der Mediziner, Historiker und die technischen Traktate der Rhetoren, in denen Teile eines für die einheitliche Gedächtnisüberlieferung zu speziell aufgefächerten Wissensvorrats verschriftet wurden.[21] Der Gattungsname *Hypo-*

mnemata (Erinnerungshilfen) bewahrt noch den engen Zusammenhang mit der überlagerten Gedächtniskultur. In neuester Zeit werden im Hindukusch erstmals Sprachen verschriftet. Die entstehende Literatur orientiert sich, wie *G. Buddruss* zeigt, in entschiedener Abkehr von der einheimischen oralen Tradition, an schriftlichen fremdsprachlichen (persischen und Urdu-)Vorbildern.

Aber auch dort, wo die Schrift es schließlich mit der im oralen Überlieferungsprozeß geformten Dichtung aufnimmt, schafft sie etwas prinzipiell Neues. Man darf sich den historischen Prozeß der Überlagerung und Durchdringung bestehender Gedächtnisüberlieferungen durch die Schrift freilich nicht in der Art einer Wasserscheide vorstellen; er bildet vielmehr ein Kontinuum schleichender Übergänge. Trotzdem sei versucht, drei typische Formen des Übergangs festzustellen:

1. Die Schrift stellt sich ganz in den Dienst des Gedächtnisses: der Wortlaut (d. h. das sprachliche Substrat) oder auch nur das mehr oder weniger knappe Inhaltsgerüst eines Werkes werden nicht für einen Leser, sondern für den Vortragenden fixiert, der es nach oraler Manier improvisierend amplifiziert. Dies gilt umfassend für das frühe Stadium des Schriftgebrauchs in Griechenland — Havelock spricht von "recitation literacy". Entsprechendes gilt aber auch fürs deutsche, romanische und irische[22] Mittelalter oder die Exemplasammlungen, die ein Repertoire von Geschichten zur Ausschmückung in Predigten enthielten (*A. Assmann*). Die "unvollständige" Notation der linienlosen Neumen bietet dazu eine musikgeschichtliche Entsprechung (*R. Lug*).

2. Die Schrift sammelt die Spuren einer vom Vergessen bedrohten mündlichen Überlieferung; dies ist die Situation des heutigen Ethnographen wie der Volkskundler der ersten Romantikergeneration, aber auch bereits einiger historisch interessierter Humanisten.

3. Die Schrift elaboriert, exploitiert und integriert die mündliche Tradition, sie setzt sie mit den ihr eigenen Mitteln fort und literarisiert sie. Diese Situation, wie sie die Beiträge von *U. Hölscher* für das archaische Griechenland, *W. Haug* und *H. U. Gumbrecht* für das europäische Mittelalter beschreiben, gilt für Werke auf der Schwelle zwischen Gedächtniskultur und Buchkultur (Odyssee und Nibelungenlied) ebenso wie für Autoren, die bewußt aus dem Reservoir der Volksphantasie schöpfen (z. B. die Romantiker).

Das Eindringen der Schrift in den Raum des Gedächtnisses führt unweigerlich zu einem Traditionsbruch. Das gilt nicht nur für die Fälle (3) und (2), wo sich ein nostalgisches, historisches, archivarisches oder auch literarisches Interesse der mündlichen Überlieferung bemächtigt, sie von den ursprünglichen Wurzeln und eigentümlichen Lebenszusammenhängen löst und in eine neue Sphäre transponiert (so ist es z. B. eine bekannte Klage von Ethnologen, daß die Texte in gestellten Situationen nur verkürzt dargeboten werden). Unter einer besonderen Bedingung gilt dies auch für den Fall (1), dort nämlich, wo der Text zur Vorlage einer wortlautgetreuen, nicht improvisierend amplifizierenden Rezitation gedacht ist (z. B. Chaucer, s. *A. Assmann*). Nicht erst die individuelle Lektüre, sondern bereits die integrale Niederschrift setzt hier die entscheidende Grenze zur Oralkultur.

Die aus dem Geiste der Schrift entwickelten literarischen Verfahren lassen sich ebenso wie die poetischen Verfahren der Oralität im Hinblick auf ihre kognitiv-ästhetische Doppelfunktion einteilen in solche der Komplexitätsreduktion ("Ordnung") und solche der Komplexitätssteigerung ("Vielfalt").[23] Die oralen Verfahren der Komplexitätssteigerung — Expressivität, Dramatisierung, Musik und sonstige mediale Amplifikation — widerstreben den Möglichkeiten der Schrift. Sie muß daher eigene, ganz andere Verfahren der Vielfalt entwickeln. Hierzu würde man etwa rechnen 1.) ein erheblich reicheres Lexem- und Morpheminventar und 2.) Phänomene der Mehrschichtigkeit, z. B. verschiedene Zeitebenen (hierzu U. Hölscher am Beispiel der homerischen Epen), verschiedene Sinn-Schichten bei Wiederholung von Episoden auf anderer Ebene *(W. Haug)* und schließlich auch Polysemie, wie sie in der Lehre vom drei- und vierfachen Schriftsinn gipfelt (vgl. den Beitrag von *W. Raible*). Überhaupt wird man geneigt sein, die Unterscheidung von "Geist" und "Buchstabe", wörtlicher (vgl. engl. "literal") und tieferer bzw. übertragener Bedeutung für ein Spezifikum der Schriftlichkeit zu halten. Hier warnen aber die Beispiele oraler Polysemie, die *C. Klaffke* erwähnt, vor vorschnellen Verallgemeinerungen, ebenso wie die berühmt gewordene Erfahrung des Afrikanisten Marcel Griaule, dem nach fünfzehnjähriger Forschungstätigkeit im Gebiet der Dogon in 33 aufeinanderfolgenden Sitzungen die tiefere esoterische Bedeutung dessen eröffnet worden war, was man ihm bisher nur in Form einer "parole de face" mitgeteilt hatte.[24] Die oralen Verfahren der Komplexitätsreduktion — Formelhaftigkeit, Standardisierung von Themen, Überhöhung der Figuren, antithetische Bewertung usw. — werden differenzierteren Realitätsmodellen nicht mehr gerecht, was erst (typischer Effekt der meisten Opernlibretti) bei der für die Verschriftung notwendigen Reduktion auf das sprachliche Substrat störend wirkt. Die literalen Verfahren der Komplexitätsreduktion liegen auch hier auf ganz anderer Ebene: systematische Disposition, Überschriften, Gliederung der optischen Textpräsentation im Sinne einer Rezeptionsvorgabe (Cancik 1979), Herstellung textimmanenter Kohärenz (als Kompensation des Verlusts einer bedeutungshaltigen Verlautbarungssituation) u. a. m. Auch hier gibt es, worauf *A. Goldberg* aufmerksam macht, ein merkwürdiges Gegenbeispiel, das aber wohl nur als Bestätigung der Regel angesehen werden kann. Die rabbinische Literatur verzichtet aus dogmatischen Gründen auf die Anwendung derartiger Verfahren. Da sie neben das Eine Buch kein weiteres stellen darf, gibt sie sich als "verschriftete Mündlichkeit". Die Vermeidung ordnender Disposition und Kohärenzstiftung führt zu einer ans Absurde grenzenden Komplexität und macht daher ex negativo deutlich, in welchem Umfang schriftliche Kommunikation auf solche Verfahren angewiesen ist.

Die Unterscheidung von Verfahren "oraler" und "literaler Stilistik" darf allerdings nicht dazu verführen, die entsprechenden Phänomene restriktiv zu verstehen, so als wären sie nur im einen oder im anderen Medium denkbar. Sämtliche von M. Parry und A. B. Lord und ihrer Schule herausgearbeiteten "Oralismen" lassen sich auch in der schriftlichen Überlieferung auffinden (Doležel 1979). Dasselbe gilt auch für alle als charakteristisch mündlich klassifizierten Erzählstrategien, wie sie noch W. Kosack 1971 als sichere Indizien oraler Komposition einstufen möchte, und selbst für solche defizitären Erscheinungen, die auf das Konto des Gedächtnisverfalls gehen. Man wird immer mit einem breiten Spektrum an Überblendungen und Mischformen rechnen müssen. Für uns ist diese Unterscheidung daher auch nicht von diagnostischer, sondern von phänomenologischer Bedeutung: sie eröffnet, unabhängig von allen Mischungen und Überlagerungen, Einsichten in das Wesen gedächtnisgestützter versus schriftgestützter Überlieferung, auraler versus visueller Rezeption (vgl. Gadamer 1981). Es leuchtet ein, daß die auf richtiges Erinnertwerden angelegte Rede sich anderer Formen bedient als das auf richtiges Gelesenwerden hin angelegte Wort. Es leuchtet andererseits aber auch ein, daß die aus den Erfordernissen der Gedächtnisüberlieferung und der oralen Aktualisierung und Rezeption heraus entwickelten Formen, einmal als spezifisch poetisches Regelsystem etabliert, den Übergang in schriftliche Formen der Komposition, Überlieferung und Rezeption mitvollziehen und mehr oder weniger weit hineinragen können in die sich ausbreitenden Manifestationen einer Schrift- und Lesekultur.

4. Die Tragweite von Schrift und Stimme

> Das geschriebene Wort kann in jedem Ort und zu jeder Zeit gelesen werden, es kann durch jede Zunge interpretiert werden. Das gesprochene Wort dagegen reicht nicht weiter als die Ohren, die es hören.

Der arabische Autor, von dem dieses Zitat stammt[25], akzentuiert hier einen wesentlichen Unterschied von Schrift und Stimme: ihre Tragweite. Mündliche Tradition ist unablösbar auf institutionalisierte Formen des Zusammenkommens angewiesen, auf den Vollzug und Mitvollzug von Kommunikation. Die Funktion von Ritualen liegt nicht zuletzt darin, eine hinreichende Frequenz solcher Anlässe sinn-aktualisierender und -tradierender Kommunikation sicherzustellen (Rappaport 1971). Aber nicht nur die archaischen Beispiele ritualisierter Mythenrezitation, auch die uns näherliegenden intellektuellen Salons und Cafés des 18. Jh. verweisen, wie *B. Schlieben-Lange* zeigt, auf die Situationsangewiesenheit der Oralität, die sich ihre Anlässe der Zusammenkunft notfalls erst schafft.

Das Traditionsgut einer Gedächtniskultur ist Gemeinbesitz von Sänger und Publikum. Produktion und Rezeption vollziehen sich nicht nur gleichzeitig im Rahmen einer gemeinsamen, beide Seiten determinierenden Situation, sondern dazu noch in reziproker Wirkung aufeinander (besonders aufschlußreich: Ngal 1977). Ein solches Interaktionsgeschehen kann immer nur eine beschränkte Gruppe beteiligen: das folgt notwendig aus den optisch-akustischen Grenzen der Partizipationskapazität einer oralen Darbietung.[26] Dafür ergibt sich positiv aus der Simultaneität von Produktion und Rezeption die Intensität der Identifikation. Besonders aufschlußreiche Fakten sind uns wiederum aus der griechischen Antike im Zusammenhang der Vorstellung vom *enthousiasmós* überliefert. Immer wieder hören wir, daß nicht nur eine bestimmte Melodie oder lyrische Dichtung, sondern auch die Worte des Rhetors und sogar des Philosophen (Sokrates und Alkibiades, um nur an das berühmteste Beispiel zu erinnern) den Zuhörer in eine Art Trance und Taumel versetzen können. Vom Leser eines geschriebenen Buches dagegen ist dergleichen (jedenfalls vor dem empfindsamen Zeitalter) nicht überliefert und wird von der Literatur, auch Goethes *Werther*, ganz ausgesprochen nicht angestrebt. Von Anfang an versteht sich die Literatur, mitunter auch in ausdrücklicher Abhebung von der "carminativen Magie" oraler Dichtung, als rationaler Diskurs. Schiller hat diese Situation des Schriftstellers gegenüber dem Redner scharfsichtig diagnostiziert. Er betont, daß diesem "der Vortheil abgeht, mit dem lebendigen Ausdruck der Rede und dem accompagnement der Gesten auf das Gemüth zu wirken, daß er sich immer nur durch abstrakte Zeichen, also durch den Verstand an das Gefühl wendet, daß er aber den Vortheil hat, seinem Leser eben deswegen eine größere Gemüthsfreyheit zu lassen, als im lebendigen Umgang möglich ist."[27] Damit macht sie eine Tugend aus der Not einer gegenüber der mündlichen Kommunikation unvergleichlich schwächeren Identifikationskapazität. Diese Minderung an Intensität folgt aus der "Zerdehnung" des Kommunikationsgeschehens *(K. Ehlich)* und der Sprengung der Partizipationsgrenzen ins virtuell Unendliche. Die Weltreligionen, die Ausbreitung der aristotelischen Philosophie und des römischen Rechts, die Entstehung der altorientalischen, asiatischen und antiken Großreiche beruhen auf dem Integrationsradius der Schrift. Die von mündlichen Traditionen gestiftete und bewahrte kollektive Identität kann nicht staatstragend sein; dafür ist die erreichte Integration und Solidarität der Gruppe — von der Familie über die Sippe bis zum Stamm — um so stärker.[28] Die Schrift erkauft ihre Reichweite um den Preis geringerer Identifikationskapazität (um dieser Schwäche zu begegnen, war im Islam der Buchdruck bis ins 18. Jh. verboten und wird der Qor'ān bis heute auswendig gelernt).

Die atemberaubende Reichweite der Schrift[29] wird durch ihre Situationsentbindung möglich. Bevor wir diesen Gedanken weiterverfolgen, muß aber ein in ausgezeichneter Weise situationsgebundener Schriftverwendungstyp erwähnt werden: die Inschrift. Inschriften sind orts- und damit situationsgebunden. Die Bedeutungshaltigkeit des Ortes (z. B. ein Tempel) determiniert ihren Sinn und stellt in ähnlicher Weise eine Rezeptionsvorgabe dar wie die Rezitationssituation eines Oraltexts. Der Begriff der "Speicherung" wird der Funktion der Schrift hier nicht gerecht; es handelt sich eher um eine Art Verewigung: um die Stiftung eines virtuell ad infinitum fortwährenden Kommunikationsaktes. Im alten Orient gibt es Texte, die sowohl in inschriftlicher Form "verewigt" wie in handschriftlicher Form "gespeichert" wurden. Das ist etwa der Fall bei den mannigfachen Vertragstexten, die als Handschriften (Tontafeln) in Palastarchiven (v. a. Boghazköy) gefunden wurden. Sie verstehen sich als Kopien von Silbertafeln, die im Tempel aufgestellt waren. Im hethitischen Geschichtswerk *Die Mannestaten des Schuppiluliuma* findet sich folgender Kolophon eingeschoben: "Siebente Tafel. Text unvollständig. Noch nicht auf Bronze gebracht." Auch geschichtliche Überlieferung wurde also in monumentaler inschriftlicher Form, und gewiß im Tempel, aufgestellt (Güterbock 1956, 97). So existierte der ursprünglichen Vorstellung nach auch die Tora nur in einem einzigen, im Tempel aufbewahrten Exemplar, als Handschrift zwar, aber in inschriftlicher Situationsgebundenheit.[30] Situationsentbundenheit ist also mit der Schrift noch nicht automatisch gegeben. Im übrigen bilden natürlich auch das altorientalische Palastarchiv, das mesopotamische "Tafelhaus", das ägyptische "Lebenshaus", die

Skriptorien und Bibliotheken der klassischen Antike usw. Situationskontexte, deren semantische Prägnanz erst mit fortschreitender Verbreitung und Privatisierung des Lesens schwindet (Birt 1882/1959; Naumann, Hg., 1975).

Diese notwendigen historischen Einschränkungen in Rechnung gestellt, und vom Sonderfall der Inschriften abgesehen, reicht die Tragweite der Schrift ins Ungemessene. Sie macht die leibhaftige Gegenwart der Partizipanten und damit die institutionalisierten Formen der Zusammenkunft überflüssig und existiert als ein Vorrat, dessen man sich zu beliebigen Zeitpunkten und Anlässen bedienen kann. Die Loslösung vom zeremoniellen Verlautbarungsanlaß nimmt der Schrift jedoch (die Inschrift sucht dem durch Monumentalisierung der optischen Textpräsentation zu begegnen) die unmittelbare Bedeutsamkeit, die die mündlich dramatisierte Rede auszeichnet. Zur Kompensation schafft sie sich ihre eigene Instanz der Legitimation: den *Autor*. Die mündliche Überlieferung bedarf des Autors nicht, und die Verantwortung für den Wahrheitsgehalt des Überlieferten hat nicht der Sänger zu tragen.[31] Diese Instanz personifiziert sich vielmehr in den Musen oder auch in dem Geist Karisi, der bei den afrikanischen Nyanga seine Adepten erwählt und inspiriert (Jungraithmayr 1981). Der situationsentbundene schriftliche Text dagegen bedarf eines Namens, der ihn stützt. Es wäre darum verfehlt, diese besondere literale Konvention vorschnell auf das historisch rezente Problem der namentlichen Sicherung geistigen Eigentums einzuschränken. Worum es hier geht, ist die schriftobligatorische Verbindung von Text und Name, die aus der situationsentbundenen und daher "anonymen" Position des Buches heraus notwendig wird. Daß die Situation des Buches als extrem schutzbedürftig empfunden wurde, geht übrigens besonders klar aus den Dedikationen hervor, die im europäischen Buchwesen bis ins 18. Jh. gang und gäbe waren. Die von *W. Raible* behandelte métaphore vive der Vaterschaft "lebt" auch in dieser Gattung ("Ein Vater, der sich entschlossen hat, seine Kinder in die Welt zu entlassen, wird sie der Protektion eines Mannes anvertrauen, der in ihr einen großen Namen hat...": Mozarts berühmte Widmung der 6 Quartette an Joseph Haydn belegt die Verbreitung dieser Konvention). Ein anderes Einzelphänomen, das etwas von der allgemeinen Problematik des Buches aufzuzeigen vermag, ist das vornehmlich in der religiösen Literatur der jüdisch-hellenistischen Antike favorisierte Verfahren der untergeschobenen Vaterschaft, der Pseudepigraphie. Ein Buch ohne Autorname ist wertlos wie ein anonymes Testament (der Vergleich bietet sich deshalb an, weil die meisten dieser Schriften sich als "Testamente" geben: des Moses, Abraham, Jakob, der 12 Patriarchen, ja sogar des Adam). Wieviel wertvoller muß dann erst ein Buch sein, wieviel mehr Interesse und Aufmerksamkeit darf es für sich in Anspruch nehmen, wenn es einen großen und vor allem uralten Namen trägt.

Eine Verbindung von Text und Name stellen natürlich auch die Sieges-, Helden- und Preislieder der mündlichen Kultur her.[32] Die Taten großer Vorfahren und Zeitgenossen zu rühmen und in der Erinnerung präsent zu halten, ist eine der Hauptaufgaben des Sängers. Er selbst bleibt jedoch — bei aller schöpferischen Gestaltung über die vorgegebenen Themen hinaus — reines Medium der Präsentation. Die Schrift dagegen gibt Anlaß zur Selbst-Thematisierung. Damit eröffnet sie, wie *J. Assmann* zeigt, dem einzelnen den Zugang zur

Unsterblichkeit ohne Umweg über den Sänger. Dem Sänger selbst bietet sie Gelegenheit zur Selbstverewigung, ob sein Werk nun "dauerhafter als Erz" ist oder nur "haltbar bis Ende 1999".

Hier ist im Rahmen dieser auf elementare Konturen hin angelegten Problemskizze eine historische Feineinstellung nötig, um die Genese moderner Autorschaft zu würdigen. Die Schrift ermöglicht die Selbstverewigung, indem sie durch Wortlautfixierung das Werk als geistiges Eigentum gegen die anonyme Verwässerung in Varianten schützt. Die massenhafte Vervielfältigung, die mit den technischen Neuerungen der Industrialisierung gegeben ist, ermöglicht die breite Selbstveröffentlichung. Dante, der sich selbst mit dem Lorbeer bekränzt, und Klopstock, der sein Werk zur Subskription bietet, markieren unterschiedliche Stadien in der einen Geschichte der Autorschaft. Schiller sah in der letzteren Schwelle die Scheidung "der neueren Welt von der Alten". Die alte Welt betrifft das gutenbergische Zeitalter, das trotz Verbreitung von Schrift im Druck nicht mit der unterliegenden Gesprächssituation gebrochen hat; der "oratorische Diskurs", wie H. Bosse ihn treffend genannt hat, regiert weiterhin sämtliche Formen der Textproduktion und -übermittlung zwischen den als konstant vorausgesetzten Autor- und Leserpositionen. Der quantitative Schub in der Buchproduktion gegen Ende des 18. Jahrhunderts korrespondiert mit einer qualitativen Neubewertung der schriftlichen Kommunikation. Das volle Eingeständnis der Schreibsituation bringt es mit sich, daß sie den Schriftsteller dem Leser gegenüber in eine unsichtbare Ferne entrückt und diesen aus der Rolle des unmittelbaren Adressaten entläßt. Dieses "Spiel der Abwesenheiten" (Bosse 1981, 17) wird kompensiert durch die inszenierende Gestaltung beider Positionen als integrale Momente des Textes. Im Zusammenhang der neuen Produktions- und Distributionsbedingungen erhält die moderne Autorschaft ihr neues Gesicht. Was früher dem Souverän vorbehalten war, nämlich sein Antlitz auf Münzenprägung massenhaft unters Volks zu bringen, wird jetzt jedem Autor möglich: sein urheberrechtlich gesichertes und marktwirtschaftlich honoriertes Werk veröffentlicht seine Persönlichkeit und bringt sie massenhaft in Umlauf.

5. Amnesie und Hermeneutik

Im Gegensatz zur Schrift ist das Gedächtnis kein Datenspeicher. Mündlich tradiertes Wissen ist praktiziertes Wissen. Es "lebt" nur in der Aktualisierung, und zwar auf der elementaren Sinnebene des alltäglichen Erlebens und Handelns sowohl als auch auf der anderen Ebene festlich herausgehobener Kommunikation. Mündliche Tradition vollzieht sich, wie *W. Rösler* in Weiterführung des Ansatzes von J. Goody und I. Watt deutlich macht, als ein *homöostatischer Prozeß*. Aktualisiert, und dadurch tradiert, wird nur, was von der Gemeinschaft approbiert ist. So kommt es zu einer fortwährenden Verschränkung *(Rösler)* oder Harmonisierung von Gegenwart und Vergangenheit. Die Überlieferung wird den jeweiligen Erfordernissen angepaßt, Diskrepanzen und Inkonsistenzen werden in ständiger Neuformulierung durch eine kollektiv gelenkte *Präventiv-Zensur* (Bogatyrev-Jakobson) harmonisiert, widersprüchliche Ereignisse in einer Art *struktureller Amnesie* (Barnes) aus dem kollektiven Gedächtnis gelöscht (Schott 1968, 184).

Die Schrift erlaubt es demgegenüber, Sinn nicht nur unabhängig von den Artikulationsvorgaben (phraseologische Gebundenheit, standardisierte Themen) institutionalisierter Zusammenkünfte zu formulieren, sondern auch zu fixieren. Dadurch erhält sich manches, dem zum Zeitpunkt seiner Artikulation die gesellschaftliche Approbation vesagt blieb, weil seine Relevanz der Allgemeinheit nicht abschätzbar war oder seine Tendenz den dominierenden Handlungszielen zuwiderlief. Diese Situation hat C. Hardmeier 1983 als Aufzeichnungsmotiv der altisraelitischen Schriftprophetie rekonstruiert. Wo die Kommunikation mit den Zeitgenossen gestört ist, bietet die Schrift die Möglichkeit eines Appells an die Nachwelt. Schriftliche Fixierung von Ideen kann Traditionssprünge bewirken im Sinne einer "endogenen Variation" des Systems (Luhmann), und zwar nicht nur in Form nachträglicher Approbation wie in Israel, sondern auch und gerade in Form nachträglicher Distanzierung. "Anders als beim gesprochenen oder im Sprechen reproduzierten Sinn", schreibt N. Luhmann, "wo schon das Anhören der Darstellung die Aktivität weitgehend absorbiert, tritt einem Schriftgut gerade mit der Aufforderung entgegen, es aus der Distanz zu beurteilen" (1981, 47). Dem Historiker freilich erscheint diese Einschätzung der Schrift modern, galt doch früheren Zeitaltern gerade das geschriebene Wort im Gegensatz zum gesprochenen als unbezweifelbare Autorität. Die von *W. Rösler* am Beispiel der griechischen Kultur des 6.—4. Jh. v. Chr. hervorgehobene Dissens-fördernde Wirkung der Schriftlichkeit ist in anderen beschränkt-literalen Kulturen (Ägypten, Mesopotamien, europäisches Mittelalter) nicht zum Tragen gekommen. Das alte Ägypten ist ein besonders krasses Beispiel: die ungeheure Komplexität des in dreitausendjähriger Schriftgeschichte in den Archiven aufgehäuften Sinnvorrats, Sedimentierungen zahlreicher untereinander widersprüchlicher Sinnwelten, ist den Ägyptern nie zum Problem geworden. Der Ausweg in die strukturelle Amnesie blieb ihnen versperrt und die unverständlich gewordenen Texte auch der ältesten Perioden wurden schlecht und recht weiter kopiert. Nur die Schrift bietet die gleichzeitige Präsenz von obsolet gewordener Vergangenheit und aktueller Gegenwart. In Griechenland, im Gegensatz zu Ägypten, hat diese Möglichkeit zu einer Ideenevolution geführt. In einer Gedächtniskultur sind derartige evolutionäre Prozesse von vornherein blockiert. Ob sie zum Durchbruch kommen, hängt aber — wie der Vergleich Griechenland und Ägypten zeigt — nicht unmittelbar an der Schrift, sondern an der Art, wie eine Kultur sich dieser bedient: ob sie sich zu ihrem Traditionsgut in der Geste der Wiederholung oder des Widerspruchs verhält (s. den Beitrag von *A. Assmann*). Nicht das Medium, sondern der Mensch, der sich seiner bedient, entscheidet nach Maßgabe seiner praktischen und kommunikativen Bedürfnisse sowie nach den Zwängen und Chancen seiner jeweiligen sozialen und politischen Verfaßtheit darüber, in welchem Umfang die Möglichkeiten neuer Orientierung genutzt werden, die das Medium bereitstellt. Wenn, um ein weiteres Beispiel anzuführen, die mittelalterliche Historiographie, wie *H. U. Gumbrecht* erläutert, nicht die "Veränderung in der Zeit" zu ihrer Domäne macht, sondern "die Zurückführung von in der Gegenwart bestehenden Institutionen und gegenwärtig vollziehbaren Erfahrungen auf den im göttlichen Schöpfungsakt entstandenen 'ordo' des Kosmos", dann bewahrt sie in ihrer Gestalt die spezifischen Formen, in denen eine Gedächtniskultur sich im Erfahrungsraum des Geschichtlichen orientiert. Das inhärente Potential der Schrift, das Differenzen und Entwicklungen ins Bewußtsein zu heben vermag, blieb in diesem Falle ungenutzt, wo es auf die Legitimierung gegenwärtiger Erscheinungen durch ihre Harmonisierung mit einer "mythischen", d. h. normensetzenden Vergangenheit ankam (vgl. auch Vollrath 1981).

Mit der schriftlichen Fixierung des Gedankens ist zugleich die Gefahr seiner Miß- oder Unverständlichkeit gegeben. Sie nimmt in dem Maße zu, in dem sich die Entwicklung der Sprache von seinem Wortlaut, die Veränderungen des Wissens von seinen Präsuppositionen und die Wandlungen der Wirklichkeit von seinem Referenzmodell entfernen. Wo es auf den Wortlaut ankommt, weil der Text nichts von seiner Verbindlichkeit eingebüßt hat (Kanonisierung), tritt die Hermeneutik auf den Plan. Bei der Überlieferung bedeutsamer Nachrichten hat man, um es auf eine einfache Formel zu bringen, zwei Wege beschritten: (a) Bewahrung des Sinns durch Neuformulierung und (b) Bewahrung der Formulierung durch Erneuerung des Sinns. Das erste Verfahren beschreibt die nicht auf den Bereich der Oralität beschränkte Variantenbildung *(A. Assmann)*, das zweite Verfahren dagegen steht nur der Schrift offen. Es beschreibt die Arbeit (wenn auch nicht unbedingt das Selbstverständnis) der Hermeneutik. Ihre Voraussetzung ist der kanonisierte, d. h. wortlautfixierte Text. Wir beobachten die Anfänge einer Auslegungskultur bereits in Mesopotamien und Ägypten, und die voll entfalteten Phänomene dann in der hellenistischen, jüdischen, und frühchristlichen Antike. Bei diesem genuin schriftlichen Verfahren des Kommentierens (Kritisierens, Exegetisierens, Allegorisierens) wird ein Diskurs vom anderen überlagert. Solche Überlagerung wird auch optisch anschaulich in der Gattung des Randkommentars, bei der seit frühbyzantinischer Zeit ein bescheidenes bis winziges Feld Primärtext durch einen breiten Rahmen Sekundärtext wie von einem parasitären Gewächs eingeschlossen wird (Cancik 1979, 85 f.). Die notwendige Adaption der Tradition, die in der Gedächtniskultur unmerklich durch beständige Scharfeinstellungen der Präventivzensur vorgenommen wird, führt im literalen Kontext zu einer potentiell unendlichen Vermehrung der Texte. Die Hermeneutik ist die notwendige Folge jener Kanonisierung der Vergangenheit, die man als das literale Gegenstück zur strukturellen Amnesie verstehen kann. Das Gedächtnis bewahrt das Bedeutsame, indem es das Kontingente vergißt; die Schrift bewahrt das Bedeutsame, indem sie es kanonisiert und im hermeneutischen Diskurs am Lebens zu halten versucht.

6. Oralität ohne Gedächtnis?

Die Stimmen mehren sich, die von einem Ende der Buchkultur reden, und sie klingen auch in diesem Band an (*H.U. Gumbrecht*, S.172f., *W. Rösler*, S.120). Besonders nachdrücklich hat sich der Kulturkritiker G. Steiner zum Anwalt dieser These gemacht. Das Wort und die mit ihm verknüpfte hierarchische Logik, die im syntaktischen Bereich die Rede und im sozialen Bereich den Staat organisiert, ist — so Steiner — im Begriff, von seinem jahrtausendealten Stammplatz im Zentrum der westlichen Kultur verdrängt zu werden. An die Stelle von Buchstaben und

Büchern treten als universellere Codes Bild und Ton. Der für Schreiben und Lesen unerläßliche Freiraum des Individuums, die stille Enklave der Privatsphäre, weicht mit dem Siegeszug elektronischer Medien kollektiven Erlebnisformen in einem ins Grenzenlose erweiterten "Hallraum". Dieser verbindet mit einer auch über die Möglichkeiten der Schrift noch weit hinausgehenden Identifikationskapazität die Intensität oraler oder besser: auraler Partizipation. Die "alte Kultur", von einer elitären Minderheit und dem ehrgeizigen Ideal individueller Selbstverewigung getragen, sieht Steiner einer "Nachkultur" weichen, die im Zeichen eines von Gruppen-, wenn nicht Massensolidarität getragenen Ideals der Spontaneität und unmittelbaren Partizipation angetreten ist. Die im einsamen Lesen und Schreiben geformten Werte der Persönlichkeit und Innerlichkeit[33] verfallen vor dem Kollektiv einer anonymen Gemeinschaft.

Sind wir auf dem Wege einer Re-Oralisierung? Kann es eine Oralkultur geben, die nicht auf dem Gedächtnis als ihrer zentralen Funktion aufruht? Noch einmal Steiner: "Der katastrophale Verfall aller Gedächtnisübung ... ist eines der entscheidenden, wenngleich noch kaum erklärten Symptome einer Nach-Kultur (1972, 117)." Eine Kultur kommt zwar ohne Schrift, kommt sie aber auch ohne Gedächtnis aus? "Wenn du nicht einen großen Vorrat von auswendig gelerntem Wissen hast", lehrt ein arabischer Meister, "ist es für dich nutzlos, Bücher zu sammeln".[34] Diese in der arabischen Welt noch heute gültige Maxime müßte für uns charakteristisch abgeändert werden: wenn du nicht zu eigenständigem und kritischem Denken fähig bist, ist es für dich nutzlos, Bücher zu sammeln. Solches eigenständige und kritische Denken haben etwa die Protestanten des 16. Jhs. auf ihre Fahnen geschrieben. Zu den wichtigsten Durchsetzungsmitteln gehörte neben der erneuerten Drucktechnik die Einführung der Vulgärsprachen. Auf diesem Wege wurde nicht nur mit der toten Sprache, sondern auch mit der ihr eigenen Gedächtniskultur gebrochen. "To have the sciences in the mother tunge, hurteth memorie and hindreth lerning", so unkten damals die Gegner dieser nicht mehr aufzuhaltenden Bewegung.[35] Noch unmittelbarer sitzt uns der andere mächtige Individuationsschub der Romantik in den Knochen, der übrigens ebenfalls von einer technischen Verbesserung des Druckverfahrens profitierte. Dem politischen Programm von der Hoheit des Individuums entspricht dort ein pädagogisches Programm zu geistig unabhängiger Produktivität. Symptomatisch für diesen erneuten Umbruch ist die Schulreform von 1770 mit ihrer Ächtung des Gedächtnisses:

> Worte ohne Gedanken lernen ist der menschlichen Seele ein schädliches Opium, das zwar zuerst einen süßen Traum, einen Tanz von Bildern und Silben gewährt, ... bald aber spürt man wie bei dem körperlichen Opium die bösen Folgen dieser Wortträume. Sie ermatten die Seele und halten sie in einer bequemen Unthätigkeit fest.[36]

Gedächtnisübung ist "Gedankenschlummer" und leistet nichts zur Ausbildung der Individualität. Die alte Dichotomie von Geist und Buchstabe kommt bei den frühen Protestanten wie bei den Romantikern neu zum Tragen: der Buchstabe knechtet, denn auswendig gelerntes Wissen ist eine inerte Last; der Geist befreit, denn inwendig erzeugte Gedanken sind schöpferische Energie.

Die von Platon befürchtete Austrocknung des Gedächtnisses geschah nicht, wie er vermutete, mit der Erfindung der Schrift, noch, wie Steiner vermutet, mit der universalen Verfügbarkeit der Massenmedien. Nicht in den medialen Errungenschaften, die die *Kapazität* des Gedächtnisses in Frage stellen, sondern in den Verhältnissen, die die *Funktion* des Gedächtnisses in Frage stellen, ist nach dem kulturverändernden Faktor zu suchen. Diese Verhältnisse in ihrer jeweiligen historischen Konkretisation zu verdeutlichen — etwa im Griechenland des 6.—4. Jahrhunderts, im europäischen Mittelalter oder um 1800, aber auch in weniger bekannten Kontexten wie dem alten Ägypten und dem modernen Pakistan — ist das Anliegen dieses Bandes.

Anmerkungen:

[1] Strabon führt aber ausdrücklich auch die Musen auf die Natur des Menschen zurück, der ohne dieses Gegengewicht zum Alltag gar nicht lebensfähig wäre. Er hält überdies die so bestimmte Kultur, natürlich in je verschiedener Ausprägung, für einen Gemeinbesitz von Griechen und Barbaren.

[2] s. u. S. 277f.

[3] Es ist daher auch alles andere als ein Zufall, daß die bahnbrechenden Untersuchungen zu unserem Thema der klassischen Philologie verdankt werden (Lord 1960; Havelock 1963; Koller 1963; Parry 1971) oder am Beispiel der altgriechischen Kultur durchgeführt wurden (Goody, Watt 1963).

[4] Es war der Irrtum des 19. Jh., sich schriftlose Völker als Kulturen ohne Gedächtnis, d. h. Geschichtsbewußtsein, in "ewigem Stillstand" (Ranke) vorzustellen. Zur Eigenart schriftlosen Geschichtsbewußtseins s. R. Schott (1968).

[5] Platon führt im *Phaidros* diese Unterscheidung anhand der Begriffe *mnēmē* (Gedächtnis) und *hypomnēsis* (Erinnerung) durch (s. o. S. 7, 15).

[6] Diese Fragestellung muß Anfang der 60er Jahre in der Luft gelegen haben; das Erscheinungsjahr 1963 ist vier entscheidenden Veröffentlichungen gemeinsam: Watt/Goody, L'écriture, Havelock, Koller.

[7] Sebeok (Hg.) 1960, 350—377, oft wiederabgedruckt und übersetzt, z. B. in Jakobson 1979, 83—121.

[8] Vgl. Kalow (1975), 22 f. und 39. Besonders bemerkenswert erscheint uns die Verbindung der mnemotechnischen und der partizipatorischen Funktion bei Coleridge im 18. Kapitel seiner *Biographia litteraria*: "before the invention of printing, and in a still greater degree, before the introduction of writing, meter, especially *alliterative* meter, possessed an independent value as assisting the recollecting, and consequently the preservation of *any* series of truths or incidents." "Meter in itself is simply a stimulant of the attention."

[9] "Schrift" ist freilich eine unpassende Metapher für die Elemente poetischer Formung, weil es sich bei diesen nicht um Zeichen handelt, im Gegensatz zu anderen akustischen Schriftsystemen wie etwa dem Morse-Alphabet oder gewissen afrikanischen Trommelschriften (Ong 1977).

[10] Luhmann 1981 spricht, übrigens mit Bezugnahme auf Havelock 1963, von "gepflegter Semantik".

[11] Die Dreiheit der Funktionen ergibt sich aus dem "Organon-Modell" von K. Bühler (1934/1965), das auch dem Modell von Jakobson zugrunde liegt: Mnemotechnik (Sender), Partizipation (Empfänger), Repräsentation (Gegenstände und Sachverhalte).

[12] Zum Parallelismus als einem universalen Prinzip poetischer Formung s. Levin (1962); Jakobson (1979), 233 ff.; 264 ff.; speziell zur hebräischen Poesie s. neuerdings Krašovec (1977).

[13] z. B. Olriks Gesetz der "Trigemination mit Achtergewicht" (Olrik 1909).

[14] P. Michałowski (1981). Wir verdanken den Hinweis C. Wilcke.

[15] Zu entsprechenden Phänomenen in der demagogischen Rhetorik (Hitler) vgl. Cancik (1980). Allg. s. Cancik (Hg.) 1978, darin den Beitrag von B. Gladigow zu Enthusiasmus und Ekstase.

[16] Vgl. Cicero, *De oratore* 3, 197: "Nichts ist unserem Wesen so sehr eingeboren, wie die Rhythmen und Töne, durch die wir in Erregung und Leidenschaften versetzt werden, die uns besänftigen und ruhig machen und welche uns in Freude und Trauer versetzen."

[17] Vgl. besonders klar Havelock (1963), viii: "forms of expression which were also forms of experience...".

[18] Auf "ikonische Konstanz" in der altorientalischen Literatur verweisen auch die interessanten Forschungen von O. Keel zur literarischen Ikonographie des Alten Testaments, vgl. bes. Keel (1972/³1980).

[19] W. v. Humboldt, "Über den Einfluß des verschiedenen Charakters der Sprachen auf Literatur und Geistesbildung" (1821), nach Kalow (1975), 40.

[20] Die Benennung von Jahren nach Ereignissen — zum Zwecke der Datierung, Besteuerung usw. — geht in Mesopotamien und Ägypten dem abstrakten Prinzip ihrer Zählung voran und bildet zugleich den Ursprung der Annalistik als Grundform der Geschichtsschreibung. Unklar bleibt uns allerdings, auf welche "bestimmten und sehr sicheren Informationen" J. Derrida (1974) seine Überzeugung stützt, "daß die Genese der der (sic) Schrift (im geläufigen Sinn) fast überall und am häufigsten an die Sorge um die Genealogie gebunden war" (S. 218). Schott (1968, S. 173 und passim) macht dagegen deutlich, daß die Gedächtniskapazität von Oralkulturen für die Bewahrung von Genealogien ausreiche, und er sieht in diesen geradezu die typische Form der Konstitution eines oralen Geschichtsbewußtseins.

[21] Zur frühen Prosa in Griechenland s. Koller (1963), 5; Rösler (1980), 88 ff.

[22] Jungraithmayr (1981) verweist in diesem Zusammenhang auf J. H. Delargy, *The Gaelic Story Teller*, 32.

[23] In einem mündlichen Diskussionsbeitrag machte W. Schenkel den Vorschlag, die poetischen und literarischen Verfahren in solche der Ordnung und solche der Vielfalt zu klassifizieren. Luhmanns (1971) systemtheoretische Begriffe erscheinen uns anschließbar, handelt es sich doch auch hier um Formen von Sinnkonstitution.

[24] Jungraithmayr (1981); vgl. zur Kosmologie der Dogon die interessanten Bemerkungen von Goody (1981), 12 f.

[25] Ibn at-Taw'am, bei Abu Hayyan at-Tawhidi, Risala fi l-kitaba. Wir verdanken das Zitat einer gründlichen Unterrichtung über die arabische Einschätzung der Schrift durch H. Biesterfeldt.

[26] Die moderne, elektronisch gestützte Oralkultur vermag diese Grenzen natürlich erheblich zu erweitern. Die Zahl der Teilnehmer etwa an dem auch durch Film bekanntgewordenen Pop-Festival Woodstock 1969 (400000) geht weit über die Auflagenzahl der meisten literarischen Werke hinaus.

[27] Schiller-Nationalausgabe, Bd. 27, S. 126 f. Zitiert nach H. Bosse (1981), S. 23. Hinweis von R. S. Zons. Ähnlich hat später Thomas Mann die Bestimmung des Schriftstellers gefaßt, "Der Künstler und der Literat" (1913) in: *Werke*, hg. v. H. Bürgin, Bd. 1, Frankfurt 1968, S. 75—81.

[28] Vgl. hierzu F. Kramer, Ch. Sigrist (Hg.), 1982; Zum Staatsbegriff s. auch B. Gladigow (Hg.), 1981.

[29] Wir glauben, in diesem theoretischen Zusammenhang von der Tatsache absehen zu dürfen, daß es verschiedene Schriftsysteme von höchst unterschiedlicher Reichweite gibt. Vgl. hierfür *L'Écriture et la psychologie des peuples* (1963); zur Sonderstellung alphabetischer Schriften s. Goody/Watt (1963/1981) vgl. auch K. Ehlich (Hg.) 1982.

[30] Anders ist der äußerlich ganz analoge Fall des Heraklit zu verstehen, auf den W. Rösler hinweist.

[31] Allerdings bürgt er, u. U. sogar mit seinem Leben, für die Korrektheit der Weitergabe, vgl. Schott 1968, 199 f. Zum beanspruchten Wahrheitsgehalt der Überlieferung als entscheidendem Differenzierungskriterium oraler Gattungen s. ders., a.a.O., 170 f.

[32] Ein Sonderfall, auf den G. Buddruss in der Diskussion aufmerksam machte, sind die Lehrer-Genealogien in der indischen Oraltradition, die bis zu 25 und mehr Generationen von Lehrautoritäten aufzählen und den Text desto weiter vom gegenwärtigen Sprecher distanzieren, um ihn der ursprünglichen Wahrheit näherzubringen.

[33] Nach Hegel ist Lesen- und Schreibenlernen (speziell alphabetischer Schriften) ein Mittel, "den Boden der Innerlichkeit im Subjekte zu begründen und rein zu machen": *Enzyklopädie*, § 459, nach Derrida 1974, 46.

³⁴ Ibn Čamā'a, nach Hinweis H. Biesterfeldt.
³⁵ Diese Stellungnahme aus dem Jahre 1556 findet sich mit anderen gleichartigen Äußerungen in der Studie von R. F. Jones, *The Triumph of the English Language* (Stanford 1953), S. 47.
³⁶ J. G. Herder, "Vitae, non scholae discendum", zit. nach F. A. Kittler, "Autorschaft und Liebe", in: ders. (Hg.), *Austreibung des Geistes aus den Geisteswissenschaften*, Paderborn (1980), S. 155 f. Vgl. dazu H. Bosse, "'Dichter kann man nicht bilden'. Zur Veränderung der Schulrhetorik nach 1770", *Jahrbuch für internationale Germanistik* 10 (1978), 80—101. Hinweis von R. S. Zons.

Literatur:

Berger, P. L.; Luckmann, Th. (1970) *Die gesellschaftliche Konstruktion der Wirklichkeit. Eine Theorie der Wissenssoziologie.* Frankfurt a. M.
Birt, Th. (1882/1959) *Das antike Buchwesen in seinem Verhältnis zur Literatur.*
Blum, H. (1969) *Die antike Mnemotechnik.* Spudasmata 15.
Bosse, H. (1981) *Autorschaft ist Werkherrschaft. Über die Entstehung des Urheberrechts aus dem Geist der Goethezeit.* Paderborn, München, Wien, Zürich.
Bühler, K. (1934/1965) *Sprachtheorie.* Jena, 2. Aufl. Stuttgart.
Butor, M. (1968) "La littérature, l'oreille et l'oeil", in: *L'Endurance de la pensée, pour saluer Jean Beaufret*, Paris.
Cancik, H. (Hg.) (1978) *Rausch — Ekstase — Mystik. Grenzformen religiöser Erfahrungen.* Düsseldorf.
— (1979) "Der Text als Bild. Über optische Zeichen zur Konstitution von Satzgruppen in antiken Texten", in: H. Brunner, R. Kannicht, K. Schwager (Hgg.), *Wort und Bild.* München, S. 81—100.
— (1980) "'Wir sind jetzt eins'. Rhetorik und Mystik in einer Rede Hitlers", in: G. Kehrer (Hg.), *Zur Religionsgeschichte der BRD.* Forum Religionswissenschaft II, 13—48.
Coulmas, F., Ehlich, K. (Hgg.) (1983) *Writing in Focus.* Berlin/New York/Amsterdam.
Derrida, J. (1974) *Grammatologie.* Frankfurt a. M.
Dodds, E. R. (1951) *The Greeks and the Irrational.* Berkeley.
Doležel, L. (1979) "Oral and Written Literature", in: idem, *Essays in Structural Poetics and Narrative Semantics*, Toronto Semiotic Circle Monograph, Working Papers and Prepublications.
L'Écriture (1963) *L'Écriture et la psychologie des peuples* (Centre International de synthèse). Paris.
Finnegan, R. (1970) *Oral Literature in Africa.* Oxford.
Fränkel, H. (²1960) "ΕΦΗΜΕΡΟΣ als Kennwort für die menschliche Natur", in: *Wege und Formen frühgriechischen Denkens.* München, S. 23—39.
Gadamer, H.-G. (1981) "Philosophie und Literatur", in: E. W. Orth (Hg.), *Was ist Literatur?* Phänomenologische Forschungen 11. Freiburg/München.
Gaechter, P. (1970) *Die Gedächtniskultur in Irland.* Innsbruck.
Gladigow, B. (Hg.) (1981) *Staat und Religion.* Düsseldorf.
Goody, J. (1977) *The Domestication of the Savage Mind.* Cambridge.
— (Hg.) (1981) *Literalität in traditionalen Gesellschaften* (engl. 1968). Frankfurt a. M.
Goody, J. / Watt, I. (1963) "Consequences of Literacy", in: *Comparative Studies in Society and History* V, wiederabgedruckt in Goody 1981 (1968).
Güterbock, H. G. (1956) "The Deeds of Suppiluliuma as told by his Son, Mursilis II", in: *Journal of Cuneiform Studies* 10.
Hardmeier, C. (1983) "Verkündigung und Schrift bei Jesaja. Zur Entstehung der Schriftprophetie als Oppositionsliteratur im alten Israel", in: *Theologie und Glaube* 73, 119—134.
Havelock, E. A. (1963) *Preface to Plato.* Oxford.
— (1982) *The Literate Revolution in Greece and its cultural consequences.*
Jakobson, R. (1979) *Poetik. Ausgewählte Aufsätze 1921—1971.* Frankfurt a. M.
Jungraithmayr, H. (1981) *Gedächtniskultur und Schriftlichkeit in Afrika.* Wiesbaden.

Kalow, G. (1975) *Poesie ist Nachricht. Mündliche Tradition in Vorgeschichte und Gegenwart*. München/Zürich.
Keel, O. (³1980) *Die Welt der altorientalischen Bildsymbolik und das Alte Testament*. Zürich/Köln.
Koller, H. (1963) *Musik und Dichtung im alten Griechenland*. Bern/München.
Kosack, W. (1971) "Der Gattungsbegriff 'Volkserzählung'", in: *Fabula* 12, 18—47.
Kramer, F. / Sigrist, Ch. (Hgg.) (1982) *Gesellschaften ohne Staat*. Frankfurt a. M.
Krašovec, J. (1977) *Der Merismus im Biblisch-hebräischen und Nordwestsemitischen*, Biblica et Orientalia 33, Rom.
Lee, D. D. (1959) "Codification of Reality: Lineal and Nonlineal", in: *Freedom and Culture*, New Jersey, S. 105—120.
Levin, S. R. (1962) *Linguistic Structures in Poetry*. Den Haag.
Lord, A. B. (1960) *The Singer of Tales*. Cambridge, Mass. (dt. *Der Sänger erzählt*. München 1965).
Luhmann, N. (1971) "Sinn als Grundbegriff der Soziologie", in: J. Habermas / N. Luhmann, *Theorie der Gesellschaft oder Sozialtechnologie?* Frankfurt a. M., S. 25—100.
— (1981) *Gesellschaftsstruktur und Semantik I*. Frankfurt a. M.
Michałowski, P. (1981) "Carminative Magic: Towards an Understanding of Sumerian Poetics", in: *Zeitschrift f. Assyr.* 71, 1—18.
Nassen, U. (Hg.) (1979) *Textbermeneutik. Aktualität, Geschichte, Kritik*. Paderborn. Hierin besonders die Beiträge von M. Frank, W. Hamacher und F. A. Kittler.
Naumann, M. (Hg.) (1973) *Gesellschaft, Literatur, Lesen. Literaturrezeption in theoretischer Sicht*. Berlin, Weimar.
Ngal, M. a. M. (1977) "Literary Creation in Oral Civilizations", in: *New Literary History* 8, 335—344.
Olrik, A. (1909) "Epische Gesetze der Volksdichtung", in: *Zeitschrift für Deutsches Altertum* 51.
Ong, W. J. (1967) *The Presence of the Word*. New Haven/London. (Auch als Paperback: Minnesota UP 1981).
— (1977) "African Talking Drums and Oral Noetics", in: *New Literary History* 8, 411—429.
— (1982) *Orality and Literacy. The Technologizing of the Word*. London/New York.
Parry, M. (1971) *The Making of Homeric Verse*. Oxford.
Pellegrini, A. D. / Yawkey, Th. D. (Hgg.) (1983) *The Development of oral and written language in social contexts*. London.
Rappaport, R. A. (1971a) "The Sacred in Human Evolution", in: *Annual Review of Ecology and Systematics* 2, 23—44.
— (1971b) "Ritual, Sanctity and Cybernetics", in: *American Anthropologist* 73, 59—76.
Rösler, W. (1980) *Dichter und Gruppe*, Theorie und Geschichte der Literatur und der schönen Künste 50. München.
Rühmkorf, P. (1981) *agar agar — zaurzaurim. Zur Naturgeschichte des Reims und der menschlichen Anklangsnerven*. Hamburg.
Schlieben-Lange, B. (1983) *Traditionen des Sprechens. Elemente einer pragmatischen Sprachgeschichtsschreibung*. Stuttgart.
Schott, R. (1968) "Das Geschichtsbewußtsein schriftloser Völker", in: *Archiv für Begriffsgeschichte* 12, 166—205.
Stubbs, M. (1980) *Language and Literacy. The Sociolinguistics of Reading and Writing*. London.
Tannen, D. (Hg.) (1983) *Spoken and Written Language: Exploring Orality and Literacy*. London.
— (Hg.) (1983) *Coherence in Spoken and Written Discourse*. London.
Vollrath, H. (1981) "Das Mittelalter in der Typik oraler Gesellschaften", in: *Hist. Zeitschr.* 233, 571—594.
Wimmel, W. (1981) *Die Kultur holt uns ein. Die Bedeutung der Textualität für das geschichtliche Werden*. Würzburg.
Zumthor, P. (1983) *Introduction à la poésie orale*. Paris.

Die Bände W. Ong 1982 und P. Zumthor 1983 enthalten je eine sehr ausführliche Bibliographie, auf die wir ergänzend verweisen.